Reihe Historische Anthropologie

Herausgegeben vom Forschungszentrum für
Historische Anthropologie der Freien Universität Berlin

Band 22

Doris Schuhmacher-Chilla

Ästhetische Sozialisation und Erziehung

Zur Kritik an der Reduktion von Sinnlichkeit

Dietrich Reimer Verlag Berlin

Die Deutsche Bibliothek – CIP-Einheitsaufnahme

Schuhmacher-Chilla, Doris:
Ästhetische Sozialisation und Erziehung :
zur Kritik an der Reduktion von Sinnlichkeit /
Doris Schuhmacher-Chilla. -
Berlin : Reimer, 1995
(Reihe historische Anthropologie ; Bd. 22)
ISBN 3-496-02553-0
NE: GT

Dr. Friedrich Kaufmann
Unter den Eichen 57
12203 Berlin

Umschlaggestaltung: Bayerl & Ost, Frankfurt/M.,
unter Verwendung einer Abbildung aus dem Bildmaterial der Autorin

Printed in Germany
ISBN 3-496-02553-0

Reihe Historische Anthropologie

»Historische Anthropologie« wird hier als Bezeichnung für vielfältige, transdisziplinäre Bemühungen verwendet, die auch nach dem »Tode des Menschen«, d.h. nach dem Ende der Verbindlichkeit *einer* abstrakten anthropologischen Norm, weiterhin Phänomene und Strukturen des Menschlichen erforschen. Historische Anthropologie steht so in der Spannung zwischen Geschichte und Humanwissenschaften. Aber sie erschöpft sich weder in einer Geschichte der Anthropologie als Disziplin noch im Beitrag der Geschichte als Disziplin zur Anthropologie. Sie versucht vielmehr, die Geschichtlichkeit ihrer Perspektiven und Methoden und die Geschichtlichkeit ihres Gegenstandes aufeinander zu beziehen. Historische Anthropologie kann daher die Ergebnisse der Humanwissenschaften, aber auch diejenigen einer geschichtsphilosophisch fundierten Anthropologie-Kritik zusammenfassen und für neuartige, paradigmatische Fragestellungen fruchtbar machen. Im Kern ihrer Bemühungen herrscht eine Unruhe des Denkens, die nicht stillgestellt werden kann. Historische Anthropologie ist weder auf bestimmte kulturelle Räume noch auf einzelne Epochen beschränkt. In der Reflexion ihrer eigenen Geschichtlichkeit vermag sie sowohl den Eurozentrismus der Humanwissenschaften als auch das lediglich antiquarische Interesse an Geschichte hinter sich zu lassen und offenen Problemen der Gegenwart wie der Zukunft den Vorzug zu geben. *Die Herausgeber*

Inhalt

Einleitung

Zum erziehungswissenschaftlichen Zusammenhang

Im Zusammenhang mit der veränderten Situation der wissenschaftstheoretischen Diskussion in der gegenwärtigen Erziehungswissenschaft ergeben sich neue Themen und Probleme.

War die frühere Diskussion durch Abgrenzung der verschiedenen Forschungsparadigmen geprägt, stehen seit Beginn der 90er Jahre unterschiedliche Ansätze nebeneinander. Unterschiedliche Wissensformen werden registriert, ohne daß man von vornherein beansprucht, die Differenzen aufzulösen. „Pluralismus" wird zum kennzeichnenden Begriff für die nebeneinander existierenden Forschungsmethodologien. Paradigmenkampf und das Streben nach Einheit und Ganzheit, um eine Wissensform als die gültige zu behaupten, gelten nach der „Bilanz der Paradigmendiskussion in der Erziehungswissenschaft"[1] als geschichtliche Positionen.

Das Neuartige zeigt sich gegenwärtig darin, daß Pädagogik als Disziplin ihre eigene Vielfalt akzeptiert und sie generell als zukünftige Perspektive begreift.

Im Rahmen dieser erkenntnistheoretischen Diskussion um die Vielzahl der Paradigmen und deren sinnvoller erziehungswissenschaftlicher Kombination wird der Bereich der ästhetischen Bildung erneut relevant. Die gegenwärtige Thematisierung ästhetischer Bildung bezieht sich nicht mehr auf die Tradition der musischen Bildung, deren vielfältige Verflechtung mit der Kunsterneuerungsbewegung und der Lebensphilosophie um und nach der Jahrhundertwende Line KOSSOLAPOW nachgewiesen und in Beziehung zur Kreativitätsforschung nach dem Zweiten Weltkrieg gesetzt hat.[2]

Im Anspruch auf eine Erweiterung der traditionellen Grenzen der Pädagogik bedeutet die gegenwärtige Thematisierung der ästhetischen Dimension von Bildung, daß Sinnlichkeit und Leiblichkeit stärker als bisher in ihrer Funktion für den Bildungsprozeß anerkannt werden. Mehrere Aspekte lassen sich nennen, unter denen ästhetische Bildung thematisiert wird.

Zum einen sind es Fragen der Ästhetik und der ästhetischen Erziehung, die im Verhältnis zum griechischen Wort „aisthesis" diskutiert werden. Unter didaktischem Aspekt wird das Ziel einer ästhetischen Rationalität diskutiert, in welcher die spezifische Qualität ästhetischer Erkenntnis als wesentlich gilt für die Komplexität des Erkenntnisprozesses. Auf diesen Zusammenhang hat Gunter OTTO mehrfach hingewiesen.

Zum anderen bezieht sich die erneute Thematisierung ästhetischer Bildung auf den Paradigmenwechsel von der Subjektphilosophie zur Sprachanalyse, der in der erkenntnistheoretischen Entwicklung im 20. Jahrhundert als „linguistic turn" bezeichnet wird. Auch die zunehmende Verbildlichung der Welt wird als „Sprache" bezeichnet, für die vor allem die technische Entwicklung der Massenmedien verantwortlich gemacht wird. Sprache gilt als Medium des Transports für Vorstellungen, Informationen und Imaginationen. Sprachlichkeit wird nicht nur tiefenpsychologisch auf die Dimension des Subjekts bezogen, sondern selbstbezüglich auf die Struktur von Sprache. Bewußtsein ist nach der Krise der Repräsentation nur möglich von einem Sachverhalt, der strukturell bestimmt ist. Er wird als Struktur der Sprache gedacht, die dem Subjekt immer schon vorgelagert ist. Diese Struktur, nicht das Subjekt ist unhintergehbar (DERRIDA).

Ein weiterer Schwerpunkt geht von Praxis-Orten aus, in denen ästhetische Erfahrung als nicht-verbale Tätigkeit im Mittelpunkt steht, so in Selbsterfahrungs-Aktivitäten, in Kulturzentren und in der Museumspädagogik. Ästhetische Therapien lassen sich in diese Entwicklung von Suchbewegungen einbeziehen.

Zur Methode

In dieser Arbeit wird ein zentraler Bereich der gegenwärtigen Diskussion um die Entwicklung und Neuformulierung des Bildungsbegriffes auf der Basis von Überlegungen zur ästhetischen Sozialisation und Erziehung erkenntnistheoretisch untersucht. Mehrere theoretische Entwürfe aus unterschiedlichen Disziplinen werden auf ihren Beitrag zur Diskussion um ästhetische Bildung überprüft. Mit dieser Methode wird vermieden, die ästhetische Dimension unkritisch zur ästhetischen Erziehung zu verengen, die in der Tradition SCHILLERs ästhetisches Potential und ästhetische Erfahrung instrumentalisiert.

Der traditionelle Umgang mit diesem Thema läßt es nicht zu, den ambivalenten Charakter des Ästhetischen zu reflektieren. Die Ästhetisierung der Lebensformen und die Quantifizierung von Bildern sind weitere Bedingungen dafür, das Ästhetische zu thematisieren, bevor es instrumentalisiert wird.

In Hinblick auf das Ziel der Arbeit, den Zusammenhang von Ästhetik-Sozialisation-Bildung für die erziehungswissenschaftliche Reflexion zu öffnen, ist die hier verwendete Methode, erkenntnistheoretische Fragen an verschiedenen Theoriesträngen aus unterschiedlichen Disziplinen zu untersuchen, relativ neu.

Auf den ersten Blick kann diese Methode irritierend wirken, weil sie nicht zur Reduktion von Komplexität beiträgt und offene Fragen kritisch weiterführt, so die Frage nach dem in der pädagogischen Instrumentalisierung vergessenen dekonstruktiven Potential des Ästhetischen, an die sich die Frage nach zukünftigen Methodologen für den Umgang mit dem Ästhetischen anschließt.

Im paradigmatischen Rahmen der Vielfalt und nicht zum Abschluß zu bringenden Reflexion wird damit ein weiteres Thema für den gegenwärtigen erziehungswissenschaftlichen Diskurs aufgezeigt.

Zum Inhalt

Im ersten Kapitel wird die sozialisationstheoretische Verankerung ästhetischer Erfahrung und Erziehung untersucht. Konstatiert wird eine Veränderung von Lebensformen dahingehend, daß sie zunehmend komplexer und unübersichtlicher werden. Es stellt sich die Frage nach Sinn und Funktion ästhetischer Kompetenz im Prozeß der Subjektkonstituierung.

Anhand der kultursoziologischen Arbeiten BOURDIEUS werden die gesellschaftlichen Voraussetzungen ästhetischer Kompetenz verankert. Somit richtet sich das Interesse nicht ausschließlich auf das Gegenstandsfeld Kunst, sondern auf das soziale Praxisfeld, das symbolisch und ästhetisch organisiert wird. Dabei ergibt sich eine Vernetzung von Ästhetik und Praxis.

Trotz der engen Beziehung zwischen Ästhetik und sozialer Praxis können ästhetischer Wert und ästhetische Kompetenz nicht auf die ökonomische Funktion reduziert werden. Ästhetische Kompetenz entsteht in einem kulturellen Kräftefeld, das sich als System symbolischer Beziehungen begreifen läßt und ein Sozialisationsfeld darstellt. In ihm zeigen sich ästhetische Haltungen, Verhaltensweisen und ästhetische Identität. Mit dem Begriff des Habitus ist die allgemeine Disposition angesprochen, die in der Folge von Lernprozessen eine Verhaltensnormierung darstellt. In den kultivierten Habitus gehen neben legitimierten Lerninhalten vor allem jene Ereignisse ein, die mit dem Begriff des kulturellen Unbewußten umschrieben sind. BOURDIEU beschreibt mit dem Habitusbegriff die für den Sozialisationsprozeß wichtige Interiorisierungsleitung als subjektiv und gesellschaftlich sich vollziehenden Prozeß.

Unter Bezug auf den Habitusbegriff wird im weiteren die ästhetische Dimension von Sozialisationsprozessen herausgestellt. Das Ästhetische wird als generatives Prinzip verstanden, das ökonomische und soziale Ereignisse individuell verwandelt zur Darstellung bringt.

Anschließend wird die Entwicklung der ästhetischen Kompetenz anhand von Studien zur kognitiven Sozialisation untersucht. Das sozialisationstheoretische Paradigma der Perspektivenübernahme, wie MEAD es formuliert hat, wird als Anspruch an die produktive Wirklichkeitsverarbeitung des Subjekts interpretiert. Mehr als beim Habitusbegriff steht bei der Perspektivenübernahme die konkrete Art und Weise im Vordergrund, in der das Subjekt die Fähigkeit interpersonalen Verstehens erwirkt. Dieser interaktionistische Bezug hat im Zusammenhang der Reflexion ästhetischer Sozialisation die Funktion, einen wesentlichen Mangel sozialisationstheoretischer Forschung hervorzuheben. Er liegt in der Reduktion des sinnlich-leiblichen Menschen auf ein abstraktes Modell.

Das zweite Kapitel bezieht sich auf die Bedeutung ästhetischen Verhaltens für die Entstehung des Selbstbildes. Die Wahrnehmung des eigenen Körpers wird in ihrer Funktion für den Aufbau des Selbstbildes beschrieben. Dabei wird das Problem des Spiegelns in seiner Relevanz für die frühe

Entwicklung des Selbstbildes dargestellt und in Bezug zum ästhetischen Verhalten gesetzt.

Zum einen wird auf das „mirroring“ verwiesen, das in der entwicklungspsychologischen Forschung die Übernahme der Einstellung der Mutter dem Kind gegenüber bedeutet. Zum anderen wird das Problem der Spiegelerfahrung hervorgehoben, wie es LACAN aus Sicht der strukturalistischen Psychoanalyse betont hat. Danach ergibt sich in der frühkindlichen Erfahrung mit dem echten Spiegel eine Spaltung zwischen Körperselbst und Ich. Um die Bedeutung der Bildlichkeit in dieser Entwicklung zu betonen, wird der beschriebene Zusammenhang fotografisch illustriert.

Im anschließenden Teil des zweiten Kapitels wird die Entwicklung des Verhältnisses Bild-Gefühl-Körper dargestellt, wobei die Funktion von Fotos einbezogen wird. Die Beziehung zwischen Selbstbild und ästhetischem Zeichensystem wird thematisiert. Dabei kommt dem Bildcharakter große Bedeutung zu, denn das Selbstbild galt als Veräußerung der Seele im Körper und repräsentierte damit das originäre Individuum. Im Zuge der Quantifizierung durch das technische Medium „Foto“ verlor diese Bedeutung an Wert. In diesem Prozeß entsteht ein Zustand, der sich gegenüber der Identifizierungsmacht des Fotos zwischen den Bildern befindet und im Bezug auf Roland BARTHES als positiv hervorgehoben wird.

Unter Bezug auf PLESSNER werden schließlich anthropologische Vorbedingungen des ästhetischen Verhältnisses zu sich vorgestellt.

Im dritten Kapitel werden die Gedanken des ersten und zweiten Kapitals verdeutlicht. Sie werden aber nicht in der anfänglich entwickelten sozialisationstheoretischen und erziehungswissenschaftlichen Perspektive weitergeführt, sondern in einer disziplinüberschreitenden Perspektive.

In methodisch neuer Art und Weise werden Bilder in die erziehungswissenschaftliche Frage nach dem ästhetischen Selbstverhältnis einbezogen. Mit Hilfe der Untersuchungen von zwei Bildern C. D. FRIEDRICHs und Fotoarbeiten Cindy SHERMANs wird das von der Kunst in besonderer Weise dargestellte experimentelle Selbstverhältnis thematisiert. Diese neue Form des Selbstverhältnisses bildet zum einen die thematische Klammer zwischen C. D. FRIEDRICH und Cindy SHERMAN, zum anderen der Bezug auf eine an C. D. FRIEDRICH sich anschließende kunsttheoretische und philosophische Debatte, die bis in die Gegenwart reicht und einen wesentlichen Aspekt der ästhetischen Dimension der Bildung herausgearbeitet hat. Er besteht in dem frühromantischen spannungsreichen Verhältnis zwischen der inneren und der äußeren Natur des Individuums. Die Natur wird nicht mehr als Garant des eigenen Lebens und des Selbstbewußtseins gesehen. Mit der symbolischen Landschaftsdarstellung FRIEDRICHs wird ein neues Selbstverhältnis ausgedrückt, das aus der Spannung zwischen Natur und Mensch konstituiert wird. Ein neues Selbstverhältnis und ein sich daraus ergebender neuer Selbstentwurf werden auch – allerdings in ganz anderer Technik – in Cindy SHERMANs Fotos thematisiert. In ihren Bildern wird ein neues Ich-

Bewußtsein pointiert dargestellt. Identität verliert ihre Authentizität, sie wird multiplizierbar. Sie wird nicht anschaulich dargestellt, sondern im Übergang verschiedener Rollen und Bilder thematisiert, wobei sich der Künstler auf die Rolle zurückzieht, die das Foto zeigt.

Im vierten Kapitel werden Theorien aus unterschiedlichen Traditionen im Hinblick auf den heutigen Begriff von ästhetischer Erfahrung untersucht. Dabei wird nach der Funktion von ästhetischer Erfahrung für Sozialisierung und Individualisierung gefragt. Über die begriffliche Klammer „ästhetische Erfahrung" ergeben sich sinnvolle Bezüge zwischen ADORNO, FOUCAULT und DERRIDA, ohne daß die bestehenden Differenzen zwischen den Theorien nivelliert werden.

Im Zusammenhang mit ästhetischer Erfahrung werden bei ADORNO Negation und Mimesis relevant für die Reflexion von Bildungsprozessen. Sie verweisen auf den zentralen Begriff der Nicht-Identität, der keinen Mangel an individueller Identität meint, sondern der die Konstituierung einer Erfahrungsebene und Verhaltensebene bezeichnet, die auf der Differenz von Objekt und Begriff beruht. Diese wird zuerst von der Kunst thematisiert, die ästhetischen Schein und Erfahrung des Anderen ausdrückt. Die in ihr liegende Rätselhaftigkeit ist Ausgangspunkt ästhetischer Erfahrung.

Sodann wird die Beziehung von ästhetischer Erfahrung und Erfahrung des Anderen mit Hilfe FOUCAULTs dargestellt.

Im Unterschied zu FOUCAULTs früher Beschäftigung mit der Rolle der Macht, so z. B. mit der Herausbildung des ärztlichen Blicks, sind die späten Arbeiten zunehmend dem Interesse an Ästhetik und Ethik gewidmet. Es wird in der Untersuchung deutlich, daß frühe und späte Interessen FOUCAULTs nicht gegensätzlich sind, sondern im Zusammenhang gesehen werden können. Das erweist sich als bedeutungsvoll für einen vieldimensionalen Begriff von ästhetischer Erfahrung. Im Aspekt der Zeitlichkeit wie im Aspekt der Endlichkeit zeigen sich Bezüge zum gesellschaftlichen Charakter des Ästhetischen, der im ersten Kapitel den Ausgangspunkt der Arbeit bildete.

Um ästhetische Wahrnehmung in ihrer Komplexität weiter zu beschreiben, wird das Konzept der Differenz entfaltet (DERRIDA). Mit seiner Hilfe werden die Auswirkungen der Dezentrierung des Subjekts im Hinblick auf Erziehung erörtert. Im Anschluß daran wird der auditive Aspekt ästhetischer Erfahrungen thematisiert, den DERRIDA am Phänomen der Stimme darlegt, der aber in gegenwärtigen Überlegungen zur Ästhetisierung der Lebenswelt hinter den visuellen Aspekt zurücktritt.

Schließlich wird in diesem Kapitel herausgestellt, daß ästhetische Erfahrung in gewisser Weise theoriewiderständig ist und durchaus dekonstruktive Elemente beinhaltet, die sich nicht in Lernprogramme einfädeln lassen.

Im fünften Kapitel werden bildungstheoretische und erziehungswissenschaftliche Konsequenzen des Konzepts ästhetischer Erfahrung bearbeitet, das in den bisherigen Kapiteln entwickelt wurde. Es bezieht sich nicht nur auf Kunst, sondern auf Wahrnehmung überhaupt und betont den ambivalenten Charakter des Ästhetischen, der bisher in Bildungstheorien kaum Niederschlag gefunden hat.

Die gegenwärtige Ästhetisierung der Lebenswelt macht es erforderlich, die damit einhergehenden Veränderungen für Sozialisations- und Bildungsprozesse zu überdenken – wenn es um den konkreten sinnlichen Menschen und nicht um das abstrakte Subjekt geht. Indem die Antipoden von Ästhetisierung einerseits und Moralisierung andererseits reflektiert werden, entstehen neue Perspektiven, die zwar keine neue Programmatik enthalten, aber sozialisationstheoretische und bildungstheoretische Probleme in einer anderen Gewichtung erscheinen lassen. In diesem Rahmen sind Bezüge zum „Ästhetischen Denken“ zu bedenken und kritisch zu hinterfragen. Dabei werden auch die Begriffe „Wahrnehmung“ und „Phantasie“ überdacht und auf ihren Anteil an einer vergessenen Dimension des Menschen hin kritisch untersucht.

Werden schließlich beim Entstehen kultureller Produkte die sozialen und situativen Gegebenheiten des Menschen berücksichtigt und analysiert, erweist sich der Begriff „Mimesis“ als eine weitere zu überprüfende Kategorie.

I. Sozialisationstheoretische Verankerung ästhetischer Erfahrung und Erziehung

1. Die soziologische Grundlage ästhetischer Kompetenz und die ästhetische Einstellung

Ästhetische Kompetenz beruht auf Unterscheidungen, wobei man nicht genau definieren kann, worin sie sich in der sozialen Praxis zeigen. Es sei denn, wir sprechen von Kunstwerken, von Künstlern und von künstlerischen Prozessen. Aber das soll nicht vorschnell geschehen. Ausgangspunkt für Fragen nach Erziehung und Bildung kann nicht ein ästhetisches Feld allein und nicht ein metaphysisches Konzept sein, wie es im Zusammenhang mit der Kunstphilosophie als Spezifikum herauskristallisiert wurde. Die Rede von Erziehung wie Bildung muß sich auf Wirklichkeit beziehen, was zunehmend schwieriger wird. Die zunehmende Komplexität und Unübersichtlichkeit der Lebenswelten, die keine eindeutigen Verhaltensmuster und Denkmuster mehr vorgeben, aber ihrerseits über Symbole neue Normen bewirken, die weitgehend nicht bewußt sind, stellt neben Möglichkeiten zugleich Risiken und Irritationen dar. „Lebendige Wirklichkeit" meint daher keinen kosmologischen Begriff, sondern Hinwendung zu den realen Lebensformen und Subjektformen. Dabei verliert die Frage nach dem „was" gegenüber der Frage, „wie" etwas geschieht, an Bedeutung.

Zwar kommt der Verdienst, die Subjekte in ihren sie konstituierenden Bedingungen zu betrachten, der Sozialisationsforschung zu. Weil Sozialisation Erziehung immer auch vorausgeht, ist sie Bezugspunkt von Erziehung, die versucht, da Einfluß zu nehmen, wo Mängel vermutet werden.

Die Sozialisationstheorien haben gezeigt, in welchem Wechselverhältnis das sich konstituierende Subjekt und das soziale Umfeld bis hin in mikrologische Bereiche stehen. Sie haben auch die Komplexität und Unauflösbarkeit dieser polaren Bedingungen verdeutlicht. Für das Nachdenken über Erziehung und deren Erfolge ergibt sich damit gerade heute ein starkes Nachdenken über sich selbst, das mitunter pessimistische Züge annimmt.[3]

Angesichts der vermeintlichen Vormachtstellung der Symbolwelten und der Surrogate ist es verwunderlich, daß von der Sozialisationsforschung selber nicht eine „ästhetische Sozialisation" als Forschungsgegenstand entdeckt wurde. – Das allerdings verlangte eine Herauslösung des Ästhetischen aus dem engeren Bereich von Kunstgegenständen und eine Ausweitung auf das ästhetische Moment. Dieser Begriff bezieht sich auf Wahrnehmung und auf die Unterschiedlichkeit von Wahrnehmungsweisen, wobei auch nach den Ursachen dieser Unterschiede gefragt wird. Er korrespondiert mit der Thematisierung des Anderen in der Pädagogik. Diese umfaßt sowohl den anderen Menschen als auch die Begegnung mit dem, was fremd ist. Daneben gewinnt aber auch das Andere als das Andere der

Gesellschaft an Bedeutung. „Kunst wird die Aufgabe zugewiesen, das Andere der Gesellschaft zum Ausdruck zu bringen", wobei gerade dadurch ihre spezielle Verankerung in der Gesellschaft ebenso abzulesen ist, wenn entsprechende wissenschaftstheoretische Perspektiven bestehen.[4]

In bezug auf den theoretischen Umgang mit der Unterschiedlichkeit der Wahrnehmungsweisen, die sich auf die eigene Person richten, ist die Selbstkonzeptforschung hervorzuheben als Theoriekonstrukt, das versucht, Prozeßverläufe subjektiver Selbstansichten und Selbstbewertungen zu beschreiben und zu hinterfragen. Auch hier gibt es kein ästhetisches Selbstkonzept, obwohl viele Forschungsschwerpunkte in diesem Bereich Nähe zu dem Begriff „ästhetisch", im oben angedeuteten Sinn, aufweisen.[5]

Im wesentlichen sind vier Grundperspektiven tragend für die Theorieentwicklung in den letzten Jahren. Sie sind von einer zunehmenden Konvergenz gekennzeichnet „in Richtung auf das Verständnis des Selbst als eines Handlungszentrums (agency)".[6] Im Zentrum der Aufmerksamkeit steht jetzt in der Selbstkonzeptforschung das Verhältnis zwischen Subjekt und Objekt, das als dialogisch-sozialer Aspekt in eine Theorieentwicklung eingeht, die einen kommunikativen, interaktionistischen Anspruch erhebt. Als ästhetische Prozesse könnten dabei jene gesehen werden, die ein besonderes Verhältnis *zwischen* Subjekt und Objekt bedingen, die sich auch nicht kategorial auf diese beiden Größen reduzieren lassen.

1.1 BOURDIEU und die Subjekt-Objekt-Vermittlung

Durch einen theoretischen Zugriff, der Theorie und Praxis einander gegenüberstellt – wie auch Subjekt und Objekt, Individuum und Gesellschaft, Soziologie und Philosophie, Person und Struktur –, ist die angesprochene Zwischenebene nicht zu begreifen.[7] Dem französischen Kultursoziologen Pierre BOURDIEU kommt der Verdienst zu, die Gegensätze überwunden zu haben. Die wesentlichen Aspekte des menschlichen Handelns wirken nach BOURDIEUs Bruch mit den traditionellen Sozialwissenschaften nicht mehr so, als ob sie nur mit Hilfe von Theorien zu beschreiben sind.

Indem nicht mehr die Kategorien Theorie und Praxis das Interesse an menschlichem Handeln leiten, sondern das Interesse an den konstruktiven Tätigkeiten, kommt aktuelles Handeln als Prozeß ebenso zur Geltung wie dessen Ergebnisse in sozialen Institutionen und individuellen Verhaltensweisen einschließlich der somatischen Reaktionen, die im Sozialisationsprozeß erworben werden. Mit der Instanz des praktischen Sinns („sens pratique") führt BOURDIEU eine Vermittlungsebene zwischen Praxis als aktuellem Handeln und Theorie als Wissen ein.[8]

Indem kulturelle Gegenstände als symbolische Formen gesehen werden, die eine solche Genese haben, werden Ästhetik und soziale Praxis miteinander verknüpft; die Organisationsformen der sozialen Praxis *sind* symbolisch und ästhetisch. Über die Symbole und über Geschmack vollzieht sich die Verteilung gesellschaftlicher Macht. Geschmack hat soziologisch die Funktion, den Sinn für Distinktion zu verstehen, der dafür verantwortlich ist, daß Klassenunterschiede sich gleichsam natürlich als Inkorporationen der Subjekte wiederholen. Die Verlagerung äußerer spezieller Feldbedingungen in die Handelnden geschieht mit Hilfe des als Vermittlungsinstanz zu begreifenden praktischen Sinns. Seine wissenschaftstheoretische Funktion ist von außerordentlich großem Wert. „Überall, wo dieser anthropologische Konstruktivismus am Werk ist, kann es keine Scheidung von Theorie und Praxis, kann es daher auch keine reine Theorie geben.“[9]

Wo sich Theorien bisher der symbolischen Ebene angenommen haben, geschah das unter dem Anspruch jeweiliger Disziplinen, die wie die Ästhetik als Spezialgebiet für die symbolischen Formen als relativ abgeschlossen galten. BOURDIEU weist dagegen die allseitige Beteiligung ästhetischer Prozesse bei den als symbolisch zu verstehenden Konstruktionen des sozialen Feldes nach. Die Grundlage der ästhetischen Einstellung liegt demnach nicht im Ungeschichtlichen und im Bereich ontologisch begründeter Wesenheiten, sondern in der Geschichte der Kunstinstitutionen.[10]

Bevor symbolische Formen ästhetisch interpretierbar werden, sind sie sozialgeschichtlich verankert. Zwar geht BOURDIEU vom Gegenstandsbereich der Kunst aus, verbindliches Objekt ästhetischer Erfahrung und kulturelles Produkt, dem ein mentaler Akt, sei es in der Herstellung, sei es in der Rezeption, vorausgeht.[11] Gleichzeitig richtet sich das Interesse aber auf jene Kompetenzen, die mit der Herauskristallisierung des künstlerischen und des intellektuellen Kräftefeldes zu allererst an Wert gewonnen haben. Die Herauskristallisierung des Feldes erfordert zu jedem Zeitpunkt eine besondere Disposition. Nur in einer feldspezifischen Sozialgeschichte, „die mit einer Soziologie der Begründung der Bildung der besonderen ästhetischen Disposition verbunden ist“,[12] lassen sich die Hauptprobleme der Philosophie lösen, zu denen auch die Frage nach Sinn und Wert des Kunstwerks zählt.

Die historischen Bedingungen für ästhetische Kompetenzen, für ästhetische Wahrnehmungsweisen, die sich nicht immer nur auf das Kunstwerk richten müssen, sondern sich als Sinn für das Spiel, als Sinn für Distinktion und als Geschmack in verschiedenen Alltagssituationen finden, sieht BOURDIEU in der Überzeugung von der Autonomisierung der Kunst und der Herauskristallisierung des Künstlers als Beruf. Der grundlegende Wandel der Kunst und ihres Platzes in der Gesellschaft zeigt sich neben anderen charakteristischen Merkmalen darin, daß „die Theorie von der ‚überlegenen Wirklichkeit der Kunst‘, Schauplatz einer imaginativen Wahrheit, wachsendes Ansehen“ gewinnt.[13]

„Die Genese des Kunstfeldes und die Erfindung des reinen Blicks“[14] werden erst in der Verknüpfung mit der sie bedingenden Produktivität gesehen, wenn nicht lediglich das Ergebnis festgehalten wird, das geschichtlich vollzogen ist und nun als philosophische reale Wesensanalyse Geltung beansprucht.

Im Hinblick auf zentrale Probleme heute, die aus einer sozialwissenschaftlichen Gegenwartsanalyse hervorgehen und von großer Bedeutung für die Reflexion von Erziehung und Erziehungswissenschaft sind, läßt sich mit BOURDIEU (1970) die auch heute noch aktuelle Frage stellen, wenn man die alltägliche Verzahnung von Praxis und Ästhetik in einer ästhetisierten Lebenswelt berücksichtigt:

„Ist indessen die ästhetische Revolution, die in der Theorie von der höheren Wahrheit der Kunst und des autonomen Genies Ausdruck findet, als die simple ideologische Kompensation der Bedrohung anzusehen, die mit der industriellen Gesellschaft und durch die Intellektualisierung der Intellektuellengesellschaft auf der Autonomie des künstlerischen Schaffens und der unersetzlichen Einzigartigkeit des ‚Gebildeten' lastet?"[15]

Die simple Erklärung indes verwirft BOURDIEU, da sie unzulässig reduziert, was nicht zu reduzieren ist, so auch den ästhetischen Wert auf den ökonomischen Wert.

Die Komplexität und Produktivität des genetisch-soziologischen Blicks verdeutlicht BOURDIEU auch 1993 besonders drastisch, wenn er fragt: „Was macht ein Kunstwerk gerade zu einem Kunstwerk und nicht zu irgendeinem Ding in der Welt oder zu einem schlichten Gerät? ...Wo findet sich das letzte Prinzip der Wirkung von Etikettierung, von Benennung, von Theorie (ein besonders passendes Wort, da es ums Sehen, theorein, und ums Sehen-Lassen geht), die, indem sie den Unterschied, die Einteilung, die Trennung einführt, das Heilige produziert?"[16]

Die im Alltag auftretenden Aspekte, unter denen sich ästhetische Kompetenzen zeigen, erstrecken sich vom Sehen über die Sprache auf das Verhalten.[17] Im Hinblick auf die Herauskristallisierung des künstlerischen Feldes ist an erster Stelle die Sprache zu nennen. Erst die Ausarbeitung einer *künstlerischen* Sprache führt zum Beispiel zur Entstehung des Produktionsfeldes Malerei. Mit Hilfe der Sprache als Symbolsystem wird erst eine autonome *Definition* des eigentlichen künstlerischen Wertes gebildet.

Auch die Unterschiedlichkeit der „sozialen Identität" des Künstlers gegenüber der anderer liegt im beharrlichen Insistieren auf der Autonomie, d.h. in der Behauptung seines Selbstverständnisses als einer intellektuellen bzw. ästhetischen Berufung. Er erkennt keine andere als die geistige Legitimität in seinem Selbstverständnis an; gleichzeitig bestehen im sich herausdifferenzierten autonomischen System aber Methoden und Techniken, die dem ökonomischen Bereich entstammen (z.B. Reklame für geistige Produkte). Eigentümlicherweise hindert dieser „Einbruch" das künstlerische Selbstverständnis nicht daran, schließlich eine besondere Gesinnungsethik hervorzubringen, die sich reziprok zur autonomen Haltung des Künstlers ergibt.

„Indem sich der Künstler vom Publikum distanziert und vulgäre Ansprüche demonstrativ zurückweist, fördert er den Kultus einer sich selbst genügenden Form, die Betonung der Esoterik und Unabhängigkeit des schöpferischen Aktes, und verlangt zugleich Bestätigung seines eigenen exklusiven und schlechthin unerklärlichen Wesens."[18]

In der Argumentation BOURDIEUs erweist sich ganz deutlich ein dialogisch-sozialer Aspekt ästhetischer Identität. BOURDIEU zeigt, wie relativ und abhängig ästhetische Haltungen von den sie betrachtenden Perspektiven sind. Erst die Entstehung des Berufes des freien Schriftstellers und seine Abhängigkeit von der Vorstellung und Definition der Gesellschaft lassen auch die soziale und dialogische Bedingung des Selbstverständnisses hervortreten. Die Erwartungen der Gesellschaft, ihre Forderungen oder Zurückweisungen bilden jenes Vorstellungsbild, auf das der Künstler reagiert, das er ablehnt, dem er sich widersetzt oder dem er sich nachbildet.

„Nur wenige soziale Individuen hängen so sehr wie die Künstler und, allgemeiner, die Intellektuellen in dem, was sie sind, und in ihrem Bild von sich selbst von der Vorstellung ab, die sich die anderen von ihnen machen ... Steht es dem Künstler auch frei, sich mit dieser Persönlichkeit, die die Gesellschaft ihm wie einen Spiegel vorhält, zu identifizieren oder sie zu verschmähen – zu ignorieren vermag er sie nicht.“[19]

Die gesellschaftliche Herausbildung des intellektuellen Feldes und des künstlerischen Feldes stellen also erst die Bedingung dafür dar, daß ein eigenständiger Bereich des Ästhetischen existiert, der sich nicht mehr auf das Werk beziehen muß, sondern *als Symbolbereich in die sozialen Beziehungen eingelagert ist* und sich kategorial dennoch von ihnen unterscheidet. Was BOURDIEU aus dem Werk herleitet, gilt in gleicher Weise also für Haltungen, Verhaltensweisen, die dem „reinen Blick“ zu unterliegen scheinen. Die Spannung zwischen dem Selbst als reflektierendem Subjekt und reflektiertem Objekt zeigt sich auch in der künstlerischen Intention, die trotz behaupteter Autonomie nicht frei von objektiven Bestimmungen des Marktes ist. Insofern zeigen sich Folgen dieses Zusammenhangs im künstlerischen Selbstverständnis.[20]

Ästhetische Haltungen, Verhaltensweisen und „ästhetische Identität entstehen schließlich in einem System symbolischer Beziehungen. Sie bilden das kulturelle Kräftefeld, das seinerseits Vorstellungen entwirft und zurückwirft, Definitionen faßt und Grenzen darstellt. Darin gleicht es einem *Sozialisationsfeld.* In diesem System zu leben heißt, Künstler zu sein. Aber nicht auf eine Künstlersozialisation ist in dieser Arbeit Wert gelegt, sondern auf die Beschreibung der sozial-symbolischen Bedingungen des wissenschaftlichen Gegenstandsfeldes. Die beschreibende Analyse des Selbstbewußtseins der in diesem Beziehungsnetz lebenden Subjekte ist selber auf ein differentes Symbolsystem bezogen, das sein eigenes Merkmal darstellt. Gerade dieses macht BOURDIEU zum Maßstab der ästhetischen Haltung.

„In diesem System symbolischer Beziehungen ... zu leben heißt, sich an Unterscheidungsmerkmalen (einer Manier, einem Stil, einer Besonderheit), d. h. sublimen Differenzierungen zu erkennen und damit anerkennen zu lassen, die bisweilen ausdrücklich gesucht werden und einen der Anonymität und Bedeutungslosigkeit entreißen“.[21]

Die Intimität und Subjektivität der ästhetischen Urteile, d. h. der Urteile über „Veröffentlichtes“, ist indes nicht so groß wie anthropologisch vermutet, wenn man bedenkt, daß die öffentliche Bedeutung eines Werks, d.h. die „Objektivierung der künstlerischen Intention“[22], innerhalb eines unendlichen Netzes spezifischer gesellschaftlicher Verflechtungen geschieht. Legitimierte Felder – wie die etablierten Künste – verfügen über eine eigene Institution, die ihre Existenz vermittelt, verbreitet und – vor allem – legitimiert. Die Legitimationsfrage macht deutlich, welche Initiationsriten gesellschaftlich notwendig werden, damit eine Beschäftigung, die noch nicht legitimiert ist, eine legitimierte werden kann.

Warum sollte sie es werden? – Am Beispiel der Fotographie läßt sich zeigen, wie ambivalent Bewertungshaltungen bzw. ästhetische Urteile der Gebildeten sind, denn die Fotographie ist beides zugleich – vulgäre Betätigung und noble kulturelle Beschäftigung, aber keines ganz. An ihr scheiden sich die Geister.[23] Legitimationszwang stellt letztlich den Grund dafür dar, daß Rückversicherungen wie technische Modelle und ästhetische Theorien die Funktion haben, eine zu legitimierende Tätigkeit in den Stand eines Surrogats des schon vorhandenen Sanktionierten zu heben. Die relative Autonomie von „Bildungsgemeinschaften“, als welche sich „Denkgemeinschaften“ bei näherem Hinsehen erweisen, ist Voraussetzung dafür, daß bestimmte fundamentale soziale Beziehungen sich immer wiederholen, von Beziehungen zwischen Künstlern unterschiedlicher Epochen, bis hin zu „Legitimations- und Vermittlungsinstanzen wie das Unterrichtssystem“.[24] Darin inbegriffen sind aber auch Instanzen der außerschulischen Vermittlung wie die Legitimationsinstanzen und Sozialisationsinstanzen, die kindliches Verhalten vor dem Schuleintritt auf seine Funktionstüchtigkeit hin überprüfen und sanktionieren. An erster Stelle ist hier die Psychologie zu nennen.

Ästhetische Sozialisation fragt eigentlich nach Vermittlungssituationen und -interaktionen, die ästhetische Haltungen und ästhetische Verhaltensweisen auf das sozialisatorische Feld beziehen, ohne die Symbolebene totalitär auf eine Wirklichkeit als Ursache zurückzuführen. Weil die eindeutige Rückführung der symbolischen Formen nicht zu leisten ist, kann BOURDIEUs kultursoziologische Analyse ästhetischer Kompetenzen auch an Wichtigkeit gewinnen für eine erziehungswissenschaftliche Perspektive, die am Kulturgegenstand Kunst und dessen sozialen Implikationen und Verflechtungen für die Subjektwerdung gewonnen wird.

BOURDIEUs Rückbezug der Kunst auf ein „System objektiver Beziehungen“[25] ist keine Simplifizierung, sondern der Versuch, die Eigengesetzlichkeit von Kunst in ihrer Relativität einerseits und in ihrer eigentümlichen Logik andererseits aufzuschlüsseln. Das Werk selber jedoch stellt aus soziologischer Sicht eine Ellipse dar, „die das Wesentliche ausläßt: es setzt seinen Nährboden, die implizit gesetzten Postulate und Axiome, stillschweigend voraus ...“[26]

Anders als in den Wissenschaften drücken sich „in den Kunstwerken die sozialen Denkformen einer Epoche am elementarsten und deutlichsten aus“.[27] Wo die Voraussetzung der Wissenschaft Reflexion über die wissenschaftlichen Grundlagen und Erklärung von Postulaten und Operationen ist, fehlt diese Art von Erklärung in der Kunst. An ihre Stelle tritt der ästhetische Schein als Anschauung der Welt. In der Übertragung seiner Strukturen auf die Herstellungsprozesse zeigt sich in Kunst und Wissenschaft das kulturelle Unbewußte, denn der Schaffende steht „zu seiner erworbenen wie zu seiner übernommenen Bildung in einem Verhältnis, das sich als das von ‚tragen' und ‚getragen werden' bezeichnen läßt, weil er sich nämlich nicht bewußt ist, daß die Bildung, die er besitzt, ihn besitzt."[28] In diesen reziproken Begriffen zeigt sich bei BOURDIEU die Zwischenebene zwischen Praxis und Theorie, Handeln und Wissen; auf ihr wird der Sens pratique wirksam, *bevor* sich legitimierte Felder institutionalisieren.

Bezogen auf das Vermittlungssystem, in dem Lernen institutionell stattfindet, und bezogen auf jene der Schule vorgelagerten Lernfelder bedeutet das eine gemeinsame Prädisposition der Menschen, „die von einer bestimmten Schule geprägt werden".[29]

Es ist das Interesse an der Art und Weise, wie das Sprechen, das Sehen, die Bedeutung von Werten in die Köpfe der Menschen kommen. BOURDIEU untersucht diese Prozesse in Hinblick auf historische Situationen, die bestehen, nicht allgemein anthropologisch. Soziales Handeln läßt sich zurückführen auf die Schaltstelle, in der symbolische Formen angeeignet, umgeformt und in ein Bedeutungssystem transformiert werden, das *nicht* nur durch die kognitive Leistung des Subjekts bestimmt wird, ebensowenig aber nur durch die sozialisatorische Doktrination, deren lineare Verlängerung das Subjekt wäre.

Was BOURDIEU über die Beziehung des Intellektuellen zur Schule sagt, ist übertragbar auf die historische und thematische Einordnung individueller Denkweisen in eine obligate historische Themen- und Problemkonstellation.[30]

Die soziologische Einbindung entbindet andererseits jedoch nicht von dem Erkenntnisinteresse, nach dem „wie" und nach Analysen des Gegenstandsfeldes zu fragen, dessen gesellschaftliche Funktion mit der psychologischen, individuellen und dadurch legitimierten Funktion überboten wird und die als Ideologie Wahrheit beansprucht. Die internen wissenschaftlich divergierenden Ansprüche auf den Wahrheitsgehalt des Ästhetischen sind ebenso unter die latente Herrschaft des kulturell Unbewußten einzuordnen. Die derzeitige Konjunktur des Ästhetischen, ob seine Funktion für die Bildung des Menschen im Hinblick auf die Erfüllung der bürgerlichen demokratischen Ziele Freiheit, Gleichheit, Brüderlichkeit behauptet wird oder ob der Glaube an diese Utopien wiederum mit „ästhetischen" Belegen zur Ästhetisierung der Umwelt, nämlich als Zivilisationskritik, zerstört wird, hängt auch mit BOURDIEUs dargestelltem Mechanismus zusammen, der als „Konsensus im Dissensus" die objektive Einheit des kulturellen Kräftefeldes bildet[31], „eine unbewußt getroffene Verständigung über die Brennpunkte des kulturellen Feldes"[32], deren Herrschaft die geistigen Auseinandersetzungen reguliert, ohne daß die „zu Automatismen eingeschliffenen geistigen Schemata“[33] bewußt begriffen und hinterfragt werden; denn gerade das kann nur in einem schwierigen reflexiven Nachvollzug erschlossen werden. Nährboden dieser Denkschemata, die nicht einzeln oder doktrinär vermittelt werden, sondern als Form der Verhaltensnormierung Oberhand gewinnen, ist eine allgemeine Disposition, der kultivierte Habitus. Diese Perspektive, Vermittlung und Widerständigkeit zugleich als abhängig von Determination und Motivation in kreativen Konzeptionen zu sehen, ist allein in der Lage, die immanente Betrachtungsweise zu überwinden. Der Habitus ist nicht als Determination des handelnden Subjekts zu verstehen, sondern eher als ein generatives Prinzip wie Sprache. Indem BOURDIEU den Begriff des Habitus unter Rückgriff auf die strukturale Dialektik von Exteriorität und Interiorität faßt, vermeidet er deterministische Bestimmungen.[34]

Wo im Blick auf Sozialisation noch nicht von künstlerischer Praxis gesprochen werden kann, die eine künstlerische Intention auf seiten der Subjekte voraussetzt, wo entwicklungspsychologische Bedingungen z. B. der kognitiven Entwicklung den Vorrang haben, kann dennoch das eben skizzierte künstlerische Kräftefeld relevant werden, und zwar in der Akzeptanz von Verhaltensweisen, die als ästhetische zu werten sind und die sich von den meisten anderen „legitimierten“ unterscheiden. Die Wahrnehmung und schließlich Förderung dieser Verhaltensweisen ist angewiesen auf jenes kulturelle Unbewußte, in dem sich die kulturelle Wertschätzung derartiger Haltungen und Verhaltensweisen erhält. Das Lernen speziell ausgewiesener Inhalte und Gegenstände stellt die eine Seite der prägenden Ereignisse in der Sozialisation dar; die Vorstellungen und Bilder, die interiorisiert werden, die Phantasie, Spiel und persönliche Verarbeitungsmuster von Wirklichkeit, die Konstruktionen von Welt liefern, stellen die andere Seite dar. Sie bringen in individuell verwandelter Form ökonomische und soziale Ereignisse mit Hilfe des praktischen Sinns zur Interiorisierung.

Dem Habitus kommt dabei die Funktion eines vereinigenden Prinzips und eines Vermittlers zwischen Struktur und Praxis zu. Den besonderen Habitus des Künstlers zu erkennen, ist Bedingung für eine Erklärung dafür, wie kreative Grundmuster entstehen. Scheinen sie noch so individuell und unterschiedlich, sie meinen ein systematisches Zusammenspiel von Verhaltensweisen, das der Schwierigkeit unterliegt, decodiert zu werden.

Als spezifische Differenzierungsleistung ist *ästhetische Kompetenz* daran zu messen, inwiefern Bildung internalisiert ist und instrumentalisiert werden kann, d. h. inwiefern Interpretationsschemata beherrscht werden, die dem gesellschaftlichen Status der Entschlüsselbarkeit von Kunstwerken entsprechen. Sie müssen auf jeden Fall über die Form ästhetischer Erfahrung hinausgehen, welche bei den „physiognomischen Eigenschaften“ stehenbleibt.[35]

Dennoch bleibt Sinnlichkeit die Grundlage derartiger Erfahrung, die Wissen und Praxis verbindet. An sie ist da anzuknüpfen, wo noch nicht im Hinblick auf Kulturobjekte von einem alphabetisierten Subjekt ausgegangen werden kann.[36]

BOURDIEU definiert ästhetische Kompetenz zunächst wie folgt: „Die ästhetische Kompetenz kann vorerst als die unerläßliche Kenntnis der möglichen Unterteilungen eines Universums von Vorstellungen in komplementäre Klassen bezeichnet werden.“[37]

Verschiedene Codes fungieren dabei als Gliederungssystem. So unterscheidet sich der spezifisch künstlerische Code vom Code des alltäglichen Lebens dadurch, daß er das „wie“ in den Vordergrund seiner Betrachtung stellt und die stilistischen Indikatoren im Rahmen der gesamten Möglichkeiten der Kunst verortet. Auf spezifisch ästhetische Weise zu betrachten heißt, die distinktiven stilistischen Züge des Gegenstandes zu ermitteln, die man in Beziehung zu allen Gegenständen der gleichen Klasse setzt. Es heißt, mehr an den Dingen wahrzunehmen, als sie funktional anzeigen.[38]

Was BOURDIEU für die Lesbarkeit des Werkes fordert, ist ebenso für noch nicht legitimiertes Verhalten und Haltungen im sozialen Rahmen zu fordern. Dazu leistet der Begriff der ästhetischen Subjektivität einen Beitrag, der über die Beschreibung von Künstlerbiographien hinausgeht. Aber er bedarf einer Herauslösung aus traditionellen Disziplin-Begriffen. Hier wäre der gesellschaftliche Platz der Funktion von Begriffen wie Mimesis, der Andere, das Andere, Metapher einzulösen.[39]

Individuelles Sachverständnis und der von einem Werk erforderte mehr oder weniger komplexe und verfeinerte soziale Code bestimmen die Lesbarkeit für jeden einzelnen. Rekonstruktion eines ästhetischen Prozesses wird dann notwendig, wenn das Verstehen nicht mehr automatisch ist. Am Beispiel der Musik verdeutlicht BOURDIEU die Distanz, die zwischen dem Schlüssel-Code des ästhetischen Produkts und dem sozialen Code in einer historisch bedingten Rezeption immer herrscht. „Wir brauchen heute einiges Training, um am gregorianischen Gesang Gefallen zu finden, und sehr viele Monodien des Mittelalters erscheinen uns nicht weniger verwirrend als beispielsweise eine Komposition Alban BERGs. Wenn aber eine Melodie ohne weiteres in unsere gewohnten Bezugsrahmen paßt, ist es nicht nötig, sie zu rekonstruieren. Ihre Einheit ist gegeben ...“[40]

Weicht die Struktur von traditionell bestätigten Schemata ab, „ist die Synthese nicht ohne Schwierigkeiten zu bewerkstelligen.“[41] Was nicht auf die Kunst begrenzt bleiben muß, leitet sich doch aus ihr ab, besser aus dem Kunstwerk als historischer Erscheinung. So ist die Kunstgeschichte für BOURDIEU als eine Folge von Brüchen mit etablierten Codes zu lesen, aber „die Fähigkeit, alle verfügbaren Codes aufzugeben, um sich dem Werk selbst in seiner zunächst unerhörten Befremdlichkeit zu überlassen, setzt die völlige Beherrschung des prinzipiellen Codes aller Codes voraus ...“[42]

Der am Charakter der Kunst als Durchbrechung von etablierten Codes und Normen orientierte Blick berücksichtigt Fremdheit, die er nicht ablehnt, als Interpretationsmodus deswegen, weil er in der Lage ist, mit herkömmlichen Codes zu brechen.

Die Bewußtwerdung der Regeln und Prinzipien des Wahrgenommenen kennzeichnet den akademisch Gebildeten gegenüber dem Liebhaber, dessen lebendiger Kontakt vielmehr Spiel-Sinn beweist. Dieser Sinn orientiert sich an dem sozialen Feld, in dem das Individuum primär sozialisiert wird. Aus ihm ergeben sich Bedeutung und Daseinsgrund, aber auch Richtung und Zukunft.[43]

Das alles geschieht nicht als bewußtes Kalkül der Individuen. In einem objektiven Sinn ist der praktische Sinn eine „intentionslose Intentionalität, die im Sinne eines Prinzips von Strategien ohne strategischen Plan, ohne rationales Kalkül, ohne bewußte Zwecksetzung funktioniert".[44] Primäre Sozialisation hat bei BOURDIEU insofern einen großen Stellenwert für die Transformation von äußeren Strukturen in unbewußt verinnerlichte Praxisformen hervorgehoben. WAGNER betont die von BOURDIEU als unbewußte bzw. vorbewußte und latent herausgehobene Form der praktischen Sinnübernahme, die wie bei MEAD nicht subjektiv-intentional verläuft. So werden nicht einzelne Gesten imitiert, sondern „Serien dieser Gesten, die Strukturen aufweisen, werden dabei vom Kind verinnerlicht."[45]

Auch in seinen älteren Schriften betont BOURDIEU die unbewußte Einverleibung als eine in der familiären Herkunft verankerte „Erfahrung, die ein Sachverständnis bereitstellt", das nach und nach durch unmerkliche Übung erworben wurde.[46]

Mit der Explikation des praktischen Sinns wird die Vermittlungsinstanz von ästhetischer Kompetenz, die auf Kulturgegenstände bezogen ist, demnach vor allem als alphabetisiertes Wissen zu sehen ist, und aktuellem Handeln, d. h. sozialer Praxis, am deutlichsten. Die Bedingungen der Lesefähigkeit von Kunstwerken liegen in vielfältigen Erscheinungsformen in den frühen Sozialisationsfeldern vor. Sie formen sich innerhalb des Netzes symbolischer Beziehungen zwischen Erziehendem und Kind, zwischen sich historisch verändernden Umgebungen und Sozialisation. Während Familie keine methodischen Wege der Heranführung an das Kriterium eines gebildeten Menschen bereitstellt, sondern unterschwellig wirkt, ist die bewußte Vermittlung die Aufgabe der Schule. Bezogen auf das Ästhetische, hat Schule nach BOURDIEU die Aufgabe, *ausdrücklich* Kunstkompetenz herzustellen. Ihrerseits ist sie dabei abhängig von Bildung, verstanden als „historisch konstituiertes und sozial bedingtes System von Wahrnehmungs-, Ausdrucks- und Denkschemata".[47] In diesem System erweist sich die nicht regelhaft zu bestimmende Interiorisierung durch den Sens pratique als Problem von Bildungsvermittlung. Es liegt begründet in der Art und Weise seiner Wirkung, die auch die seiner Genese ist, nämlich daß er durch unmerkliche Übung und automatische Übertragung von Fähigkeiten, von habitualisierten Mustern bedingt ist. Im Bewußtsein der Sozialisierten entsteht die zweite Natur dieser Bildung von Kompetenzen – als *Bildung*. Sie ist als „Geschenk der Natur"[48] Negation ihrer eigenen Künstlichkeit und wird durch Verschweigen ihrer eigenen sozialen Bedingungen eine unhinterfragbare Gabe der Natur. Ästhetische Kompetenz ist somit losgelöst von Bildungszwängen und langen Lernprozessen. Nur so kann sie als das ganz Andere, als „Erleuchtung" und als „Freiheit" behauptet werden. Ihre Funktion im Bildungszusammenhang ist für BOURDIEU die Rechtfertigung eines sozialen Privilegs. Jegliche Aufklärungsfunktion dagegen über den Zusammenhang von Bildung und Erziehung muß die Prozeßhaftigkeit des Habitus erkennen und deutlich machen. In diesem Falle könnten die Verhaltensweisen, die künstlerischen Sachverstand oder künstlerische Intention mit bedingen, nämlich als „Nebeneffekte" der „zweiten Natur", die sich in ästhetischen Verhaltensweisen zeigen und nicht im Gelingen einer handwerklichen Form, sich in einem anderen als dem kulturell legitimierten Bereich zeigen. Es ist nicht einzusehen, warum Normendurchbrechung und Interiorisierung von vorwiegend bildlich wahrgenommenem Verhalten sich ausschließlich im institutionalisierten und etablierten Feld der Kunst niederschlagen soll.

Dieser Gedanke ist mit einer Frage an BOURDIEU verknüpft, die seine eigenen Bedingungen der Voraussetzung betreffen, daß Handeln generell als strategiengeleitet zu konzipieren ist. Er fragt nicht nach den historischen und anthropologischen Voraussetzungen, die eine solche Elaboration wie die der Kunstobjekte erst möglich machen. So fragt auch WAGNER kritisch: „Ist BOURDIEUs Soziologie nicht auf die Elaboration der fundierenden Ebene humaner Sinnkonstitution und Sozialität angewiesen, wenn sie beansprucht, „das Paradoxon vom objektiven Sinn ohne subjektive Absicht" auflösen zu können und eine grundlegende Theorie sozialen Handelns zu sein?" Und: „Ist es ausreichend, wenn eine Soziologie mit diesem Anspruch sich begnügt mit der Analyse voll ausgebildeter kultureller Artefakte, ohne sich um deren Konstitutionslogik zu kümmern?"[49]

Im Vergleich der Positionen von BOURDIEU und MEAD gibt WAGNER auf diese Fragen mit MEAD z. T. eine Antwort. Die Konstitution und der Einsatz von Strategien verlangt – jedenfalls bei MEAD – als Voraussetzung die durch Interaktion äquilibrierten Formen objektiven Sinns und die Fähigkeit zur Perspektivenübernahme auf der Seite der Handelnden. Damit geht eine Kritik an BOURDIEUs rationalitätstheoretischer Unterlegung des Habituskonzeptes einher. Subjekte handeln auf der Folie von Rationalität selbst dann, wenn sie strategisch intentionslos intentional interagieren. Indem, so WAGNERs Kritik, BOURDIEU aber nicht die konstitutionslogische Genese der Rationalität interessiere, sondern nur die materiale, lege er seinen Begriff von Rationalität nicht genügend frei. Über die Kritik daran und über die Frage, was subjektive Reflexion an objektiver Rationalität sich verfügbar machen kann, kommt WAGNER schließlich zur Diskussion der Frage nach einer zweckfrei sich reproduzierenden Reziprozität, die als soziales Handeln Voraussetzung strategiengeleitetes Handeln ist, als quasi „formal-abstrakte Bedingung seiner Möglichkeit".[50]

Im Hinblick auf die ästhetische Kompetenz und die ästhetische Einstellung läßt sich sagen, daß sie an die Materialität des Kunstwerks konstitutiv und historisch gebunden ist. Dennoch ist auch hier die Frage nach der Voraussetzung sozialen Handelns ins Spiel zu bringen und auf ihre Bedingungen an der Möglichkeit zu prüfen, inwieweit der nicht bewußte, also noch nicht symbolisch codierte Bezug auf etwas soziogenetische Voraussetzung für eine „ästhetische Einstellung" ist. Im Unterschied von Stil und Erwerbsstil[51] werden zwei Pole deutlich. Auf der einen – der sozialisatorischen und persönlichen – Seite steht die unmittelbare Erfahrung als ein langwieriger Weg fortschreitender Vertrautheiten. Dem stellt BOURDIEU den Akademismus gegenüber, der als Keim in jeder rationalen Pädagogik stecke, wenn sie das in ein Dogmengerüst aus expliziten und explizit beigebrachten Normen steckt, was ästhetischer in alten, praktischeren Formen des Lernens übermittelt wird. Es wird deutlich, daß hier jene intellektuelle Liebe zur Kunst nicht gemeint ist, die Erfahrung der Werke mit einer intellektuellen Operation der Entschlüsselung gleichsetzt.[52] Da das Interesse sich hier auf eine „aisthetisch" verstandene „ästhetische Sozialisation" bezieht, an die Fragen zu stellen sein werden, *wie* sie sich *zwischen* objektiven Gesetzmäßigkeiten und subjektiven Performanzen vollziehen kann, kann es auch nicht nur um den ausdifferenzierten Gegenstand Kunst als Material gehen. Vielmehr verweist der von BOURDIEU hervorgehobene praktische Sinn auf jene sozialen Fähigkeiten, die im noch nicht bewußten Bereich der Beziehungsfähigkeit quasi intentionale Interaktion ermöglichen, die weder hier als Distinktionsfähigkeit noch als Nachahmung zu begreifen ist, die aber als Voraussetzung ästhetische Kompetenz *unterhalb* des Wissens um Stile ermöglicht.

2. Veränderte Sozialisationsbedingungen als Grundlegung ästhetischer Sozialisation. Eine theoretische Forderung und ihre Berücksichtigung in der Sozialisationsforschung

Im Hinblick auf die Praxis sozialen Handelns und auf Haltungen der Subjekte, besonders unter dem Aspekt sich entwickelnder Subjektivität, wird zunehmend eine Veränderung des sozialisatorischen Umfeldes wichtig, die nur noch bedingt auf die Herauskristallisierung der ästhetischen Einstellung als Klassenschranke angewiesen ist. Die Ästhetisierung der Lebenswelt ist ein Prinzip, das alle Klassen durchdrungen hat. Was aber klassifiziert, ist der Geschmack, der als feiner Sinn für Unterschiede zum Beispiel zwischen den Klassifizierenden selbst wirkt, so daß zwischen schön und häßlich, zwischen fein und vulgär Unterschiede bestehen, die strukturell dem Habitus innewohnen.

> „Bietet Kunst sich offenkundig der ästhetischen Einstellung als Anwendungsfeld par excellence dar, so ist doch gleichwohl nicht zu verkennen, daß im Grunde kein Bereich der Praxis sich gegenüber der Intention einer Verfeinerung und Sublimierung der elementaren Triebe und Bedürfnisse verschließen kann, daß mithin kein Bereich existiert, in dem die Stilisierung des Lebens, d. h. die Setzung des Primats der Form gegenüber der Funktion, der Modalitäten (und Manieren) gegenüber der Substanz, nicht die gleichen Auswirkungen zeitigte. Nichts hebt stärker ab, klassifiziert nachdrücklicher, ist distinguierter als das Vermögen, beliebige oder gar ‚vulgäre' (weil oft zu ästhetischen Zwecken vom ‚Vulgären' angeeignete) Objekte zu ästhetisieren, als die Fähigkeit, in den gewöhnlichsten Entscheidungen des Alltags – dort, wo es um Küche, Kleidung oder Inneneinrichtung geht – und in

vollkommener Umkehrung der populären Einstellung die Einstellung einer ‚reinen' Ästhetik spielen zu lassen."[53]

Der Gegensatz zwischen „Sinnengeschmack" und „Reflexionsgeschmack", der die Ästhetik seit KANT kennzeichnet, wird von der kritischen Kultursoziologie widerrufen. Sie überwindet die sakrale Schranke, die das Ästhetische in eine separate Sphäre drängt, und lenkt das Ästhetische wieder auf den Bereich des ordinären Konsums. Diese Gegebenheit heutiger Lebenswelt bietet Anlaß zu fragen: Welche wissenschaftlich theoretischen Perspektiven sind notwendig, um Sozialisationsforschung in einer Lebenswelt, die durch stilistische Formmerkmale, Überbilderung, Zeitmangel, Rezeption und Reaktion gekennzeichnet ist, hinreichend komplex zu betreiben?

Sozialisationstheorie hat die Aufgabe, real ablaufende Sozialisationsprozesse zu beschreiben, zu verallgemeinern und modellhaft darzustellen, um darüber hinaus ihre Wirkungszusammenhänge erklären zu können.[54] Es geht also nicht um eine unilineare Perspektive, in der Kunst als herauskristallisiertes System von Zeichen und Beziehungen ein nur positiv bedachtes Modell einer Erweiterung des Denkens, einer Erweiterung bisheriger Theorieansätze darstellt. Es geht vielmehr um Verhaltensweisen und um die Problematik von Abweichung, die sich in diesen Verhaltensweisen vergegenständlicht, weiterhin um Erfahrungen, die einer theoretischen Perspektive der traditionellen Sozialwissenschaft nicht zugänglich sind, weil deren Praxis und Komplexität von traditionellen Kategorien nicht mehr erfaßt wird. So verlangt z. B. das Spiel von Kindern noch eine andere Perspektive als die, welche kognitivistische Entwicklungstheorien oder Psychoanalyse ausschließlich beanspruchen, um die wissenschaftstheoretischen Vorentscheidungen zu erörtern, die dann zu der einen oder anderen Theorie führen, in deren Voraussetzungen anthropologische Grundannahmen und philosophische Ausgangspunkte erst bestimmt werden müssen. Nur so können andere als die theoretisch vorgedachten Praxisformen überhaupt wahrgenommen werden.[55]

Im vorhergehenden Kapitel wurde der Ansatz von BOURDIEU als ein Beispiel vorgestellt, wie die entgegengesetzten Pole von Theorie und Praxis, von Subjekt und Objekt, die ein theoriezentriertes Denken darstellen, das nicht in der Lage ist, die eigene Position zu hinterfragen, zu überwinden sind. Wo die metatheoretischen Voraussetzungen anthropologischer und sozialphilosophischer Art nicht selber hinterfragt werden, besteht wenig Aussicht auf eine Weiterentwicklung von Theorie, die sich nicht selbst genügt, sondern der Prozeßhaftigkeit und Komplexität der Praxis Rechnung trägt.[56] Der Ansatz BOURDIEUs eignete sich, Verhaltensweisen mittels anderer Perspektiven und Begriffe zu betrachten, die bisher in ein unzureichendes Begriffsrepertoire eingeordnet wurden. Auf dieser Basis sollen im folgenden Kapitel Fragen an die Sozialisationsforschung gestellt werden, mit dem Ziel, auch hier nach Ansätzen einer solchen „Durchbrechung" zu suchen, von der eine metatheoretische Reflexion und weiterreichende Perspektive erwartet werden kann.

Wenn Sozialisation definiert wird „als der Prozeß der Entstehung und Entwicklung der Persönlichkeit in wechselseitiger Abhängigkeit von der gesellschaftlich vermittelten sozialen und materiellen Umwelt“[57], so ist darin impliziert, daß es nicht um Prägung, d. h. um unidoktrinäre Auswirkungen der personalen und gegenständlichen Umwelt auf das Individuum gehen kann. Die Beachtung der „Persönlichkeit“ als sich entwickelnde und veränderbare Größe widerlegt die passive, genetisch fixierte Position.[58] Sie öffnet den Blick für individuelle Lebenserfahrungen wie für die gleichzeitige Tatsache der Vergesellschaftung.[59] Damit ist ein Sozialisationsbegriff angesprochen, der die Aktivität des Menschen meint, gestaltend und handelnd auf seine Umwelt einzuwirken. Die Spannung zwischen den prinzipiellen Möglichkeiten, sich Umwelt aktiv, individuell und situativ unterschiedlich anzueignen, und den gesellschaftlichen Normen, die sich als allgemeine Erwartungen und gesellschaftliche Anforderungen darstellen, muß theoretisch begreifbar werden, um das Individuum nicht als bloßes Opfer seiner Sozialisation zu sehen.[60]

In der sozialisationstheoretischen Reflexion der Rolle gegenwärtiger Realitätserfahrungen für die Persönlichkeitsentwicklung spielt die Veränderung der Lebenswelt eine große Rolle. Die Frage nach den Faktoren der Wandlung des Begriffes *Kindheit*[61] hat die 80er Jahre bestimmt. Es gibt keine eindeutige Antwort auf die Frage nach Merkmalen und Faktoren der Wandlung, es sei denn, man konstatiert einen generellen Wandel an Sozialisationsinstanzen und -bedingungen. Der Gedanke, daß eine ästhetisierte Lebenswelt eine ästhetische Identität hervorbrächte, wäre ein Kurzschluß. Der Begriff[62] erweist sich vor dem Hintergrund von Sozialisation als unbrauchbar, weil er die Phänomene gesellschaftlichen Lebens nicht für den Begriff ästhetisch verwendet, den er lediglich als Rückzug davon versteht, als Sinn für die Distinktion schlechthin, die an keine soziale Selbsterhaltung gekoppelt ist. Sozialisationstheoretisch ist die Tatsache einer durch Medien und Technik geprägten gegenständlichen Umwelt mehr und mehr in den Blick geraten. Sie gilt als zweite Natur und damit als Realität, welche die Erfahrungswelten von Kindern bestimme; sie enthält heimliche Lehrpläne, die ihrerseits Entwicklungs- und Lernstrukturen beinhalten.[63]

Die Thematisierung ästhetischer Phänomene, die sich nicht ausschließlich auf etablierte Kulturobjekte beziehen, sondern auf Erfahrungsweisen und Kompetenzen, die zwischen Theorie und Ästhetik liegen, hat mit Problemen zu rechnen, die sich aus den metatheoretischen Positionen selber ergeben.

Am deutlichsten ist dabei im Rahmen der Sozialisationstheorien eine Polarisierung zwischen psychoanalytischer Richtung auf der einen Seite und kognitivistischer Entwicklung auf der anderen Seite, vor allem, wo es um den Bereich der primären, also vor allem familialen Sozialisation geht, die hier angesprochen ist.[64] Die Schwierigkeit, das Ästhetische in die Sozialisationsforschung einzufädeln, ergibt sich zum einen also aus wissenschaftstheoretischen Vorentscheidungen, zum anderen aber aus der Schwierigkeit selber, dieses Feld in definitive Begriffe zu fassen.

Als fruchtbar erweist sich ein prozessuales Vorgehen, das nahezu aisthetisch ist, d. h. keine begriffliche Überdetermination der sinnlichen und körperhaften Aneignungswege beinhaltet, die jene frühe Phase der Sozialisation bestimmen. Die Fixierung auf kognitive und bewußte symbolische Ebenen der Aneignung und Auseinandersetzung mit Wirklichkeit vernachlässigt das Moment der über Symbole und Interaktionen sich einfädelnden Ontogenese des Subjekts. In der schon älteren Verbindung von Marxismus und Psychoanalyse versuchte LORENZER sowohl den sinnlichen und triebbedingten Interaktionsformen Rechnung zu tragen als auch den bereits in ihr enthaltenen vergesellschafteten Aspekten. Damit gewann die vor-sprachliche Ebene der Aneignung und des Ausdrucks von subjektiver Welt als anthropologische Konstruktion an Bedeutung.[65]

Die derzeitige Problematik, den Veränderungen der Lebenswelt mit einer komplexitätsgesteigerten „Theorie" zu begegnen, läßt sich in Hinblick auf die wissenschaftstheoretischen Positionen wie folgt darstellen.

Ein interdisziplinäres Vorgehen, das psychologische und soziologische Perspektiven verbinden will, steht einem interparadigmatischen gegenüber, das die metatheoretischen Unterschiede, die den Blick auf das Gegenstandsfeld Sozialisation zu allererst lenken, deutlich werden läßt und das versucht, diese aufzubrechen.[66] Zwar ist der interparadigmatische Austausch komplexer, aber gleichwohl steht er vor paradoxen Schwierigkeiten, die wiederum in den anthropologischen und sozialphilosophischen Polaritäten der beteiligten Theorien liegen. So urteilt TILLMANN: „Die erhoffte Erweiterung der Perspektiven durch eine Verbindung verschiedener Theorien ist nur zu erreichen, wenn diese Theorien einen unterschiedlichen Zugang zu ihrem Gegenstandsbereich wählen."[67] Gleichzeitig ergibt sich mit der Unterschiedlichkeit proportional die Gegensätzlichkeit und Unverträglichkeit. So kommt TILLMANN zu dem Schluß, indem er sich an HURRELMANN (1978) anlehnt[68]: „Wenn trotz einer solchen Ausgangssituation eine Theorieverbindung konstruiert wird, ist der Preis die ‚Verdrängung' metatheoretischer Grundprobleme; spätestens dann ist der Vorwurf des Eklektizismus berechtigt."[69]

So ist der Anspruch auf das von HABERMAS formulierte Ziel eines gemeinsamen emanzipatorischen Erkenntnisinteresses aller Theorien zur Subjektwerdung kritisch zu betrachten. Es hat vor allem die sozialisationstheoretische Auseinandersetzung der 70er und 80er Jahre beeinflußt, aber es zeigt sich, daß es nicht in der Lage ist, jene Prozesse hinreichend zu beschreiben, die nicht in kommunikative Kompetenz und Diskursfähigkeit einzuordnen sind. Dieses sind Prozesse, die stärker an leibliche Strukturen, stärker an unbewußte Prozesse angebunden sind, die stärker vom Sinn für das Spiel (BOURDIEU) gekennzeichnet sind. In diesen Zusammenhang gehören auch jene symbolischen Ausdrucksweisen wie „Kinderzeichnungen" und Körperausdruck. Ihre Einordnung in einen non-verbalen *Kommunikationsrahmen* leugnet das Moment ihrer eigenen spezifischen *Artikulation*, die nicht im Kommunikationsbegriff aufgeht.[70]

Die kommunikationstheoretische Argumentation mit dem erkenntnistheoretischen emanzipatorischen Anspruch ist der psychoanalytischen Sichtweise des Menschen als triebbestimmt und von der Kultur unterdrückt entgegengesetzt. Die theoretische Verbindung beider unter dem Postulat von Emanzipation und Kommunikation läuft Gefahr, die Voraussetzungen dieser Unterschiede nicht genügend auszuloten.[71]

So ist es für TILLMANN unklar, wie sich z. B. interaktionistische Überzeugungen mit marxistischen vereinbaren lassen; es sei die Frage, ob sich auf Kommunikation und Identität hin angelegte Positionen überhaupt mit jenen Positionen verbinden lassen, die der gegenständlichen Umwelt mehr Bedeutung zumessen, wie es z. B. die russische Psychologie tut.[72] Die Kritik TILLMANNs, daß der interparadigmatische Theorieverbund nur dadurch möglich wird, daß alle anderen Paradigmen kommunikationstheoretisch zugeschnitten werden, ist eine Kritik an theoretischer Überdeterminierung im traditionellen Sinn.

Daraus ergibt sich die Frage nach weiteren theoretischen Möglichkeiten, den Gegenstand so komplex wie möglich zu beschreiben und zu analysieren. Die genannten metatheoretischen Positionen sind nur als Beispiele zu verstehen; ähnliche Polaritäten bestehen zwischen Psychoanalyse und Behaviorismus; sie bestanden zwischen kritischem Rationalismus und Kritischer Theorie im Positivismusstreit. Hier geht es nur um die Verdeutlichung des Problems, daß ein „starkes“ Paradigma jene Pluralität und „Verschiedenheit“, die zu sehen gefordert wird, mitunter verleugnet.

3. Das Paradigma der Perspektivenübernahme als ästhetische Kompetenz. Zur Vernachlässigung einer Kategorie in der Theorie sozialen Handelns

Im Hinblick auf die Veränderung sozialisatorischer Bedingungen, die sich in der Spannung zwischen Konsumbereich, Schule, Medien und Familienkultur ergeben, wird eine ganzheitliche Betrachtungsweise gefordert, da von ihr erwartet wird, daß sie eher qualitative Veränderungen wahrnimmt als eine quantifizierende, von einigen Variablen abhängige Methode.[73] Der Omnipotenzanspruch objektivistischer Vorgehensweisen führt zur Trübung des Blicks, wenn die eigene biographische Eingebundenheit der Wissenschaftler in ihre Sozialisationsgeschichte nicht mit reflektiert wird. Dieses Problem taucht vor allem dann auf, wenn gegenwärtige Phänomene noch keine Gesetzmäßigkeiten für künftige Sozialisationsprozesse geben können, diese aber der Vergangenheit einer weniger bildabhängigen, weniger zeitextensiven und weniger komplexen Umgebung entnommen werden. In dieser Situation werden wissenschaftliche Selbstreflexion wie die Forderung einer weiterreichenden Perspektive deutlich. Diese Forderung bezieht sich im sozialwissenschaftlichen Rahmen auf die zunehmende Berücksichtigung der Eigenaktivität der Subjekte schon in der primären Sozialisation.[74]

Das Paradigma der Perspektivenübernahme kennzeichnet einen phänomenologischen Standpunkt, der als Kritik an einer auf die Intentionen des Subjekts vertrauenden Bewußtseinsphilosophie möglich wurde. G.H. MEAD[75] gilt als Begründer des Ansatzes der Perspektivenübernahme. Auf ihn bezieht sich der symbolische Interaktionismus. Der Begriff wurde im Zusammenhang mit dem Begriff des „role-taking" oder „perspective taking" tragend für die sozialwissenschaftliche Erforschung und empirische Analyse des interpersonalen Verstehens.

Hier richten sich Fragen an das Paradigma der Perspektivenübernahme, inwieweit es als ästhetische Kompetenz verstanden werden kann. Es wird behauptet, daß die anthropologische Voraussetzung der Perspektivenübernahme mit der Sinnkategorie zu fassen ist, die allerdings nicht als dem Subjekt nachgängig zu verstehen ist, sondern als ein soziologischer Grundbegriff; weiter, daß dieser Sinn, der in sozialer Handlung liegt, eine grundlegend ästhetische Komponente hat, die im weiteren Verlauf der empirischen Forschung zur Perspektivenübernahme nicht beachtet wurde. Auch hier gibt BOURDIEUs Ansatz die Möglichkeit, mit Hilfe des praktischen Sinns eine aisthetisch verstandene ästhetische Ebene der Sozialisation anzusprechen, in der Sinn für Spiel und Distinktion, sich komplementär verhaltend, Voraussetzung ist für das Selbstbild wie die Perspektivenübernahme.

Perspektivenübernahme ist in der fundamental-anthropologischen Sicht MEADs derjenige Begriff, durch den die Kompetenz begreifbar wird, welche den Teilnehmern in Interaktionen Sinn verfügbar macht. Wie BOURDIEU löst sich MEAD vom traditionellen strengen Subjekt-Objekt-Modell. Wie bei BOURDIEU rückt bei MEAD die soziale Handlung an die Stelle des monologischen Subjekts als Produzent von Sinn.[76]

Was besagt nun der Begriff Perspektivenübernahme bei MEAD? MEAD geht von einer evolutionär entwickelten Sprecher-Hörer-Situation aus; in ihr verhält sich der Sprecher als Sender dem Empfänger gegenüber genau so wie sich selbst als Hörer gegenüber. Durch die Vokalität der Sprache ist der Sprechende als Hörender selbstwahrnehmend. Er reagiert im Unterschied zum Tier nicht nur auf Gesten; das Symbol wird bedeutungstragend für beide Teilnehmer. Es ergibt sich ein signifikantes Symbol, wenn die Bedeutung beider identisch ist.[77] Ausdrucksweisen (Gesten, Laute, Gebärden), die der Mensch anderen gegenüber zeigt, können bei ihm selbst Reaktionen auslösen. Der Grund dafür liegt a) im Hören der eigenen Stimme, b) in der Übernahme der Haltung, mit der andere sich an ihn wenden (taking the attitude (role) of the other). Dabei verhält es sich so, „daß diese Reaktion auf das soziale Verhalten der Identität in der Rolle eines anderen vor sich gehen kann."[78]

Durch den Einstellungswechsel ist es möglich zu antizipieren, d. h. seine Sichtweisen und Erwartungen vorauszusehen, selber Erwartungen an das Verhalten anderer zu haben und anzunehmen, daß sie sich uns gegenüber genauso verhalten. Auf einer höheren Stufe ist es möglich, nicht nur die Einstellung des signifikanten anderen als einzelnen zu übernehmen, sondern die aller Mitwirkenden des Zusammenhangs, was im Terminus des „generalized other" ausgedrückt ist. Er dient nicht nur der Analyse von sozialer Kognition, Kommunikation und Kooperation, sondern hat die fundamental-anthropologische Funktion, Identität in ihrem Ursprung im sozialen Akt selber zu begründen.[79]

Sinn entsteht über die Intentionen der Initiatoren des Sinns hinweg im sozialen Akt. Er liegt zeitlich und logisch in einer objektiven Sinnstruktur vor. Dank der signifikanten Symbole, die ihn mit konstituieren, kann er intentional von den Subjekten repräsentiert werden. Er entsteht ursächlich nicht durch das Subjekt, sondern dieses entwickelt seinen Sinn prozessual, d. h. seine Identität als Sinn in der sozialen Handlung selber. Identität ist damit bei MEAD an Perspektivenübernahme und an die subjektive Repräsentation einer rationalen Struktur als vorliegender Sinn gebunden.

Nach MEAD gibt es zwei Stadien der vollständigen Entwicklung von Identität. Im ersten Stadium „bildet sich die Identität des Einzelnen einfach durch eine Organisation der besonderen Haltungen der anderen ihm selbst gegenüber und zueinander in den spezifischen gesellschaftlichen Handlungen, an denen er mit diesen teilhat. Im zweiten Stadium dagegen wird die Identität des einzelnen nicht nur durch eine Organisation dieser besonderen individuellen Haltungen gebildet, sondern noch durch eine Organisation der gesellschaftlichen Haltungen des verallgemeinerten anderen oder der gesellschaftlichen Gruppe als ganzer ... So entwickelt sich die Identität, indem sie diese individuellen Haltungen anderer in die organisierte gesellschaftliche oder Gruppenhaltung hereinbringt und damit zu einer individuellen Spiegelung der allgemeinen, systematischen Muster des gesellschaftlichen oder Gruppenverhaltens wird, in die sie und die anderen Identitäten eingeschlossen sind ..."[80]

An die Fähigkeit, die Perspektiven der Handelnden übernehmen zu können, und an den durch die Handelnden weitergebildeten objektiven Sinn ist strategisches Handeln gebunden. Während MEAD die strukturelle Konstitution des Subjekts fundamental auf die Perspektivenübernahme zurückführt, wird der Begriff bei PIAGET verwendet, um die Bedingung des kommunikativen und moralischen Verhaltens zu bezeichnen. Perspektivenübernahme markiert den Standpunkt eines sozialisierten Sprechers und ist dem egozentrischen entgegengesetzt. Perspektivenübernahme ist das Resultat der kognitiven Entwicklung des Individuums. An ihr interessiert PIAGET vor allem der allgemeine Verlauf.[81] Er sieht das Subjekt als epistemisches, das im Handeln einer logischen Struktur entspricht. Diese ist unter dem kognitivistischen Postulat der Entwicklung von sinnlichen Erfahrungen gereinigt, die nicht als formale Struktur instrumentalisiert werden können.[82]

MEADs Annahmen sind Arbeiten von R. L. LEAHY und C. HUARD gefolgt. Sie untersuchen die Disparität der Selbstbilder (reale und ideale) von Kindern, indem sie die MEADsche Theorie des Selbstbildes verwenden, um Aussagen über die Verbindung von spezifischen kognitiven Fähigkeiten mit der Differenzierung des Selbstbildes und mit der Internalisierung der Werte anderer machen zu können.[83]

Bei MEAD führt die Perspektivenübernahme zum Resultat des Selbstbildes. Sprache erleichtert bei MEAD aufgrund ihrer dialogischen Struktur diesen Prozeß der Selbsteinschätzung. Das Verhältnis zum eigenen Selbst setzt voraus, daß dieses ein Erfahrungsgegenstand werden kann. Dazu sind symbolische Systeme notwendig, die sozial-kognitive Fähigkeiten so weit spezifizieren, daß sie eine Forderung bedeuten, gesellschaftliche Werte zu verinnerlichen. In ihren Untersuchungen haben LEAHY und HUARD, MEAD und KOHLBERG bestätigt, wie auch KATZ und ZIGLER, daß innerhalb der kognitiven Entwicklung gesellschaftliche Werte internalisiert werden und zunehmend berücksichtigt wie verstanden werden. Insofern gilt Perspektivenübernahme als ein Indikator für den allgemeinen Entwicklungsstand.[84]

In der o. g. empirischen Untersuchung von LEAHY und HUARD wird Perspektivenübernahmefähigkeit entgegen MEADs Annahmen von Sprache getrennt, die für den Aufbau des Selbstbildes als weniger wichtig erscheint.[85] In Hinblick auf die Bildlichkeit des Selbst, die schon ethymologisch beim Begriff „Selbstbild“ vorausgesetzt wird, ist zu fragen, warum der Bildlichkeit und den impliziten Vorstellungsbildern keine Rechnung getragen wird. Für MEAD sind sie konstituierend im Aspekt der leiblich vermittelten Geste, der Gebärde, und in der Vokalität, d. h. in sinnlich erfahrbaren Signalen bzw. Symbolen. In der nachfolgenden empirischen psychologischen Forschung kommt dieser Ebene kaum weitere Bedeutung zu. Indem sowohl Identität wie Sinn auf das Paradigma der kognitiv überbetonten Perspektivenübernahme zugeschnitten werden, wird eine grundlegende Ebene von Beziehungshaftigkeit als Dimension nicht mehr berücksichtigt. Sie aber ist die Formulierung des praktischen Sinns, mit dem theoretische Vernunft soziologisch kritisiert wird.[86]

Die empirischen, in der Überzahl psychologischen Studien zur sozialen Kognition verstehen sich als Versuch einer disziplinübergreifenden Sozialwissenschaft, die genetischen Strukturalismus und interpretatives Paradigma verbinden will. So heißt es bei EDELSTEIN, daß über das rein kognitivistische Paradigma hinaus aus den empirischen Rekonstruktionen der Bedingungen selber Erkenntnisse gewonnen werden müssen, die Annahmen untersuchen, nach denen Menschen miteinander in Beziehung treten und handeln. Über das kognitivistische Paradigma hinaus sollen in den Studien zur sozialen Kognition Egozentrismus, Dezentrierung und Sozialisierung des Bewußtseins verstanden werden. Soziale Intelligenz und instrumentelle Intelligenz entstehen dabei in ähnlichen Prozessen der Rollenübernahme in der sozialen Interaktion und in der Erkenntnis der Objektwelt.[87] Bestätigt wird die Ungleichzeitigkeit der Verfügung von Perspektivenübernahme und verbaler Klassifikation.[88] Diese Tatsache hat FLAVELL dazu veranlaßt, Bilder in seine Untersuchungsmethoden einzubeziehen, die allgemein als besonders originell gelten.[89] Erstaunlich ist jedoch, wie er die jeweilige Bezugnahme der Kinder auf Bilder dann wiederum an nichts anderem festmacht als am bloßen Wiedererkennungswert, dem eine sprachliche Klassifikation zugrunde liegt. Nur über die verbale Repräsentation und durch deren Rückführung werden Bilder anerkannt.

Die theoretische Einsicht, daß in dem Maße, wie das Subjekt Rollen übernimmt, es auch Rollen *macht*, indem interpretiert wird und Identität dargestellt wird, wird in die Untersuchungen selber eingeführt, wenn das wissenschaftstheoretische Vorverständnis, nämlich die Art und Weise, in der Subjektbezug auf Bilder sich von Sprache unterscheidet, gar nicht ausgelotet wird. Insofern erscheint die ästhetische Ebene von Sozialisation aus dieser Sicht irrelevant, obwohl paradoxerweise mit Material gearbeitet wird, das sich ausdrücklich in seinen ästhetischen Kennzeichen von verbalem Material unterscheidet. Es steht in Frage, ob nicht ein spezifischer Bezugsmodus der Artikulation und dem Erkennen von Bildern zugeordnet werden muß und ob nicht er für die Forschung relevant ist, die menschliche Entwicklung zum Thema macht.

3.1 Ästhetische Erfahrung und die historische Entwicklung des Denkens bei MEAD

Ästhetische Erfahrung unterscheidet sich für MEAD streng von intellektueller Erfahrung, und das heißt, von strategischem Handeln. Gleichwohl zeigt sich auch in der ästhetischen Erfahrung die vorgängige Bedeutung der Perspektivenübernahme. In ihr und in der ästhetischen Wahrnehmung wird jedoch ein anderer Zeitbegriff und ein erhöhter Affektanteil unterlegt.

> „Wenn wir Mittel auf Zwecke zuschneiden, wenn wir Werkzeuge gebrauchen, wenn wir Menschen oder Dinge genauso darauf richten, bestimmte Funktionen zu erfüllen, so beobachten wir nur, was unsere Unternehmungen fördert. Wir sehen und hören gerade genug, um etwas Bestimmtes wahrzunehmen und zu gebrauchen, und gehen vom Erkennen zum Handeln über, während wir umgekehrt in ästhetischer Wahrnehmung, was uns gegenüber ist, innehaltend, still und ruhig betrachten.“[90]

Die ästhetische Haltung ist aber angewiesen auf Antizipation, in der sie ihre Erfüllung findet, nicht im endgültig Erreichten, mit dem sie sich nur im Genuß verbindet. Wenn MEAD in Anlehnung an DEWEY[91] ästhetische Wahrnehmung als empathische Hinwendung zum Gegenüber beschreibt, meint er die physikalischen Gegenstände; „die Welt als wahrnehmbare Wirklichkeit, die Welt der Körper ist die Welt dessen, was wir berühren und handhaben können“.[92] Zugleich liegt deren Bedeutung in einer Dopplung vor, die von uns interpretativ freigesetzt wird. Wahrnehmbarkeit der einen oder anderen Bedeutung ist indes nicht nur subjektiv, sondern durch den sozialen Standort gegeben. Das Material unserer Bedeutung ist mehr als die sinnlich erfahrbaren Gegenstände, „die harte physikalische Realität der Wissenschaft, andererseits der weiche Stoff, aus dem wir die Welt unserer Herzenswünsche formen, der Stoff, aus dem die Träume sind.“[93]

Daß zwischen beiden Aspekten der Konstruktion von Wirklichkeit in der westlichen Entwicklung des Denkens seit der Renaissance ein Bruch besteht, der Wissenschaft von Kunst trennt, bemängelt MEAD. Seine anthropologischen Interessen zielen dagegen auf fundamentale konstitutionslogische Aussagen über Subjektwerdung in einem ganzheitlichen Sinn, also keine Entfremdung von leiblichen, sinnlichen Anteilen, sondern Wiederentdekkung des Sinns, d. h. des Endzieles in jedem Teilstück. Dadurch existiert „normales" ästhetisches Vergnügen in der Verbindung von Mitteln und Zwecken – so die Sicht des Pragmatismus.[94]

Das Resultat für den sozialen Zusammenhang: Der Teilnehmende erfährt sich über seine Leistung als jemand, den andere für sich genauso empfinden, wenn er ihre Teilnahme reziprok erfährt. Voraussetzung dieser nicht kognitiv reduzierten Perspektivenübernahme ist die o. g. Verbindung von Perspektivenübernahme und Selbst*bild*. Der Begriff des Selbstbildes ist dabei nicht theoretisch vordefiniert und festgelegt, sondern ergibt sich prozessual über die Haltung des Hinwendens zu den anderen und zu sich selbst. Die so angesprochene ästhetische bzw. aisthetische Haltung ist eher über die Thematisierung der Bilder und der ihnen unterschiedlichen zugeordneten Art und Weise der (auch vorsprachlichen) Beziehung zu erklären als über die interdisziplinäre Mischung verschiedener Paradigmen, deren anthropologische und philosophische Grundlagen nicht berücksichtigt werden.

II. Ästhetisches Verhalten und Selbstbild

Im folgenden Kapitel soll die Selbstentwicklung des Kindes unter Kategorien des ästhetischen Verhaltens punktuell untersucht werden. Dabei ist der soziale Aspekt wichtig für Erziehung und Reflexion von Erziehung, der im ersten Kapitel als Perspektivenübernahme *eine* Formulierung gefunden hat. Beachtet man die Entwicklung des Selbst von kleinen Kindern, wird dieser Aspekt in noch anderen Ausprägungen wichtig, bzw. in seinen Grundlagen in der Wahrnehmung und im Verhalten. Die Kritik an der kognitivistischen Verwendung des Begriffs Perspektivenübernahme hatte ergeben, daß wichtige Bezüge, wie die affektive Beziehung zum anderen, das Verhältnis zu sich selbst und die Bildhaftigkeit in der Beziehung zum anderen Menschen bisher nicht in das Paradigma aufgenommen worden sind. In einem sozialen und ästhetischen Verständnis ist Selbstentwicklung kein Faktum, das nur das Subjekt betrifft. Es ist vielmehr eine soziale Struktur, die dieses ermöglicht. In ihr werden fundamentale Momente tragend für die Weiterentwicklung des Subjekts; sie stellen vor der verbalen Strukturierung Beziehung her. Diese Fähigkeit verliert sich nicht mit zunehmender kognitiver Strukturierung, aber sie wird (institutionell, bildungspolitisch) unterdrückt.

Indem dieser Prozeß als ästhetischer gesehen wird, was durch eine ganz konkrete frühe Bezugnahme auf Wahrnehmung und den Vorgang der Spiegelerfahrung möglich wird, zeigt sich eine besondere Beziehung im Verhältnis von Selbst und anderem, d. h. anderem Menschen oder auch Objekt. Sie hat anthropologisch fundamentale Bedeutung für die Art und Weise der Beziehungshaftigkeit des Menschen. Das Ästhetische bekommt eine lebensweltliche Bedeutung, die sich im Verhalten und im Handeln als Hinwendung zum anderen zeigt. Dieser an Wahrnehmung angelehnte Prozeß ist von großer Wichtigkeit für die Selbstkonstituierung in der frühen Kindheit. Er ist nachahmend, und er ist zunächst an die Doppelstruktur der Wahrnehmung gebunden.

Um diese Vorgänge genauer zu verstehen, ist es notwendig, spezifische Forschungsaspekte heranzuziehen, in denen sowohl ihre soziale wie ihre psychische Bedingtheit deutlich werden. Auf dieser Ebene wird es dann möglich, die umfassende Bedeutung der Bildhaftigkeit des Prozesses weiter zu verfolgen.

1. Visuelle Funktionen in der Selbstentwicklung

1.1 Wahrnehmung und Körperbild

Die *Doppelstruktur der Wahrnehmung* liegt psychoanalytisch darin, Triebstruktur und Wahrnehmung der Umwelt zu verknüpfen. Das geschieht durch die Sinnesorgane, die Vermittler zwischen außen und innen sind. Zum einen richten sie sich nach außen, zum anderen nehmen sie wahr, was an affektiver Wirklichkeit spürbar wird. Mit zunehmender Leistung der Ich-Funktion wird die Doppelfunktion gesteuert.[95] Die frühe sensible Wahrnehmung des Kindes wird weitgehend durch eine koinästhetische Wahrnehmungsorganisation bestimmt. Sie ist ganzheitlich und enterozeptiv; sie macht das kleine Kind offen für Empfindungen.[96]

Die Erfahrung des eigenen Körpers ist dabei die genetisch früheste Wahrnehmungsform. Dieser Erfahrungsprozeß ist grundlegend für den Erwerb des Selbstbewußtseins, das das Bewußtsein einer Ganzheit umfaßt, die von der Außenwelt abgegrenzt ist. Im Körper-Schema, das durch die wiederkehrende Körpererfahrung entsteht, organisieren diese sich zu einem Körper-Bild bzw. einem Körper-Selbst. Es stellt eine vorreflektive Grundlage des späteren reflektiven Selbst dar.

An dieser Stelle ist es wichtig, darauf hinzuweisen, daß die vorreflektive Konstituierung des Selbst, d. h. die psychische Aneignung des eigenen Körpers, nicht nur ein individueller Prozeß ist; er ist stattdessen gesellschaftlich und kulturell überformt. Das Erleben des eigenen Körpers geschieht zwischen den Polen von biologischer Substanz und sozialen Kräften.[97]

Die Entstehung des Körper-Bildes wird durch *verschiedene* Sinneseindrücke gefördert. Gehörempfindungen und Geschmacksempfindungen liefern dem Bewußtsein Informationen über Funktionen des eigenen Körpers. Das Spiegelbild, aber auch Fotos und Filme unterstützen die bildhafte Repräsentation des eigenen Körpers.[98] Von besonderer Bedeutung sind aber das visuelle und das haptische System der Sinne. Mit ihrer Hilfe ist es möglich, den eigenen Körper zu erfassen und ihn bildhaft zu repräsentieren. Das Gefühl des eigenen Körpers, die Möglichkeit, zu spüren und bewußt zu erleben, wird durch den somnaesthetischen Sinn erzielt, in dem die Oberflächen- und Tiefensensibilität wirksam werden. Auch wenn wir den Körper nicht visuell oder haptisch kontrollieren, besteht ein Gefühl von der Form, den Maßen und der Anordnung der Körperteile.[99]

Dieses Gefühl leistet aber noch kein Bild im Sinne eines Abbildes des Aussehens der Körperteile. Untersuchungen, die hier nicht weiter verfolgt werden sollen, verweisen auf die Verbindung von Stellungsrezeptoren und Informationen über die Körpergestalt im Zentralnervensystem.[100] Die Betonung des bildhaften Anteils der Konstitution des Selbst ist besonders wichtig, weil über die Vorstellungen wie über das Sehen von Bildern mit den Sinnen Symbolfunktionen eingeleitet werden, wohingegen der Geruchssinn beispielsweise keine symbolbildende Funktion hat. Hier ist die Betonung des Bildhaften wichtig, um Sinnlichkeit und Erkenntnisleistung zueinanderzuführen und um die affektiven Anteile der Selbstentwicklung zu betonen.

In bestehenden psychologischen Untersuchungen der „visual self recognition" wird dieser körper- und wahrnehmungsbezogene Anteil des eigenen Affektgeschehens nicht mehr berücksichtigt.

1.2 Das Problem der Spiegelerfahrung

Im weiteren soll die besondere Funktion des Spiegelns für die Konstituierung des Selbst beleuchtet werden. Dabei ist die Funktion des Spiegelns interessant in Hinblick auf die Beziehung des Kindes zum Anderen und zu sich selbst; denn das Spiegelbild stellt das Abbild seines eigenen Körpers visuell dar, seitenverkehrt und in räumlicher Distanz zu ihm selbst. Das Kind fühlt sich und sieht sich. Aber sein Gefühl von sich ist different zum visuellen Sinneserlebnis. Über das reine Selbsterkennen im Spiegel hinaus ist hier die Wahrnehmung von Gleichheit in der Körpergestalt von Bedeutung, die ein spezifisches Verhältnis des Kindes zu sich selbst einleitet.

Die Erfahrung macht das Kind mit sich alleine; diese Erfahrung des Alleinseins mit seinem Selbst wirkt befremdlich, aber sie ist der Motor für die weitere Entwicklung des Verhältnisses von Selbst und Objekt und des Selbstverhältnisses des Subjekts. Das „mirroring" meint dagegen ein Konzept von Interaktionen, das im sozialen Rahmen durch die primären Bezugspersonen handlungsmäßig und verhaltensmäßig vermittelt wird. Durch die Übernahme der Einstellung der Mutter zum Körper des Kindes etwa gewinnt dieses sein Körper-Bild. In der Interaktion werden Affekte gegenüber dem Körper erworben, Einstellungen und soziale Wahrnehmungen. Von diesem Verständnis des Spiegelns abgehoben ist die Bedeutung des Spiegelns als biologisches Spiegeln, das von verschiedenen Autoren als Indikator benutzt wird, um das Gewahrwerden der eigenen Person an bestimmten Reifungsgraden zu messen.[101]

Das Spiegeln beinhaltet ein Problem, das vor allem LACAN hervorgehoben hat.[102] Dabei geht er vom Betrachten des eigenen Spiegelbildes aus. Dieses ist insofern ein Unterschied zum „mirroring", als das Kind andere Erfahrungen macht, wenn es das *echte* Spiegelbild betrachtet. Der Spiegel gibt alles und gleichzeitig wieder. Er ist kein Interaktionspartner, der Verantwortung übernimmt (Pausen macht), sondern er reflektiert alles. Nach *Lacan* nehmen wir im Spiegel die Gleichheit wahr, die aber nur Illusion ist. Erst die Sprache kann den Gegensatz symbolisieren. Zu einem Zeitpunkt, wo das kleine Kind sich noch nicht als Einheit erlebt, sieht es diese im Abbild seines Körpers. Die Gestalt des menschlichen Körpers stellt eine Kohärenz und Ganzheit dar, die es selber noch nicht hat. Das Kind identifiziert sich in dieser Spiegelphase, die zwischen dem 9. und dem 18. Monat angesiedelt wird[103], mit der menschlichen Körper-Gestalt. Der Spiegel kann nur diese Gleichheit übermitteln: Er kann nicht die Unterschiedlichkeit übermitteln, die zwischen Bild und Körperrealität des Kindes besteht. Sie kann nicht durch kognitives Erkennen allein übermittelt werden.

Im Spiegel fungiert das Abbild über die Wahrnehmung der Ähnlichkeit als Bildner, weil sich das Kind in einem Zustand befindet, der durch Mangel gekennzeichnet ist. Es ist der Mangel, nicht mehr in der Einheit zu existieren, die intrauterin geherrscht hat und die mit der Geburt verloren ist. Die Hilfsbedürftigkeit und das fragmentarische Selbst-Empfinden des Säuglings kennzeichnen die Frühgeburt des Menschen. Das Bild der formalen Ganzheit, welches „Ich" bedeuten soll, aber eine Doppelung ist, überdeckt diesen Zustand und wird zum Objekt. Die Spiegelphase fällt in die Zeit, in der sich auch die Objektpermanenz bildet.

Das Kind reagiert positiv auf sein Spiegelbild, wenn es nicht durch Beobachtungsverhalten der Erwachsenen in den Mittelpunkt gestellt wird, wie empirische Untersuchungen ergeben haben.[104] Der visuelle Effekt liegt in einer sozialen Funktion, Ähnlichkeit wahrzunehmen, Gemeinsamkeit herzustellen. Sprache hingegen hat die Funktion, Differenz darzustellen, deren Voraussetzung das Anerkennen des Anderen ist.[105]

Nach LACAN stiftet die bildliche Form des Gegenübers Verwirrung; die Illusion von Gleichheit führt nicht zur Abgrenzung vom Anderen, sondern zur Verwechslung der Reaktionen des Anderen und der eigenen in der Interaktion.[106] Die Identifizierung mit seinem Körper, die das Kind leisten muß, bewirkt, daß es versteht, nicht in seinem Spiegelbild real zu sein, sondern in seinem Körper.[107] Die Spaltung zwischen Körper-Selbst und Ich ist dem Subjekt inhärent. Das Spiegelbild bewirkt das, was das Kind in der Welt bisher noch nicht erlebt hat, daß es mit sich allein eine Zwietracht bildet.

LACAN faßt zusammen: „Das „Spiegelstadium" ist ein Drama, dessen innere Spannung von der Unzulänglichkeit auf die Antizipation überspringt und für das an der lockenden Täuschung der räumlichen Identifikation festgehaltene Subjekt die Phantasmen ausheckt, die, ausgehend von einem zerstückelten Bild des Körpers, in einer Form enden, die wir in ihrer Ganzheit eine orthopädische nennen könnten, und in einem Panzer, der aufgenommen wird von einer wahnhaften Identität, deren starre Strukturen die ganze mentale Entwicklung des Subjekts bestimmen werden."[108]

Das Kind muß in seiner Entwicklung zunehmend verstehen, daß ein Dritter es ebenso von außen sehen kann, wie es selbst sich in seiner Körperform im Spiegel sehen kann. Das wäre nicht nur Empathie, sondern Perspektivenübernahme, die die Bedingungen des anderen versteht und die als heteronome zu den eigenen in Beziehung gesetzt werden können.[109] Die „ursprüngliche Zwietracht"[110] führt über das Bild schließlich zur Entwicklung des „Ich". Aber das o. a. Bild führt auch zu einem Selbstverhältnis, das zwischen Ich und Selbst sich einstellt. Das Ich verhält sich inkongruent zu dem Subjekt und wird für dieses zu einem Anderen, weil sein Ursprung die *äußere* Präsentation ist. Das Resultat der „Entfremdung" bewirkt im Bewußtseinszentrum einerseits das Ich als Gegenposten zu dieser Erfahrung.

Andererseits bewirkt es aber die Möglichkeit eines ästhetischen Selbstverhältnisses. In ihm ist die Befremdung präsent, die der Blick auf das Spiegelbild der Körpergestalt für das Subjekt darstellt. Die Distanz, die Befremdung herstellt, wird nicht zugunsten der Ich-Funktion deren integrativer Leistung gänzlich untergeordnet.[111]

Im folgenden soll diese Ebene, die eine ästhetische und spielerische ist, erläutert werden. Sie wird als Ort ästhetischer Sozialisation wie auch sozialer Beziehungsfähigkeit behauptet.

2. Spiegel-Spiele und Selbstbild. Die ästhetische Variante

„Kein Verschwinden [der Wirklichkeit], solange es Bilder gibt und irgend jemand sie aufzeichnet oder inszeniert."

Urs JAEGGI

Der Spiegel ist nicht nur eine beschichtete Glasfläche, sondern ein Widerschein. Ein Spiegelbild von sich selbst ist ein simuliertes Selbstbild, unter Umständen ein Selbstportrait, wenn man dem Abbild nichts mehr hinzufügt, es bewußt so akzeptiert, wie es abbildet. Das künstlerische Selbstportrait dagegen gilt als Spiegelbild der Persönlichkeit des Künstlers, wobei im allgemeinen die darin liegende Beschränkung, sich nicht gänzlich überschreiten und überblicken zu können, weniger berücksichtigt wird, als die demonstrierte Rückbezogenheit des Selbst, die den bisherigen Status des Selbstportraits in der Geschichte der Kunst seit der Renaissance bis heute verdeutlicht.[112]

Bevor die Fotografie erfunden wurde, war es notwendig, für ein Selbstportrait den Spiegel zu verwenden. Mit ihm war die Hilfe einer zweiten Person zwar schon überflüssig, die uns vermittelt – durch Sprache oder Zeichnung –, *wie* wir von außen aussehen. Aber die Fotografie brachte eine neue Qualität hinzu, die in der technischen Apparatur liegt, welche sich zwischen das innere und äußere Auge schob.[113] Der *Spiegel* erzeugt unser Spiegelbild nur mit Hilfe von Licht und uns. Was die Kamera in einem komplizierten technischen Vorgang abbildet, ergänzt unsere Wahrnehmung durch propriozeptive Elemente, durch Phantasie und durch unsere in der bisherigen Biographie geprägte Erfahrung und somit Sicht auf uns selbst.[114]

Theoretisch getrennt vom Interaktionskonzept des „mirroring" existiert das Selbstgewahrsein (Selbstgewahrwerden) im Spiegelbild. Dennoch können die in frühesten Mutter-Kind- oder Vater-Kind-Interaktionen bereitgestellten Wahrnehmungs- und Selbstbewertungsinhalte nicht übergangen werden.

Zwei Welten stoßen bei der Betrachtung des eigenen Spiegelbildes zusammen und können nur schwerlich eine Einheit darstellen. Genauer gelingt das nur durch einen Kunstgriff, in dem das introzeptiv gefühlte Selbst von Leib und Seele mit dem visuellen Bild von sich kombiniert wird.[115] Das geschieht vor allem in ästhetischen Verobjektivierungen. Will man in diesem Zusammenhang von *Einheit* sprechen, so findet sie hier als *Fiktion* statt, denn das Erlebnis des Getrennten ist der Beginn eines Prozesses von Selbsterfindung. Der „Zauber des Spiegels" lag gerade in der Erfahrung, daß Selbstgefühl und Selbstbild sich nicht decken.[116] Wenn MERLEAU-PONTY vom Leib als einem Mittel spricht, überhaupt eine Welt zu haben,[117] so können mit Blick auf die frühen Formen des Selbstgewahrseins, seiner spielerischen Ausdrucksformen und Aneignungsformen die Spuren dieser Prozesse in den motorischen, subjektiven Bedeutungssequenzen nicht übergangen werden zugunsten der Subsumierung unter Ziele experimentellen, kognitiven psychologischen Zugriffs.

„Das cogito war die Bewußtmachung dieser Innerlichkeit. Doch eben damit war jederlei Bedeutung als ein Denkakt aufgefaßt, als Leistung eines reinen Ich, und wenn auch der Intellektualismus dem Empirismus gegenüber leichtes Spiel hatte, so blieb er doch unfähig, der Mannigfaltigkeit unserer Erfahrungen, dem, was in ihnen Unsinn ist, und der Kontingente der Inhalte Rechnung zu tragen und gerecht zu werden ... Mein Leib ist jener Bedeutungskern, der sich wie eine allgemeine Funktion verhält, jedoch existiert und der Krankheit zugänglich ist. In ihm lernen wir eine Verknüpfung von Wesen und Existenz kennen, die wir in der Wahrnehmung überhaupt wiederfinden und alsdann vollständiger zu beschreiben haben werden.“[118]

Wie Kinder in den Spiegel gucken und *was* sie mit ihrem Spiegelbild machen, verfolgt dieses Interesse an den Spurenphänomenen kindlicher Selbstwahrnehmung in einer phantasievollen, spielerischen Situation, die eine wichtige unter anderen sozialisatorischen Ereignissen ist. „Mit einer spiegelnden Fläche konfrontiert, wird automatisch jenes vorgeformte Eigenbild in den Spiegel projiziert, das spezifische Spiegel-Selbst. Dieses Spiegelgesicht steht so als Barriere vor der Möglichkeit, sich reflektierend nahe zu kommen.“[119]

Was für den Erwachsenen Schwelle bedeutet, Irritation, ihm die Befangenheit im „Innen“ seiner persönlichen Geschichtlichkeit, in seiner von Faktoren wie Befindlichkeit, Selbstwertzuschreibung abhängigen Projektionen vor Augen führt, indem das Abbild der äußeren Erscheinung zum davon abgetrennten Bewertungsobjekt nur halb wird, ist für den spielerischen, explorativen, maßlosen Blick des Kindes (unter Umständen auf jeden Fall als subjektives Ereignis im Gegensatz zum reifetheoretischen Interesse) ein mimetisches Thema kreativer Welterzeugung.[120] Nicht der reale Körper, sondern der mythische Körper wird in diesen mimetischen Wahrnehmungsprozessen erprobt und erfunden, *pantomimisch* dargestellt.

Die Spiegelmetapher dient einem Simulationsraum, der sich auf das Kind, nicht auf die Erwartungen des Erwachsenen bezieht. (Am nächsten verwandt ist die Spiegelmetapher in Kunst und Literatur, nicht die Funktion des Spiegelns im pädagogischen Verhältnis vom Erwachsenen zum Kind.)[121] Dezentrierungsfähigkeit als maßstäblicher Faktor der Bewertung kognitiver Reife, unter die dann auch die Wahrnehmung fällt,[122] macht blind für jene Vorgänge der Simulation, die erstaunliche Nähe zur Rollenübernahme aufweisen, „to react to the other as someone like the self and to act to the self's behavior in the role of the other.“[123] Ihre Grundkonzeption bezieht sich auf das Nachahmungsprinzip, „daß der Andere in einer vergleichbaren Situation genauso reagiert und fühlt wie man selbst“.[124] Sie trägt das Zustandekommen sozialer Interaktion.

Im Hinblick auf das eigene Spiegelbild findet nun ein Prozeß von wechselnder Erkenntnis und Täuschung statt, von Wirklichkeit und Schein, in dem Kinder sich als einem anderen in ihren Wahrnehmungsinhalten antworten. Kindliche Spiele mit oder vor ihrem Spiegelbild sind danach eine spezifische Erkenntnisweise, die sich ihrem Gegenstand – der Widerspiegelung der eigenen Motorik und den projizierten Vorstellungen zu diesen wechselnden Rollen – anschmiegt. Die Wahrnehmung stimmt mit dem Gegenstand überein, auf den sie sich bezieht. Das geschieht mitunter in einer Ausdrucksweise, die gleichzeitig den ganzen Körper gestisch und mimetisch in die Vorstellung einbezieht, er selbst sei der erzeugte Gegenstand. Die Szene dieser ästhetischen und sinnlichen Spiegel-Spiele verlangt nicht, seine Wahrnehmung zu haben, sondern existiert als besonderer Akt erst durch die Tatsache, seine Wahrnehmung *sein* zu können. „Die Freiheit und der Charme dieses Körpers rühren vielmehr von seinen *Möglichkeiten* zur Wandlung und Schwankung, zu denen er jenseits jedes Bildes fähig ist ...“[125]

Dieses mimetische Vermögen ist nicht auf die Nachahmung bestehender Objekte bezogen und begrenzt. Deswegen ist das „Machen“, von dem *Benjamin* spricht, kein Reproduzieren. „Es ist ein Erfinden des Körpers, der sich seine Kräfte zu eigen macht, sich von ihnen, wie gerade dargestellt, besitzen läßt, um sie in seine eigene Manifestation umzuformen.“[126]

SCHÉRER greift auf BENJAMIN zurück, um die Wahrheit des kindlichen Körpers jenseits seiner gewußten und geplanten Produktionen zu suchen. Zwischen den Polen – die strengen Bewertungen unterliegen – von zivilisatorischem und wildem Körper des Kindes und trompe l'oeil-Körper, welche die Herrschaft der Symbole in der Simulation verdeutlichen, gilt es, den ästhetischen als den spektakulären Körper jenseits/diesseits „jeder orthopädischen Pädagogik“[127] durchaus unter Beachtung ROUSSEAUS wieder wahrzunehmen.

2.1 Selbstverwandlung und Weltbegegnung

Das Spiel im Spiegel erzeugt mehr als ein Abbild. Warum? Mit Rekurs auf das mimetische Vermögen[128] des Kindes wird durch den Schein der Simulation hindurch jemand/etwas erfunden. Die generelle Tendenz zum Bild wird hier unterlaufen. Das Bild, das das Kind spielend im Spiegel erzeugt, ist kein bleibendes. Es besteht aus einer Momentaufnahme seines mimetischen Vermögens, aufgenommen von ihm selbst – und dem Beobachter, der diesen Prozeß ablichtet.

Das Kind *macht* im Spiel einen Kran, manchmal ist es auch der Kran einer Baustelle, die es aus seinen Erfahrungen der städtischen Umwelt kennt. Es macht dieses mit einem Zollstock, manchmal mit seinem Körper, der dann der Kran ist (vgl. Abb. 1-3). Der Zollstock besitzt keine feste Rolle mehr. Er ist die Verlängerung der Körperform des Kindes zum einen, der Arm des Krans zum anderen, das Schwenken überhaupt. Es geht dabei nicht nur um die Nachahmung der Gegenstände, sondern um ein Erzeugen, das als Transformation von Kräften zur Manifestation des eigenen Körpers wird, der einige Minuten später als Steigerung ebensogut „Gewitter“ macht.

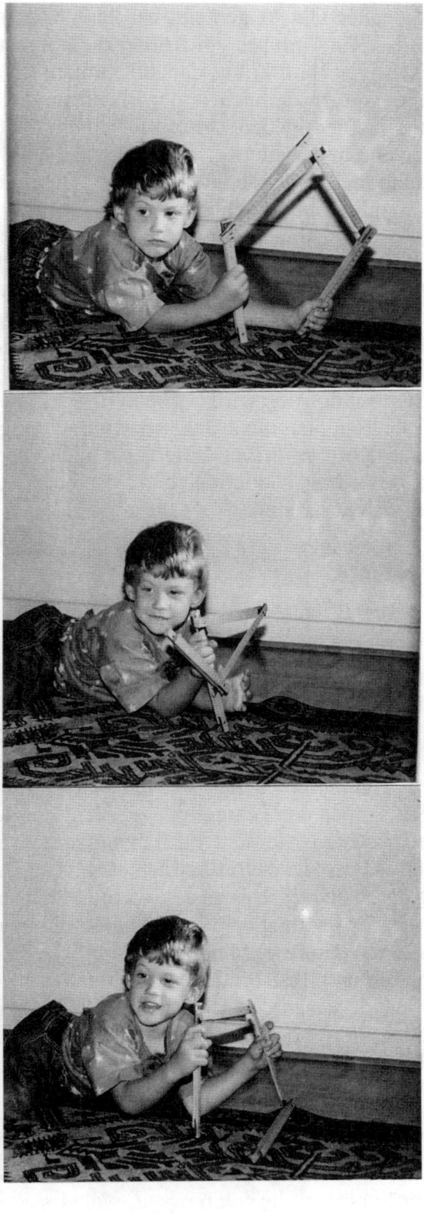

Abb. 1-3

Nur wo ein genaues Objekt gemeint ist, kann von Imitation die Rede sein, aber da, wo das Kind mit seinem Körper die vorgestellte Komplexität von Abläufen und sogar Naturkräfte darstellt, unterwirft es seinen Körper diesen Kräften, die es aber zugleich in der Phantasie des Spiels körperlich erlebt. Hier sind es seine eigenen motorischen Fähigkeiten. So wird zum Beispiel aus der Szene in erweiterter Spielsequenz „Wind“ gemacht, wobei pfeifende Geräusche und singende alternierende Laute die sinnliche Wahrnehmbarkeit des Windes verdeutlichen.

Welche theoretische Betrachtungsweise ist in der Lage, dieses Eingebettetsein *in* die Wahrnehmungsvorgänge, von denen das Kind besessen ist, so zu berücksichtigen, daß es nicht nur als „Objekt“ kognitiver Entwicklungslogik, als Objekt eines sich konstituierenden, noch nicht erreichten Selbstbildes gesehen wird, sondern als ausgestattet mit dem Vermögen einer spezifischen Kompetenz, von der man *nicht* annimmt, daß sie mit dem Erwachsenenstatus funktionslos wird? „Diese Bemerkung wird uns zu verstehen helfen, weshalb gerade die ästhetische Betrachtung den Zugang zum Eigentlichen dieses Körpers öffnet, sofern sie nicht versucht, irgend ein Reales in ihm auszumachen, sondern sich auf das begründet, was er gleichzeitig konzentriert und ausstrahlt.“[129]

2. 1. 1 Illustratives Beispiel

M. nimmt den Tennisschläger. Aber er spielt nicht nur Tennis, weil sein Vater es tut, woran M. in bestimmter Atmosphäre teilhat, sondern er spielt es, wobei er sich gleichzeitig bei dieser Tätigkeit wie bei dem Zollstockspiel im Spiegel beobachtet. Auf die Frage hin, warum er sich im Spiegel spielend betrachte, antwortet er: „Weil das witzig ist.“ Seine Dopplung erlaubt eine feine Distanz seines Ich zu sich selbst. Sie bewirkt spontan Spielvarianten. So ist auch der Tennisschläger nicht nur der Tennisschläger, sondern wird im nächsten Moment dazu benutzt, mit seinem Gitter ein Versteck zu bilden. Als er sich selbst betrachtet, gelingt das aber nicht, denn das Gitter bleibt durchsichtig. Das reale, erlebte Erfahrungsfeld bildet nur noch den Anlaß der Erinnerung, die jetzt Verwandlungen unterworfen ist. Zugleich kommt eine weitere gegenwärtige, sinnliche Erfahrung hinzu. Es ist die Erfahrung seiner selbst hinter dem Gitter, wobei die Nase an das Gitter stößt. Die Hände tasten den Holzrand des Gitters ab und steuern die Position des Gitters, die im Spiegel korrigiert und experimentell verändert wird, bis der Schläger zur Seite gedreht wird und der Blick auf den Beobachter mit der Kamera fällt (vgl. Abb. 4-6, S. 37).

Keiner ist darüber verwundert, daß Kinder so spielen können. Keiner würde zu dieser als „Spiel“ definierten Situation davon ausgehen, daß Kinder sagten: „Ich spiele, als ob ich der Ball bin; aber in Wirklichkeit ist es das Gitter und der Schläger, die *ich* bewege, wobei sich der Ball bewegt.“ Im Alter von drei bis vier Jahren wird Kindern das „Im-Spiel-Sein“ zuge-

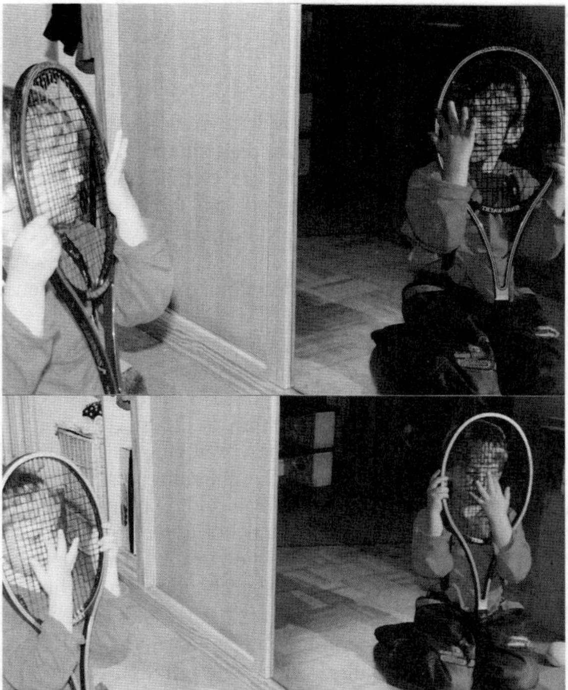

Abb. 4-6

standen. Sie sind der Schläger; wenn sie sich plötzlich schnell bewegen, sind sie der Ball, aber gleichzeitig sind sie vor allem ihr Körper, der sich diesen mimetischen Anschmiegungen unterwirft, der Phantasien erzeugt, deren Spuren als „Verhalten" beobachtbar sind. Dennoch unterscheiden sich Beobachtung des Kindes seiner selbst *im* Spiel und Beobachtung des Erwachsenen. Da in diesem Fall ein phänomenologisches und „ästhetisches" Interesse vorliegt, besteht nicht die Gefahr einer Unterordnung des somit Wahrgenommenen in experimentelle psychologische Bewertungen[130], wie FLAVELL sie vornahm. Einzig problematisch wäre die Beschreibung und Interpretation solcher Sequenzen unter dem Denotat eines Ästhetischen als Kunst, wie es im Umgang mit frühkindlichen Zeichensequenzen bisweilen geschieht.[131]

Daneben *ereignen* sich Vorfälle, die das Spektakuläre des kindlichen Körpers betonen, die „Mimen" bedeuten, welches ganz bewußt und ganz spielerisch in der Beantwortung des eigenen Spiegelbildes vollzogen wird. Was dort stattfindet, läßt sich im Anschluß an die Studien von D. BISCHOF-KÖHLER als empathisches Verhalten beschreiben, das hier nicht auf einen empirischen Anderen, sondern auf die Erscheinung des Selbst als eines Anderen gerichtet ist, nämlich auf das Spiegelbild. Das Interesse an dieser Erscheinung wird über die reine entwicklungsbezogene Funktion hinaus[132] als experimentell gewertet, jedoch werden die nur als Phänomene beschreibbaren Spuren dieser Vorgänge in ihrer Anschaulichkeit nicht beachtet. Die „ästhetische" Betrachtung, besser die aisthetische in Orientierung an das Verständnis von WELSCH[133], ermöglicht gemäß den Gesetzen ästhetischer Wahrnehmung, die Betrachtung so lange wie möglich „offen" zu halten. In diesem Fall bedeutet das keine Unterordnung unter psychologische, eventuell als Anwendung dieser Perspektive diagnostische Interessen, sondern Beobachtung kindlicher Ich-Selbst-Bezüge als ein persönliches und notwendiges und zugleich besonderes Verhalten, das allerdings auf seine mögliche Funktion für den Erziehungs- und Bildungsprozeß befragt werden muß (vgl. Kapitel II. 4).

Ästhetisch wäre also hier das Verhalten von Kindern zu nennen, die, ohne zweckfunktionalen Gesetzen zu gehorchen, sich den Erscheinungen in einer Weise hingeben, die situativ, emotional und selbstbezogen ist; denn sie sind zugleich Betrachter und Erzeuger. Auf diese Art und Weise erschaffen sie eine „Welt für sich", die zwischen Ich und Welt liegt.[134]

Deutlicher als in der Beschäftigung mit *anderem Material* wird in der gespiegelten Beschäftigung mit sich selbst als Anderem und Selbst zugleich die Besonderheit dieser Ebene, die in hohem Maße fiktiv und eine „Innenansicht"[135] ist.

Das Fratzenschneiden vor dem Spiegel oder das „Spielen" von Gefühlszuständen, indem z. B. auf die Erscheinung des eigenen weinenden Gesichtes mit geringer *Distanz* des wahrnehmenden Ich zum agierenden Selbst eine variierte Darstellung folgt, bei der sich verbale Begleitungen vor allem in ihrer Tonlage, die das Gefühl jeweils unterstreichen, einstellen, und eine weitere Sinnesebene dargestellt wird, ist mehr als „Playmateverhalten"[136]. Es ist die explizite Form einer „Selbstdarstellung", die auf der Grundlage „mimetischen Vermögens" zum ästhetischen Akt wird. Der Andere, das Objekt, ist mehr als jedes andere Objekt – ausgenommen das von WINNICOTT benannte „Übergangsobjekt" – mit der seelischen Innenwelt des agierenden Subjektes verbunden. Andererseits kann der Beobachterposition, wenigstens zum Teil, dann ein ästhetisches Interesse unterlegt werden, wenn der direkte Anbindungsprozeß an „Verwertungszwecke" hinausgezögert bzw. vermieden wird. Wem nützt diese theoretische Perspektive?

Die Beantwortung dieser Frage muß zurückgestellt werden hinter die Beschreibung eines Mediums, das sich mittlerweile als alltägliches bewährt hat, aber wie kein anderes zur Verwirrung der Beziehung von Selbst und Anderem beigetragen hat und eine Analogie des Selbst-Verhältnisses abbildet. Das fotografische Portrait der eigenen Person ist damit gemeint.

3. Das andere Selbst im Foto

Im folgenden soll der Stellenwert der Fotografie nicht nur für die bildhafte Repräsentation des Selbst dargestellt werden. Das Foto als Abbild festzuschreiben, bildhaft Analogien zu Identität herzustellen, ist problematisch im Erziehungszusammenhang, wenngleich es im alltäglichen Leben zur üblichen Erfahrung geworden ist, seine Identität per Abbild im Ausweis zu bezeugen. Um die besondere Beziehung des Betrachters zu seinem eigenem Abbild zu verstehen, bedarf es einiger geschichtlicher Erläuterungen. In den frühen, technisch noch nicht ausgereiften Fotos war deutlicher als heute ein „magisches" Verhältnis zum Antlitz, das zurückblickte, zu bemerken. Um dieses Selbstverhältnis näher zu beleuchten, soll die Sichtweise W. BENJAMINs herangezogen werden.

Generell gilt, daß die Beziehung zum eigenen Abbild immer mehr ist als nur das Vermerken einer ikonisch gewordenen Identität. Wertungen, Wünsche, unterschiedliche Wahrnehmungsweisen betreffen die Beziehung zum fotografischen Abbild. Es kann befremdend wirken, es kann sogar abgelehnt werden im Hinblick auf die Identifikation mit dem eigenen Selbst. Diese Möglichkeiten der subjektiven Bezugnahme sind als „Spuren" zu verstehen. Zum Teil sind sie direkt phänomenologisch zu beobachten, so in der Mimik des Rezipienten, in der Körperhaltung, in verbalen Äußerungen. Non-verbale Antworten auf diese bildhafte Selbstbegegnung sind schwer zu interpretieren, weil das Problem der Analogie, und das heißt der Bilder, die der Interpret als „Vorwissen" mitbringt, um die Spuren zu entschlüsseln, selber zu hinterfragen ist. Sie können sich auf anthropologische Grundannahmen wie auf das eigenen Rollenverständnis beziehen, nämlich wie und zu welchem Zweck ein Pädagoge das Wahrgenommene verwertet.

Das Lesen der Spuren geschieht oft in einem naiven Verständnis von unmittelbarer Ablesbarkeit des Ikonischen als Faktum, das dem Bild des

Menschen dann im Sinne einer psychologistischen Festlegung der Zeichenwirklichkeit zugeordnet wird. Diese interpretativ verkürzten Lesarten werden funktionalisiert, ohne daß fundamentale metatheoretische Ebenen zuvor ausgelotet werden, die dann Aufschluß über die Bilder böten, welche die Interpretationen lenken. „Es gibt in unserem Zeitalter kein Kunstwerk, das so aufmerksam betrachtet würde wie die Bildnisphotographie des eigenen Selbst, der nächsten Verwandten und Freunde, der Geliebten.“[137]

Daß die Fotografie der Malerei auf diesem Gebiet den Rang abgelaufen hat, ist eine Konsequenz, die sich der Entdeckung fototechnischer Möglichkeiten verdankt. Was die Fotografie des eigenen Selbst als Portrait nicht durch den technischen Vorgang beseitigen konnte, ist die individuelle Wahrnehmung und das Erleben des eigenen Abbildes, „und damit (ist) die Untersuchung aus dem Bereich ästhetischer Distinktionen in den sozialer Funktionen gerückt. Nur von hier aus kann sie weiter vorstoßen.“[138]

Die Umgebung, die eine Person sich macht und die ihre Geschichte ausmacht, entsteht im Betrachter. Das Foto zeigt uns – getrennt von unserem Selbstgefühl – als bleibendes Abbild, als Sujet. Im Gegensatz zum Erlebnis des Selbstbildes im Spiegel fällt die synchron mit unseren spürbaren Bewegungen stattfindende Veränderung des Bildes weg. Erst eine Sequenz mehrerer Fotos vergegenständlicht den Zeitfaktor als nachvollziehbaren. Aber auch hierzu bedürfen wir der Vorstellung des Motorischen, das wir erst im Film unmittelbar und gleichzeitig erleben können. Die Reduktion unseres Gefühls von uns selbst als nicht begrifflich Erstarrtem, sondern Lebendigem (POTHAST) auf ein Abbild profaner Fotografie macht auf fatale Weise ernst mit dem Glauben, daß der Mensch ein Ebenbild Gottes sei. Indem er dies jedoch durch eine „Menschliche Maschine“[139] erzeugt, wird nicht nur – so die Anlehnung BENJAMINs an die jüdische Theologie – die Kunst als göttliche erniedrigt, sondern der Mensch als Schöpfer nach dem Bilde Gottes ebenso verachtet, wie auch der Vorwurf der Gotteslästerung zutreffen könnte.

Dessen ungeachtet hat der Boom der Fotografie in den folgenden Jahrzehnten eines nicht erreicht: das fotografische Abbild „für sich“ als nur ein Bildobjekt bestehen zu lassen. Die Prognose BENJAMINs trifft so nicht zu: „Immer kleiner wird die Kamera, immer mehr bereit, flüchtige und geheime Bilder festzuhalten, deren Chok im Betrachter den Assoziationsmechanismus zum Stehen bringt.“[140]

Er wird abgelöst, korrigiert durch die Fähigkeit des Lesens, die einhergehen sollte mit der „Beschriftung, welche die Photographie der Literarisierung aller Lebensverhältnisse einbegreift, und ohne die alle photographische Konstruktion im Ungefähren steckenbleiben muß.“[141] Die Funktion eines Zeugen im historischen Prozeß, für die BENJAMIN die Fotografie gerne sehen wollte, konnte nicht ohne den Leser vollzogen werden. Vor dieser Alphabetisierungsleistung bleibt auch der Photograph selber, als Betrachter des anderen, als Betrachter des Geschehens oder als Betrachter der Natur (im Falle ATGETS) nicht verwahrt.

Die Betrachtung des eigenen Antlitzes, das ein anderer fotografiert hat, verlangt nach Einordnungen. Das Lesen erfolgt auf der Ebene von Bewertungen, die sich richten

- nach dem Bewußtsein, das jemand von sich selbst hat,
- nach der Vorstellung, die sich jemand von seiner Erscheinung macht,
- nach dem Grad der Übereinstimmung von Realbild und Wunschbild
- und nach der Fähigkeit, das Wahrgenommene auf möglicherweise „offene", vielleicht auch „ästhetische" Art und Weise zu lesen.

Bezogen auf die Zeichenebene des Bildes heißt das, mehr zu leisten als das Gesehene mit dem zu identifizieren, was sich als „*Ich*" bezeichnen läßt. Es besteht nämlich die Möglichkeit, von einem Portrait angetan zu sein aufgrund seiner Größe, seiner Abstraktion vom „Wirklichen", seiner farblichen Verfälschung etc., oder von der tatsächlichen Entdeckung bisher unbekannter Zeichen: Blick, Haltung.

In jedem Fall bedeutet das Lesen des eigenen Portraits für den Dargestellten eine *Herausforderung*. Sie ist ungleich größer als für den Fotografen, der nicht sich wahrnimmt, sondern seine „technischen" Fähigkeiten als Fotograf, die sich koppeln müssen mit der Lesefähigkeit von der anderen „Person", deren „Wesentliches" zum Abbild kommen soll. Das Lesen des Selbstabbildes jedoch bezieht sich mehr noch als der Blick in den Spiegel auf jene Gefühle der Selbstbewertung und der Selbstakzeptanz, die hier auf den äußeren Schein als Selbstabbild reduziert sind.

Die Betrachtung des eigenen Portraits im Foto verlangt permanent nach Bewertungen, die auch den weiteren Blick lenken. In ihnen wird die Beziehung zu sich selbst reflektiert – auch da, wo affektive Bekundungen der Akzeptanz oder der Verleugnung bestehen, daß man z. B. so in Wirklichkeit nicht aussähe, oder jenes: „Das bin ich nicht". Auch die ungläubige Frage: „Das soll ich sein?", die das vermeintliche Bewußtsein der eigenen Identität auch in ihrer äußeren Erscheinung in Frage zu stellen scheint, zeugt von der befremdenden Nähe, die ein Foto heute, zu einem Zeitpunkt, wo die Bilder die Realität abgelöst zu haben scheinen und der Gewöhnungsaspekt an das Medium über seine Maßen erfüllt ist, auf sein originäres Objekt ausstrahlt. Wem glaubt man? Dem Bild, das einen anderen zeigt, von dem man nur weiß, daß es das eigene Selbst abbildet, darstellen soll, oder dem Gefühl und der unhintergehbaren Gewißheit, daß man selbst „ist"?

Oder ist das alles nebensächlich, weil man ist, wer man ist, und die Bilder uns nicht bestimmen, sondern wir sie der Wirklichkeit hinzufügen? „Hat man sich lange genug in so ein Bild vertieft, erkennt man, wie sehr sich hier die Gegensätze berühren. Die exakteste Technik kann ihren Hervorbringungen einen magischen Wert geben, wie für uns ihn ein gemaltes Bild nie mehr besitzen kann."[142]

Was BENJAMIN über die Betrachtung des Portraits anderer sagt, trifft auch auf die Betrachtung des eigenen Abbildes zu. Auch wenn „das Phänomen der Photographie" nicht mehr das große geheimnisvolle Erlebnis ist, so ist die nicht eingelöste Nähe, die nicht vorhandene Identität von Person und Abbild, die doch suggeriert, eine Verobjektivierung des eigenen Selbstbildes zu sein, eine Erfahrung, die auf die Selbstwahrnehmung ebenso zurückwirkt, wie sie von ihr andererseits geleitet wird. Es stellt sich die Frage, ob jene „auratische Erfahrung", die als „Erscheinung einer Ferne, so nah sie auch sein mag"[143], von BENJAMIN definiert wird, durch die technischen Hilfsmittel wie „Zeitlupen, Vergrößerungen"[144], den Film oder durch die Sofortbildkamera überhaupt beseitigt werden kann; ob nicht auch in der nahezu alltäglichen Gebrauchsweise solcher Fotos sich „unter der Hand" jenes magische Moment der Erfahrung niederschlägt, das BENJAMIN beschrieben hat. Die These BENJAMINs vom Zerfall der Aura macht vor der individuellen, persönlichen Erfahrung des eigenen Spiegelbildes halt wie vor der Erfahrung, sich selbst im fotografischen Portrait als ein anderer zu spüren. Indem man sich als sich selbst spürt und als ein Abbild sieht, das man erkennt, wiedererkennt und mit sich identifiziert, findet die auratische Erfahrung da statt, wo der eigene Blick zurückblickt und als ein Anderer dennoch Ähnlichkeit aufweist mit dem, was als „*Ich*" sprachlich ausgedrückt wird.[145]

Im Zeitalter der technischen Reproduzierbarkeit, das seine Steigerung durch die totale Simulation erfahren hat, stößt die Unterscheidbarkeit von Bild und Abbild nirgends so nah an ihre Grenzen wie in der Überlagerung der Betrachtung des eigenen Abbildes mit der Vorstellung des Selbstbildes als dem „Konzept", das man von sich erworben hat.

Nun ist zwar das Foto heute alles andere als einmalig, auch wenn Fotografie inzwischen zur Kunst avanciert ist, aber die Wahrnehmung und das Lesen des Abbildes als ein Bild der eigenen Person ist an deren Einmaligkeit und Individualität gebunden, d.h. an die Leiberfahrung der eigenen Person. „Die Entschälung des Gegenstandes aus seiner Hülle, die Zertrümmerung der Aura ist die Signatur einer Wahrnehmung, deren Sinn für alles Gleichartige auf der Welt so gewachsen ist, daß sie es mittels der Reproduktion auch dem Einmaligen abgewinnt."[146]

Was BENJAMIN an den vorweggenommenen surrealen Fotos ATGETS hervorhebt, kennzeichnet das „vergessene Menschliche" (STOESSEL) gleichsam wider Willen. BENJAMIN sagte von diesen menschenleeren Fotos enthusiastisch, sie saugten die Aura aus der Wirklichkeit wie Wasser aus einem sinkenden Schiff.[147] Daß aber das, was er durch die moderne Technik und ihre Wirkung auf die Massen irrtümlich als überkommen ansah, sich in der Tatsache der Sprachlichkeit des Menschen umso deutlicher erhält, zeigt sich in BENJAMINS utopischem Glauben an Erlösung und Versöhnung. Die aber kann nur als Hoffnung auf ein humanitäres Prinzip geltend gemacht werden, das sich nicht als „Identifikation mit der ‚Menschheit als solcher' "[148] beschreiben läßt, sondern an der anderen Seite der Skala humanitärer Leitbegriffe zu gewinnen ist, wobei „Unterscheidung" und „Selbstzweifel" an erster Stelle stehen. Hierbei wird deutlich, was der Inhalt der Utopie ist, auf die sich Sprache *und* Bilder beziehen können: die Herstellung einer neuen, nicht gewaltvollen, durch Herrschaft des einen über den anderen geprägten Beziehung.[149]

Was leisten BENJAMINs Theorem, seine „Denkbilder" im Hinblick auf das Subjekt: Betrachtung des eigenen fotografischen Abbildes? Nimmt man das Phänomen der „auratischen Erfahrung" und des „mimetischen Verhaltens" ernst im Hinblick auf seine Funktion für ein Denken, das auch zukünftig wichtig sein könnte, weil es das Zusammendenken scheinbar unvereinbarer Gegensätze ermöglicht und modellhaft macht, dann gewinnen ästhetische Momente jenseits eines Ästhetizismus ihre soziale und historische Bedeutung. Sie gewinnen sie nicht als gute Form, die das Identitätsdenken illustriert, sondern in jenen Momenten, die nicht erwartet werden, weil ihnen kein einheitlicher Begriff zuzuordnen ist. Nicht die immer wieder machbare, tautologische Veranschaulichung des beanspruchten Selbstbegriffes wird zur Bedeutung für theoretisches Design, sondern die Reflexion der Kontingenz des Selbst wie die der Medien des Privaten und des Öffentlichen.[150]

Sollten in pädagogisch-praktischer Hinsicht das Selbst und seine mehr und mehr therapeutische Rettung jener Tautologie und Regression unterliegen, besonders dort, wo versucht wird, außen und innen, Vernunft und ihr vermeintliches Gegenteil, rechte und linke Hemisphäre durch „Bilder" zu vereinheitlichen, so wird es weniger wichtig sein, neue „Programme" der Einbahnigkeit zu entwerfen, als Fragen im Hinblick auf die Grenzen von Intentionen, von Definitionen, von diskursivem Verstehen zu favorisieren. Was damit geleistet werden kann, ist nicht mehr als ein Problemaufriß.

MOLLENHAUER schrieb bereits 1983 im Hinblick auf jene Verhaltensweisen, die pädagogisch nicht oder nur als Störung wahrgenommen werden, weil ihre Effektivität nicht ersichtlich ist:

> „Das Selbstverhältnis des Kindes läßt sich nicht beobachten, es kann nur aus den Spuren, die es hinterläßt, erschlossen werden. Und die Regeln, denen wir dabei folgen, können wir nirgends andersher gewinnen, als aus uns selbst und den Analogien, die sich durch Beobachtung der Spuren anderer ergeben. Deshalb auch ist hier das Irrtumsrisiko außerordentlich groß. Wissenschaftlicher Jargon, welcher Herkunft er auch sei, vermindert das Risiko nur scheinbar. Wenn irgendwo, dann zeigt sich die Nicht-Planbarkeit von Bildungsprozessen an dieser Stelle. Die Konsequenz daraus ist nicht der Verzicht auf Absichten, sondern: Aufmerksamkeit für die Spuren von Selbstverhältnissen."[151]

Die Analogien und ihre Vorbilder verfolgt MOLLENHAUER an Beispielen aus der bildenden Kunst. Die Spuren, die alleine Auskunft geben über jenes Verhältnis von Ich und Selbst, bedürfen der Interpretation. Es steht in Frage, ob nicht doch jene Verhaltensweisen des Selbstverhältnisses selbst schon als Spuren zu beobachten sind. Insofern wären sie nicht nur als Spiel zu klassifizieren. Indem Kinder Spuren bewirken, verhalten sie sich; es ist der Prozeß eben dieser Produktion von Spuren. Das können bildnerische Spuren sein, verbale Spuren, aber auch im Hinblick auf die hohe sensumotorische Ansprechbarkeit von Kindern, im Hinblick auf ihre „Leiblichkeit", mimische und gestische Momente und die Vokalität ihrer verbalen Äußerungen.[152]

Wann beginnen die Spuren, von denen MOLLENHAUER spricht, für uns als „Spuren" akzeptabel zu werden? H. G. RICHTER[153] weist auf die noch kaum beachteten Schmierspuren von kleinen Kindern hin, auf die trotz des heute wieder angestiegenen Interesses an Kinderzeichnungen kaum eingegangen wird. Neben der konkreten Schwierigkeit, sie zu verfolgen und festzuhalten, da diese frühen gestischen „Spuren" nicht an den konventionellen Bildträger gebunden sind, sondern sich überall ereignen, z. B. auf Spiegeln, Fenstern, Tischdecken, auf Böden, im Sand, besteht ein geringes kulturelles, an Kunst im konventionellen Sinn gebundenes Interesse an diesen frühen „Formen" des Selbstverhältnisses und Weltverhältnisses.[154]

Bevor uns jene Spuren als „Objektivationen" vorliegen, sind ihre Entstehungsbedingungen und damit sie in ihrer Prozeßgebundenheit zu beobachten. Dabei ereignen sich Phänomene der Beziehung zwischen Kind und wie auch immer geartetem Material, zwischen Selbst und Welt. Selbst diese Beziehungshaftigkeit bewirkt Spuren, die durchaus beobachtbar sind: wie ein Kind malt, sich in etwas vertieft, etwas für sich „selbstverloren" entdeckt, „darin aufgeht", nicht zielorientiert auf die zweckgebundene Bestimmung eines Gegenstandes gerichtet ist, sondern sich dem entdeckten Anderen ganz anders zuwendet, sich anschmiegt und Teile des soeben Erzeugten seinerseits im nächsten Moment nachahmt, ohne sich auf das Visuelle zu beschränken. Diese beobachtbaren Selbstverhältnisse sind vor allem dann Selbstverhältnisse, wenn der Anteil des Anderen, des Gegenstandes, auf den sich die Vorstellung bezieht, der „Welt" als des Fremden, des Faszinierenden, wie im Moment der Darstellung von Naturkräften, nicht bekannt ist. Was wir beobachten an Verhaltensweisen, vollzieht sich am Kind, seine Spuren sehen wir als sein Produkt, als Ergebnis seiner Phantasie. Es *scheint* ganz aus ihm zu kommen.

4. Prozesse der Selbstnachahmung als semiotische Inszenierungen mit Selbstabbildern

4.1 Das Selbst in der Zeichenrelation. Die semiotische Perspektive

Die Rezeption des fotografischen Selbstportraits kann als Semiosis beschrieben werden.

Nach PEIRCE[155] hat die ästhetische Rezeption ebenso Zeichencharakter wie ein Kunstwerk selber. Das Kunstwerk ist durch die „symbolische Semiosis" an ein Geistigkeit verbürgendes Ordnungsprinzip gebunden. Ohne hier näher auf die Frage einzugehen, was im besonderen die Semiosis des Kunstwerks gegenüber der eines anderen Zeichens ausmacht, sei die kommunikative Funktion des Gegenstandes hervorgehoben. Indem ein Gegenstand oder ein Phänomen (so z. B. im Hinblick auf Verhaltensweisen) so betrachtet wird, wird etwas in eine Sender-Empfänger-Situation eingeordnet und als Zeichen im Verständnis der allgemeinen Zeichentheorie eingeführt und interpretiert.

Jede geistige Vergegenwärtigung besitzt Zeichencharakter.[156] Im Modell der „triadischen Relation" sind Mittel, Objekt und Interpretant zueinander angeordnet.[157] Das so fundierte Zeichen ist von PEIRCE ontologisch bestimmt durch die Kategorien Erstheit, Zweitheit und Drittheit. Diese universalen Kategorien werden für jede menschliche Erfahrung dargestellt. Gerade die Tatsache der ontologisch begründeten fundamentalen Modi wird hier wichtig im Zusammenhang von Selbstbild und fotografischem Abbild sowie dessen Veränderungen durch ästhetische, mimetische Prozesse. Materiales Zeichen, internes Objekt und Interpretant[158] sind dyadisch bezogen; denkbar werden sie nur im Hinblick auf die dritte Relation. Die dreistellige relationale Struktur der Semiosis konnte sich im Gegensatz zur einfachen dyadischen und psychologistischen Festlegung nicht durchsetzen.

Die Kategorie der Erstheit betrifft das reine „Sosein" der Dinge. Diese reinen Qualitäten wie Farbe bedürfen keines zweiten. Sie sind ohne Beziehung auf anderes erfahrbar. Die Kategorie der Zweitheit bedeutet reale Erfahrbarkeit der Dinge im Moment ihres Aufeinanderwirkens, ihrer Unterscheidbarkeit. Damit ist eine zweistellige Relation vermittelt. Auch das Ichbewußtsein wird von PEIRCE als Zweitheit aufgefaßt, weil es der Unterscheidung von Ich und Anderem entspringt. Die Kategorie der Drittheit bedeutet eine dreistellige Relation. In ihr ist der besondere Modus der Vermittlung von Sinn und Bedeutung erhalten. Über Fakten hinaus wird Allgemeingültigkeit vermittelt, „sei es logisch oder als Vermittlung (mediation) induktiver Erkenntnis über faktisches Sein oder als sonstige geistige Ordnung."[159] Das Bewußtsein von sich, also die Ich-Erfahrung, verdankt sich einer Repräsentation des Selbst und des Anderen, die auf der Vorstellungsebene unterschieden werden.

Diese dynamische Struktur der Unterscheidung in der Zweitheit greift aber zu kurz, wenn es um Aussagen von umfassenderen Formen und Denkzusammenhängen geht als dem Bezug zur stofflichen Welt oder auch zu anderen Phänomenen und Ereignissen (z. B. Naturkräfte oder „Weltbezug"), kurz: wenn es über die konkrete Ebene von Abgrenzung und Vergleich hinausgeht. Die Bedingung der Aussagefunktion des Interpretanten findet sich erst in der Drittheit. Gerade dieser ist im Kommunikationszusammenhang nicht simpel aufzuschlüsseln. Zunächst ist die Rezeption des eigenen fotografischen Abbildes (das nicht selbst hergestellt ist, wie das bei künstlerischen Selbstportraits der Fall ist) angesprochen. Sie wird als ästhetische Rezeption behauptet, obwohl der Rezeptionsgegenstand *kein* Kunstwerk ist; dennoch trägt er qualitative Merkmale desselben, wenn die Wahrnehmung sich nicht in der Identifizierung des Gesehenen erschöpft, sondern die strukturelle „Offenheit" und die „Selbstbezüglichkeit"[160] aspektiert, die den ästhetischen Gegenstand auszeichnen.

Selbstbezüglichkeit versteht sich hier doppelt; zum einen verfolgt das Foto keinen Zweck in dem Sinn, daß es etwas zeigt, das als Anschauungsmaterial für einen konkreten Sachverhalt dienen soll; zum anderen zeigt es den Rezipienten selber, der also semantisch auf sich zurückbezogen wird. Ikon und Symbol scheinen sich zu decken im Akt des Wiedererkennens und der Identifizierung mit dem Abbild. Die zugeordnete Aussage des Rezipienten – „Das bin ich" – unterstützt dieses. Das Zeichen als Interpretant scheint bei einer simplen „normierten" Fotografie (im Sinne eines Ausweisfotos – einer carte d'identité) keine Funktionen übernehmen zu müssen, denn die Einmündung in die identifikatorische Aussage: „Das bin ich" und „Ich bin ich", scheint als Selbst-Erfahrung und -bestätigung unhintergehbar. Aber was geschieht in dieser Rezeption, wenn die Relationen verändert werden?

Gilt die Teilung[161] des konventionalisierten Nachdenkens über ästhetische Bildung und Erziehung in kunstunterrichtliche Rationalisierung als Bildungstransfer einerseits und in emotionale und Selbsterfahrungstendenzen, die therapeutisch bezogen sind, andererseits, so kann MOLLENHAUER zugestimmt werden, daß diese Polarisierung eine weitere bedingt; eine, die zum Wohle des ganzen, „humanistischen" Menschen, der dann aber auch als Leibwesen gedacht ist, grenzt sich von einer anderen ab, die funktional auf eine kognitive Größe Anspruch erhebt, um den Menschen – für welches System eigentlich? – zur Selbstbestimmung und Emanzipation zu bringen. Eigenartig ist nicht nur für MOLLENHAUER die Herauskristallisierung der engen Beziehung von Selbsterfahrung als emotionalem Anteil und Imagination und Einbildungskraft, die sich introspektiv auf das Innen, auf die Seele des Menschen bezieht.

In der *ästhetischen* Rezeption des fotografischen Abbildes vollzieht sich eine Wirkungskette zwischen „Einbildungskraft und kulturell-ästhetischem Zeichensystem".[162] Diese Wirkungskette erscheint nach Mollenhauer in den *gegenwärtigen* Zentrierungen auf den Menschen weniger. Die Vorstellung von sich (im Falle von Kindern mit 3/4 Jahren ist sie anderen Prioritäten untergeordnet als bei Erwachsenen)[163] wird mit der visuellen Wahrnehmung des *eigenen* fotografischen Abbildes konfrontiert. Es geht dabei nicht im Sinne der pädagogischen Instrumentalisierung von Selbstkonzeptforschung um den Bezug zu empirisch gestützten Aussagen über eine naive Theorie von sich selbst zu Zwecken der Durchsetzung einer gesetzten normativen, möglicherweise verabsolutierten Verantwortung, nämlich der zu werden, der jemand sein soll, gemäß den Vorstellungen, den eine funktional-gesellschaftlich verbürgte Instanz moralisch fordert. Sondern es geht um die Ermittlung der Art und Weise des Bezugs zu sich selbst, wenn – wörtlich gesprochen – das Bild als Zeichenträger des Selbstbildes und seiner Entwicklung im Mittelpunkt steht.

In der Konfrontation von Selbstbild – als Moment jenes leiblichen Spürens und Gewahrwerdens der eigenen „Person" –, das von Phänomenologen hervorgehoben wird und das von POTHAST abstrakter beschrieben wird als eine „bestimmte Zugangsweise der Person zu sich selbst"[164], die menschliches individuelles Leben charakterisiert, und konventionalisiertem „kulturell-ästhetischem Zeichensystem" ergeben sich Prozesse, die als Phänomen zu beobachten sind. Dabei ist nicht gesagt, daß die Gesamtheit dieses „Wahrnehmungserlebnisses" beobachtbar ist; aber wesentliche Teile, die sich in der non-verbalen Antwort zeigen, sind als Spuren zu beobachten. Ihre Bedeutung, so wird vermutet, läßt sich nicht auf logisch-funktionale Momente beschränken. Sie sind im persönlichen Ausdrucksverhalten verankert und integriert. Genau dieses Moment wird zur formgebenden Kraft des Interpretanten in der Semiosis. Werden solche subjektiven Artikulationsformen nicht als Manifestation gesehen, sondern als Spuren eines Kommunikationsprozesses des Ich mit dem Selbst, stellvertretend des Rezipienten mit dem fotografischen Abbild und des Artikulationsmittels mit seinem Kontext, so müssen diese Formen im Hinblick auf den „subjektiven Angelpunkt"[165] des Selbst, d. h. aber auch und vor allem des Verhältnisses zum Anderen, in der konkreten Situation sozialer Interaktion gesehen werden.

Was es für die Pädagogik bedeutet, wenn sie sich als Selbstkonzept-Pädagogik versteht, benennt Naudascher als Warnung: „Das bedeutet aber eine Abwendung vom Machbarkeitsdenken und die Bereitschaft, in der Erziehung auch subjektive Wahrnehmungen und Bewertungen zu berücksichtigen."[166] Daraus folgt auch, was eine Selbstkonzept-Pädagogik nicht leisten kann:

„– Sie kann nicht Selbstkonzepte machen.
– Sie kann Menschen nicht zwingen, ihr Selbstkonzept zu ändern.
– Sie kann nicht Ziele aufstellen, die für alle als verbindlich zu erachten sind."[167]

Das pädagogische Ziel, ein positives Selbstkonzept aufzubauen, kann von denen, für die es gedacht ist, durchaus abgelehnt werden, wenn sie als die anderen jeweils Akzeptanz finden. „Ein positives Selbstkonzept mag für manchen Menschen nicht einmal wünschbar sein, da er es vorziehen mag, ein Leben der Selbstunsicherheit zu führen."[168]

Daß „Selbstsicherheit letztlich nicht machbar ist" (s. o.), zeigt die Grenzen prospektiver Programme im Anderen auch da, wo sie sich auf die humanistische Psychologie stützen. Insofern ist die Beziehung von Selbstbild und Zeichensystem hier keinem pädagogisch-teleologischen Ziel mit der Absicht auf Intervention unterworfen, eher einem über- oder vorgeordneten Interesse für die je unterschiedlichen Spuren jener Vorstellungen, die das Selbstbild betreffen. Das situative Moment der Konfrontation mit dem eigenen Abbild erscheint dabei insofern von Interesse, als es symptomatisch für ein Wahrnehmungserlebnis ist, das sich auf Erlebtes wie auf Erlebendes bezieht, d. h. es trifft als gegenwärtiges Ereignis auf bereits herauskristallisierte Strukturen. Diese lassen sich nach BISCHOF-KÖHLER als vorgefundenes Selbst beschreiben.

Das Wiedererkennen des eigenen Abbildes und dessen positive Bewertung lassen sich als erste Stufe der Identifizierung interpretieren, deren zweite die positive Bewertung des so Abgebildeten ist.[169] Das fotografische Abbild ist aber nicht das Selbst-Bild, dennoch beeinflußt seine Rezeption das Selbstbild, besonders das Selbstwertgefühl.

Wie verhalten sich zuerst fotografisches Abbild und Selbst-Bild zueinander?

Die Verbindung von Bild, Emotion und Körper ist eine geschichtliche geworden. In ihr zeigt sich die Bedeutung des Unbewußten zunehmend als der Ort, an dem früher die Seele des Menschen vermutet wurde. Galt früher der Körper als Sitz der Seele, so ist der Zugang zu ihr in der Psychoanalyse nur noch durch assoziative Erinnerung möglich. Durch den narrativen Charakter der Sprache wird die Matrix Körper in eine erzählte Sinneinheit gebracht; die eigene Lebensgeschichte stellt sich als Einschreibungsprozeß dar, in dem Körper und Seele wieder eine auf das Subjekt bezogene Einheit bilden. Die andere Icherzählung, zu der die Psychoanalyse im besten Fall wird, ersetzt – nunmehr therapeutisch – die frühere Vorstellung, daß der Körper das Bild der Seele sei – über den Erkenntnisweg einer ganz spezifischen Form von Sprachlichkeit.

Die Verbildlichung der Seele im Körper erlaubte es, ein Selbstbildnis als Repräsentation der seelischen und charakterlichen Besonderheit, kurz der Einmaligkeit eines Individuums, anzusehen. Mit der Fotografie erfuhr das Bildnis einer Person eine Veräußerlichung, der die Möglichkeit der Veröffentlichung privater Intimität entsprach. Die Veräußerlichung bedeutete Quantifizierung über das Medium, Abqualifizierung der Bedeutung des Bildnisses als Bild der Seele des Menschen.

Die Konventionalisierung des Fotos als ästhetisches Zeichensystem erfolgte geschichtlich durch einen Prozeß wechselseitiger Spannung von Identifikation und Repräsentation; dazu gesellten sich die Möglichkeiten technischer Durchführung.

> „Im Foto findet ein Zugriff auf den sich einem Bildnisideal angleichenden, sich selbst inszenierenden Menschen statt. Das Selbst wird vergesellschaftet. Selbst-Bild und Abbild treten in ein mimetisches Verhältnis. Das Foto wird eine technische Annäherung an die sich im Körper ausdrückende Seele. Nicht technisch ist die Bestimmung als Kraft der Bewegung, als Lebensprinzip des Körpers, als unsterbliche. Die Seele ist die ‚Wirklichkeit des Leibes'. Als der Körper nicht mehr als Sitz der Seele, sondern lediglich als Apparat bzw. Maschine begriffen wird, ändert sich diese Sicht auf das Verhältnis von Körper und Seele. In diesem Moment werden Körper und Seele getrennt, der technisch-apparative Zugriff auf den Körper wird unausweichlich. Das Bild ist reduziert auf einen Körper, der vom Selbst-Bild getrennt aufgefaßt wird."[170]

Wo dieses Abbild jedoch ästhetisch rezipiert wird, überwiegt eine Wahrnehmung, in die das Selbst-Verhältnis eingeht und die projektiv eine Nachahmung bedeutet. – Die Beziehung, die in ästhetischem Verhalten, das Wahrnehmung voraussetzt, auch zum Selbst stattfindet, kann als Lernvorgang gesehen werden.

„Über die Lernvorgänge der ästhetischen Wahrnehmung entsteht eine zunehmende Erkenntnis des Bildes der eigenen Person. Dieses Selbstbildnis ist die Gestalt, welche sich zusammensetzt aus Wahrnehungen und Erfahrungen. Es stellt ein Kaleidoskop dar, welches in einer jeweiligen Konstellation, unter situativen und zufälligen Gegebenheiten, einen Durchblick auf die eigene Person im Zusammenspiel mit den sonstigen Einflüssen und Personen ermöglicht. Das Bild der eigenen Person ändert sich gemäß der sie umgebenden und durch sie selbst beeinflußten Bewegungen anderer Zusammenhänge.

Aus der Annahme der Fluktuation, welche das Selbstbildnis ausmacht, ergeben sich jeweilig so viele Selbstbildnisse, wie Wahrnehmungen existieren. Denn ähnlich wie die Wahrnehmung des Ästhetischen die Suche nach dem jeweilig anderen beinhaltet, so bezieht sich auch die Wahrnehmung der eigenen Person auf einen jeweilig anderen Aspekt seiner selbst, dasjenige, was sich einer Definition, einer Festlegung entzieht, das aber dennoch unaufhörlich gesucht wird."[171]

Die Leistung der Phantasie ästhetischer Wahrnehmungen liegt bei der Betrachtung des Fotos darin, es zu betrachten, als wäre es das Selbstbild. Das ist nur möglich durch die beschriebenen Anteile des affektiven Bezugs. Ästhetische Wahrnehmung bezieht sich auf das Selbst im Moment der Wahrnehmung – im Hier und Jetzt – vor allem, aber nicht ausschließlich. Sie liefert keine Abbildung des Selbstbildes als Zentrum der Person, welches veranschaulicht werden kann. Wie das Selbst ist ihre Bedingung der sich verändernde Prozeß.

Die mimetische Beziehung zwischen Foto als Abbild und Selbstbild ist per se offen, vor-ethisch und vor-moralisch. Sie unterliegt noch keiner Wertung. Im Hinblick auf das Individuum kann sie subversiv genutzt werden. Jedoch ist das Ziel nicht im Sinne eines Lernzielkataloges diskursiv und endgültig zu benennen, da dieses an der hier herauskristallisierten Funktion des Ästhetischen vorbeigehen würde. Sie kann jeweils – vom Individuum selbst – subversiv genutzt werden, indem zunächst das zusammengebracht wird, was definitiv geschichtlich getrennt wurde – im Umgang der sozialen Gebrauchsweisen dieses Zeichensystems. Indem die eigenen Phantasien zum Selbstbild als Wahrnehmungsleistung anerkannt werden, erfährt das Foto eine Korrektur, das Ich in seinem Verhältnis zum *Selbstbild* einen „Stolperstein" – nämlich eine Begrenzung seiner Vorstellungstätigkeit, seiner Gefühle von sich. Wird die zeichenhafte Eigenartikulation (so beim Kind) als Selbstbegegnung in Richtung auf das Subjekt gesehen, so erscheint diese gestört in der Veräußerlichung, die das „abgelichtete Konterfei"[172] darstellt.

Die Identifizierungsmacht des Fotos beschreibt BUSCH in seinem Aufsatz wie folgt:

„Im fotografischen Bildnis ist die Einmaligkeit des Referenten in das eine Mal seiner Gegenwärtigkeit im Augenblick der Aufnahme verwandelt. Fixierter Moment einer vergangenen Anwesenheit, beginnt der Abzug sodann seine Wanderung; er emanzipiert sich von dem einen Bildnis herkömmlich bestimmten Platz im Selbstgespräch bürgerlicher Individualität. Und erst diese Freisetzung des Portraits aus seinen lebensgeschichtlichen und kulturellen Bindungen verschafft der fotografischen Exaktheit ihre folgenschwere Identifizierungsmacht."[173]

Diese geschichtliche Tatsache schreibt aber keinen Gebrauch der identifikatorischen Funktion vor. Wie sähe die auch außerhalb der kriminologischen Szene aus? Ist es schon schwierig, einen Selbstentwurf von sich für die Zukunft vorauszusagen, der die Zeitrealisation vorwegnimmt, so erschiene ein solcher Gebrauch des Fotos doch bedenklich, der dem Individuum das Bild vorwegnimmt, das es von sich haben soll.

Im ästhetischen Verhalten verweilt die Wahrnehmung nur kurz bei der Identifikation. „Manipulationen" an der Fotografie, am Mittel, erschweren eine Identifikation oder wirken zumindest störend, da andere Relationen an Bedeutung sichtbar gewinnen. Sie verfremden die abbildhafte Exaktheit und bewirken eine veränderte Beziehung von Mittel und Objekt. Bezogen auf die Identifizierungsmacht des Fotos sind sie zu „schlecht", d.h. man kann nicht ohne gewisse Aufmerksamkeit erkennen, wer dargestellt ist. Der *Verfremdungscharakter* erleichtert die ästhetische Rezeption, die vor allem da einsetzt, wo ein schon verändertes Zeichensystem wahrgenommen wird (verändert gegenüber der gewohnten, alltäglichen Wahrnehmungs- und Gebrauchsweise). Verändert werden können Größe, Ausschnitt, Farbigkeit in schwarz/weiß; alle Veränderungen bewirken im Laufe der technischen Reproduktion eine Abstrahierung von Identität.

Der ästhetische Gebrauch des Fotos bricht die – nur auf das Abbild bezogene – Identifizierungsmacht des Mediums. Was geschieht aber in diesem Beispiel auf der Seite des ästhetischen Verhaltens, der Bezugnahme auf das Selbst? Wie verhält sich das Ich zum Selbst, das nicht mit dem Selbst-Abbild übereinstimmt? Welche Spuren lassen sich beobachten?

4.1.1 Illustratives Beispiel mit Abbildungen

Die folgende Illustration dient nicht dem Zweck, Interpretationen zu pädagogischen Aktionen mit Bildern zu erfüllen, um diese Lernzielen unterzuordnen. Sie verfolgt nur die Absicht, das verbal Beschriebene für den Leser bildlich zu illustrieren. Die Veränderung des Abbildungsgrades eines Farbfotos, das fast jeder mit gewohntem Blick anschaut, durch Reduktion von Farbe, durch Vergrößerung und Rasterung, die zur Auflösung der Konturen führen, soll auf einer anderen Ebene als nur der verbalen nachvollziehbar werden. Die zeichnerische Antwort eines Kindes (4½ Jahre), das stellvertretend für andere Kinder, mit denen gearbeitet wurde, hier gezeigt wird, stellt nur *eine* Möglichkeit dar, sich selbst „ästhetisch" nachzuahmen. Dabei wird ein Bild im Sinne einer Ganzheit vervollständigt, für die aber keine normative Form vorgeschrieben ist.

Das hier entstandene neue Bild ist als Ganzheit auf der Darstellungsebene gebrochen, wenngleich auf der Sinnebene als dritte Relation die Allgemeingültigkeit „Gesicht" bestehen bleibt. Daß der Inhalt „Gesicht" auch weiterhin als zum eigenen Selbst gehörig angesehen wird, kann als Rückbezüglichkeit der fiktiven Ebene auf das Selbstbild gesehen werden. Dieser

Vorgang unterliegt einem mimetischen Impuls, der das Selbstbild mit dem Abbild zu koppeln in der Lage ist. Insofern kann die Zeichnung als Spur dieses Impulses gesehen werden. Ihre positive Selbstbewertung kann als Akzeptanz der Fiktion auf der Grundlage der hergestellten Selbstähnlichkeit gesehen werden.

Wird diese Bewegung zwischen Subjekt und Gegenstand anerkannt, erweist es sich als problematisch, den Gegenstand für Lernziele festzulegen, da gerade seine spezifische Struktur sich einem Zustandekommen verdankt, das eher neue Reflexionen als Instrumentalisierungen auf der Grundlage von funktionsrelevanten Verengungen verlangt. In diesem kritischen Sinn ginge es um die Reflexion von Bildern in einem erweiterten und in einem anthropologischen Sinn. Theodor SCHULZE hält fest, daß das Bild vor allem auch als Motiv im pädagogischen Diskurs auftritt und seinen zwiespältigen Platz dort einnimmt. „Vielleicht kehrt der metaphorische Gehalt, den die Texte zu eliminieren suchen, in den begleitenden Illustrationen wieder, und vielleicht sind sie Ausdruck für das unbefriedigt bleibende Bedürfnis nach unmittelbar zugänglichem Sinn, das selbst dann immer wieder zum Wort und zum Bild drängt, wenn es prinzipiell mißverständlich und unerfüllbar bleibt.“[174]

Abb. 7

Abb. 8

Abb. 9

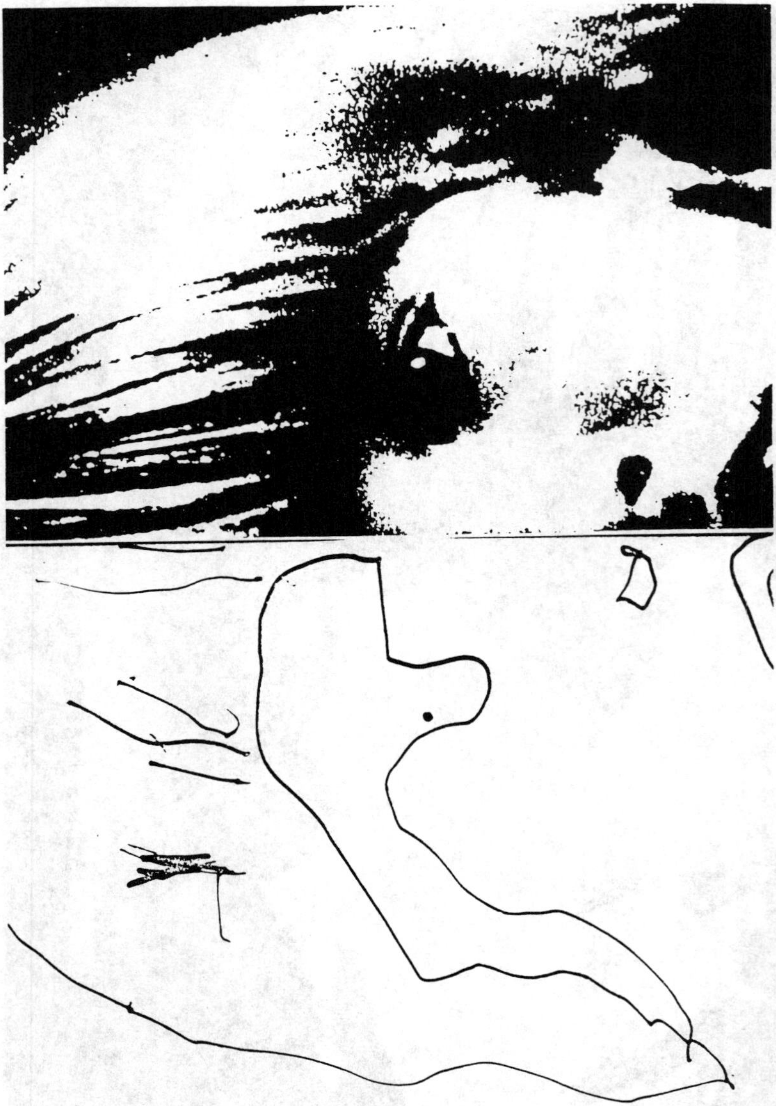

Abb. 10-11

4.2 Figuration als Formation. Vom Aushandeln des pädagogischen Anspruchs auf Bilder

Figuration ist ein doppelwertiger Begriff. Es wird etwas erschaffen, aber das, was erschaffen wird, ist nicht nur Innovation ex nihilo, sondern durch das Individuum auf dem Feld der Formationen entstanden. Gleichwohl bleibt der semiologische Anspruch auf Fiktion notwendig, sozialisatorische Bedingungen mit Hilfe von Zeichen zu transformieren.

Figurationen als Bilder werden schon seit Ende des 18. Jahrhunderts verbürgt. Dies erscheint – kulturphilosophisch betrachtet – paradox, aber auch verständlich. Denn sie tragen die Hoffnung auf ästhetische Ganzheiten als ethische Utopie. Die aber liegen wie die als Bild wahrnehmbaren Figurationen immer notwendig in der Ferne zum eigenen wirklichen Selbst. Nicht der utopische oder der fiktive Charakter erwiesen sich als fragwürdig für das, was Pädagogik an Bildern beansprucht, sondern der Inhalt dieser Hoffnung in Beziehung zu dem Analogon einer für richtig befundenen Form. Die Wahrheitsfrage der Bilder kann nicht in dem Gebrauch liegen, den eine sich auf Kunst beziehende Pädagogik im pädagogisierten Rahmen von Bildung beanspruchte.[175]

Hier stellt sich indes die Frage nach generativen Szenen, welche die Bilder und die Individuen vermitteln, so daß überhaupt die Verschmelzung von äußerer Figur und innerem Erleben rekonstruierbar erscheint. Das Problem der Analogie, die als unverzichtbar erscheint,[176] begleitet nicht nur die Erlebnispädagogik, sondern ist das Problem der Pädagogik überhaupt, wo sie sich um Non-Verbales kümmert, wo sie mit dem Anspruch auf Erfahrung aus dem theoretischen Zusammenhang der Argumentationen heraustritt. Dies aber macht ihre Geschichte aus, bevor sie zur „Erziehungswissenschaft" avancierte. Im Einstellen einer Ferne, so nah sie auch sein mag, liegt die Ambivalenz des figurativen Materials, wenn es auf jene ästhetischen Traditionen bezogen wird, die immer auch Vermittlung thematisierten. Die Tendenzen eines zunehmenden Glaubens an Unmittelbarkeit und Erfüllung des Selbst im intuitiven Erleben des Hier und Jetzt führen zu einer Gleichmachung von Selbst und Bild, das nicht als das andere, sondern als authentischerer Ausdruck desselben, der Sache selbst bzw. des Subjekts, gesehen wird. Die Frage nach dem Selbstverhältnis, welcher Weg dabei zwischen Selbst und Anderem existiert, wie er zustande kommt, gegangen wird, ist dann überflüssig. Im Bild wird das Selbst seiner endlich habhaft. In der Vorstellung des zu sich selbst gelangten Subjekts, in der Erfüllung des Bildes vom befreiten Körper, findet das Ich seine tautologische Entsprechung.

Genau in die Lücke zwischen behaupteter Allgemeingültigkeit der absoluten Idee, die ein zeitloses Menschenbild prägte, und realer Unfreiheit, die vielfältige Formationen und konkrete Spuren von Leiden in den körperlichen Subjekten zeigte, greift die historische Anthropologie korrigierend ein. Sie deckt die Dialektik der Emanzipations- und Befreiungsgeschichte des sinnlichen Subjekts auf, als deren Veranschaulichung der Körper zunehmend zum „Blickfang“ wurde – wie zum zentralen Thema. Der „Körper als Objekt“ ist nicht zeitlose große Figur, sondern offenbart Spuren der Einschreibung struktureller Gewalt. Figuration kann deshalb nicht überdauernde „Gestalt“ sein, sondern nur prozeßhafte, vorläufige Figur, die Formationen und die Möglichkeit zur Deformation immer bereits als Bedingung in sich trägt.[177]

Gesetzmäßigkeiten für Figurationen ergeben sich als Formatierungen, in denen die Welt der Gegenstände und „intersubjektiver Wahrnehmungsfelder“[178] eine Fusion mit jenen subjektiven Strukturen eingeht. Für eine dekonstruktive Perspektive, die Spuren nachgeht und Unabgeschlossenheit propagiert, ergibt sich jedoch keine Notwendigkeit dafür, die Vorstrukturen von Subjektivität außer acht zu lassen.[179] Diesen Vorstrukturen, die als Einschreibungen unbewußter Einverleibungen nicht spurlos vorübergingen, sondern im Leiden eine Matrix des Körpers darstellten, wandte sich Psychoanalyse als erste zu.

Die Prozesse der unbewußten Einverleibungen und Einschreibung erfolgen keineswegs unter dem Gesichtspunkt eines kommunikationstheoretischen Sender-Empfänger-Modells, sondern gleichsam als leibverstärkte Dynamisierung auf der Grundlage des ikonischen und enactiven Systems[180]. Die emotionalen Antworten aller entwicklungsrelevanten Darstellungsmedien finden sich in den ontogenetischen Interaktionsformen. Sie verbürgen aber keinen Anspruch auf Bilder, der ihr So-Sein unmittelbar abbildet, was als dynamische Wiedergabe der Ich-Struktur gewertet würde.

Gilt heute das Postulat des radikalen Konstruktivismus, daß Wirklichkeit durch unsere Sinne geschaffen wird, nämlich „Wirklichkeit, die wir schaffen, Wirklichkeit, die wir vereinbaren, Wirklichkeit, die uns einfällt“[181], so kommt den Bildern bei der *Erschaffung* von Wirklichkeit einige Bedeutung zu. Sie ist unauflösbar verbunden mit den Bildern, die vom Menschen existieren. Es fragt sich, inwieweit die Menschen die Bilder machen oder inwieweit die Bilder die Menschen machen. Im Hinblick auf die Bilder, die man sich von sich selbst machen kann und welche das Bewußtsein von sich strukturell tragen, ist nicht mehr eine nach kategorialen Gesichtspunkten verfahrende Gestalt als überzeitlicher anthropologischer Selbst-Entwurf bestimmend, sondern die Erfahrung der Nicht-Vermittelbarkeit. Figuration, sei es als Entwurf, weniger pathetisch als die Prozessualisierung einer Form, die sich erst durch figürliches Umreißen einer äußeren Form ergibt (und zwar immer wieder neu und anders), die zuvor nicht in ihrer bestehenden Form, wohl aber als Möglichkeit, als Antizipation bewußtseinsmäßig besteht – und Formation – fallen auseinander. Höchstens Annäherungen bestehen zwischen beiden; der „Riß“, der die Vermittlung verhindert, ist der zwischen Ich und Bewußtsein, die Spiegelung der modernen Subjektivität. Das Denken bietet keinen Halt, keine Balance, die das Subjekt als „Substanz“, als Zentrum einer positiven Anthropologie versichert. Das Subjekt ist nach FOUCAULT „eine Form, ist weder vor allem noch immer mit sich identisch. Man hat zu sich nicht dasselbe Verhältnis, wenn man sich als politisches

Subjekt konstituiert, das wählen geht oder in einer Versammlung das Wort ergreift, als wenn man sein Begehren in einer sexuellen Beziehung zu befriedigen sucht. Zweifellos gibt es Beziehungen und Interferenzen zwischen diesen verschiedenen Formen der Beziehung zu sich selbst."[182]

Die veränderten, quasi schon nach-modernen, „romantischen" Bilder der Kunst des 19. Jahrhunderts zeigen bereits Situationen menschlichen Erlebens, die Fortschritt höchstens im Schritt hinaus über die unilineare Versicherung der Eingebundenheit von Psyche und Physis aufweisen, d.h. konkret in einer Struktur, die in ihrer Horizontalen noch nicht den Rahmen gesprengt hat, wohl aber das bis dahin gewohnte Wahrnehmungsfeld überfordert hat, indem sie tendenziell auf diese bevorstehende Möglichkeit verweist. Aus dem pädagogischen und therapeutischen Umgang mit Bildern zieht MENZEN die Konsequenz, daß eine Gestalt als eindeutig zu Ende gekommene Hoffnung, die Psysis und Psyche parallelistisch glättet, ein betrogenes Versprechen war.[183] – Obwohl die Kunst selber die „dekonstruktive" Seite des abendländischen Glaubens lange schon darstellte, verleiht ihr die Pädagogik einen Sinn, der so nicht der einzige sein konnte. Die Absurdität des Unterfangens, das Absurde zu pädagogisieren, was so viel heißt wie zu domestizieren, engzuführen in einen Zukunftsbegriff, der gleichzeitig zeitlos ist, nämlich Abbildcharakter eines Ideals des absoluten Geistes darstellt, läßt dem Zwiespalt keine Chance, der sich zwischen Ich und Selbst schiebt.

„Die ordnungspraktischen Gestaltschlüsse einer kulturförmigen Ins-Verhältnis-Setzung von geistig-triebhaften Innen-Außen-Ansichten lassen sich seriöserweise nicht mehr bild- und gestaltungshaft vermitteln; sie produzieren allenfalls vorbildhaft immer neu jenes Spaltungsirresein, jene Verwirrung, auf die zu ordnen sie aus sind. Schließlich findet die perverse Horror-Lust der gestaltungshaft sich zu vermitteln Suchenden kaum mehr den Ort des Sich-Verlierens."[184]

Gegen die Endlichkeit des Selbstbezuges, gegen die Abgeschlossenheit des Selbst-Bildes als ein „IM BILDE SEIN" kann nur ein Zustand behauptet werden, der „zwischen den Bildern sich befindet"[185]. Roland BARTHES verweist auf die unsinnliche Ähnlichkeit der Sprache, wie sie schon BENJAMIN wahrnahm.[186] „Das Kunststück besteht darin, die Mimesis der Sprache (der Sprache, die sich selbst imitiert), radikal zweideutig zu halten."[187] Das aber heißt nichts anderes, als dem „Mangel" Rechnung zu tragen, daß die eigene Identität ebensowenig als Erscheinung digital abzubilden ist wie die Identität des Dinges.

Annäherung ist da schon in einem veränderten Sinn ein ästhetischer Prozeß, wo es um Dehnung geht, weil sie eine Verlängerung des Bruchs ist statt einer kompensatorischen Verdrängung des Nicht-Sichtbaren.[188]

Fiktion als Darstellung erfindet Geschichten, die Wirklichkeit auffinden lassen. Sie sind unabdingbar geknüpft an Interpretationen. Sie sind an eine Methode geknüpft, die für die Sprache selbst gilt; es kann keine Methode sein, „die darauf abzielte, Entzifferungen hervorzubringen, Ergebnisse zu postulieren. Die Methode kann hier nur für die Sprache selbst gelten, insoweit diese dafür kämpft, jeden sich verfestigenden Diskurs zu verhindern: Deshalb ist es richtig festzustellen, daß diese Methode selbst eine Fiktion ist."[189]

Im *Offenen Kunstwerk* spricht U. Eco von der Bildung eines Formbegriffs, von der Form als einem Möglichkeitsfeld[190] am Beispiel des Informellen, das nicht Tod der Form bedeutet. Für den pädagogischen Anspruch auf Bilder bedeutet es aber, das bisher kaum auszufüllende Bild anzunehmen, das sich in „Kontakt"-Epiphanien"[191] zu den konkreten Gegenständen verhält. Damit entzieht es sich einer verfügbaren Definition und dem instrumentellen Zugriff auf das Andere, das als das Irrationale deformiert wird, und auf den Anderen.

Im Hinblick auf die Möglichkeiten des Ästhetischen, das sowohl dem Imaginären wie unter phänomenologischer Sicht dem Leiblichen verbunden ist, bleibt die Funktion von Bildern im konstruierten Anspruch von Bildung und Erziehung noch auszuhandeln.

Eines läßt sich nicht bestreiten, wo es um das Aushandeln des Anspruchs für die pädagogische Praxis und für einen Diskurs geht, der sich von den Bedingungen der idealistischen Ästhetik befreit zu haben glaubt: „Es geht um den Versuch, Sozialisation zu begreifen als einen Vermittlungsprozeß von Akteur und sozialen Lebensformen, der krisenhaft verläuft, als Organisationsvollzug von Erfahrung, als Formation von Subjektivität in Maskeraden des Ich und im Spiegelbild des Anderen."[192]

5. Die anthropologischen Grundlagen des ästhetischen Selbstverhältnisses als Herausforderung an Erziehung

Selbstverhältnis meint die Fähigkeit des Menschen, sich zu sich selbst zu verhalten, sich zum Objekt machen zu können. Das geschieht z. B. in Sätzen, in denen das Ich auf das Selbst Bezug nimmt, aber auch im Sehen. Hier kann man nicht im empirischen Sinn meinen: „Ich sehe mich selbst", aber man kann meinen: „Ich sehe mich als jemanden oder etwas". Folgender Sachverhalt liegt dieser Möglichkeit des Bezugs zugrunde: Das Ich tritt aus sich heraus, aus einer instrumentellen Beziehung zwischen Subjekt und Objekt, und bezieht sich zurück auf das Selbst, ohne das die Beziehung zum anderen Gegenstand oder Menschen nicht zustande käme. Nur – sie geschieht im gleichzeitigen eigenen Spüren, das erlebt wird.

Das ästhetische Selbstverhältnis meint eine Art und Weise des Bezugs auf sich selbst, die in ästhetischen Handlungsprozessen, in Situationen ästhetischer Erfahrung durch Wahrnehmungsformen stattfindet.[193] Ästhetisch meint hier vor allem die Unterscheidung zu zweckfunktionalen Subjekt-Objekt-Beziehungen, meint die Formen der Hinwendung zum eigenen Spüren. Phänomenologen betonen in diesem Zusammenhang die Leiblichkeit als Zone des Übergangs von innen und außen, von Individualität und Sozialität; sie verbindet Wahrnehmung und Rationalität zugleich.[194] In der Anthropologie Helmut PLESSNERs hingegen finden sich Aussagen über eine Wahrnehmung, die das von den Phänomenologen als nicht-leibliche verurteilte „Sehen der Distanz“, das diskret und unauffällig ist und so beinahe schon als Denken gilt, als bedeutungsvoll hervorhebt.

Es wird wichtig für die sinnliche Anschauung, die nicht durch den Gewohnheitsblick verkümmert ist.[195] Die Gewohnheit bestimmt ein routiniertes Verhalten und eine Wahrnehmung, der keine Veränderungen an Objekten mehr auffallen; sie dringen nicht ins Bewußtsein, weil Ich und Selbst eine Einheit bilden, die darauf gerichtet ist, immer wiederkehrende Funktionen zu erfüllen. PLESSNER liefert theoretische Fragmente und Skizzen, die als Beitrag eines Wahrnehmens von Besonderem und Anderem zu lesen sind. Er überträgt den Vorgang des neu Sehen-Lernens auf seelische und geistige Zusammenhänge.[196] In ihnen wird Sinnlichkeit nicht übergangen, ebensowenig reduziert auf Leiblichkeit, sondern in Beziehung zur menschlichen Exzentrizität gesetzt.[197]

Der Blick hat eine wichtige Funktion für die Reziprozität zwischen mir und dem Anderen. Die Bedingung für den begegnenden Blick zwischen dem Anderen und mir ist jedoch die Exzentrizität, die Fernstellung des Menschen zu sich selbst. „Exzentrizität ist die für den Menschen charakteristische Form seiner frontalen Gestelltheit gegen das Umfeld ... Er lebt und erlebt nicht nur, sondern er erlebt sein Erleben.“[198] Die Kunst des entfremdenden Blicks liegt in dieser Bedingung begründet. „Sie hebt das Vertraute menschlicher Verhältnisse aus der Unsichtbarkeit, um in der Wiederbegegnung mit dem befremdend Auffälligen des eigentlich Vertrauten das Verständnis ins Spiel zu setzen. Ohne Befremdung kein Verständnis.“[199] „Erfahrung“, „echtes Verstehen“ gehen nach PLESSNER darauf zurück, daß man etwas verlieren muß, um es sich wieder anzueignen. Der entfremdende Blick fungiert als Ersatzschmerz für wirklich empfundenen Schmerz; durch den Blick wird etwas distanziert und unvertraut, dadurch bestehen auf einer zweiten Ebene Bedingungen dafür, es neu zu sehen, als nicht mehr *natürliche* Vertrautheit.

Der Grund für die Fähigkeit, Vertrautes in Fremdes umschlagen zu lassen, liegt in der exzentrischen Positionalität des Menschen. Er erlebt einen Bruch zwischen sich als Körperleib und sich als Seele, der einem Doppelcharakter gleichkommt. „Ihm ist der Umschlag vom Sein innerhalb des eigenen Leibes zum Sein außerhalb des Leibes ein unaufhebbarer Doppelaspekt der Existenz, ein wirklicher Bruch seiner Natur.“[200]

PLESSNERs Aussagen zielen auf das Verstehen von Kulturgegenständen, aber es geht darüber hinaus um „Verständnis menschlicher Verhältnisse und Gebilde schlechthin“. Verständnis kann für ihn nicht auf einer Skala stattfinden, „die unten mit der Undeutlichkeit und Verworrenheit des sinnlichen Bewußtseins beginnt und oben in der Deutlichkeit und Klarheit des Gedankens endet.“[201] Der Blick, der dem anderen begegnet, gilt PLESSNER als das elementare Phänomen der Reziprozität des Körperschemas, mit dem sich gleichzeitig die Ausbildung und Beherrschung der Motorik ergibt. Reziprozität ist bei PLESSNER der Situation der Nachahmung adäquat; diese meint mehr als bloße affektive Miterregung.[202] Sie muß als „lokalisierte Übertragung der gesehenen Gestalt in die mir verfügbare Zone meines Aussehens stattfinden können, die mir als solche nicht gegeben ist."[203]

Wo SCHELER an die innere Wahrnehmung appellierte und an den Ausdruckssinn, um eine Brücke zu schlagen zwischen dem optischen Eindruck des fremden Körpers und den kinästhetischen Vermittlungen des eigenen Leibes, um Intersubjektivität auf dieser sinnlichen Ebene zu erklären, spielte der Blick keine Rolle. Bei PLESSNER ist er das Nächstliegende, um die Entsprechung zwischen fremdem Vorbild und eigenen Bewegungen zu analysieren. Gleichzeitig warnt PLESSNER davor, dem Sehen überhaupt die Führung bei der Imitation zu überlassen. Nicht nur Mienen und Gebärden, sondern auch Stimme, Tanz und Musik offenbaren die Intersubjektivität des Zusammenhangs zwischen mir und Anderem durch Anähneln – z. B. als Übersetzung akustischer Eindrücke in ihre motorischen Äquivalente.

Indem ich den Anderen anblicke, sieht er für mich nicht nur aus, sondern er sieht mich an. Er ist für mich der, dessen Platz ich einnehmen kann. „In dieser Vertauschbarkeit des Blickpunkts, die mir sein Blick bezeugt, ist er ein Anderer, bin ich für ihn ein Anderer."[204] Der Blick konstituiert die sinnliche Bildhaftigkeit und die darin namhaft werdende Ausdruckshaftigkeit; zugleich wird er von ihnen konstituiert. Er ist äußere *und* innere Wahrnehmung. Mir selber bleiben meine Augen unsichtbar, dafür treten die Augen des Anderen als „Blicksender" und „Blickfänger" zu ihnen ins Wechselverhältnis. Das Aussehen des anderen Gesichtes wird als Abbildung seines Gesichtes und schließlich der ganzen Gestalt auf mein Bewegungsschema möglich. Die Voraussetzung dafür, daß die Entdeckung des Körperschemas am Leitfaden des begegnenden Blicks erfolgt, ist die exzentrische Position; d. h. den Blick in der Bedeutung zu erleben, daß er zurückblickt. Diese Begegnung des Blicks aber ist nicht Bedingung, sondern nur Möglichkeit auf der Grundlage der Bedingung dafür, daß echte Nachahmung stattfinden kann. Sie unterscheidet sich von affektiver Miterregung, davon, jemandem etwas nachzumachen. Ebenso wenig darf sie mit Ausdruckshaftigkeit und Erwiderung von Ausdruck verwechselt werden. Der Vorgang, der hier zustande kommt, erfordert die Ablösung des Geschehens und seine Nachbildung in der menschlichen Imagination.[205] Auf dieser Ebene ist es ein mimetischer Akt.

Das ästhetische Selbstverhältnis beruht darauf, eine „Distanz" zu sich herzustellen. Das Subjekt wird nicht als zentrische Einheit gesehen, sondern PLESSNER bestimmt es in seiner dreifachen Position. „Es ist das Subjekt seines Erlebens, seiner Wahrnehmungen und seiner Aktionen, seiner Initiative."[206] Die durch Exzentrizität bedingte Fernstellung zu sich selbst ist die Bedingung dafür, daß man sich selbst gegenüber sich so verhalten kann wie Dingen gegenüber und anderen Menschen. Dabei darf aber die Möglichkeit dann nicht vergessen werden, diese „Objekte" mit entfremdenden Blick wahrzunehmen, d. h. also Besonderheiten zu berücksichtigen, Einzelheiten zu bemerken, die dem Blick der Gewohnheitsroutine versagt bleiben. Die so geschaffene Distanz ermöglicht echte Nachahmung als Nachbildung und als Umsetzbarkeit in das eigene motorische Bewegungssystem, das als Ausdruckssystem arbeitet.

Was bewirkt dieses Selbstverhältnis, wenn es den Begegnungen adäquat Umsetzungen der reziproken Beziehung im Verhalten ausdrückt oder in symbolischen Prozessen wie sprachlichen und bildnerischen? MOLLENHAUER zufolge verändern sich an diesem Subjekt (das er m. E. zu eng auf ein künstlerisch produzierendes bezieht) das Verhältnis des Ich zum Selbst und das Weltverhältnis.

Er vermutet: „Es fädelt sich nicht ein in dasjenige, was heute zumeist „Identität“ genannt wird, in die Zuverlässigkeit von Lebensfeldern, in die in Verstandesbegriffen vermessenen Verhältnisse, in eingespielte Erwartung und Erwartungserwartungen, sondern es schafft sich, wie immer minimal, eine Distanz zu diesen.“ Man kann im Anschluß daran zusammenfassen, daß der entfremdende Blick das ästhetische Selbstverhältnis lenkt. Es stellt eine Herausforderung an Erziehung insofern dar, als die Reziprozität als Bedingung von Erziehung im o. g. elementaren und offenen Sinn hier mehr an Effektivität für Verstehen und für Nachbildungsprozesse beinhaltet, als in Erziehungstheorien hineinreflektiert wird.[207] Gleichzeitig aber ist sie weniger zu planen.

III. Das experimentelle Selbstverhältnis Eine Herausforderung durch die Künstlichkeit der Kunst

1. Grenzerfahrung von Selbstverlust als Selbstgewinn Romantische Selbsterfahrung in der exemplarischen Darstellung bei C. D. FRIEDRICH

Im folgenden Kapitel soll das besondere Verhältnis des Menschen zu sich selber am Beispiel der Kunst und der Kunsttheorie thematisiert werden. Diese Perspektive ist insofern von Bedeutung, als der spezifische Modus von Kunst nur anhand ihrer Objekte dargestellt werden kann. Auf sie müssen anthropologische und pädagogische Gedanken zuerst eingehen, bevor sie ihrerseits Forderungen an den Gegenstandsbereich stellen.

„Die Künstlichkeit der Kunst erfordert einen Betrachter, der sich zu sich selbst in ein experimentelles Verhältnis zu setzen vermag. Und so erfordert sie auch Mitteilungsformen, deren Intensität in ihrem experimentellen Charakter zu suchen ist.“[208] In dieser Aussage Bernhard LYPPs wird ein kunst-philosophischer Standpunkt deutlich, von dem aus die Moralisierung der Kunst kritisiert wird, welche in der Idee ästhetischer Erziehung bei SCHILLER tragend ist.

Unter Bezug auf NIETZSCHE hebt LYPP den performativen Grundzug der Kunst hervor und bestimmt ihn als eine Macht, die sich erst im Betrachten des Produktes erfüllt. Neben dem performativen Grundzug wird der experimentelle Zug hervorgehoben. Er ereignet sich als Künstlichkeit der Kunst und bedeutet für die Interpretation, daß Kunst und deren Reflexion nicht auf einen wiedererkennenden Blick festgelegt werden. Der wiedererkennende Blick bleibt an eine naturalistische Auffassung von Kunst gebunden, in der Kunst und Leben insofern therapeutisch verklammert sind, als die Kunst nur in Hinblick auf eine moralische Selbstbestimmung des Menschen interpretiert wird. Indem das Artifizielle der Kunst, ihr konstruktiver Zug und ihr Entwurfscharakter funktionalisiert werden, wird die Unbestimmtheit der Kunst eindeutig bestimmt; damit wird ihr Doppelsinn simplifiziert und auf einen illustrativen Gehalt reduziert.

Gerade im Anschluß an eine um C. D. FRIEDRICH geführte kunsttheoretische und philosophische Debatte, die bis in die Gegenwart reicht, läßt sich das Interpretationsproblem darstellen, bei dem es um den instrumentalisierenden und moralisierenden Zugriff auf das Ästhetische geht. Besonders dann, wenn nach den pädagogischen Möglichkeiten gefragt wird, wie mit dem Aspekt von Fremdheit und mit dem Entwurfscharakter der Kunst umgegangen werden soll, wird das Problem der Funktionalisierung erkenntnistheoretisch relevant.

In medizinisch-therapeutischen Auffassungen der Kunst, die pädagogische in der Gegenwart abgelöst haben, kommt noch immer eine naturalistische Auffassung zum Tragen; sie widerspricht dem experimentellen Charakter der Kunst, in der die artifizielle Freiheit liegt. Gerade weil sie in ihren Formen nicht nur den moralischen und ethischen Ansprüchen nachgehen, sind sie hier von Interesse, um den Gegenstandsbereich in seiner Prozeßhaftigkeit und Performanz auszuloten, bevor an ihn Erziehungs- und Bildungsansprüche gestellt werden, die ihn als verfügbares Objekt behandeln. Dabei tritt die Bildlichkeit der Kunst und des künstlerischen Sehens (bzw. Denkens) stärker in den Vordergrund, als Interpretationen im Bildungszusammenhang glauben machen. Es ist dabei die Frage, ob in den Formulierungsweisen der Kunst nicht bereits anthropologische Vorannahmen enthalten sind, die nicht einfach, d. h. linear bildungstheoretisch zu übertragen sind.[209]

Dem anderen Modus der Kunst kann man sich dabei auf verschiedene Weise nähern. Im folgenden Kapitel sollen die Interpretationen bestimmter Motive und einer Gattung in ihrer Zeit, die dann an spezifischen Beispielen berücksichtigt werden, ihren Stellenwert ebenso haben wie die Berücksichtigung der Selbstaussagen des Künstlers.

1. 1 Die künstliche Beziehung zwischen Subjekt und Natur

Nicht die reale Natur, sondern das Naturerlebnis, wie es von der Frühromantik expliziert wurde, tritt in FRIEDRICHs Bildern hervor. Gerade dieses „ins Bild gesetzte Naturerlebnis" kennzeichnet ein gegenüber der bis dahin gängigen Landschaftsmalerei sperriges Moment. In ihr kommt das für diesen Zusammenhang wichtige Verhältnis des Subjekts zu sich selber im Motiv der Natur qua Landschaftsdarstellung zum Ausdruck. Das Andere, das den Raum zum Selbst abgrenzt, aber in seiner Abstraktion und Verbundenheit mit dem Naturerlebnis das Selbstgefühl charakterisiert, wird von FRIEDRICH in Anlehnung an die Reflexionen der frühromantischen Literaten und Theoretiker bildlich montiert. Natur wird zur zweiten Natur in der Künstlichkeit des Modus der Kunst. Die Sonderstellung FRIEDRICHs in der Landschaftsmalerei seiner Zeit rückt ihn in die Schiene der Moderne mit dem zentralen Thema – die Suche nach dem Unbekannten – im Subjekt selbst und in der Natur. Gerade am Thema der Natur zeigt sich, daß es ein Thema der Selbstreflexion ist, in dem die Stellung des Subjekts in der Welt, die Frage nach den Möglichkeiten von Fortschritt mit der Kritik an einer Kultur verbunden wird, die in Gefahr steht, den Menschen von sich selbst zu entfremden, weil sie ihn von der Natur entfernt.

Die Ambivalenz von Freiheit von der Natur und Verlust derselben hatte bereits SCHILLER in seiner letzten philosophischen Abhandlung *Über naive und sentimentalische Dichtung* dargestellt.[210] Dort wird vom naiven Künstler gefordert, den Sieg über die Kunst davonzutragen, indem er natürlich sei. Innerhalb der Wirkung von Dichtung, die als Kultur immer zugleich auch Distanz zur Natur ausdrückt, heißt es in bezug auf den Menschen, „das Naive der Überraschung kann nur dem Menschen und zwar den Menschen nur, insofern er in diesem Augenblick nicht mehr reine und unschuldige Natur ist, zukommen".[211] „Es setzt einen Willen voraus, der mit dem, was die Natur auf ihre eigene Hand tut, nicht übereinstimmt."[212]

In der Natur ist die Wahrheit zu achten, die aber zu der Person und ihrer zivilisatorischen, von der Natur emanzipierten Größe „Moral" in Kontrast steht. Die Differenzierung des naiven Denkens in eines der Überraschung und der Gesinnung zeigt SCHILLERs Problem, die Ambivalenz von „Ehre" und Person, die in ihrer Ablösung von der Natur besteht und andererseits in der Naturhaftigkeit, auszuhalten. Die Sehnsucht, nichts weiter als „Naturkinder"[213] zu sein, ist schon hier gebrochen. Sie weist auf das Gefühl eines Verlustes, das in der romantischen Naturphilosophie thematisiert und überhöht wird.[214]

SCHILLERs Antithese von naiv und sentimentalisch ist der poetisch-reflektierende Versuch, das romantisch vorweggenommene Verlustgefühl zur Grundlage einer resignierten „Kunsttheorie" zu machen. In ihr werden die Hoffnungen, die in den *Ästhetischen Briefen* an den Erziehungsgedanken zunächst geknüpft werden, zurückgenommen. Kunst und Künstler werden nicht mehr in ihrem Verhältnis zum Staat und zur Politik gesehen, sondern im Verhältnis zur Natur. Das Ästhetische bietet keine Versöhnung mehr, es überbietet die Natur. So heißt es bei SCHILLER:

„Jene Natur, die du dem Vernunftlosen beneidest, ist keiner Beachtung, keiner Sehnsucht wert. Sie liegt hinter dir, sie muß ewig hinter dir liegen. Verlassen von der Leiter, die dich trug, bleibt dir jetzt keine andere Wahl mehr, als mit freiem Bewußtsein und Willen das Gesetz zu ergreifen oder rettungslos in eine bodenlose Tiefe zu fallen. Aber wenn du über das verlorene Glück der Natur getröstet bist, so laß ihre Vollkommenheit deinem Herzen zum Muster dienen."[215]

Das sentimentalische Interesse der Modernen an der Natur liegt darin, daß sie nur das Natürliche empfinden, während die Alten natürlich empfanden.[216] Dem Naturerlebnis schreibt SCHILLER eine heilende Wirkung zu. Dieses therapeutische Bewußtsein konnte jedoch erst einsetzen, nachdem die Einheit von Mensch und Natur zerbrochen war.[217]

Gerade das moderne, gebrochene Gefühl für die Natur ist es, was die metaphorischen Landschaftsdarstellungen FRIEDRICHs alltagstheoretisch aktuell macht.[218] Indes erzeugt der Maler nicht das sentimentalische Erlebnis, sondern er setzt es beim Betrachter schon voraus. Es ist nicht mehr die „ästhetische Stimmung", die der Musik darin ähnlich ist, daß sie eine harmonische Stimmung erzeugt, die sich als Phantasie über die empirische Erfahrung erhebt, sondern eher eine „gebrochene ästhetische Stimmung", die von der Trauer über den Verlust jener Harmonie symbolisch Anbindungen an Gegenstände sucht, von denen der Schein der natürlichen Einheit ausgeht. Dieser Schein des Schönen fällt in extremem Maße auf das Motiv Landschaft.

Der Naturbegriff und damit verbunden der Landschaftsbegriff gehören zu einem Kunstbegriff der Moderne, der sich am *Thema „Natur"* orientiert. „Die Natur selbst blieb dabei eine Konstante, die als Thema der Kunst nicht zu erschöpfen war. Zugleich ließ sich an dem Thema der Natur immer neu fassen, wie man sie der Gesellschaft und der Kultur zuordnen wollte."[219]

Wenn für die moderne Malerei das Argument der gegenseitigen Ergänzung im Verweis auf Wahrheit nicht mehr zutrifft, wenn die Reduktion der Malerei auf die Malerei in den Selbstverweis des Bildes geführt hat, so interessiert jetzt im Zuge der postmodernen Diskussion um das Subjekt einerseits, um die Ästhetisierung der Lebenswelt andererseits, umso mehr die Instanz, die derartige Erfahrungen macht.

Die „Erfahrung der Distanz zur Natur"[220] ist der Grund für das Ende des Motivs in den 20er Jahren dieses Jahrhunderts. Die provokante Frage, was nach dem „grenzenlosen Subjekt" die ästhetische Erfahrung der Natur verbürgt, wird von seiten der Kunstwissenschaft, z. B. bei BÄTSCHMANN, nicht gestellt, aber bezogen auf das *Motiv „Natur"* fragt er, was durch das Weggehen der Figur aus der Landschaft geleistet werden konnte.

Caspar David FRIEDRICHs Landschaften sind auch da, wo keine Figuren auftreten, nie nur reine Landschaft. Sie sind romantisch in dem Sinne, daß sie empfindungsbetonte Spiegel des menschlichen Ichs sind.[221] Diese Naturerfahrung als Ich-Erfahrung ist bereits bei PETRARCA im 14. Jahrhundert zu ahnen, aber beide sind noch voneinander getrennt. Ihr Aufeinanderzubewegen verdeutlicht das Motiv Landschaft, „Das Ich-Erlebnis öffnet sich der Landschaft, während deren Vokabeln – Baum und Berg, Strom und Abgrund – zu Metaphern des subjektiven Empfindens geprägt werden".[222] „Abstrakt formuliert ist ‚Landschaft' das Ineinandergreifen von räumlicher und körperlicher Ausdehnung, veranschaulicht an einem Stück Natur."[223]

1.2 *Die Sonderstellung FRIEDRICHs und die Radikalisierung des Selbstverhältnisses*

> *„Krumm gegen gerade, kalt gegen warm, hell gegen dunkel, das sind die sauberen Krücken, an denen die Erbärmlichkeit forthumpelt."*[224]

Gegen die akademischen Regeln der Landschaftsmalerei rebelliert C. D. FRIEDRICH, gegen das aufklärerische Festlegen auf eine Vernunft, die sich auf „unterschiedliche Wirkungen" bezieht, erst recht.[225] Zwei Werke FRIEDRICHs sind für die Bedeutung des Selbstverhältnisses relevant: der *Tetschener Altar* (1807/8) und der *Mönch am Meer* (1809). Beide Werke sind auf unterschiedliche Art und Weise radikal gegenüber der bisherigen Regelhaftigkeit der Gattungen. Am *Tetschener Altar* entzündete sich der RAMDOHR-Streit, bei dem es um die Wirkung des Bildes ging, die als Überschreitung der bisher gemäßigten ästhetischen Grenze galt und nicht mehr absehbar war. Darin schien eine grundsätzliche Gefahr des Mythischen zu liegen. Sie wird deutlich als Erfahrung von der Macht des Bildes, die den Betrachter in sich hineinzieht. Diese Wirkung der pathologischen Rührung geriet in Mißkredit, aber sie war beabsichtigt. Ihre Wirkung lag nicht nur im religiösen Bereich, sondern in der Unverbindlichkeit, Subjektivierung und Spiritualisierung, mit der sich diese Kunst aus dem öffentlichen Wirkungskreis zurückgezogen hat.

RAMDOHR kritisierte die Vernachlässigung und Verachtung des Wissens von ästhetischen Regeln und technischen Könnens, er witterte die Gefahr jener Erfahrung am Bild, die Identifizierung für den Rezipienten bedeutet. Die Landschaftsmalerei überschreitet damit die traditionellen Regeln von Religion auf der einen Seite und Naturwissenschaft auf der anderen Seite. Zur Veranschaulichung soll ein Zitat RAMDOHRs dienen:

> „... wie ist es möglich, den Einfluß zu verkennen, den ein jetzt herrschendes System auf Herrn FRIEDRICHs Komposition gehabt hat: Jener Mystizismus, der jetzt überall sich einschleicht und aus Kunst wie aus Wissenschaft, aus Philosophie wie aus Religion gleich einem narkotischen Dunste uns entgegenwittert. Jener Mystizismus, der Symbole, Phantasien für malerische und poetische Bilder ausgibt und das klassische Altertum mit gotischem Schutzwerk, steifer Kleinmeisterei und mit Legenden vertauschen möchte.“[226]

Der Unterschied zwischen pathologischer und ästhetischer Rührung wird für RAMDOHR im Vergleich zwischen wirklicher Natur als Gegenstand der Andacht und ästhetischem Werk deutlich.

> „Was es liefert, ist ästhetische Rührung, wobei wir, der Entfernung von dem wirklichen Leben uns immer bewußt, uns des Spiels freuen, das die Kunst mit unsern Rührungen treibt. Wäre es möglich, die Kunst könnte uns in eine wahre pathologische Rührung versetzen, so fiele die ästhetische weg: das Kunstwerk ginge in Natur, der Genuß am Schönen in den der Sympathie über. Wäre das ein Vorzug für das Werk? Keinswegs!“[227]

Die kritisierte pathologische Rührung bedeutet: in seinem Sein erschüttert zu werden, Aufforderung des Gemütes zur Liebe, Dankbarkeit und Bewunderung des Schöpfers. Die Kritik RAMDOHRs hatte in einem Punkt recht, den BÄTSCHMANN hervorhebt, wenn er sie als Kritik einer neuen Frömmelei wertet.[228] Die Position FRIEDRICHs bleibt in diesem Streit ambivalent. Zwischen Neuerung in der Bildkomposition (so die Kompositlandschaften, in denen naturgetreu dargestellte Abbilder an andere „fiktive“ Standorte gestellt werden) und frommer demütiger Zuwendung zur Natur[229] sowie einer allgemeinen trivialisierten Romantik, die sich in der Begeisterung für das Ideal des Kindlichen, für die „Unendlichkeit der Natur“, für das Subjektive und Geistige niederschlug, bleibt ein Rest, der FRIEDRICHs Persönlichkeit zugeordnet wird. Neben den bildlichen Objekten bleiben dafür FRIEDRICHs *Selbstaussagen* als Interpretationsgegenstand. Dabei fällt in zweifacher Hinsicht die von FRIEDRICH geäußerte Präferenz der Augen auf. Zum einen schreibt er: „Mit eigenem Auge sollst du sehen, und wie dir die Gegenstände erscheinen, sie treulich widergeben; wie alles auf dich wirkt, so gib es im Bilde wieder."[230]

Entgegen RAHMDORS Kritik an pathologischer Rührung, d. h. jener erweckten Stimmung, die gerade nicht nur dem Kunstbereich zukommt, sondern generell rituell ist (im Sinne von BENJAMINS Begriff vom Anderen), behauptet FRIEDRICH: „Wenn ein Bild auf den Beschauer seelenvoll wirkt, wenn es sein Gemüth in eine seelenvolle Stimmung versetzt; so hat es die erste Forderung eines Kunstwerkes erfüllt. Wäre es übrigens auch noch so schlecht in Zeichnung, Farbe, Art und Weise der Mahlerei usw."[231]

Es sind subjektive, an das innere Naturerlebnis gerichtete Augen, die FRIEDRICH meint. Sie erlösen von dem Zwang der akademischen Regeln und verpflichten zur subjektiven Empfindung der Natur. Sie richten sich nach innen und bewirken eine Selbstdarstellung; diese aber verlangt ihrerseits Bindungsmomente. In der Natur, die religiös gefüllt ist, findet man sie. Deutlicher und ungebrochener als bei FRIEDRICH, bei dem die Bindung Zerreißproben erfährt, so in der Darstellung des *Mönch am Meer*, wird die religiöse Erwartung an den künstlerischen Blick und an das Kunstwerk bei RUNGE. „1. Unsere Ahnung von Gott; 2. die Empfindung unserer selbst im Zusammenhang mit dem Ganzen und aus diesen beiden; 3. die Religion und die Kunst".[232]

Der Blick, der nach außen gerichtet ist, ist zugleich ein Blick nach innen. In ihm erfährt der Künstler sich analog zu Gott; während er das Absolute symbolisiert, offenbart es der Künstler in der Vergeistigung seines Werkes.

FRIEDRICHs kunsttheoretische Auffassungen verdeutlichen das romantische religiöse Prinzip auf eine sehr eigenwillige Art, die in Deutschland nur schwer verständlich erschien. Er zweiteilt die Funktion der Augen als Spiegel einerseits und als Erkenntnisorgan andererseits. „Schließe dein leibliches Auge, damit du mit dem geistigen Auge zuerst siehest dein Bild. Dann fördere zutage, was du im Dunkeln gesehen, daß es zurückwirke auf andere von außen nach innen."[233]

Die Vergegenständlichung dessen, was die Wahrnehmung des Selbst spürt und in ein für andere wahrnehmbares Bild formen kann, bewirkt ihrerseits etwas, das als „Dialogangebot" angesehen werden kann.[234] Gerade dieses nach innen gerichtete Auge brachte eine Selbstdarstellung zutage, die erschreckte und herausforderte, denn sie hielt dem Verhältnis des Menschen zur Welt den Spiegel vor. Die Bindung an Natur und darin an Gott erschien notwendig, wo auf der anderen Seite die Gefahr einer anthropologischen und psychologischen Zerrissenheit des Menschen gespürt wurde. Sie lag zuerst in der Skepsis, später in der Resignation, die sich auf den Glauben richtete, mit der politischen Revolution auch eine moralisch-ethische Verbesserung des einzelnen zu erreichen. Odo MARQUARD sieht hier in der Wende zur Naturphilosophie das Bedürfnis verankert, das Ästhetische mit pädagogischen Interessen zu verbinden; dieses Interesse hat gesellschaftlich durchaus therapeutische Funktion, denn Skepsis an der Erfüllungskraft der politisch definierten Geschichte schürt das Interesse am Pädagogischen. Nicht nur die ästhetische Erziehung ist ein Bedürfnis der Zeit, sondern es wird zunehmend ein Bedürfnis, die Dichter als „Bewahrer der Natur“[235] vor die gefürchtete Triebnatur zu stellen, die mit der romantischen Wende zur Naturphilosophie einhergeht.

Aber MARQUARD fragt: „... erweist sich da die Natur nicht als ein zu schwaches Korrektiv?“ „Es meldet sich jedenfalls eine gewisse Unsicherheit – und in ihr die schreckliche Gefahr dieser Wende zur Romantiknatur, dieser Wende zur Naturphilosophie: daß sie die gesuchte Natur verwechselt. Es meldet sich ihre crux: von vorneherein ist dies die immanente Schwierigkeit dieser Wende zur Naturphilosophie: ihre Ermächtigung der Romantiknatur könnte zur Wiederkehr der Triebnatur führen.“[236]

Nur eine Steigerung der Abwehr, wie sie bei SCHELLING im „transzendenten Idealismus“ gipfelt, erreicht es, die vernünftig gemachte Natur als absolute Identität zu setzen. „... einerseits: das Nicht-Ich als Fundament des Ich aufzuweisen; andererseits: dieses Nicht-Ich selbst als Ich zu begreifen“.[237]

Im ästhetischen Status der romantischen Selbstdarstellung sieht er die Leistung, sich vom traditionellen Schema des Ich-Bewußtseins zu distanzieren. Aber es besteht ein Unterschied zwischen den Romanen und Briefen, die BOHRER untersucht, und der metaphorischen Bildersprache FRIEDRICHs. Sie soll im folgenden verdeutlicht werden, indem das Landschaftserlebnis A. Reisers bei K. Ph. MORITZ thematisiert und mit FRIEDRICHs Darstellungen, besonders im *Mönch am Meer*, verglichen wird. Im *Anton Reiser* modelliert MORITZ ein Selbst, daß auf sich selbst zurückgeworfen ist, sich als einsam und isoliert erfährt, seiner Phantasie nachgibt, die dabei „stärkste antisoziale Potentiale entwickelt“.[238] Trotz Todessehnsucht und mystischem Naturerleben in der Landschaft ist das Ich noch nicht zur ästhetischen Subjektivität transzendiert, sondern es behält einen kritischen Impuls, der an soziale Realität gebunden bleibt. Bei K. Ph. MORITZ heißt es:

> „Diese einsamen Bäume machten ihm seine eigene Einsamkeit, indem er unter ihnen umherwandelte, gleichsam heilig und ehrwürdig – sofort er unter diesen Bäumen ging, lenkten sich seine Gedanken auf erhabene Gegenstände ... Das Kleine nahet sich dem Hinschwinden, der Vernichtung, die Idee des Kleinen ist es, welche Leiden, Leerheit und Traurigkeit hervorbringt – das Grab ist das enge Haus, der Sarg ist eine Wohnung, still, kühl und klein – Kleinheit erweckt Leerheit, Leerheit erweckt Traurigkeit, Traurigkeit ist der Vernichtung Anfang – unendliche Leere ist Vernichtung.“[239]

In der Landschaftsmalerei FRIEDRICHs gibt es in dem Sinne keine leeren Landschaften, aber auch keine, in der die Figuren einen ruhigen, sicheren Platz haben. Sie sind nicht eingebettet, sondern befinden sich in ihrer Existenz am Rande der Sicherheit und Aufgehobenheit versprechenden Natur. Ihre Stellung in einer Welt, die nicht mehr durch das allgemeine Prinzip gehalten wird, ist in Gefahr. Noch ist sie nicht „bodenlos“, aber sie deutet ihren Weggang an. VISCHER und WÖLFFLIN bemerkten diesen Vorgang in der

Malerei, den sie aber nicht als Problem erkannten, „das über die Geltung ästhetischer Normen weit hinausging".[240] Das tut es insofern, als die gemalte Natur (-Landschaft) dafür zu sorgen hat, daß Natur als Seele der Natur erfahren wird, obwohl sie diese aus dem Menschen erfährt. Wenn eine Staffage auftritt, die bedeutend ist, kann die Interpretation nicht mehr aufrechtgehalten werden, da die Aufmerksamkeit auf die Menschen fällt. Für VISCHER hat in diesem Fall das Bild zwei Subjekte, womit es seine Einheit verliert: Wenn der Mensch als Subjekt deutlich wird, kann es die Natur nicht mehr; mit dem Anspruch trat aber Landschaftsmalerei auf. VISCHER (1942) kam wie WÖLFFLIN (1926) zu dem Schluß, daß Individuum und Landschaft unverträglich sind. Als eigentlicher Inhalt des Landschaftsgemäldes kann ein „Widerschein des subjektiven Lebens im Reiche des objektiven Naturlebens gesehen werden".[241]

VISCHER hatte es so formuliert: „Der Zauber des Landschaftsgemäldes hat in dieser Übertragung seinen Grund, die Natur spricht, sie tönt uns als verhallendes Echo unserer Seele. Es beruht aber dieses Geheimnis auf einem Akte, der als eine Einheit zweier Momente zu fassen ist; denn da wir uns sowohl bewußt sind, daß die Natur, das stumme Reich der Notwendigkeit, nichts von den Gefühlsbewegungen des subjektiven Lebens weiß, so müssen wir eine Teilnahme an diesen erst unterlegen". „Doch fühlen wir, ob zwar dunkel, recht wohl, daß dies ein bloßes Leiden ist, und dies ist das andere Moment. Wir geben aber darum dieses Leiden nicht auf, sondern wir vollziehen nun die Vorstellung, welche logisch ein Widerspruch, ästhetisch aber von großem Reize ist, als ob die Natur zu gleicher Zeit eine die Stimmungen des menschlichen Gemüts vorbildende oder wiederholende Seele in sich berge und dennoch in ungetrübter Objektivität und Gesetzmäßigkeiten nicht um die Schmerzen des subjektiven Lebens wüßte."[242] Zwei Momente greifen ineinander, die von vornherein keine Einheit sind; erst durch die ästhetische Konstruktion werden sie mehr oder weniger zur Einheit und bewirken „ein Gefühl, daß ich der Landschaft ihre menschliche Seele bloß leihe und ein trotz diesem Gefühl fortgesetztes Leihen."[243] Diese Stellvertretung, die den metaphorischen Gehalt von Landschaft möglich macht, endet da, wo der imaginative Stellenwert der Natur durch den einzelnen, besonderen Menschen klar wird, auf den mehr und anders, als es im klassischen Stil der Fall war, geblickt wird.

Bei FRIEDRICH wird dagegen deutlich, daß die existentielle Stellung des Menschen in der Welt ästhetisch reflektiert wird.[244] Bei Friedrich deutet sich ein Ausstoß der Figuren aus der Natur an (bzw. der Landschaft als veranschaulichte Natur), der die Dialektik des Verhältnisses Mensch-Natur, Ferne-Nähe, Aufstieg-Absturz anfänglich mit dem Akzent scheinbar heiterer Stimmung verbindet.

Radikaler, vor allem im Bildaufbau, geschieht das im *Mönch am Meer* (1809). Das Bild zeichnet sich durch eine bis auf die Horizontale reduzierte Form aus. Der Himmel ist dunkel, seine lasierten Farbabstufungen deuten eine Gewitterstimmung an, und es ist ruhig; gleichzeitig bedeckt er dreiviertel des Bildes. Als einzige, zudem dunkle Vertikale erscheint die Figur des Mönches, unvergleichlich klein auf einem spitzen Sandvorsprung, der ins Meer ragt. Außer ihm gibt es keinen Maßstab zum Vergleich. Die Umgebung ist nicht vertraute Nähe der Natur, keine übliche Waldidylle, sondern ästhetisch konstruierte Einsamkeit und Verlorenheit. Auf diese Kleinheit, die dennoch ihren Kontext in gewisser Weise „überragt", richtet sich der Blick. Die bekannte und heftige Reaktion KLEISTs auf dieses Bild kann als Spiegelerlebnis auf die im Bild angestrebte „Rührung" interpretiert werden. Sie wird vor dem Hintergrund der Konzeption von ästhetischer Subjektivität, die sich gerade an der Person KLEIST zeigt, in seiner Reaktion deutlich. Aus einem Dialog, in dem C. BRENTANO und A. v. ARNIM eine Persiflage auf die Gespräche des Publikums vor dem Gemälde darstellten, verfaßte KLEIST einen Text für die Berliner Abendblätter. Dort heißt es: „Nichts kann trauriger und unbeweglicher sein als diese Stellung in der Welt: der einzige Lebensfunke im weiten Reich des Todes, der einsame Mittelpunkt im einsamen Kreis."[245]

Er fügte eine Metapher hinzu, die in ihrer Bedeutung für die herausfordernde, von der Norm abweichende Komposition genauso wichtig ist wie als Selbstzeugnis seines eigenen Zustandes, des „diskontinuierlich gewordenen Ichs"[246], das nur in einer poetischen Sprache noch Selbsterhaltung verspricht. „Das Bild liegt mit seinen zwei oder drei geheimnisvollen Gegenständen wie die Apokalypse da, ... und da es in seiner Eintönigkeit und Uferlosigkeit nichts als den Rahmen zum Vordergrunde hat, so ist es, wenn man es betrachtet, als ob einem die Augenlider weggeschnitten sind."[247]

Zwar werden in der FRIEDRICH-Interpretation die Äußerungen kritisiert, weil sie zu sehr die eigenen Empfindungen in das Bild hineinlegen und es darum angeblich nicht begriffen haben, doch ist gerade die Kompatibilität von Bildaufbau, Inhalt und Selbstbezug des Zuschauers hier interessant für die Art und Weise der ästhetischen Wirkung, die ein Gegenüber als Empfänger braucht. Bezogen auf die philosophisch-ethische Bildaussage ist festzustellen: Das Bild bietet Religion nicht als Trost oder als Offenbarung Gottes in der Natur an. Es kann als Spiegel der Persönlichkeit FRIEDRICHS gesehen werden, darüber hinaus aber auch als Spiegel jenes herauskristallisierten reflexiven Umkreises, in dem die Formierung einer ästhetischen Subjektivität angezeigt wird. In FRIEDRICHs eigenen Aussagen wird die Spiegelfunktion der Natur herausgehoben, wenn er die Aufgabe des „Bildners" nicht in der Naturtreue sieht, „sondern seine Seele, seine Empfindung, soll sich darin widerspiegeln".[248] „Der Maler soll nicht bloß malen, was er vor sich sieht, sondern auch, was er in sich sieht. Sieht er aber nichts in sich, so unterlasse er auch zu malen, was er vor sich sieht."[249]

Geht man von FRIEDRICHs eigenen Aussagen aus, scheint die Reaktion KLEISTs verständlich. KLEIST hat sehr wohl begriffen, daß im Bild etwas ausgedrückt ist, daß ihm selbst nahe ist; das Bild ermöglicht mit seinen ikonographischen Besonderheiten auch dem KLEISTschen Selbstverständnis einen Blick in den Spiegel.

FRIEDRICH berichtet in seinen Selbstzeugnissen vom Gefühl der Einsamkeit, das er aber als Zwiesprache mit der Natur brauche. Er sucht die Natur als Veranschaulichung des göttlichen Prinzips und darin als Versicherung seiner ideengestützten Subjektivität, die jedoch bereits eingerissen ist.[250] In der Folge der noch an die teleologische Struktur des Ich-Projektes gekoppelten „heilen" Autonomie der Kunst und des Subjekts entsteht das ästhetische Bewußtsein, wie es bei KLEIST prozeßhaft zu verfolgen ist, durch eine Erfahrung des Bruchs und der Desillusionierung.[251] Wo die Deutung der Gegenwart sowie der sozialen Realität als Katastrophe nicht mehr durch den Glauben an die Realisierbarkeit des Reiches Gottes überboten werden kann, entsteht das ästhetische Ich. Der Selbstbezug, der nicht mehr durch das klassische Ideal einer vernünftigen und guten Natur, die den Menschen versöhnt, angebunden werden kann, zerfällt in sich.

Im *Mönch am Meer* ist diese Leere, die „Existenz auf der Schwelle" veranschaulicht: Das ist der Grund für die erste Befremdung und Ablehnung, die das Bild auslöste. Bernhard LYPP unterstützt die ethisch-moralische Interpretation des Bildes, wenn er davon überzeugt ist, daß das Bild als die Ausnahmesituation menschlichen Lebens überhaupt zu verstehen ist. „Das Bild zeigt uns, daß die ethischen Maximen einer gesunden Lebensführung und die ästhetischen Regeln des guten Geschmacks eben nicht Hand in Hand gehen und sich zu einer ‚Lebenskunst' organisch verbinden. Einsamkeit und asketische Abgeschiedenheit der auf dem Bilde erscheinenden Figur stehen für die Unzulänglichkeit eines derart organischen Wechsels der Stimmführung ein."[252]

Im Bild ist ein *Selbstentwurf* des Menschen dargestellt, dessen Deutung Unbestimmtheit ist. Sie ist nicht mit dem Begriff des schlechthin Unfaßbaren als das Andere oder als das Undenkbare zu fassen, sondern die Unbestimmtheit läßt sich als Erhabenes bezeichnen. „*Erhaben* wird diese Unbestimmtheit genannt, sobald sie in die Vereinbarkeit mit der Extremsituation menschlicher Freiheit gebracht ist."[253] Auf die ultimative Fremdheit und Künstlichkeit, die grausam wirkt, hat KLEIST selbstbezüglich mit Schrecken reagiert. An die Fremdheit sich zu verlieren, bedeutet Tod oder Erstarrung oder den ganz anderen Zustand in der Schwermut.

Interessant wird dieser Aspekt der Bildinterpretation im Zusammenhang des Selbstverständnisses des Rezipienten, den ein Werk „anspricht", und im Zusammenhang des veränderten Selbstverständnisses der künstlerischen Intention nach der Moderne. Was dabei in den Blick gerät, ist ein Problem der Grenze des Selbstgefühls *und* des Ästhetischen.

2. Grenzüberschreitung und multiple Identität in der Gegenwartskunst

2.1 Kunst als Abweichung. Der gesellschaftliche Ort des Anderen

Kunst avancierte im Zuge der Moderne immer mehr zum Feld des Anderen der Gesellschaft. Als Kunst ist dieses Andere definiert – es wird in ihr und damit als Kunstwerk verortet. Die Gegenwartskunst spielt damit, daß sie Abweichung da produziert, wo der ästhetische Reiz als Ausstellungswert überwiegt. Ihre Abweichung ist in gewisser Weise normiert und künstlich erzeugt. Darin zeigt sich eine paradoxe Situation, in der das Andere positiv sanktioniert und verwaltet wird. Die künstlerische Tradition der historischen Avantgarde gilt dabei als wichtige Bedingung der Möglichkeit, einen Gegenstand durch Kontextänderung zum Kunstgegenstand zu machen.[254]

Die Stellung der Gesellschaft heute zur Kunst ist ebenso paradox, denn die Kunst erfährt Anerkennung als Kritik an den Zuständen, als Zerrbild mehr denn als affirmativer Spiegel.[255] Sie hat die Aufgabe, das Andere zu zeigen. Wo sie sich durch nichts von der Warenwelt unterscheidet, affirmiert sie das Bestehende. Von ihr wird aber anderes erwartet; es wird erwartet, daß sie – und sei der Unterschied noch so gering – *nicht* mit sozialen Intentionen zu verwechseln ist. Sie muß das Andere verkörpern, sie muß artifiziell sein, sie muß in diesem Dissens ihre Identität erzeugen. Der Standard der Normalität wird in der Kunst außer Kraft gesetzt. Hinter diese Eigenschaft der modernen Ausdifferenzierung kann Kunst heute nicht mehr zurück. Ihre seismographische Funktion hat sich geändert. Sie darf nicht Affirmation sein; sie kann aber auch nicht im starken Aufklärungspathos als Emanzipationsanspruch so verfahren, wie es die historische Avantgarde getan hat, als sie mit Mitteln der Kunst den Status der Kunst in der nachbürgerlichen Gesellschaft angegriffen hat. Nach BÜRGER liegt das Scheitern der Avantgarde wie Dadaismus und Surrealismus darin, daß sie die Rückführung der Kunst in Lebenspraxis intendierten, im Prozeß der Dialektik selber befindlich, schließlich aber zum „einzig zeitgemäßen Typus von Kunst avancierten".[256]

Es ist allerdings die Frage, ob BÜRGERs Begriff des Scheiterns, der von einem starren Dialektik-Begriff in der Folge der Kritischen Theorie ausgeht, überhaupt angemessen ist. Er weist vielmehr darauf hin, daß er die Intention des Künstlers überansprucht, die Einbindung der Kunst in die gesellschaftlichen Vorbedingungen zu wenig beachtet. Im folgenden Kapitel interessiert nun gerade der Aspekt der Kunst, der als Möglichkeit von Abweichung deutlich wird; das ist die Frage nach Grenzüberschreitungen. Sie sind z.T. in den künstlerischen Intentionen nachweisbar, die immer auch einer biographischen Perspektive unterliegen; sie werden auch deutlich in der ästhetischen Wirkung der Werke, in der Reaktion der Rezipienten, die „Nachfrage" herstellen.

Am Beispiel der Grenzüberschreitung, des Durchbrechens von Normen und alltäglichen Gewohnheiten wie von habitualisierten Erwartungen an die Kunst, wird paradoxerweise die Trennung von Kunst und Leben besonders deutlich. Die Hoffnung auf den Modellcharakter der Kunst, nämlich als Modell für eine Normalisierung der Abweichung als Prinzip zu fungieren, wie W. WELSCH ihn sieht, nimmt m. E. zu optimistische Setzungen vor. Sie vertraut auf die Erkenntnismöglichkeit der Kunst, ohne den soziologischen Standort und die Bildung derer zu beachten, die überhaupt mögliche Rezipienten sein können. Ob Kunst eine Modellfunktion tatsächlich haben kann, gar die Identität im alltagstheoretischen Rahmen pluraler zu sehen, ob die Merkmale *der Kunst* also zu transformieren sind, ist eine Frage, die pädagogische Überlegungen nach sich zieht.[257]

Am Beispiel der Künstlerin und Fotografin Cindy SHERMAN soll Grenzüberschreitung im folgenden deutlich gemacht werden. Dabei ist zu fragen, wie Grenzüberschreitung als weitere Loslösung vom Prinzip der klassischen Ich-Identität zu sehen ist und was diese künstlerische Abweichung konkret als Modell überhaupt beinhaltet. Ist sie überhaupt notwendig als Modell in einer Gesellschaft der Gegenwart, die angeblich keine eigene Form mehr hat, sondern nur noch durch heterogene Sprachspiele gekennzeichnet ist?[258]

Bietet die Kunst, welche dazu eine weitere Ausformulierung darstellt, überhaupt eine Funktion, die über bloße Selbstreferenz hinausgeht? Es ist zumindest festzuhalten: Sie läßt sich auf diese Situation der Zerstreuung und Pluralität ein. Sie wertet nicht nach metatheoretischen Entscheidungen, sondern entsteht prozeßhaft und sinnlich in den sozialen Formen als Teil des gesellschaftlichen Veränderungsprozesses selber, der Pluralität und Komplexität heißt. Somit kann sie keinen pessimistischen Eindruck aus der „Zerstreuung“ gewinnen, die LYOTARD beschreibt.[259] Anders als die Künstler der Jahrhundertwende, bei denen Pessimismus bewußtseinsleitend wurde, ist diese Trauerarbeit heute abgeschlossen.[260]

Die Pluralisierung der Gesellschaft bezieht sich nicht nur auf Sprachspiele, sondern auch auf Individuen, deren Lebensformen und psychische Situationen. Identität „ist immer weniger monolithisch, sondern nur noch plural möglich. Leben unter heutigen Bedingungen ist Leben im Plural, will sagen: Leben im Übergang zwischen unterschiedlichen Lebensformen.“[261]

Der für die Zuweisung bestimmter Bereiche und Orte vorauszusetzende Normalitätsstandard ist unsicher geworden: Damit einhergehend sind die Grenzen zwischen gesund und krank vor allem in psychischer Hinsicht eingerissen. In bezug auf Kunst als anerkannte Abweichung hat sich die Frage nach der Akzeptanz künstlerischer Potentiale bei psychisch Kranken heute umgekehrt. Psychische Labilität ist nicht länger als Merkmal der Kranken zu verorten, vielmehr ist sie zu einem „Verstehensschlüssel für Normalität“ geworden.[262] Das Problem der Grenze, die überschritten wird, die es im Grunde neu auszuhandeln gilt, wird hier am Beispiel der interdisziplinären Beziehung von Kunst und Psychiatrie beschrieben;[263] gleichzeitig wird es aber nicht positiv und linear als Fortschritt von Erweiterung zu enger Grenzen des Bereiches Kunst gewertet, sondern in seiner riskanten Präsenz deutlich gemacht. Identitätsvervielfachungen werden von der Kunst seit langem widergespiegelt. Über ihre Modellfunktion in Hinblick auf Erziehung und Bildung läßt sich nichts Bestimmtes sagen. Es sind Herausforderungen, deren Artikulation in der Lebenswelt wurzelt. Ein Interpretationsmodell besteht darin, Kunst und Psychiatrie als klassische Sphäre der Abweichung aufeinander zu beziehen. Diese darin gesehenen Multiplizitätssphären stellen dann Modelle einer Forderung an Subjektivität heute dar, sich innerhalb dieser Pluralität zu konstituieren, „was bedeutet: mit ihr, nicht gegen sie – zu bilden und bewähren".[264]

Dieses ist der Hintergrund, auf dem sich WELSCH der Fotokünstlerin Cindy SHERMAN zuwendet; eine genauere Überprüfung der Arbeitsweise SHERMANs und ihrer Selbstaussagen soll im folgenden in Hinblick auf die Brauchbarkeit der These von der Grenzüberschreitung der Normalitätsstandards zum einen und einer Grenzüberschreitung der gesellschaftlich getrennten Sphären von Abweichung zum anderen vorgenommen werden.

2. 2 *Irritation, Umkehrung und Rollenspiel*
Das Beispiel CINDY SHERMAN

> *„Ich kann mir nicht vorstellen, daß ich je völlig ich selbst bin, außer, wenn ich ganz alleine bin. Ich sehe mein Leben als einen Übungsplatz, weil ich fortwährend Rollen spiele, dabei spiele ich bestimmten Leuten gegenüber auf bestimmte Weise, damit Dinge nach meinen Wünschen geschehen, damit Leute sich mir gegenüber so verhalten, wie ich es möchte."*
>
> Cindy SHERMAN[265]

Die Amerikanerin C. SHERMAN stellt Fotoserien aus, keine einzelnen Bilder. Die einzelnen Fotos zeigen vorwiegend Portraits von Frauen im Stil der 50er Jahre. Indem die Bilder Fotos sind, bewirken sie aufgrund ihres medialen Charakters zweierlei: Sie reihen sich in alles ein, was die Kamera inzwischen aufnehmen kann. Fotos sind nichts Besonderes mehr; sie existieren von fast allen Dingen, welche die Welt zu bieten hat, in den verschiedensten Ausführungen. Dabei überbrückt die Fotografie Ort und Zeit; darin liegt einer ihrer Reize. Die Aktualität des Fotos entsteht aus der Erinnerung der Betrachter.[266]

Sein Geheimnis basiert erkenntnistheoretisch darauf, daß „man sowohl die Erscheinungsform als auch die Realität kennen kann, daß aber dennoch die eine sich nicht aus der anderen prognostizieren läßt."[267] Generell zeigen Fotos aufgrund ihrer materialen Beschaffenheit wenig Authentizität. Sie sind weitgehend automatisch hergestellte Produkte. Spuren handwerklicher Bearbeitung sind jedenfalls dann ausgeschaltet, wenn sie keine individuellen Eingriffe auf der glatten Oberfläche zeigen, sei es, daß sie als Montage oder gar als Collage mit der Kenntnis von dem, was Realität dahinter ist, spielen, indem sie die Erscheinungsformen umgekehrt als jene behaupten.

Der Autor zieht sich aus der Fotografie zurück, die Momentaufnahme, die Ablichtung von Wirklichkeit formal beansprucht, rückt in den Vordergrund.

Was den Erfolg der Fotografie ursächlich zu sichern schien – die unverfälschte Wiedergabe der dinglichen Welt – hat sich im Alltagswissen als Möglichkeit zu manipulieren entpuppt. Dennoch bleibt das Foto mehr als die anderen künstlerischen Medien (Malerei und Bildhauerei) von der Illusion beeinflußt, die dahinter liegende Wirklichkeit verläßlicher zu zeigen.

Cindy SHERMANs Fotos sind Inszenierungen. Das Foto zeigt, was sich vor der Kamera als Wirklichkeit gezeigt hat. Für den Augenblick der Aufnahme war die Erscheinungsform auch die Realität.

Die erste Irritation der Bilder Cindy SHERMANs besteht darin, daß sie die Erwartung nur scheinhaft einlöst, hinter den Fotos verberge sich authentisches Leben als nicht inszeniertes. Die Personen auf den Fotos, so die Frau auf Nr. 133, 1984, stellen eine Rolle bzw. ein Klischee dar, das einen anderen semantischen Bereich assoziiert. Es geht keineswegs um die authentische Darstellung einer identischen Person. Das Bild Nr. 133 hat keinen Titel. Es stellt eine Frau dar, deren Kopf geneigt ist und deren Blick ins Leere geht. Man kann darin Zeichen einer Depersonalisierung sehen. Die Augen wirken von ihrer klassischen Bedeutung als belebendes Prinzip schlechthin, „wie die schwarzen Öffnungen einer Maske“.[268] Die zweite Irritation ergibt sich erst durch das Wissen des Betrachters, daß es sich bei den verschiedenen Darstellungen immer um Cindy SHERMAN selbst handelt, daß es aber gar nicht um die Darstellung ihres Selbstausdrucks geht. „Es kommt vielmehr gerade auf den irritierenden und eindringlichen Befund an, daß hier keine Identität zugrunde liegt. Das ist der Sinn dieser Darstellungen.“[269]

Es wird also nicht die Wandelbarkeit von Cindy SHERMAN selber thematisiert, wie sie verschiedene Rollen übernehmen kann;[270] es geht nicht darum, sie wiederzuerkennen, zu sagen: Das ist Cindy SHERMAN, verkleidet als Patientin der Psychiatrie oder als Aussteigerin. So eindeutig ist das Vorstellungsbild auch nicht, das das Foto hier vermittelt. Es geht um die perfekte Darstellung der Vielfalt möglicher Identitäten. Cindy SHERMAN selber unterstreicht diese Interpretation. „Es handelt sich hier um Abbildungen von personifizierten Gefühlen mit ganz eigenem Wesen, ganz sich selbst darstellend – und nicht mich. Die Frage der Identität des Modells ist genauso wenig von Belang wie eine etwaige Symbolik irgendeines anderen Details.“[271]

Das ist die eigentliche Grenzüberschreitung, der Angriff auf die vermeintlich gewußten sicheren Grenzen von identisch und nicht-identisch, gesund und krank, von normal und abweichend. Für WELSCH ergeben sich bedingte Vergleichbarkeiten mit den seriellen Siebdruckarbeiten von Andy WARHOL. Sie zeigen Marilyn MONROE nicht als einmalige Person, sondern als personifiziertes Prinzip des Immergleichen, das beliebig wiederholbar ist und keine Veränderung erfährt, die bedeutungsvoll ist. Das heißt, auch wenn Farbe oder Größe verändert werden, bleibt nichts als die Wiederholung des Sujets. Von M. MONROE wird so nur das durch technische Manipulation entstandene Image eines Stars sichtbar. Die Wahrheit geht auf in der Austauschbarkeit und Wiederholung der einzelnen Siebdruckflächen.

Das Thema der Fotos Cindy SHERMANs hingegen ist die Multiplizität von Identität und die Möglichkeit des Übergangs zwischen ihnen. Immer ist die Spannung und Faszination für den Betrachter latent vorhanden, daß *eine* Person dahinter diese Variationen ermöglicht – als Autor zum einen, als Spieler verschiedener Rollen zum andern.

Cindy SHERMANs handwerkliche Tätigkeit als Spur von Authentizität zieht sich zurück hinter die Inszenierung und die Kamera. Sie nimmt ihre Aufnahme (bis in die 80er Jahre) in einem perfekt ausgestatteten Interieur auf. Während sie früher Szenen darstellt und Klischees nachstellt, die sich als Bilder von Filmen in ihr angesammelt haben, verändert sich in den 80er Jahren ihre Technik und Organisation dahingehend, daß die Mimik der dargestellten Person gegenüber der Umgebung an Bedeutung gewinnt. Zu diesem Zweck werden Diaprojektoren verantwortlich für den Bildhintergrund, den sie auf eine Wand werfen, vor der sich die Person darstellt. Die frühere Arbeitsweise sah dagegen so aus, daß Cindy SHERMAN ihre Wohnung wechselte, um entsprechend notwendige Möbelstücke und Räumlichkeiten zusammenzustellen. Das Umfeld ihrer Lebensform, nicht das Studio, war das Interieur *für* die Ablichtungen. Stanley CAVELL fragt von informationstheoretischer Seite aus an die ähnliche Technik des Films: „Wenn die Realität in der Tat für das Verständnis des Mediums Films eine entscheidende Rolle spielt, und wenn ihre Rolle nicht darin besteht, aufgezeichnet zu werden, was *ist* dann ihre Rolle?[272]

Zu den frühen Fotos im Freien, die ein ebenso hohes Maß an Organisation voraussetzten, sagte Cindy SHERMAN selber, daß sie es satt gewesen sei, „sich in Hauseingängen umzuziehen und von den Leuten für verrückt gehalten zu werden.“[273] Diese *reale* Gefahr spielt in der artifizialisierten Welt der künstlerischen Fotos keine Rolle mehr.

Die Arbeitsweise SHERMANs ist prozeßhaft, d. h. sie stellt nicht fertige Ideen nach; ihre Vorstellungen entwickeln sich mit den Bildern. Sie konstruiert die Person vor der Kamera als Regisseur, indem sie selber, deren Rolle übernehmend – wobei sie auch die des Kameramanns ausübt –, „verschiedene Kleider, Perücken, Make-ups usw. probiert und sich dabei im Spiegel kontrolliert. Diese Vorgehensweise gleicht einer Aufführung ohne Drehbuch, bei der die augenblickliche Eingebung ausschlaggebend ist.“[274] Mit der Prothese nicht nur eines Spiegels, sondern mehrerer Spiegel gleichzeitig, verwischt sie die Grenze zwischen Beobachter und Beobachtetem, zwischen Akteur und gleichzeitigem Kontrolleur der eigenen Bewegung. Als Anderer, der korrigiert und inszeniert, verändert sie in Hinblick auf das Foto Haltungen und Gesichtsausdruck.

Der isolierte Dialog mit sich selbst entsteht Selbstaussagen zufolge aus dem Grund, daß sie sich davor scheut, „Anweisungen zu erteilen, und vermutlich eher falsche Rücksicht nähme, als jemand anderen zurückzuweisen"; daher „kann sie nur alleine mit sich selber arbeiten, um zu den Ergebnissen zu gelangen, die ihr vorschweben."[275]

Das artifizielle Rollenspiel bewirkt Befremdung, intime Ansprache, Verletzung von Schamgrenzen, die entweder zu Faszination oder Ablehnung führen.

Diese Arbeiten sind in einem größeren Kontext der gegenwärtigen Problematisierung von Subjektivität und Identität zu sehen.[276] Er wird von den französischen Philosophen des Strukturalismus und Poststrukturalismus bestritten, die Subjektivität als Absolutes und als Einheit in Frage stellen, um zu einer den veränderten Verhältnissen der Lebenswelt angemesseneren Interpretation von Subjektivität zu kommen, die zugleich auch neue Identitätsformen umreißt. Als Vordenker in dieser Richtung gelten P. VALÉRY und NIETZSCHE,[277] aber auch soziologische Analysen der Gegenwart sind wichtig für die Diskussion dieser Frage nach Identität.[278]

In diese Problematik können die Arbeiten SHERMANs gestellt werden. In ihnen wird die „Substanz, das traditionelle Modell von Identität",[279] vollständig ersetzt durch Rollen und eine Vielzahl externer Wirklichkeiten. Aber sie sind nicht rein affirmativ zu werten. WELSCH weist zu Recht darauf hin, daß produktive Verwandlungen und Angriffe auf Unbekanntes die Unterschiede zu affirmativer Verwendung, bloßer Reproduktion und Mode ausmachen.

IV. Zur Theoretisierbarkeit ästhetischer Erfahrung zwischen Sozialisierung und Individuierung in der ausgehenden Moderne

Von seiten der philosophischen Theorie ist ästhetische Kompetenz bis an die Grenzen ihrer Aussprechbarkeit problematisiert worden.

Wo die Kunst ihre eigene Herausforderung an lineare Erziehungs- und Bildungskonzepte darstellt, indem ihr eine ganze Anzahl an Formen offenstehen, die nicht diskursiv sein müssen, tut sich Theorie schwer, das „Andere“, das ästhetische Kompetenz beinhaltet, auszudrücken. Von den großen Theorien, die dem Phänomen einen Erklärungsrahmen im Hinblick auf Wahrheit und Bedeutung der Kultur für die Bildung geben wollen, ist ADORNOs Orientierung an Kunst und seine daran explizierte Erfahrung als „ästhetische Erfahrung“ am weitesten ausdifferenziert im Hinblick auf pädagogische Reflexion und Konsequenzen. Über den aufs Subjekt gewendeten Erfahrungsbegriff werden die Voraussetzungen von Erfahrung deutlich, die Bildungstheorie reflektieren muß und die für Erziehung relevant werden.

1. ADORNO. Orte von Nicht-Identität. Negation und Mimesis

Das Paradigma der Nicht-Identität überschreibt hier den Stellenwert der Theorie ADORNOs für die Frage nach dem Verhältnis von Sozialisation und Bildung. Wenn man nach dem Standort und der vorläufigen Bewertung von sogenannten Auflösungsprozessen fester Ordnungsprinzipien und begrifflicher Kategorien wie Wirklichkeit und Identität fragt und das Andere in der Pädagogik thematisiert, besteht eine geschichtliche Verpflichtung zur Erläuterung. ADORNO lieferte im Rahmen von Philosophie und Ästhetik Hinweise für die Positionen der Unentschiedenheit, des sowohl als auch. Gerade bei ihm erlangen sie über die Disziplin-Grenzen der Philosophie hinaus Bedeutung für die Analyse gesellschaftlicher Prozesse und Bildung. Als Widerspruch bleibt bei ADORNO, daß diese Positionen, denen er vor allem die ästhetische Theorie widmet, nicht nur diskursiv benannt und beschrieben werden, sondern daß sie sich im Stil als persönlicher Ausdruck des ästhetischen Denkens ADORNOs spiegeln. Angesprochen sind Nicht-Identität und mimetisches Verhalten.

Versucht man, die Gegenwartsdiskussion um den Anderen[280] wie auch um die Problematisierung des Selbst (Selbstkonzept)[281] für Bildung und Erziehung fruchtbar zu machen, so bedeutet das nicht notwendig das Überbieten einer Pragmatik, die zur Selbsterhaltung in der Therapie führt. Vielmehr ließe sich in dem Zusammenhang von Thematisierung des Anderen, Erziehung und Nicht-Identität mit ADORNO auf die Bedeutung ästhetischer Kompetenz im Verhalten[282] und im Subjekt als ästhetische Identität verweisen.

Die Psychologie hat die Besonderheit, die hier angesprochen wird, im Hinblick auf den kreativen Prozeß als „Regression im Dienste des Ich" bezeichnet. Diese zeitweilige Haltung, in der das Ich weniger Kontrollmechanismen tätigt als im „normalen" funktionalen Handlungsablauf, ist eine Haltung, die sich dem Anderen hingibt, sich an ihn/es anschmiegt. Sie unterwirft den/das Andere(n) nicht instrumentell der eigenen Intention. Diese „Regression" beschreibt ADORNO im mimetischen Verhalten als „das sich selbst einem Anderen Gleichmachen"[283] Im ästhetischen Verhalten erhält und modifiziert sich das Mimetische nach ADORNO. Für ihn ist es Korrektiv „des mittlerweile zur Totalität sich aufspreizenden verdinglichten Bewußtseins".[284] Die Überbetonung des ästhetischen Verhaltens in der jedem „wirklichen" Menschen innewohnenden Natur des Spieltriebs hat sich dieser Kompetenz positiv bemächtigt, aber in ihrer ideologischen Verblendung bis heute nicht erkannt, daß dieses nur eine Rationalisierung unter anderen ist, „daß keine Rationalität bis heute die volle war".[285] Sie auch nur anzustreben, bedeutet für ADORNO vor allem keine positive Instrumentalisierung einer Natur des Menschen, die sich im Menschen nur als humanisierte Natur ausbreitet, deren anderer Teil nicht zum *Begriff* der Natur des Menschen gehören darf.

Im Zusammenhang ästhetischen Verhaltens ist Nicht-Identität eine Voraussetzung.[286] Mehr an den Dingen wahrzunehmen als sie sind, setzt etwas voraus, was BOURDIEU als Disposition beschreibt, das über die bewußten Entscheidungen intellektueller Art hinausgeht, das einen soziologischen Nährboden hat, der sich „schweigend" im ästhetischen Produkt, dem Werk, niederschlägt, ohne es definitiv auszusprechen. „Mithin stellt das Werk stets eine Ellipse dar, die das Wesentliche ausläßt."[287] Die Widerständigkeit von Nicht-Identität verlangt, daß man ihr nicht instrumentell begegnet, sondern von ihrem Anderssein angerührt ist, wie sie erst dadurch zustande kommt, daß sie sich dem linearen Funktionszwang entzieht und sich dagegen behauptet, indem sie sich dem anderen anschmiegt.

An ADORNO richtet sich die Hoffnung, diese Denkprozesse um ästhetisches Verhalten wieder zu aktualisieren, um es nicht in die Instrumentalisierung – auch nicht die pädagogische – verfallen zu lassen, die behauptet, dem Menschen mit Hilfe des ästhetischen Potentials zu einem „besseren" Leben zu verhelfen. Diese moralisch-ethische Tradition der ästhetischen Erziehung, die sich aus SCHILLER herleitet, überschattet alle pädagogische Diskussion um das Ästhetische, die sich nicht erlaubt, der „ganzen" Natur im Subjekt einzugedenken.[288]

Der Zusammenhang mit Erziehung besteht darin, zu fragen, ob die Mehrdeutigkeit und Unentschiedenheit, ob Nicht-Identität" als begriffliche Voraussetzung, in Bezug zu Reflexionen stehen kann, die dann dazu führen, über den Anderen nicht verfügen zu können, ästhetisches Verhalten somit nicht vernachlässigen müssen. Das wäre ein ethischer Anspruch der Selbstreflexion von Pädagogik.

Der Zusammenhang mit der Gesellschaftstheorie besteht darin, eine Öffnung des tradierten Rationalitätsverständnisses herzustellen. Um sie nicht affirmativer Tendenz auszuliefern, was ihre behauptete Sprengkraft verhindert, ist es m. E. notwendig, die Dialektik der Aufklärung und ihre „Aktualität“ als Ausgangspunkt der Untersuchung ästhetischer Kompetenz bzw. ästhetischen Verhaltens in Theorien der Moderne und Nachmoderne zu wählen.

Das Interesse an ADORNO ist gebunden an eine erneute Aktualität der Dialektik der Aufklärung. Sie ergibt sich aus einer Auseinandersetzung zwischen Vertretern modernen und postmodernen Denkens. Die Zweifel am Projekt der Moderne verführen zu einer falsch gestellten Alternative zwischen modernem und postmodernem Denken. Die Kritik an einer eindimensionalen Vernunft führte bei vielen Denkern, die sich die Frage nach Geschichte und Zukunft von Gesellschaftstheorie stellten, zu einer Rückbesinnung auf die Zweifel am Bildungsoptimismus, die HORKHEIMER und ADORNO bereits 1947 äußerten. *40 Jahre Flaschenpost* bezeichnet das unausgesprochene, permanente Zweifeln, aus dem jedoch erst unter den Voraussetzungen einer gegenwärtigen Zeitdiagnose[289] schärferes Potential wird. So bringt das Buch anschaulich eine Spannung hervor, die ihm nicht nur als immanente Ambivalenz angelastet werden kann, sondern die zugleich im Hinblick auf die erfahrbare Lebenswelt vieler Intellektueller heute eine Grunderfahrung auf den Begriff bringt.[290] „Es artikuliert das weitgehende Auseinandertreten von Rationalität einerseits und Versöhnung und Freiheit andererseits – aber zu gleicher Zeit wird dieses augenscheinliche Faktum von HORKHEIMER und ADORNO leidenschaftlich angeklagt im Namen einer normativen Perspektive, die in der Vernunftkonzeption der Aufklärung zum ersten Mal klar angesprochen ist ...“[291]

Die Spannung zwischen Verzweiflung an der Vernunft und dennoch „anvisierter vernünftiger Normativität“[292] zeigt sich in erweiterten Diskussionen der Gesellschaftstheorien und ihrer möglichen Theorieformationen[293] im Gefolge von BENJAMIN und ADORNO auf der Spur des Anderen der Vernunft und in der Suche nach einer erweiterten komplexen formalpragmatischen Rationalitätstheorie.

Wenn man den Gegenstandsbereich der Dialektik der Aufklärung beschreiben sollte, dann geht es „um den Mechanismus der Verflechtung von Naturbeherrschung und Naturverfallenheit am Schnittpunkt von subjektiver Vernunft und gesellschaftlicher Rationalisierung“.[294]

Im Prozeß der Zivilisation, die unter dem Rückfall in die Barbarei des Faschismus vor allem Deformation und Unterdrückung ist, wird in der Dialektik der Aufklärung der „irrationale“ „Kern aller zivilisatorischen Rationalität“ deutlich in der Formation des Körpers durch die Zivilisation.[295] Sie ereignet sich nicht durch Leistungen wie Arbeit, sondern durch kulturelle Formen, die als Machtkern Ansprüche durchsetzen. Was SCHMID-NOERR für den Faschismus mit HORKHEIMER und ADORNO konstatiert, bildet die unterirdische Geschichte, die sich hinter der offiziellen verbirgt.[296]

Anhand der Dialektik der Aufklärung soll zunächst die geschichtsphilosophische Perspektive ADORNOs dargestellt und in Beziehung zu BENJAMIN gesetzt werden, dessen Einfluß auf die Dialektik der Aufklärung unumstritten ist.[297] Die Frage ist dahin zu formulieren, ob BENJAMINS Standpunkt, ein mechanisch marxistischer und messianischer zugleich, möglicherweise die Perspektive der Befreiung und Mündigkeit auf ein ästhetisches Moment verengt hat, d. h. auf ein aus der Geschichte herausfallendes Moment.[298]

Auf BENJAMIN geht die Idee eines „offenen Denkens" zurück. Dieses Denken verdingt sich nicht dem konfrontativen, identifizierenden Begriff, den festen Definitionen, sondern folgt Konfigurationen, die nicht auf den Begriff per se verzichten, wohl aber einen offenen Diskurs meinen, der die Erfahrung des Nicht-Identischen allmählich umkreist, ohne sie an eine dogmatische und parteiische Einheit zu verraten.[299]

Erst wenn das Andere als das Andere, Rätselhafte erhalten bleibt, besteht die Chance, es zu dechiffrieren.[300] Obwohl ADORNO eminent geschichtlich denkt, die Ästhetische Theorie auf Geschichtlichkeit sich gründet, meint er nicht, eine Rekonstruktion geschichtlicher Wirklichkeit leisten zu können, wie HORKHEIMER das mit der interdisziplinären Forschung intendierte.[301] Erst jetzt versucht die Rezeptionsgeschichte, das sozialwissenschaftliche Potential zu erkennen und die Beziehung zwischen HORKHEIMER und ADORNO zu untersuchen.[302] KAGER kritisiert JAY hier wegen seines Versuches, ADORNO und HORKHEIMER als inkompatibel darzustellen.[303] Zunächst schließt sich ADORNO der MARX-Rezeption HORKHEIMERS an. Motive, die beim frühen HORKHEIMER auftreten, schlagen auch bei ADORNO später durch, z. B. das Modell „bestimmter Negation", die Idee der konsequenten Historisierung von Theorie, die Idee der Geschichtlichkeit der Wahrheit.

Trotz aller Kritik ADORNOs an BENJAMIN ist ein BENJAMINscher Zug im Denken ADORNOs zu konstatieren. Ein Prozeß reziproker Beeinflussungen beider wird als Ursache dafür gesehen, daß BENJAMINS *Geschichtsphilosophie* und die *Dialektik der Aufklärung* sich nahestehen.

Menschliche Geschichte und Zivilisation erscheinen in ADORNOs geschichtsphilosophischer Perspektive katastrophisch. Vernunft als zivilisatorische Errungenschaft wird entlarvt als Motor eines Verfallsprozesses, der in den negativen Kulminationspunkten von Aggression, Mord, Kalkulation im 2. Weltkrieg deutlich wird.

In der Dialektik der Aufklärung versuchen HORKHEIMER und ADORNO, den Vernunftbegriff einer Analyse zu unterziehen, seine Ambivalenz, einerseits mit Emanzipationsbestrebungen einhergehend, andererseits in das Gegenteil umschlagend, herauszuarbeiten. Der Glaube an eine linear fortschreitende Vernunft, die die Freiheit aller garantiert, ist angesichts der gesellschaftlichen Verhältnisse ad absurdum geführt.

Aufklärung kann nicht mehr mit KANT begriffen werden als „Ausgang des Menschen aus seiner selbst verschuldeten Unmündigkeit"; sie kann auch nicht mehr durch HEGELs Dialektik begriffen werden, in der Bildung des Bewußtseins und zugleich Bildung der Welt sich decken und durch das „An-und-für-sich-Sein" des absoluten Geistes, der zu sich selber zurückkehrt, verbürgt werden. Der Zustand des „An-sich-Seins“ und der Zustand des „Anders-Seins“ bewegen sich dialektisch in einen Zustand der Totalität. Demgegenüber ist das dialektische Prinzip in der MARXschen Theorie an ein revolutionäres Prinzip gekoppelt, das spiralenförmig und sprunghaft als Negation der Negation in den gesellschaftlichen Verhältnissen sichtbar wird. Nicht ist die Veräußerung des Geistes als Natur relevant für den dialektischen Prozeß, sondern die Arbeit als Vergegenständlichung des Menschen einerseits, als Veranschaulichung seiner „Entfremdung“ andererseits. Geschichte, die zum Erkenntnisgegenstand gemacht wird, bewahrheitet sich in der Veränderung der gesellschaftlichen Verhältnisse als Aufhebung der fortschreitenden Selbstentfremdung, als bewußte Aneignung des menschlichen Wesens durch und „für den Menschen in einer menschlichen Gesellschaft als dem Ziel der menschlichen Entwicklung“.[304]

Bezogen auf die Dialektik der Aufklärung läßt sich sagen: „Nur wo sich die Philosophie in der Dialektik zur Praxis begreift, kann sie ihre prinzipielle Negativität gegenüber der Praxis überwinden und positiv in ‚bestimmter Negation‘ über sich als bloße Theorie hinaus praktisch werden im Dienste der Vermenschlichung von Praxis.“[305]

Für HORKHEIMER und ADORNO erweist es sich als sinnvoll, angesichts der konkreten gesellschaftlichen Situation die Kritik der MARXschen politischen Ökonomie und der in ihr analysierten „Tauschrationalität“ des kapitalistischen Systems eine Vernunftkritik zu konzipieren, die in ihren wichtigsten Punkten knapp zu umreißen ist.

„Schon der Mythos ist Aufklärung, und: Aufklärung schlägt in Mythologie zurück.“[306]

„Je weiter aber die magische Illusion entschwindet, umso unerbittlicher hält Wiederholung unter dem Titel Gesetzlichkeit den Menschen in jenem Kreislauf fest, durch dessen Vergegenständlichung im Naturgesetz es sich als freies Subjekt gesichert wähnt. Das Prinzip der Immanenz, der Erklärung jeden Geschehens als Wiederholung, das die Aufklärung wider die mythische Einbildungskraft vertritt, ist das des Mythos selber.“[307]

„Aufklärung zersetzt das Unrecht der alten Ungleichheit, das unvermittelte Herrentum, verewigt es aber zugleich in der universalen Vermittlung, dem Beziehen jeglichen Seins auf jegliches. ... sie schneidet das Inkommensurable weg.“

„Jeder Versuch, den Naturzwang zu brechen, indem Natur gebrochen wird, gerät nur um so tiefer in den Naturzwang hinein. So ist die Bahn der europäischen Zivilisation verlaufen.“[308]

Wie ist dieser Dialektik zu entkommen? So lautete die radikale Frage, welche die Thesen ADORNOs und HORKHEIMERs so aktuell erscheinen lassen. Nicht das Festhalten am Logos ist das Problem, sondern das Festhalten an erstarrter einseitiger Vernunftdefinition, die keinen Zugang mehr zu Paradoxie und Komplexität der Praxis hat.

Die Pointierung der Vernunftkritik gerät jedoch leicht in den Vorwurf von Irrationalität und Neokonservatismus; ein Teil der postmodernen Denker, die in der Traditionslinie von NIETZSCHE das Andere der Vernunft der subjektzentrierten Vernunft gegenüberstellen, wird verwechselt mit den trivialisierten Erscheinungsformen von Postmoderne in einer ästhetisierten Lebenswelt.[309] BRUNKHORST rechtfertigt ADORNO vor diesem Vorwurf, „dem irrationalistisch eingefärbten Hintergrund des postmodernen Zeitgeistes“[310] zugetan zu sein. Dabei muß seine Wertung der postmodernen Fragen und Methoden als „irrationalistischer Hintergrund“ in Zweifel gezogen werden. Herbert SCHNÄDELBACH hat das nicht nur für Philosophie notwendige neue Paradigma als Rehabilitation des Anderen der Vernunft in der Krise der Vernunft angedeutet.[311] Damit werden Hinweise auf vergessene Positionen in Philosophie, Kunst und Pädagogik angeschnitten, die zwar gegenwärtig Konjunktur haben, aber nicht unbedingt irrational sind.[312]

Während DERRIDA und FOUCAULT durchaus in den Dunstkreis von überpointierter Unvermitteltheit und Ursprünglichkeit geraten, ist ADORNO, wenn man BRUNKHORST folgt, von dieser Identifizierung verschont. Der Grund liegt in seiner Dialektik, einer „Reformulierung von Dialektik als kritischer Hermeneutik des Individuellen, in deren Vollzug sämtliche totalisierenden Selbstabschlüsse der Theorie immer wieder gesprengt werden müssen.“[313]

Die Dialektik der Aufklärung fordert dieses, die *Negative Dialektik* will es begründen. So wie die Negative Dialektik der Aufklärung das Aktuelle ist,[314] ist auch das Ästhetische aktuell, denn es bleibt bei ADORNO nicht „bei der augenblicklichen, anschaulich erleuchteten Evokation eines schlechthin unvermittelten und vorbegrifflichen Ursprungs stehen.“[315]

Die Texte ADORNOs aber, schlußfolgert BRUNKHORST, seien nur in einer Hinsicht aktuell. Diese liege „in dem starken appeal, den sie trotz ihrer dialektischen Grundbegrifflichkeit für Leser haben, die mit einer poststrukturalistisch und hermeneutisch-postmodern geprägten Semantik bereits aufgewachsen sind ...“[316]

Seine Grundbegriffe des Nicht-Identischen gehören scheinbar zur Familie der heterologischen Begriffe, die auch die ästhetisch gewordene Theorie der Postmoderne tragen, welche sie ohne Wahrheitsanspruch verwendet. Während diese aber, das unterstellt BRUNKHORST, ohne die zunehmend literarische Struktur, die im Narrativen, Essayistischen und Ambivalenten liegt, zu fixieren, sich nur vom Schein des Heterologischen blenden läßt, widersteht das „methodische Potential der Dialektik“ Regressionsprogrammen. Es läßt sich im Gegenteil verwenden, um diese als ästhetizistisch oder kommunikativ zu entlarven. Das scheint Grund genug, um hier die Rechtfertigung vernunftkritischen Potentials auf ADORNO zu beziehen.[317]

Erkenntnistheoretisch bietet das Begriffsschema von Natur-Mensch bzw. Subjekt-Objekt den Rahmen, in dem Vernunft einer ganz neuen Analyse unterzogen wird. Die Revision der Vernunft läßt sich aber nicht an die Seite ROUSSEAUs stellen, der den Naturzustand des Menschen als mehr oder weniger friedliches „plurales Existieren“[318] annahm; vielmehr ist nach HORKHEIMER und ADORNO der Weg zur Humanität nur durch die Vernunft zu beschreiten. Daß Vernunft dabei nicht technologischen Fortschritt meint, sondern unter der Hoffnung als dem ethischen Postulat auf eine Versöhnung von Subjekt und Objekt sich richtet, ist das „Heilsmoment" der Kritischen Theorie.

Der zweite Teil der Dialektik der Aufklärung ist der Kulturindustrie gewidmet. „Kultur schlägt alles mit Ähnlichkeit. Film, Radio, Magazine machen ein System aus ..."[319] „Die Talente gehören dem Betrieb, längst ehe er sie präsentiert: sonst würden sie nicht so eifrig sich einfügen."[320]

Die Kommerzialisierung des Kunstbetriebes durch die Massenmedien ist für HORKHEIMER/ADORNO der Sieg des Tauschwertes über den Gebrauchswert. „Die ganze Welt wird durch den Filter der Kulturindustrie geleitet ..."[321] „Die Gewalt der Industriegesellschaft wirkt in den Menschen ein für allemal. Die Produkte der Kulturindustrie können darauf rechnen, selbst im Zustand der Zerstreuung aller konsumiert zu werden."[322]

Bereits 1932 hatte ADORNO in einem Aufsatz die Rolle der Kunst innerhalb des Kommerzialisierungsprozesses beschrieben.

„Die Rolle der Musik ist ausschließlich die der Ware, ihr Wert der des Marktes. Sie dient nicht mehr dem unmittelbaren Bedürfnis und Gebrauch, sondern fügt sich mit allen anderen Gütern dem Zwang des Tausches um abstrakte Einheiten und ordnet mit ihrem Gebrauchswert, wo immer er übrig sein mag, dem Tauschzwang sich unter."[323]

Die Folgen für das ästhetische und sinnliche Empfinden der Menschen sind deutlich zu spüren als „Infantilisierung". Sie *erzeugen* einen Rezipienten, den nicht der Gebrauchswert der Werke interessiert, sondern nur noch das Vergnügen und die Zerstreuung, aber: „Vergnügen heißt allemal: nicht daran denken müssen, das Leiden vergessen, noch wo es gezeigt wird. Ohnmacht liegt ihm zugrunde. Es ist in der Tat Flucht, aber nicht wie es behauptet, Flucht vor der schlechten Realität, sondern vor dem letzten Gedanken an Widerstand, den jene noch übrig gelassen hat."[324]

Ein neuer Gebrauchswert entsteht als Produkt des Marktes, seine Motive sind ökonomisch. „Kultur ist eine paradoxe Ware. Sie steht so völlig unterm Tauschgesetz, daß sie nicht mehr getauscht wird; sie geht so blind im Gebrauch auf, daß man sie nicht mehr gebrauchen kann. Dabei verschmilzt sie mit der Reklame!"[325]

Trotz dieser vernichtenden Perspektive gibt es für ADORNO die autonome Kunst der Moderne, die sich dem Tauschwert entziehen kann. Ihr widmet er seine späteren Schriften, besonders die Ästhetische Theorie.

Trotz der Gefahr des Rückfalls in die Barbarei und in die Ohnmacht, die mit dem Prozeß der Aufklärung selber gegeben sind, bleibt der Anspruch der „Dialektik der Aufklärung" als „Aufklärung der Dialektik" erhalten.[326] Fortschritt bleibt damit erhalten, nur erscheint er als verschlungene, zwischen Fortschritt und Regression hin- und herschlagende Bewegung, die für ADORNO letztlich doch evolutionär gerichtet ist.

Die Rückseite der Richtung Fortschritt ist nicht Diskontinuität. Sie kennzeichnet die Polarität und Dialektik der Bewegung, ihre Rückseite sind regressive Tendenzen, die über Affirmation und Verdinglichung ins Vergessen führen.[327] Ihnen kann nur durch Erinnerung und „Reversibilität der Gerechtigkeit“ durch Erinnern begegnet werden, die Zeit selber ist irreversibel; sie setzt eine Grenze zwischen Leid und Erinnerung. Was sie aber leisten kann, ist ein Beitrag zur Aufklärung identifizierenden Denkens. Fortschritt, als dialektische Bewegung gedacht, zeigt ein ganz anderes Geschichtsbild, als BENJAMIN es hatte.[328] Zwar kann sich die Spirale in sich zurückbiegen, aber sie hat eine Richtung. Sie ist in ihrer Diskontinuität sogar „Formel für ein revolutionäres Verständnis der sozialen Evolution – in einer ästhetischen Tönung chockhafter Diskursunterbrechung.“[329]

Diese Vorstellung ist aber auch von den Antipoden FOUCAULT und HEGEL entfernt. ADORNO und HEGEL können nur darum die Erinnerung für so wichtig erachten, weil sie in tiefster Überzeugung von einem *letztlich kontinuierlichen Lauf der Geschichte ausgehen.* Erinnerung kann dann den inneren Zusammenhang der Geschichte deutlich machen und mit ihrer eigenen Urgeschichte verknüpfen. Aber die Kraft der rückwirkenden Gerechtigkeit ist vergleichsweise schwach, denn nie kann sie das Geschehene ungeschehen machen. Dennoch gibt es so etwas wie eine „anamnetische Solidarität“; sie stellt Strukturen identifizierenden Denkens als das Monopol des Positivismus in Frage; gleichzeitig stößt sie in der subjektiven Selektion wieder an eine Grenze.

In den geschichtsphilosophischen Thesen zeichnet BENJAMIN die Möglichkeit einer Stillstellung der Geschichte, die als „Ausnahmezustand“ die Hoffnung auf gewaltfreie Zukunft trägt. Aber die Zukunft im sozialdemokratischen Sinne meint BENJAMIN hier nicht. Ihm geht es um die Vergangenheit. „Die Geschichte ist Gegenstand einer Konstruktion, deren Orte nicht die homogene und leere Zeit, sondern die von Jetztzeit erfüllte bildet.“[330]

Das Vergangene muß qua Erinnerung aus dem Kontinuum der Geschichte herausgesprengt werden. „Auf den Begriff einer Gegenwart, die nicht Übergang ist, sondern in der Zeit einsteht und zum Stillstand gekommen ist, kann der historische Materialist nicht verzichten.“[331]

Die Revolution ist für BENJAMIN die Wiederkehr des Immergleichen. Gegenwart resultiert aus dem Verfall an die Vergangenheit, die sich bis in die Jetztzeit durchsetzt. Insofern ist Geschichte eine einzige Katastrophe. Trotz des apokalyptischen Bildes des Engels in der 9. These, der in die Zukunft rückwärts getrieben wird, ist nach BENJAMIN Fortschritt möglich.

Fortschritt ergibt sich erst aus dem Leiden an der Gegenwart als Fortsetzung der Vergangenheit. Dieses Leiden aber ist die lebendige, nicht dogmatische Form der Möglichkeit, d. h. zu erkennen und aktiv zu verändern. Die Möglichkeit jedoch besteht in der Dialektik. Sie pendelt zwischen Erstarrung und Erkenntnis und Revolution.[332]

1.1 Nicht-Identität und Begriff

Ohne die Negative Dialektik, so die These, kann Ästhetische Theorie als Ort des Nicht-Identischen nicht stattfinden. „Spricht man in der jüngsten ästhetischen Debatte vom Antidrama und vom Antihelden, so könnte die Negative Dialektik, die von allen ästhetischen Themen sich fernhält, Antisystem heißen."[333]

Die Negative Dialektik von ADORNO intendiert, durch „Selbstreflexion" der Philosophie dem dialektischen Umschlag zu entkommen, der in der Dialektik der Aufklärung als Gegenteil der Aufklärung sich herauskristallisierte. Dialektik ist zunächst der Name für eine Widerspruchsbewegung zur Norm des Wesenhaften als dem Identischen. „Er ist Index der Unwahrheit von Identität, des Aufgehens des Begriffenen im Begriff."[334]

Positive Dialektik gründet sich auf einen positiven Begriff von Totalität, denn „der Schein von Identität wohnt (jedoch) dem Denken selber seiner puren Form nach inne. Denken heißt identifizieren."[335] Das Besondere, Nichtidentische ist bisher vom Denken zugedeckt worden. Im Materialismus scheint es durch Marx' Bezug auf das Objekt durchzuschlagen; letztlich aber ist auch diese Dialektik positiv. „Das reale Modell des Identitätsprinzips schlägt durch, das als solches vom dialektischen Materialismus bestritten ist, die Anstrengung, das dem Subjekt Ungleiche ihm gleichzumachen."[336]

Negative Dialektik setzt auf das, „was Denken begreifen will"[337], was von jener Logik der Totalität ausgeschlossen ist und die „Signatur des Widerspruchs"[338] meint.

> „Der Widerspruch ist das Nichtidentische unter dem Aspekt der Identität; der Primat des Widerspruchsprinzips in der Dialektik mißt das Heterogene am Einheitsdenken. Indem es auf seine Grenze aufprallt, übersteigt es sich. Dialektik ist das konsequente Bewußtsein von Nicht-Identität. Sie bezieht nicht vorweg einen Standpunkt. Zu ihr treibt den Gedanken seine unvermeidliche Insuffizienz, seine Schuld an dem, was er denkt."[339]

Kritische Selbstreflexion, die vor keiner Frage zurückschreckt, gibt dem Denken eine Chance, dem Zwangscharakter der Logik zu entkommen.[340]

Darum kann nur Negative Dialektik Denken davor bewahren, in der Versöhnung von Allgemeinem und Besonderem, von Begriff und Wirklichkeit zu ihrem eigenen Ende zu kommen, das eine Verdinglichung wäre. Ihr wahres Ende wäre eine Versöhnung, die als Befreiung erst zu errichten wäre, kein „retour à la nature" wäre. „Die Utopie der Erkenntnis wäre, das Begriffslose mit Begriffen auszutun, ohne es ihnen gleichzumachen."[341]

Nicht-Identität meint damit den ständigen Prozeß und die stetige Anstrengung, die Negation aufrechtzuerhalten, die nicht das So-ist-es festschreibt, sondern in Bewegung setzt. Das geschieht nicht durch Begriffslosigkeit, sondern durch das Verstehen neuen Sinns, für den bestehende Begriffe negiert werden müssen, der sich nur subversiv erschließt.

1.2 Negative Dialektik und die Ambivalenz von Identität

Negative Dialektik tendiert zur Differenz des Gegenstandes von seinem Begriff; sie beargwöhnt Identisches.[342] Bei ADORNO heißt es:

„Der Begriff an sich hypostasiert, vor allem Inhalt, seine eigene Form gegenüber den Inhalten. Damit schon das Identitätsprinzip: daß ein Sachverhalt an sich, als Festes, Beständiges, sei, was lediglich denkpraktisch postuliert wird. Identifizierendes Denken, vergegenständlicht durch die logische Identität des Begriffs."[343]

In der Identitätsproblematik zeigen sich die Folgen einer These der Vermittlung. Vermittlung bedeutet bei ADORNO, daß etwas erst durch Bezug auf etwas anderes, das mit ihm nicht identisch ist, seine Identität gewinnt.[344]

Nach KARGER hat der Vermittlungsprozeß, bezogen auf das bei ADORNO focussierte Subjekt/Objekt-Verhältnis, zwei Seiten, die „Subjektvermitteltheit des Objekts" und „die Objektvermitteltheit des Subjekts".[345] Das Nichtidentische erscheint hier dann als „die Differenz zwischen Begriff und Sache". Es bewahrheitet sich aber erst in der Durchführung der „Negativen Dialektik", die in keiner Bipolarität erstarrt.[346]

Die Konsequenz der Negativen Dialektik für pädagogische Reflexion wurde bewertet als „eine Absage an den Anspruch einer Handlungswissenschaft ..., zur Verbesserung der gegebenen Praxis beitragen zu können."[347] „Für die Erziehungswissenschaft bedeutet die radikale Aufhebung der Praxis in der Theorie die Vernichtung der Praxis", benennt WULF die Konsequenz.[348]

Aber Wissenschaft von der Praxis, die Erziehung ist, muß auch für diese zuständig sein; um Praxis nicht nur einer Anpassung an bestehende Verwertungsmechanismen auszusetzen, muß sie im Hinblick auf das von der Aufklärung anvisierte Ziel tendenziell verändert werden. Würde diese Utopie aufgegeben, wäre auch jede Möglichkeit zur Veränderung aufgegeben, von der Erziehung als Anspruch und als „gelingende Erziehungspraxis" aber lebt. Sie sind Voraussetzung für die Entwicklung der Gattung Mensch.

Wenn die Negative Dialektik nahelegt, auf Praxis zu verzichten, begibt sie sich damit in einen problematischen Bereich des reinen Denkens, dem jeder empirische Boden entzogen ist, der die Ambivalenz von begrifflicher Aufklärung und Verwickeltsein in lebendige Erfahrungen, die sich der begrifflichen Fassung sperren, nicht in sich aufnimmt.

Auf der theoretischen Ebene jedoch, die deswegen so notwendig ist für Erziehung, weil sie zuallererst Korrektiv sein kann für einen Handlungsoptimismus, der allzuleicht den Anderen einverleibt, ist an das identifizierende Denken kritisch anzuknüpfen. Nicht-Identität meint bei ADORNO nicht die mangelnde Identität des Individuums. In der dialektischen Vermittlung von Subjekt und Objekt ist individuelle Identität als Ich-Identität notwendig. Denken als logische Allgemeinheit spielt eine wichtige Rolle, die ADORNO erkenntnistheoretisch legitimiert.

„Vielmehr bezeichnet Identität den Indifferenzpunkt des psychologischen und logischen Momentes im Idealismus. Logische Allgemeinheit als die von Denken ist gebunden an die individuelle Identität, ohne welche sie nicht zustande käme, weil sonst kein vergangenes in einem gegenwärtigen, damit überhaupt nichts als Gleiches festgehalten würde ...daß ein individuelles Bewußtsein Eins sei, gilt nur unter der logischen Voraussetzung vom ausgeschlossenen Dritten: daß es nicht ein Anderes soll sein können."[349] [Schließlich:] „Wäre kein identisches Bewußtsein, keine Identität der Besonderung, es wäre so wenig ein Allgemeines wie umgekehrt."[350]

Identität als Einheit individuellen Bewußtseins ist für ADORNO aber nur insoweit Bedingung für Erkenntnis, als sie in ihrer durchaus biographischen Geschichtlichkeit gesehen wird; als unhinterfragbare Bedingung für die kontinuierliche Einheit von Bewußtsein wird sie verdächtig. In diesem Fall wird die Entwicklung des Ich in ihrer Prozeßhaftigkeit unterschlagen.[351]

Die Ambivalenz von Identität und Nicht-Identität zeigt sich in der Erinnerung des Älteren an die Kindheit. Identität als allgemein vorgezeichnete Einheit (KANT)[352] ist nicht positiv und endlich erreichbar, sondern vollzieht sich in einer gleichzeitigen Wendung zum Nichtidentischen, wobei der Faktor Zeit eine Rolle spielt. Indem man sich an sich selbst als Kind erinnert, verfügt man rückwirkend über die eigene Entwicklungslinie; dies ist das einheitsstiftende Moment, zugleich: „in jener Irrealität aber wird das Ich, an das man sich erinnert, das man einmal war und das potentiell wiederum zu einem selbst wird, zugleich ein Anderer, fremder, detachiert zu Betrachtender."[353]

Im Hinblick auf die ästhetische Subjektivität finden Dezentrierung und Egozentrismus ihre spezifische Stufe in dem dialektischen Entwicklungsschema, das ADORNO als ästhetische bzw. mimetische Rationalität bezeichnet.[354] Aus der Negativen Dialektik ist dabei folgendes Fazit zu ziehen: Individuelle Identität ist notwendig als „identisches Bewußtsein", als „Identität der Besonderung".[355] Identität kennzeichnet gleichzeitig aber auch „die Selbstgleichheit eines jeglichen Denkgegenstandes" als Seite des Objekts.[356] Das Bewußtsein der Geschichtlichkeit bewegt die Einheit des Bewußtseins wie die Identität der Dinge. Die damit einhergehende Schwierigkeit, den Identitätsbegriff zu halten, wird durch das *Dialektikmodell* methodisch aufgefangen.[357]

Die Macht der begrifflichen Ordnung, in der jedes Begriffene scheinbar im Begriff aufgeht, wird durch die Negative Dialektik negiert. Ihre konsequente Unendlichkeit als Bewußtsein von Nicht-Identität entsteht durch den Widerspruch, der Antinomien von Heterogenität und Einheitsdenken schafft, aber nicht vorweg einen Standpunkt bezieht, sondern permanent differenziert, gegen die Totalität der Identifikation. Telos ist nicht die Wahrheit der Vernunft, nach der Natur in dem Schein entsteht, „die dynamische Beschaffenheit der Dinge entspräche dem statischen identitätslogischen Begriffsinstrumentarium."[358] Vielmehr ist die nur als negative, nämlich sich jedem positiven und damit fixierenden Zugriffes entziehende Leistung der Dialektik, das Andere in *seiner* Wahrheit zu denken, damit „exterritorial"[359] über die jeweils eigene Grenze hinaus.

Erst wenn Dialektik in der Versöhnung die Demontage des logischen Zwangscharakters ist, die nicht begrifflich bestimmbar ist, das Nicht-Identische freigibt, wäre die ungeschichtliche Hypostasierung des Identischen (der Primat des Subjekts)[360] gebrochen, die „Vielheit des Verschiedenen" möglich. „Versöhnung gäbe das Nicht-Identische frei, entledigte es noch des vergeistigten Zwanges, eröffnete erst die Vielheit des Verschiedenen, über die Dialektik keine Macht mehr hätte. Versöhnung wäre das Eingedenken des nicht länger feindseligen Vielen, wie es subjektiver Vernunft anathema ist. Der Versöhnung dient Dialektik."[361] ADORNOs Kritik an der Begrifflichkeit meint dagegen nicht eine Abwendung und Hinwendung zur Natur, sondern die Beachtung des von abstrakten Begriffen nicht Einverleibten: „als das von den Begriffen Unterdrückte, Mißachtete und Weggeworfene: Die Utopie der Erkenntnis wäre, das Begriffslose mit Begriffen aufzutun, ohne es ihnen gleichzumachen".[362]

Auf der Ebene intersubjektiver Beziehungen kann erst die Dezentrierung der eigenen Perspektive eine Meta-Perspektive bewirken, welche den Anderen mit gleichen Rechten anerkennt. Dieses genetische Entwicklungsmodell trägt ADORNOs ästhetisches Denken im Begriff der rationalen Identität bzw. der ästhetischen Rationalität. Die Utopie einer rationalen Identität ist indes, auch in der Vorstellung als „formbestimmende, regulative Kraft zwangloser Einheit"[363], keine Totalität wie bei HEGEL. ADORNO meint keine inhaltlich bestimmte Rationalität, sondern bloß eine formale, die Form einer komplexen Rationalität.[364]

Selbstgewahrwerden der Konstellation oder Eingedenken in sich legen erst das Nicht-Identische frei. Aber sie „ist nicht das reale Absolute oder die letzte Perspektive aller Perspektiven. Deshalb bleibt es völlig offen, ob es dort, wo das Niveau einer rationalen Identität das ‚identifizierende Denken hinter sich gelassen hätte', erreicht wird, nicht zu neuen Einseitigkeiten, Projektionen und falschen Abstraktionen kommt."[365]

Im Zusammenhang mit der intersubjektiven Ebene spricht ADORNO eine individuelle Ich-Entwicklung an, in der das starke Subjekt, das qua Identifikation zur Selbstbehauptung fähig ist, erst auch die Kraft hat, das Andere als das Nicht-Identische wahrzunehmen. Dieser Schritt, Naturbeherrschung sich nicht weiter ereignen zu lassen, vor dem Objekt zurückzutreten, hätte Konsequenzen für Herrschaftsprozesse und Verdinglichungsprozesse im sozialen Leben.[366]

Versöhnung, die durch Nicht-Identität von Selbst und Anderem, von Form und Inhalt, von Allgemeinem und Besonderem, von Geist und Natur durch die Differenzierung des Selbst erst möglich wird, weist eine Kompatibilität von ästhetischem Denken und theologischem Denken auf.[367] Die Utopie der Versöhnung – ein Modell zwangsfreier Kommunikation – kann sich für ADORNO nur in einem ästhetischem Zugang zur Welt erfüllen, der auch ein ethischer ist.[368] Er verlangt das absolute Primat des Objekts als der Andere dem Selbst gegenüber, das sich dem Objekt durch mimetische Herangehensweisen nähert. Während so das Nicht-Identische gerettet bleibt in der „Liebe zu den Dingen", ist die Erfahrung des Subjekts eine welthafte, die, indem sie das Moment von Zweckdienlichkeit überschreitet, hochbewußt und höchst differenziert, das Selbe wie das Andere ist. „Objekt kann nur durch Subjekt gedacht werden, erhält sich aber diesem gegenüber immer als Anderes; Subjekt jedoch ist der eigenen Beschaffenheit nach vorweg auch Objekt."[369]

Die hier angesprochene subjektive Erfahrung ist eine nicht transzendentale in der Zeit, in der das Beschränkende des identifizierenden Denkens durchbrochen werden kann durch das mimetische Moment. „Es ist die Richtung des Denkens auf das Objekt als dasselbe und das Andere des Subjekts."[370] Diese Ambivalenzstruktur von Bedrohung und Leiden einerseits und Chance andererseits ist im mimetischen Moment nachzuweisen. „Mimesis ist der Name für die sinnlich rezeptiven, expressiven und kommunikativ sich anschmiegenden Verhaltensweisen des Lebendigen. Der Ort, an dem mimetische Verhaltensweisen im Prozeß der Zivilisation als geistige sich erhalten haben, ist die Kunst."[371]

Wo das Andere des Subjekts als das Objekt der Erkenntnis zugänglich ist, bahnt sich utopisch Versöhnung an. Wo Erkenntnis an den versöhnten Zustand gebunden wird, ist sie transzendental, denn Erkenntnis wird erst Licht zugesprochen durch das Licht der Erlösung.[372]

Die Negative Dialektik schließt mit der Utopie einer Konvergenz von Sache und Begriff, die aber kein Prinzip Hoffnung konstruiert, sondern in eine „inverse Theologie"[373] mündet. Das bezeichnet eine negative Theologie. „Negativkraft des Bewußtseins der Nichtigkeit, behält die Theologie gegen die Diesseitsgläubigen recht." Dieses Denken ist solidarisch mit „Metaphysik im Augenblick ihres Sturzes", aber als bilderloses kann es keinen Trost spenden, der sich im Versprechen auf ein glückliches Jenseits erfüllt.[374]

Dennoch besteht Hoffnung, die insofern möglich sein kann, weil die Gesellschaft für ADORNO nicht total negativ ist. Überall schimmert durch die Widersprüche der negativen Totalität das Andere auf, das sich nur nicht positiv fassen läßt, stets gebrochen ist.[375]

1.3 Das Paradigma der Nicht-Identität und seine Lokalisierung im Ästhetischen

ADORNOs philosophisches Denken gipfelt im Motiv des Ästhetischen. „Ästhetik ist aber keine angewandte Philosophie, sondern philosophisch in sich."[376] Im folgenden sollen die Grundzüge der Ästhetischen Theorie dargestellt werden; anschließend soll die Frage nach einer Verbindung von ästhetischer und sozialer Dimension gestellt werden; darüber hinaus stehen ihre Wirkungen für die Aktualisierungstendenzen von Erziehung in Frage.

Hatte die Negative Dialektik sich „metaphysisch" als quasi „negative Theorie" inhaltlich an das Erlösungsmodell angelehnt, in dem das Andere als das Unsagbare, Undenkbare, Unabbildbare erschien, so verwies gerade dies doch auf den utopischen Überschuß, der sich hier, das Andere negativ umschreibend, auf „ein gnostisches Mythologem“[377] bezieht, das negativ seine Unausschöpflichkeit beschreibt – in „Substantialität, Objektivität, Leibhaftigkeit“.[378]

In der Kunst und damit in der ästhetischen Subjektivität erscheint der Ort, der aus dem Dilemma der Dialektik von Subjektivierung und Verdinglichung und aus den paradoxen Anstrengungen der begrifflichen Selbstüberbietung in der Negativen Dialektik herausführt.[379] Kunst ist nicht Praxis und damit nicht der instrumentellen Vernunft unterworfen; sie ist Bewußtsein, jedoch ohne Begriff, Kunst ist Antithese zur Herrschaft der instrumentellen Vernunft und antinomisch in sich. Kunst versöhnt die Dualitäten Geist und Gegenstand; das gelingt aber nur utopisch als Schein. Dennoch trägt Kunst als „eine Gestalt der Erkenntnis“ Erkenntnischarakter. Weil sie an Wahrheit gebunden ist, sucht sie nach Erkenntnis; allein die Suche verbürgt ihren Erkenntnischarakter.

Sie trägt die Spuren gesellschaftlicher Unwahrheit, denn die allein treibt zur Darstellung der Wahrheit, welche als solche selber nicht evident wird. Erst indem Kunst als ästhetischer Schein über Realität hinausweist, kann Wahrheit erscheinen; denn das begriffliche Denken kann sie nicht sinnlich zur Erscheinung bringen. Die ästhetische Transformation in die Form ist zugleich Bedingung der Sinnfälligkeit von Wahrheit wie auch die CRUX ihrer nicht greifbaren Scheinhaftigkeit. Als Erkenntnisform impliziert Kunst allerdings Erkenntnis gesellschaftlicher Realität. Sie transformiert unmittelbare, individuelle Erfahrungen nicht nur in subjektiven Ausdruck, sondern sie ist zugleich Vergegenständlichung objektiver Geschichte, der Trauer über die Divergenz von Geist und Natur und Zeugnis der empfundenen Schmerzen oder mitgefühlten Schmerzen an der empirisch unwiderbringlichen Einheit. „So sind Wahrheitsgehalt und gesellschaftlicher vermittelt, obwohl der Erkenntnischarakter der Kunst, ihr Wahrheitsgehalt, die Erkenntnis der Realität als des Seienden transzendiert. Soziale Erkenntnis wird sie, indem sie das Wesen ergreift; nicht es beredet, bebildert, irgend imitiert.“[380]

Als ästhetischer Schein – und das setzt sie in die Funktion der Magie, nur als solche nicht dem Wahn zu verfallen, ihr Unwirkliches mit dem Wirklichen zu verwechseln – kann sie in ihren Manifestationen zugleich Negation, Schein, Wahrheit und Utopie sein.[381]

Wäre der Wahrheitsgehalt der Kunst empirisch evident, in der ästhetischen Erfahrung „verdinglicht“, wäre er nicht wahr, sondern Lüge; die ästhetische Erfahrung als Erfahrung von Glücksversprechen mit dem Hang zum Nicht-Identischen und ihrer letztlichen Absage an Anschaulichkeit in der ausdifferenzierten Moderne wäre nichtig. Der Moment ästhetischer Erfahrung ist selbst in sich dialektisch: Er zeugt von höchster Konzentration, die aus einer Spannung von Geistigem und Sinnlichem sich erhält, wie von größter Flüchtigkeit. Insofern sind Kunstwerke Rätsel.[382]

Die ästhetische Erfahrung hat nichts mit Halbverstandenem oder Halberfahrenem zu tun, sondern meint ganze Erfahrung: „Erst die ganze Erfahrung konfrontierte das Ich mit jenem ihm Fremden, Anderen, nicht mit ihm Identischen, welches seine Entäußerung provozierte, in der es sich an jenem bildete."[383] Ihre angemessene Erfahrung ist aber nie nur passiv, sondern immer auch ein Moment „spontaner Rezeptivität".[384]

> „Ästhetische Erfahrung ist damit nicht nur vom „bloß passiven Registrieren sinnlicher Reize" unterschieden, sondern auch von einer Aktivität, die sich – als nicht spontane – im Registrieren vorab vermittelter Information über den Erfahrungsgegenstand erschöpft. Um diesen selbst zu erfahren, muß sich ihm das Ich hingegen in aktivster Konzentration überlassen."[385]

Diese Haltung hat nichts gemein mit der, welche die Kulturindustrie im Alltag und in den Massenmedien suggeriert. KAPPNER spricht von der kritischen Dignität, die im Begriff ästhetischer Erfahrung bei ADORNO deutlich wird.

Ästhetische Erfahrung ist am Kunstwerk *nicht* das Lösen des Rätsels, das das Werk aufgibt; ebensowenig Erfahrung des Ursprungs. Verstehen als Lösen des Rätsels ist ästhetische Erfahrung also nicht, wohl aber taugt das Dechiffrieren der Form dazu, den Wahrheitsgehalt begreifend zu erkennen, in dem der „Bann sturer Selbsterhaltung"[386] gebrochen wird. In der ästhetischen Erfahrung spiegelt sich das antithetische Verhalten der Kunst gegenüber der instrumentellen Vernunft. „Je besser man ein Kunstwerk versteht, desto mehr mag es nach einer Dimension sich enträtseln, desto weniger jedoch klärt es über sein konstitutiv Rätselhaftes auf."[387]

Deutlicher noch in der Bestimmung nach zwei Seiten hin, der der Kunstwerke und der der ästhetischen Erfahrung, heißt es: „Als konstitutiv aber ist der Rätselcharakter dort zu erkennen, wo er fehlt: Kunstwerke, die der Betrachtung und dem Gedanken ohne Rest aufgehen, sind keine."[388]

> „Im adäquaten Verhalten zur Kunst ist trotzdem das subjektive Moment bewahrt: je größer die Anstrengung, das Werk und seine strukturelle Dynamik mitzuvollziehen, je mehr Subjekt die Betrachtung in jenes hineinsteckt, desto glücklicher wird das Subjekt selbstvergessen der Objektivität inne: auch in der Rezeption vermittelt Subjektivität die Objektivität."[389]

Die spezifische Erfahrung von Kunst ist also bedingt durch die Dialektik des Momentes, in dem die Konstellation von Selbsterhaltung und Entäußerung, von naturbeherrschender Rationalität und mimetischer Konstruktion jeweils stattfindet und sich dem Subjekt nicht wie Wissenschaft von außen vermittelt, sondern von innen – durch das Kunstwerk. Die mimetische Beziehung des Subjekts zum Werk in der ästhetischen Erfahrung als „Hingabe des Subjekts an das, was es nicht selbst ist",[390] ist indes keine Schwächung des Ichs, wie sie die Kulturindustrie betreibt. ADORNO setzt der Zerstreuung in der Kulturindustrie die äußerste Anspannung im ästhetischen Erleben gegenüber; „das bewahrt Erschütterung".[391] Wo KANT für die Ästhetik des

Erhabenen die Bedingung der Kraft des Subjekts darstellt, kontert ADORNO: „Wohl ist die Vernichtung des Ichs im Augenblick von Erschütterung nicht real; der Rausch, der dahin sich bewegt, ist unvereinbar mit künstlerischer Erfahrung. Für Momente indessen wird das Ich real der Möglichkeit inne, seine Selbsterhaltung unter sich zu lassen, ohne daß es doch dazu ausreichte, jene Möglichkeit zu realisieren."[392]

Weder die in der Unmittelbarkeit ästhetischer Erfahrung sich ereignende Anschauung noch die begriffliche Vermittlung der Philosophie können jeweils die Wahrheit herauskristallisieren. Lediglich in der Verbindung beider ist es möglich, Wahrheit zu begreifen. Dazu gehört die Akzeptanz der Differenz von Identität und Anderem wie die Rettung des Besonderem gegenüber dem Allgemeinen. Das Ich, das ADORNO beschreibt, ist ein starkes und entfaltetes, das seine Kraft daraus zieht, „vorm Objekt zurückzutreten und seine Selbstsetzung zu revozieren".[393]

Schwach ist das Subjekt des „ästhetischen Subjektivismus", „die Überschätzung des subjektiven Moments in Kunstwerk und die Beziehungslosigkeit zu diesem sind Äquivalente"[394]. Obwohl ADORNO gerade in der mimetischen Beziehung die Sinnlichkeit und Leiblichkeit anspricht, meint ästhetische Objektivität kein Zusammenfallen mit den sinnlichen Phänomenen der Kunst. In dem Moment, wo Erschütterung erfahrbar wird, ist auch ein geistiges Moment vorhanden, das nicht unmittelbar ist und sich dem entzieht, der glaubt, es in den Händen halten zu können.[395]

So kann ADORNO Ästhetik definieren als ein Nachgehen zu den „Bedingungen und Vermittlungen der Objektivität von Kunst"[396] (als Absage an HEGELS Wahrheitsbegriff im absoluten Geist). „Und insofern ist die Ästhetik und die künstlerische Erfahrung ein Konstituens des philosophischen Bewußtseins selbst; das einzige, durch das sie ihrer sonst drohenden Provinzialität entrinnen könnte."[397]

Nicht als Theorie der Ästhetik vollzieht sich also Philosophie im utopischen Denken ADORNOS, sondern als „meinende Sprache".[398] Wahrheit, so wird deutlich, ist nicht nur definitiv expliziert, sondern fester Teil von ADORNOS gedanklichen Darstellungen.[399]

Das Offene, Utopische und die paradoxalen Momente, die der ästhetischen Theorie wie der Kunst selber immanent sind, als „unvereinbare, unidentische, aneinander sich reibende Momente"[400], bieten eine Synthese in der Dialektik von Kunst und Philosophie. Diese kann nach ADORNO ein „Ensemble von Modellannahmen"[401] haben, eine „Verbindlichkeit ohne System".[402]

Zueinander im Verhältnis „komplementärer Unzulänglichkeit"[403] stehend, können ästhetische Erkenntnisform und diskursive Erkenntnisform ihre Darstellung modellhaft im Essay finden.[404] Mimetische und bildhafte Momente ermöglichen es, den definierten, aber verdinglichten Elementen wissenschaftlicher Sprache zu entgehen. Dagegen entstehen ständig neue Perspektiven, die in unterschiedlichen Konfigurationen die Sache einkreisen. Die dabei entstehende „Konfiguration" verdankt sich[405] keiner äußerlichen Methodik, sondern entspringt dem Geschichtsbild der Kritischen Theorie. In ihm hat der kaleidoskopartige Zusammenhang auch der kleinsten Elemente die Funktion, sich der Sache kritisch immanent und historisch bewußt zu werden.[406] Die ästhetischen Momente der Sprache (Rhetorik, Ausdrucksgeste, auch nonverbale Kommunikationsaspekte) versetzen in die Lage, das Andere zu erkennen, ohne es der Herrschaft der Logik unterzuordnen. An Sprache dann gebunden, stellen sie das Nicht-Sprachliche dar, das sich dem Eigensinn der Dinge nähert, sich deren eigener Sprache anschmiegend angleicht.

Ästhetische Erfahrung ist hier an die Fähigkeit des Subjekts zu einer Beziehung und Kommunikation gebunden, die einerseits durch den mimetischen und eindeutigen Charakter der Kunst erst möglich wird, andererseits durch einen besonderen Zustand hervorgerufen wird, in dem das Subjekt die Fähigkeit hat, „mehr an den Dingen wahrzunehmen als sie sind."[407] Diese Prozesse ästhetischen Verhaltens sind indes nicht ohne Objekt zu vollziehen. Darin und in seiner Nichtverfügbarkeit liegen die Chancen, die ADORNO utopisch ihm zuschreibt: „Ästhetisches Verhalten ist das ungeschwächte Korrektiv des mittlerweile zur Totalität sich aufspreizenden verdinglichten Bewußtseins." „Ästhetisches Verhalten aber ist weder Mimesis unmittelbar noch die verdrängte, sondern der Prozeß, den sie entbindet und in dem sie modifizierend sich verhält."[408]

Ästhetische Erfahrungsprozesse sind an Kunst gebunden, die für ADORNO vergegenständlichte Mimesis ist. Erst im Verschmelzen von Rationalität und Mimesis gelingt Kunst. Kunst ist „das einheimische Reich von Mimesis".[409] Für das mimetische Verhalten bildet Kunst die Zuflucht. „In ihr stellt das Subjekt, auf wechselnden Stufen seiner Autonomie, sich zu seinem Anderem, davon getrennt und doch nicht durchaus getrennt."[410]

Die Dialektik von Mimesis und Rationalität verhindert das Absinken der Kunst ins Sentimentale und in das Irrationale. Aber als „nichtbegriffliche Affinität des subjektiv Hervorgebrachten zu seinem Anderen, nicht Gesetzten"[411] ist Kunst in der Gefahr, funktionalisiert zu werden, denn in ihr ereignet sich „Anschauung eines Unanschaulichen"[412], die einen Hauch von dem, was möglich wäre, andeutet, ohne es zu benennen. „Begriffsähnlich ohne Begriff" zu sein, macht die Verletzlichkeit des Mimetischen gegenüber dem Identifizierenden aus; „Kunst, Natur zum Sprechen bringend, droht zurückgeschlagen zu werden in deren Sprachlosigkeit".[413]

Daß sie trotz ihres Doppelcharakters den Grad der Autonomie aufrechterhält, liegt darin, daß sie das Andere der Erkenntnis ist, wiewohl sie auch als Erkenntnisform daran gehindert wird, es zu explizieren. Diese Zwitterstellung zeigt sich in der Kategorie der Zeit als Gleichzeitigkeit des Ungleichzeitigen, in der Subjekt-Objekt-Beziehung als Nähe und Ferne gleichzeitig.[414]

Mimesis wird sowohl von HABERMAS wie von WELLMER als „Sphäre"[415] kommunikativen Verhaltens gesehen, in der das Objekt zum Subjekt wird. Habermas kritisiert ADORNOs mangelnde Unterscheidung von Subjekt-Subjekt-Beziehung einerseits und Subjekt-Objekt-Beziehung andererseits.[416] Weil ADORNO für die Intersubjektivität der Verständigung, d. h. für das in der Sprache angelegte kommunikative Moment keinen Raum lasse, falle es aus dem begrifflichen Denken heraus. Die ADORNO-Kritik bezieht sich damit auf das Paradigma der Bewußtseinsphilosophie, gegen das sie das Primat der Sprachphilosophie setzt, indem die Einheit einer „kommunikativen Rationalität" instrumentelle Vernunft überbietet.[417]

Die Utopie

Die Akzeptanz des kommunikativen Moments im begrifflichen Denken, nämlich daß sowohl Intersubjektivität wie Objektivierung der Wirklichkeit konstituierend sind für das Denken, löst nach HABERMAS die dialektische Konstruktion von Subjektivierung und Verdinglichung auf. HABERMAS weist sie als Dialektik nach, der er zu entkommen versucht, indem er eine marxistische Erklärung für die Überwindung systematischer Rationalität in der Moderne hat.

WELLMER hebt trotz der Unterschiede, die zwischen ADORNO und HORKHEIMER bestanden haben, hervor, daß die Konsequenzen für die Gegenwartsdiagnose relativ ähnlich sind.[418] Wichtiger scheint hier, mit WELLMER darauf hinzuweisen, daß es für das Verhältnis von Ästhetik und Geschichte darum geht, den Gedanken eines Potentials an Freiheit aus der Geschichte selbst herzuleiten. Er wird möglich durch die in Frage stehenden begrifflichen Differenzierungen, die das Denken gerade nicht in ein unausweichliches Patt geführt haben. Diese Konsequenz für die Ästhetik läßt eine Übertragung auf die soziale Ebene zu; aus ihr ergeben sich Hoffnungen und „Utopien" der Notwendigkeit für neue Zugänge zu Erziehung und Bildung.

Mimesis ist ein aus ADORNOs ästhetischer Theorie gewonnener Begriff, der aber auch auf der sozialen Ebene wichtige Bedeutungen aufweist. Eine Voraussetzung, dieses zu erkennen, ist die Interpretation der Mimesis als anthropologische Bedingung.[419] „Mimesis bringt die Hoffnung auf *Versöhnung* mit sich, mit dem Anderen der Welt."[420]

2. FOUCAULT. Das Undenkbare als Anderer

2.1 Die Struktur und die Grenze zum Ungedachten

Im Aspekt der Negativität wurden bei ADORNO die Berührungsmomente von ästhetischem Denken und subjektbezogenem Denken dargestellt. Ort des Ästhetischen ist nicht Ort von Identität, sondern Ort von Nicht-Identität. Was ADORNO im Hinweis auf die notwendige Kritik des Begriffs verdeutlicht, selber aber nicht geleistet hat, vollzieht sich im Anschluß an den

Strukturalismus bei FOUCAULT und DERRIDA auf der Grundlage einer radikalen Analyse von Sprachlichkeit.

FOUCAULTs Analyse von Machtphänomenen, seine Subjektkritik und seine eventuelle spätere „Theorie eines kritischen Subjekts" zeigen dagegen das Modell einer Analyse, die so weit geht, daß die versöhnliche, nivellierende Oberfläche angekratzt wird, auf der sich der definitorische Verwertungsprozeß von Theorien abspielt.[421] Wo weder die Rettung des Schönen noch die für Pädagogik zu ihrer Legitimierung notwendige Rettung des Subjekts als überzeitliche Werte hinreichend deutlich werden, gerät radikales Nach-Denken in Verruf.[422]

„Der Facettenreichtum dieser Rezeption des Vorwurfs läuft denn auch auf eine Haltung zu, die nicht nur gegenüber FOUCAULT, sondern auch angesichts anderer moderner Theoretiker eingenommen wird: auf den moralisierenden Verdacht, die ohnehin insuffiziente normative Kapazität der Moderne nicht nur nicht emanzipatorisch zu stärken, sondern auch noch affirmativ zu untergraben. Die Feststellung, FOUCAULT scheue sich nicht, auf die Frage nach einer irreduziblen, substantiell verankerten Wahrheit hinter den Diskursen zu verzichten, galt dabei als Indiz dieser Gefahr des normativen Relativismus, der das Faktische affirmiere."[423]

Es geht bei FOUCAULT nicht darum, den Orientierungen unserer Epoche eine Natur zuzuschreiben, „keine erste und auch keine weiteren. Es geht um nichts weniger als darum, das Problem zu stellen, wie sich die Selbstverständlichkeiten der Moderne als einer gegebenen strategischen Konstellation, wenn nicht als die einzige mögliche, so doch als die historisch verwirklichte und den Horizont des Möglichen bestimmende Lösungskonzeption anbieten könnten."[424]

Für die Situation des Subjekts läßt sich somit konstatieren, daß sie im Prozeß der Moderne als Zivilisationsprozeß doppelgesichtig ist. Der äußere Naturzwang findet seine Entsprechung und Fortsetzung im Subjekt so, daß dieses nur dann als autonomes wirken kann, wenn es gleichzeitig internalisierte Herrschaftsformen mitausdrückt.

Die in der Dialektik der Aufklärung thematisierte Geschichte des Machtgewinns einerseits (bestehend im neuen Zeitbegriff, im disponierenden Denken, Herrschaft und Arbeitsteilung) und Geschichte der Entfremdung andererseits öffnet den „bösen" Blick auf eine sich damit herauskristallisierende Identität, die nichts weiter als die kalkulierende Subjektivität ist. „Diese Identität konstituiert die Einheit der Natur. Sie so wenig wie die Einheit des Subjekts war von der magischen Beschwörung vorausgesetzt."[425]

Die beschworene Einheit stellt die Fessel des Subjekts dar, seinen eigenen „Selbstübergriff". Erst die Verstärkung der radikalen Analyse des Begriffs, die ADORNO vorschwebte, verdeutlicht bei FOUCAULT den Abschied vom anthropologisierten Bild des Menschen als Einheit.[426] Die Verkettung von „Selbstgewinn" und „Selbstverlust", die ihr eigenes Opferritual im Identitätsbegriff repräsentiert, führt bei FOUCAULT in der *Ordnung der*

Dinge zur Gewißheit, daß hinter dem selbstbewußten Subjekt Leere herrscht. „Diese Leere stellt kein Manko her, sie schreibt keine auszufüllende Lücke vor. Sie ist nichts mehr und nichts weniger als die Entfaltung eines Raumes, in dem es schließlich möglich ist zu denken.“[427]

Die endgültige Absage an die Substanz, an den erhaltenden Kern von Individuierung und Subjektivierung eröffnet Bewegungen, die Spuren weiterer Brüche sind. Es ist schwierig, diese an Bruchstellen gewonnenen Gedanken in neue Konzeptionen zu bringen, die sich als Aufbau verstehen wollen, die zum Beispiel, worin PONGRATZ Recht zu geben ist, einem Ende der Erziehung zukünftig nicht zustimmen. Das vereinfacht zu tun, würde die Glaubwürdigkeit des Nachdenkens über Sinn und Funktion von Pädagogik in der Moderne ad absurdum führen. Dagegen könnte das Festhalten an der Leere Widerstand bedeuten, ein Moment der Verzögerung anstelle der Beschleunigung instrumenteller Einsätze für eine Vernunft, die in Mißkredit geraten ist. Einen möglichen Anschluß für die Reflexion von Erziehung und der mit ihr gegebenen Reflexion des Begriffes „Subjekt“ sieht PONGRATZ dementsprechend: „An der Leere festzuhalten, in der sich zuvor das Subjekt als souveräne Mitte breitmachte, sie nicht in angstvoller Verkrampfung immer wieder vergeblich zuzuschütten, das könnte sich vielmehr als sublime Reflexionsform des Subjekts erweisen.“[428]

Ging es FOUCAULT in seinen frühen Schriften nicht darum, den Menschen zu suchen, sondern die Macht, die ihm als ihr Anderes entsprach und die einen Blick injizierte, der, wenn er erkannt wurde, immer schon gewirkt hatte, so geht es ihm schließlich um die widersprüchliche Fähigkeit des Subjekts, einen differenzierten Bezug zu sich selbst herzustellen, den er als „Ästhetik der Existenz“ ausweist.[429] Im Hinblick auf diese ethische Komponente, die er einer ästhetischen Lebensform unterstellt, die als Argumentationsfigur gefunden wird, um den Rest Versöhnung, die Wahrheit, die als Hoffnung fungieren soll,[430] zu benennen, werde ich mich zunächst auf die *Ordnung der Dinge* beziehen. In ihr wird die Grundlage einer veränderten Beziehung von Zeichen und Dingen in der Moderne thematisiert. Erst nach dieser Analyse des Risses zeigt sich die redefinierte Perspektive des späten FOUCAULT auf eine Ethik und Kultur, die sich an die griechische Tradition anbindet.

Die als Archäologie gekennzeichnete Analyse der Geschichte des Systems von Wissensformen setzt etwas voraus, das den Widerspruch des Humanwissenschaftlers voraussetzt, der auf Autonomie und Bewußtsein von Subjektivität vertraut; darin eingeschlossen sind die Befremdungen der Pädagogen, welche, im Postulat von Demokratisierung und Emanzipierung befangen, die Ambivalenz des Emanzipationsprozesses nicht hinreichend wahrgenommen haben. Gerade das aber ergibt sich aus FOUCAULTs These über das Wesen von Subjektivität, die Manfred FRANK dem Neo-Strukturalismus kritisch unterstellt.

„Es wird nämlich dadurch unterstellt, daß Subjektivität immer in der Position eines Eingesetzten, genauer: in der Position eines durch eine symbolische Ordnung Institutierten, sich befindet. Der Blick, unter dem wir unsere Welt und uns selbst erschließen, ist ein vom unhintergehbaren Apriori der epistemischen Struktur uns Eingesetztes oder, wörtlich verstanden, In-okuliertes. Wir sehen, wenn eine symbolische Ordnung in uns schon eingegriffen hat; danach ist es zu spät, uns für die Instituenten dieser Sicht zu erklären."[431]

FOUCAULTs Analytik der Macht rechnet ab mit einer Rettung des Subjekts, die als pädagogische Kernfrage ihre zur Schattenseite verkümmerte Aussicht auf Verwirklichung von Freiheit nicht mehr berücksichtigte.[432] Solcherart „subjektzentrische Überakzentuierungen"[433] sind nur zu denken als Folge eines Wechsels von Epistemen im Übergang von der klassischen Philosophie zur neuzeitlichen. Grund für die Problematisierung des Menschen und die Herauskristallisierung seiner Rolle als Konstrukteur von Geschichte ist der humanwissenschaftliche Diskurs, der zuallererst meint: „allgemeine Disposition der Episteme, die ihnen Raum gibt, sie hervorruft und einrichtet und ihnen so gestattet, den Menschen als ihr Objekt zu konstituieren".[434]

Voraussetzung für die narzißtische Selbstbefangenheit des Menschen, welche die tatsächliche Positivität der Episteme nicht wahrnehmen kann, ist die anthropologische Verdoppelung des Menschen. Ihr Bild gleicht dem Spiegelbild, das nichts als die eigene Perspektive zurückwirft und „das Andere immer nur als das Gleiche wiederholen kann".[435] „Versuchen wir den Spiegel an sich zu betrachten, so entdecken wir endlich Nichts als die Dinge auf ihm. Wollen wir die Dinge fassen, so kommen wir zuletzt wieder auf Nichts als auf den Spiegel."[436]

Die anthropologische Verdoppelung lenkt den Blick von der Unendlichkeit ab auf die Endlichkeit, die immer nur das Gleiche denkt, um das Andere als das Ungedachte implizit ihres Unbewußten und ihrer radikalen Andersheit zu bannen. „Dieses Doppel ist vergeblich nahe: es ist fremd, und die Rolle des Denkens, seine eigene Initiative wird es sein, es so nahe wie möglich an sich heranzubringen."[437]

Die Ethik ist besetzt vom Suchen nach dem Ungedachten. Alles Denken hat den Zweck, das Cogito zu überlisten, indem es sich zum Ungedachten hin verlagert, bis beide sich einander anschmiegen.[438] *Der Mensch und sein Doppel* lautet die Titelüberschrift des Kapitels der *Ordnung der Dinge*, in dem FOUCAULT die Wissensformen des anthropologischen Vierecks analysiert, das die philosophische Frage nach dem, was der Mensch ist, im Anschluß an Kant leitet. Im klassischen Diskurs war Sprache eine Repräsentationsform zugeordnet, welche auch die Repräsentation repräsentierte und damit der Erkenntnis schlechthin am nächsten war. In der Repräsentation war die Unendlichkeit eingeschlossen; im Diskurs war die Hoffnung impliziert, die Unendlichkeit auszubreiten. Das Aufkommen des Menschen als Problem setzte eine andere Struktur voraus:

„Die Schwelle zwischen Klassik und Modernität (aber auch die Wörter spielen eine geringere Rolle, sagen wir also von unserer Vorgeschichte zu dem, was uns noch zeitgenössisch ist) ist endgültig überschritten worden, als die Wörter sich nicht mehr mit den Repräsentationen überkreuzten und die Erkenntnis der Dinge nicht mehr spontan rasterten."[439]

Die klassische Ordnung basierte auf einer Utopie von der Transparenz der Sprache, welche in der Ordnung der Zeichen die Ordnung der Dinge selbst bedeutete. Im klassischen Epistem war die Sprache in Beziehung zu jeder Erkenntnis in einer fundamentalen Situation:

„Man konnte die Dinge der Welt nur erkennen, wenn man durch sie hindurchging. Nicht weil sie in einer ontologischen Verflechtung ... ein Teil der Welt war, sondern weil sie der erste Entwurf einer Ordnung in den Repräsentationen der Welt war; weil sie die unvermeidliche Weise war, die Repräsentation zu repräsentieren. In ihr bildete sich jede Allgemeinheit heraus."[440]

Der Bruch zwischen der Funktion von Sprache als lineare Vermittlung der Ordnung der Dinge und der Repräsentation ereignete sich mit der Nivellierung der Sprache im 19. Jahrhundert. Als Erkenntnisgegenstand unter anderen hängt sie von besonderen Begriffen ab, aber die Analysen, die sich auf sie richten, stehen neben anderen empirischen Erkenntnisgegenständen, „neben den Lebewesen, neben Reichtümern und Wert, neben der Geschichte der Ereignisse und der Menschen."[441]

KANTs Repräsentationskritik leitete mit seiner Frage nach den Bedingungen der Möglichkeit von Repräsentation die Tendenz des modernen Wissens ein. Die neue Ordnung versichert nicht mehr die Einheit von Vorstellungssubjekt und Vorstellungsinhalt. Die Ordnung der Moderne wird insofern zur drohenden Unordnung, als die Bedingungen der Möglichkeit von Erkenntnis auf nichts weiter als „auf das kontingente Sein des Menschen verweisen"[442] und damit eine Gefahr für die abendländische Metaphysik darstellen. Als Reaktion auf die potentielle Beunruhigung wird die Anthropologisierung zu einem Beruhigungskonstrukt, in dem das Wissen neu geordnet wird und als Zentrum das „Wesen des Menschen" hat.[443]

Von der ökonomischen Veränderung ausgehend, analysiert FOUCAULT die Neufassungen der Organisation in der Naturgeschichte. Erst wenn die Dinge, Vorstellungen, Erkenntnisse und Gefühle sich geändert haben, kann sich die Reflexion der Sprache ändern.[444] Die Repräsentation selber, die Sichtbarkeit von Welt, bleibt stumm im Hinblick auf ihr Wesen. Die Struktur der Dinge ist das Ereignis, das als sich in der Zeit entwickelnde und verändernde Größe die Erscheinung der Dinge und die an sich gebundene Vorstellung abgelöst hat.[445]

Der Eigengesetzlichkeit der Dinge auf der einen Seite entspricht der Zwang zur totalen Synthese durch das Subjekt, das die analytische Vernunft überbietet. FOUCAULT antizipiert die Disposition des Wissens, die erst im 19. Jahrhundert sich bewahrheitet. Indem der Mensch – anthropologisch – Zentrum der Wissenschaft bleibt, bleibt er gegenüber einer prinzipiell zerstörten Zentrumsposition, welche die Nivellierung der Sprache verdeutlicht, gesichert. Dieser Position entsprechen die von FOUCAULT herauskristallisierten Kompensationsweisen. Diese Position sichert ihm den ständigen Aufbau dieses Zentrums durch die Zeitstruktur der Wissenschaften, in der drei Elemente als Einheit verbunden sind: Historizität, Anthropologie und Teleologie.[446]

In der Analytik der Endlichkeit wird die anthropologische Situation des Menschen deutlich. Seine Situation wird durch einen Mangel gekennzeichnet, denn er hat nur noch eine äußerliche Beziehung zu den Dingen; zwischen ihn und die Dinge hat sich eine entmachtete Sprache gestellt, die auf den „reinen Status eines Objekts"[447] gebracht ist. Zwar kann der Mensch sich Repräsentationen geben, aber die Repräsentation hat ihre primäre Erkenntnisfunktion verloren. Der Mensch selber wird zu einer ambivalenten Position, in der er „unterworfener Souverän, betrachteter Betrachter" ist.[448] Er wird zwar nicht als Endpunkt der Entwicklung begriffen, aber man „erkennt ihn ihm den äußersten Punkt einer langen Folge".[449] Die Tatsache, daß er spricht, exponiert ihn unter anderen Lebewesen; er ist schließlich Mittel und Prinzip jeder Produktion, aber zugleich ist er auch immer schon Beherrschter. Arbeit, Leben und die Sprache bestimmen seine konkrete Existenz.

> „All diese Inhalte ... überpfropfen ihn mit ihrer ganzen Festigkeit und durchdringen ihn, als wäre er nichts weiter als ein Naturgegenstand oder ein Gesicht, das in der Geschichte verlöschen muß. Die Endlichkeit des Menschen kündigt sich, und zwar auf gebieterische Weise, in der Positivität des Wissens an."[450]

Die Endlichkeit als Zeitabhängigkeit der Erfahrung, welche jene nicht einzuverleiben vermag, stellt eine schier unüberwindliche Kluft dar. Auf der Basis dieser puren Endlichkeit, die einerseits zu Todessehnsucht in der Romantik umzukippen droht, andererseits zu einer Metaphysik, entdeckt man eine zweite Endlichkeit als Grundlage aller empirischen Positivitäten und als eigene Begrenzung. „Sie wird durch die Räumlichkeit des Körpers, durch die Unerfülltheit des Verlangens und die Zeit der Sprache markiert. Dennoch ist sie radikal eine andere."[451]

Sie ist nicht von außen auferlegt, sondern beruht auf ihrer eigenen Tatsache. Als fundamentale Endlichkeit aber ist sie in sich paradox, denn in der Positivität „zeichnet sich die Endlichkeit des Menschen in ihrer paradoxen Form des Unbestimmten ab".[452] Sie öffnet sich auf die Tatsache jeder konkreten Grenze, kann benennen, weil sie die Dinge abgrenzen kann; dabei wiederholt sie das Positive in einer unendlichen Begegnung, die das Fremde auf das Gleiche, den Menschen, zurückbiegt.[453]

2.2 Endlichkeit und Kompensationen

Die gedoppelte Endlichkeit des Menschen stellt das Kennzeichen eines neuen, modernen Denkens dar, in dem es nicht mehr vom Unendlichen zum Endlichen verläuft. Die Endlichkeit selber ist das Positive, das die Metaphysik als Trost überflüssig macht. Unter den Bedingungen der modernen

Kultur kann der Mensch gedacht werden, weil in ihnen das Endliche von ihm selbst ausgehend gedacht wird.[454]

Nachdem bei FOUCAULT die Endlichkeit als Bedingung der Möglichkeit von Erkenntnis behauptet wird, bleibt die Figur der Wiederholung als das Merkmal der Endlichkeit.[455] Die Rolle der Analytik der Endlichkeit verhält sich genau umgekehrt zur klassischen Theorie des Zeichens und des Worts. Das moderne Denken ist festgelegt auf die Wiederholung und Verdopplung. Das auf Endlichkeit bezogene anthropologische Denken ist aber damit nicht aus der Gefahr, den Einbruch des anderen abzuwehren. Die Positivität des modernen Wissens begründet für das Denken die Erkenntnisgrenze, aber umgekehrt „begründen die Grenzen der Erkenntnis positiv die Möglichkeit zu wissen, wenn auch in einer stets begrenzten Erfahrung, was das Leben, die Arbeit und die Sprache sind."[456]

Die *Ordnung der Dinge* erscheint als eine Philosophie des Anderen, die anders als *Wahnsinn und Gesellschaft* das Andere des Anderen entwirft. Erst als der Diskurs aufgehört hat, die im klassischen Denken vermutete Rolle der Organisation zu spielen, erscheint die Eigengesetzlichkeit der Dinge, „und auf diese Weise sind die Sprachen mit ihrer Geschichte, das Leben mit seiner Organisation und seiner Autonomie und die Arbeit mit ihrer Fähigkeit zur Produktion in Erscheinung getreten. Demgegenüber hat sich in der Lücke, die der Diskurs hinterlassen hatte, der Mensch konstituiert."[457] In dem Maße, wie die Dinge opak wurden, erschien der Mensch als Zentrum der Vermittlung von Empirischem und Transzendentalem. Er wurde in der Welt zu einer paradoxen Gestalt, zum „Ort einer empirisch-transzendentalen Reduplizierung".[458] Die nachkantische Philosophie sucht ihren Gegenstand, die Bedingungen der Möglichkeit von Erkenntnis, im Menschen.[459] In Abhängigkeit von den Teilungen der Wahrheit selbst in eine zur Ordnung des Objekts gehörende und in eine, „die zur Ordnung des Diskurses gehört",[460] entstanden zwei Arten der Analyse, die unterschiedlich waren in ihrem Bezug auf Subjekt und Wahrheit. Eine Analyse positivistischen Typs ist von einer Analyse eschatologischen Typs zu unterscheiden. Ob die Wahrheit des Objekts die Wahrheit des Diskurses vorschreibt, der dessen Bildung beschreibt, oder ob die Wahrheit des philosophischen Diskurses die Wahrheit während ihrer Formierung konstituiert, ist nur vordergründig eine Alternative. „Tatsächlich handelt es sich dabei weniger um eine Alternative als um ein Oszillieren, das jeder Analyse inhärent ist, die das Empirische auf der Ebene des Transzendentalen zur Geltung bringt."[461]

Als drittes und vermittelndes Glied erschien der Mensch als eine „gleichzeitig reduzierte und verheißene Wahrheit".[462] Neben dieser Teilung der Wahrheit selbst, die für FOUCAULT die dunklere und grundlegendere ist, gibt es vorgängige Teilungen; schon aus ihnen ergeben sich Lösungen für den Bezug zwischen Subjekt und Wahrheit.

– Die Natur der menschlichen Erkenntnis ist Ergebnis einer „quasi-transzendentalen Ästhetik", die an KANTS Ausdrucksformen von Raum und

Zeit gebunden ist.[463] Als empirisch erkennbare Formen lösen sie die transzendentale Ästhetik ab. Psychologie und Physiologie erarbeiten allgemeingültige Formen für die Wahrnehmung, die Sinnesmechanismen und die sensomotorischen Schemata.

– Die historischen, gesellschaftlichen und ökonomischen Bedingungen der Erkenntnis werden durch eine quasi-transzendentale Dialektik erkannt. Auch sie ist an KANT orientiert, führt aber gegen die Unerreichbarkeit der Ideen, die dem Feld des Anderen überlassen werden, „deren Erkenntnis und Erreichbarkeit vor", die sie einem empirischen Paradigma entnehmen.[464]

Die Zentrierung des Subjekts lenkt die Aufmerksamkeit auf seine Fähigkeiten, zu erleben *und* den Inhalt des Erlebten zu denken. Die Kritik an der Rückkehr zum Erlebten entzündet sich an der naiven Vermischung der Diskurse, die keine radikale Infragestellung des Positivismus und der Eschatologie ist, sondern naive Beschwörung der empirischen und zugleich transzendentalen Doppelung des Menschen.[465] Radikale Infragestellung wäre nach FOUCAULT in der Frage gegeben, ob der Mensch wirklich existiert. „Man glaubt, daß es ein Paradox ist, wenn man einen Augenblick lang annimmt, was die Welt und das Denken und die Wahrheit sein könnten, wenn der Mensch nicht existierte."[466]

Die Notwendigkeit dieses Denkens, mit dem NIETZSCHE die Philosophie herausgefordert hatte, sieht FOUCAULT angesichts der falschen Versöhnung von Gegensätzen. Sie macht FOUCAULT gegen HEGEL geltend.[467] Intellektuelle Unredlichkeit, so FOUCAULT, liege in der Verwendung von Begriffen des 18. Jahrhunderts wie den „Schemata von Ähnlichkeit und Nähe",[468] „die nur bestätigt, was NIETZSCHE uns doch vor fast einem Jahrhundert angezeigt hat, daß dort, wo das Zeichen herrscht, der Mensch nicht sein kann, und daß dort, wo man die Zeichen sprechen läßt, der Mensch zu schweigen hat."[469]

Das Bild des Menschen als zentrale Dublette, das anthropologische Postulat, erweist sich spätestens seit NIETZSCHE als Schein einer ästhetischen Interpretation. FOUCAULT klagt diese Illusion in der Folge NIETZSCHEs an. „Wir glauben uns an eine Endlichkeit gebunden, die nur uns gehört und die uns durch das Erkennen die Welt öffnet, aber müssen wir uns nicht daran erinnern, daß wir auf dem Rücken eines Tigers sitzen?"[470]

Die Herauskristallisierung der Selbstbewußtseinstheorien ist im Unterschied zu den Erkenntnistheorien im 19. Jahrhundert nicht mehr an die überkommene Illusion gebunden, stattdessen beziehen sie sich auf ein ursprüngliches Verkennen und auf das Nicht-Denken. Die Frage nach dem Subjekt des Selbstbewußtseins ist keine Frage mehr nach der Wahrheit.[471] Die durch Nichtbegründbarkeit gegebene Gefährdung des Subjekts des Selbstbewußtseins stellt eine Erschütterung dar im Glauben an die Beherrschbarkeit empirischen Wissens, denn der endliche Mensch offenbart zugleich eine Kluft, die nicht mehr im Cogito als das durch das Denken versicherte Sein aufgefangen werden kann. Im Menschen selber offenbart sich ein Risiko, das eine „nie ein für allemal begrenzte, sondern unendlich durchlaufene Dimension begründet, die von einem Teil selbst, den er nicht in einem Cogito reflektiert, zum Denkakt verläuft, durch den er sie erfaßt: und die umgekehrt von jedem reinen Erfassen zur empirischen Überfülle, zum ungeordneten Hinaufsteigen der Inhalte, zum Übergang der Erfahrungen, die sich selbst entgehen, also zum ganzen stummen Horizont dessen verläuft, was sich in der sandigen Welt des Nicht-Denkens ergibt."[472]

Das aber entzieht der klassischen Legitimierung des Subjekts als Identität den Boden. Nicht-Identität schiebt sich dagegen im modernen Denken zunehmend in den Vordergrund. FOUCAULT zeichnet nach, wie es der Wissenschaft letztlich gelingt, diese potentielle Bedrohung durch die Fremdheit des Nicht-Ich ins Positive zu wenden. Mit der Gestalt des Unbewußten erschaffen die modernen Episteme eine neue Legitimation für die Abwendung dieses vom Denken Abgetrennten und die dadurch zu bewerkstelligende „therapeutische" Funktion, das Unbewußte zum Bewußten zu machen.[473]

Wo das Cogito nicht mehr zur Seinsbestätigung reicht, eröffnet sich eine Form der Reflexion, „in der es zum ersten Mal um das Sein des Menschen in der Dimension geht, gemäß der das Denken sich an das Ungedachte wendet und sich nach ihm gliedert."[474] Folgen negativer Art zeigen sich in der Phänomenologie, die im Angesicht des „großen Bruchs, der sich in der modernen Episteme an der Wende vom 18. zum 19. Jahrhundert vollzogen hat",[475] diesen angepaßt beschreibt. Trotz ihrer antipsychologistischen Ausgangsbasis kann sie als „Beschreibung des Erlebten", die ungewollt empirisch ist, und als „Ontologie des Ungedachten"[476] nicht am Problem des Anderen vorbei, den sie aus ihrer Position der Präsenz nicht denken kann. Demgegenüber ist die Klassifizierung des Ungedachten als Unbewußtes ein Kunstgriff, der festhält: „Der Mensch und das Ungedachte sind auf archäologischer Ebene Zeitgenossen."[477]

Was sich mit der Zentrierung des Menschen ausbreitet, „ist in Beziehung zum Menschen das Andere: das brüderliche Andere, der Zwilling, nicht von ihm geboren, nicht in ihm, sondern neben ihm und gleichzeitig in einer identischen Neuheit, in einer zufluchtlosen Dualität."[478] Es ist die komplementäre Form des Bewußten, welches ihm seinen Namen gegeben hat. Das Wesentliche dieses modernen Denkens, das ganz von dem Gesetz durchdrungen ist, „das Ungedachte zu denken",[479] ist, daß das Denken, das aus sich heraus tritt, um über sein Wissen und dessen Modifizierung zu reflektieren, kurz, um seine Seinsweise zu transformieren, nicht mehr *Theorie* ist. Bei FOUCAULT heißt es: „Sobald es denkt, verletzt es oder versöhnt es, nähert es an oder entfernt es, bricht es, dissoziiert es, verknüpft es oder verknüpft es erneut. Es kann nicht umhin, entweder zu befreien oder zu versklaven. Noch bevor es vorschreibt, eine Zukunft skizziert, sagt, was man tun muß, noch bevor es ermahnt oder Alarm schlägt, ist das Denken auf der einfachen Ebene seiner Existenz, von seiner frühesten Form an, in sich selbst eine Aktion, ein gefährlicher Akt."[480]

Radikaler als HEIDEGGER und NIETZSCHE zersetzt FOUCAULT den Gedanken des Ursprungs, indem er das Verhältnis von Subjekt und Zeit problematisiert. Das Ursprüngliche im Menschen ist „nicht das Unmittelbare einer Entstehung". Seit HEGELs Phänomenologie des Geistes meint das Ursprüngliche nicht mehr Rückführung zu „einem realen oder virtuellen Gipfel der Identität". Das Ursprüngliche ist das, „was in seiner Erfahrung Inhalte und Formen einführt, die älter als er sind und die er nicht beherrscht".[481] Die Kategorie der Zeit ist es, die die Dinge sternförmig anstrahlen läßt und die den anderen Pol der Erfahrung des Subjekts darstellt. Seit HEGEL vermittelt der Ursprung zwischen der Zeit und dem Menschen auf eine paradoxe Weise, daß „die Dinge lange vor ihm begonnen haben und daß aus diesem selben Grund keiner ihm, dessen Erfahrung völlig durch diese Dinge gebildet und begrenzt wird, einen Ursprung bestimmen könnte."[482] Der Riß zwischen der Zeitlichkeit des Menschen und der Geschichtlichkeit der Welt[483] bedarf der Vermittlung, um die Hoffnung zu retten, das Kontingente zu überwinden. Die Archäologie als Analyse des Diskurses zehrt vom Gegendiskurs einer „Besessenheit der Sprache"[484], auf welche die Analyse der Erfahrung von der Ordnung, die unsere Kultur bestimmt, setzt.

Anders als bei den Strukturalisten aber gilt FOUCAULTs historisches Interesse nicht den *formalen* Möglichkeiten des Systems Sprache, sondern den Beziehungen zwischen den sprachlichen Äußerungen und der Ursprungssituation, den Spuren und ihren Wirkungen in der Geschichte, ob sie verborgen oder manifest sind. Ohne den Strukturalismus, der in seiner Abgrenzung zur Hermeneutik des vollen Sinns und zur Phänomenologie die Zeichensysteme zum Ausgangspunkt der Analyse von Erfahrungen macht, könnte sich FOUCAULT nicht auf die Entdeckung der Anonymität als Strukturalität beziehen. So ist die Sprachlichkeit selber ein Sein, das nicht mit dem des Menschen eins ist, dessen eigene Geschichte aber den Diskurs bestimmt. Der Bruch in der Moderne ist die Erkenntnis von den anonymen Strukturen, die zeigen, daß es kein Zentrum gibt. Das Verhältnis zwischen Persönlichkeit und Anonymität stellt in gewisser Weise eine Verschiebung des klassischen Problems von Individuum und Wahrheit, Individuum und Schönheit dar.

2.3 Dezentrierung und Literatur

Wenn es im folgenden nicht weiter um Wahrheit und Schönheit geht, haben wir es stattdessen mit komplexen Formbeziehungen zu tun, in denen sich die Frage nach dem *Bild des Menschen* eher *als Frage nach der Zeitlichkeit und Vorläufigkeit dieses Bildes in der Zeit* stellt denn als Frage nach dem Wesen bzw. nach dem Ort seiner Verwirklichung als Ursprung seines Wesens oder Manifestation desselben.

„Jetzt geht es um die Frage, wie ein Individuum, eine Persönlichkeit, der Träger eines oder mehrerer Elemente sein kann, die, nachdem sie in die Kohärenz der Diskurse oder das unbegrenzte System der Formen eingegangen sind, diese Persönlichkeit, diese Individualität, von der sie doch in einem gewissen Umfang, während einer gewissen Zeit und in gewisser Hinsicht, geprägt worden sind, auslöschen oder mindestens entleeren und überflüssig machen."[485]

Die Abwendung vom Glauben an das Zentrum der Einheit von Sprache und Subjektivität, welches die klassische Repräsentation beherrschte, kennzeichnet eine Wissenschaft, die nicht auf Identität und Präsenz setzt, sondern auf der *Basis der Dezentrierung* das anthropologische Denken zersetzt, das Zentrum durch die Seinsgrundlage der symbolischen Struktur, auf der sich unser Handeln und Denken ereignet, ersetzt. Damit ist nicht mehr das Erleben Grundlage des Erkennens, sondern die Strukturalität. In weiterer Konsequenz dieses Denkens wird aber bei FOUCAULT ebensowenig wie bei DERRIDA der Erfahrungsbegriff aufgegeben, wie DAUK betont.[486] Erfahrung selber ist einer Bewegung untergeordnet, die subversiv in der Ordnung selbst wirkt. So hatte Foucault in der Literatur einen Gegendiskurs gesehen; in ihr erscheint der dritte Aspekt der modernen Sprache insofern, „als sie die Sprache auf das Sprechen und das letztliche Sein der Wörter" zurückführt.[487] Die „Unhintergehbarkeit" der Sprache[488] zeigt sich allein in der Sprachlichkeit der Literatur; sie beruht auf der Dichte/Dicke und der Geschichtlichkeit, die ihr inhärent ist und die sie in einem erkenntnisfreien Sein hält, das vom Bedeutungsfeld abgesetzt ist. Gegen die strukturalistische Auffassung von der Sprache als Bezeichnungssystem wendet sich Literatur bei FOUCAULT als Gestus, die Grenze anzuzeigen, an der die Freiheit des Subjekts sich reibt. FOUCAULT bezieht sich exemplarisch auf die „Literatur der Außenseiter" MALLARMÉ, ROUSSELL, KAFKA, NIETZSCHE, HÖLDERLIN, BLANCHOT, ARTAUD.

Für ihn machen sie die neue Seinsweise einer „der Sprache gewidmeten Literatur" offensichtlich. Sie hebt „die fundamentalen Formen der Endlichkeit in ihrer empirischen Lebhaftigkeit hervor". In dieser Sprache „kündigt sich an, daß der Mensch endlich ist und daß beim Erreichen des Gipfels jeden möglichen Sprechens er nicht zum Zentrum seiner selbst gelangt, sondern zur Grenze dessen, was ihn einschließt: zu jenem Gebiet, wo der Tod weilt, wo das Denken erlischt, wo die Verheißung des Ursprungs unendlich sich zurückzieht." Die Ambivalenz dieser Sprache liegt darin, den Schock der Erfahrung der Endlichkeit, des Schattens des Gedankens in seiner „unumgänglichen Gegenwärtigkeit" einerseits „als mythische Ferne des Absurden darzustellen",[489] gleichzeitig aber die „Erscheinung einer Ferne, so nah sie auch sein mag" (BENJAMIN), als Rettung des eigenen Raumes anzustrengen, der so von der Erschütterung und Blöße der Endlichkeit getrennt ist.

Diese Form ästhetischer Ausdifferenzierung basiert auf der Verabschiedung des Bildes als Repräsentation und auf der mit der Versprachlichung einhergehenden Zersetzung der Erlebnismitte als Zentrum der Erfahrung und des Menschen. Aber FOUCAULT träumt schließlich doch von einer Einheit, anders als LYOTARD, mit dem er die Hoffnung auf die Bewegung der Erfahrung teilt.[490] LYOTARD führt diese Entdeckung zur Kunst und zur

Ethik, die er von der Wissenschaft fordert, in der er sich jedoch kritisch gegen die Hermeneutik und ihre Sinnessuche wendet. Allein die analytische Kraft der Sprache, die zum Erkennen der Strukturalität führt, kann für die Zukunft die Erkenntnis der Grenze des Denkens zum Ungedachten, d.h. zum anderen, bedeuten.

Ich beende hier die Darstellung der *Ordnung der Dinge* und werde in einem zweiten Teil die späte Wendung FOUCAULTs zu einer Ästhetik der Existenz darstellen. An sie stellt sich die Frage, inwieweit Positionen von Sprachlichkeit und Strukturalität tragfähig sind für eine ethische und ästhetische Postulation. Subjektkritik und der Versuch, das Andere/den Anderen zu denken, münden hier in keine Programmatik des richtigen und sittlichen Lebens, aber sie beziehen sich – an die große Tradition erinnernd – auf die konkrete gesellschaftliche Bewegung, die in den Lebensformen steckt. Insofern wird das ethische Moment nicht als Forderung an das ästhetische gestellt, sondern es ist in ihm formuliert.

2.4 Ethik der Entgrenzung: Ästhetik der Existenz

Der „Wille zum Wissen" bleibt eine Antwort schuldig. Die Frage nach einer Instanz im Körper, die verantwortlich gemacht werden kann für die Möglichkeit des Verfalls, die aus der Tatsache der Verführung hervorgeht, führt FOUCAULT zum Subjekt zurück. Aber es ist kein Rückschritt zur Subjektivitätsphilosophie, von der er sich strikt unterscheidet. Das Ende von *Der Wille zum Wissen* bedingt für diese Fragen eine perspektivische Wendung, die eine andere Theorie verlangt. Der Akzent seiner Untersuchungen verschiebt sich von der „Problematik der subjektivierenden Unterwerfung zu der einer Subjektivierung".[491] Mit der Genealogie ist eine Frage nach der Wahrheit verbunden, welche an NIETZSCHEs Regelkritik anschließt. Geschichtlichkeit erscheint als Kategorie, welche die Souveränität des Subjekts unterläuft. Subversive Befreiung ist nicht möglich, dennoch orientiert sich der Glaube an das Ideal der Souveränität, das dem bei NIETZSCHE vergleichbar ist.[492]

Vorausgegangen war die radikale Identitätskritik bis zur Destruktion, indem die Setzungen Leben, Arbeit, Sprache die Selbstungewißheit des Subjekts im Spiel der Determination und Strukturiertheit gezeigt hatten. Während NIETZSCHE aber am Ursprungsgedanken festhält, wendet sich FOUCAULT schon in der *Ordnung der Dinge* davon ab. Damit kann die leibliche Natur des Menschen kein Zentrum mehr für ihn sein. Anders als NIETZSCHE entzieht sich FOUCAULT auch dem Glauben an eine Natur der Macht. Wie für NIETZSCHE steht für FOUCAULT aber der Gedanke des konstituierten Subjekts in Frage. Genealogie bezieht sich auf die Entstehungsgeschichte von Erkenntnis und Wissen. Das erwies sich zunächst im Anschluß an die drei wesentlichen Aspekte (Fragen) KANTs, die FOUCAULT für sich und mit NIETZSCHE umkehren wollte, um so „aus der transzendentalen Vernunft die Genealogie zu gewinnen"[493] als konkrete historische Analyse, die erst später in ein neues Konzept für das Subjekt des Handelns umgesetzt wird.

Hier gilt das Interesse weder FOUCAULTs Analyse noch der Suche, sondern der Hinwendung zum lebendigen Subjekt, zur Idee einer Ästhetik der Existenz, die nicht mehr existiert, die man aber verlangen müßte, um sich „gegen die Konfiszierung der Moral durch die Theorie des Subjekts"[494] zu wehren.

Hier wird die Frage sein, inwieweit das ästhetische Engagement am Sinn, an einer Einheit kleben wird oder inwieweit es eingefädelt wird in Subversion, Kritik gegen sich selbst, als Hinausgehen der Sprache über sich selbst. FOUCAULT und DERRIDA sehen in der Dekonstruktion die Chance, dem Zentrum als Sinnfülle und als Verkennung zu entkommen. DAUK unterstellt DERRIDA Treue gegenüber dem Sinn und der Hermeneutik, denn er denke Sinn als „Abwesendes",[495] während FOUCAULT *jenseits von Strukturalismus und Hermeneutik* die historischen Formen zu beschreiben versucht, in denen Diskurspraktiken auftraten,[496] um *im Feld eines ästhetisch-praktischen Wissens* Möglichkeiten eines Traums von Souveränität und Selbstbestimmung zu denken. Der allerdings ist davon geprägt, das Undenkbare zu denken. Die Möglichkeitsform jedoch, die das beinhaltet, kann nur dann *formuliert* werden, wenn sie nicht bereits als Manifestation einer Totalität oder einer Wahrheit erscheint, die Bild, Differenz und den Anderen ausschließt.[497]

Damit ist jedes Denken angesprochen, das an die Kategorien von Individualität, Lebensführung und Einbildungskraft geknüpft ist, nicht aber an Programme und deren normative Ziele. Freilich muß sich dieses Bekennen zu einer Ethik des Andersdenkens von psychologischer und pädagogischer Seite den Vorwurf einer mangelnden Orientierung gefallen lassen, die keine Alternative biete.[498]

Das will FOUCAULT auch nicht; denn die Frage nach dem Subjekt, die der späte FOUCAULT in genealogischer Absicht stellt, wird weder von einem gesicherten anthropologischen Ausgangspunkt aus gestellt, noch bewegt sie sich in Richtung auf eine Methode der Selbstfindung, die letztlich doch – auch wenn es beiläufig geschieht – in der gegenwärtigen Konjunktur der „Suche nach sich selbst ... immer schon ein fest umrissenes Menschenbild mitliefert."[499]

Im Gegensatz zu SARTRES Existentialismus setzt FOUCAULT nicht an einer konstituierten Subjektivität an.

„Die einzig annehmbare Konsequenz aus dem, was SARTRE gesagt hat, ist die, seine theoretische Einsicht mit einer kreativen Praxis zu verbinden – und nicht mit einer authentischen. Aus der Idee, daß uns das Selbst nicht gegeben ist, kann meines Erachtens nur eine praktische Konsequenz gezogen werden: wir müssen uns selbst als ein Kunstwerk schaffen ... Wir sollten nicht jemandes schöpferische Tätigkeit auf die Art seines Selbstverhältnisses zurückführen, sondern die Art seines Selbstverhältnisses als eine schöpferische Tätigkeit ansehen."[500]

Die Ästhetik der Existenz stellt eine Art Ethik dar, die nicht auf ein gesellschaftliches bzw. institutionelles System bezogen ist. Sie bezieht sich auf Selbsttechniken der Antike, die eine projektive Idee des Selbst vorstellen, die deswegen entstehen kann, weil gerade die Bedingungen der Möglichkeitsform keine endgültigen Aussagen bzw. Aussichten liefern, die den „Geschichtlichen Augenblick" betreffen. Die projektive Idee des Selbst aber teilt FOUCAULT trotz des negativen Konzepts von Freiheit mit ADORNO und trotz der letztlich analytischen Hinterfragbarkeit des Subjekts durch die jeweils zu bestimmenden und wechselseitig implizierten Forschungsfelder Wissen, Macht, Selbst.[501]

Der genealogische Rückblick auf die griechische Tradition stellt somit keine Alternative für heutige Probleme im Umkreis einer therapeutisch begründeten Selbsterfahrung dar, aber es bestehen Ähnlichkeiten in der Frage nach einer Ethik als Leitfaden für Lebensformen überhaupt.

„Die meisten von uns glauben nicht länger, daß Ethik in Religion begründet sei, aber wir wollen auch nicht, daß ein Rechtssystem in unser moralisches, persönliches, privates Leben eingreift. Neuere Befreiungsbewegungen leiden an der Tatsache, daß sie keine Grundlagen finden können, auf die sie die Ausarbeitung einer neuen Ethik gründen können. Sie brauchen eine Ethik, aber sie können keine andere finden als eine Ethik, die sich auf sogenanntes wissenschaftliches Wissen davon, was das Selbst sei, was das Begehren sei, was das Unbewußte sei usw., gründet."[502]

Eine Ethik ästhetischer Art ist um ein Problem persönlicher Wahl zentriert. Quer zu den Grenzen einer institutionellen Struktur läuft die Achse der Ethik, die FOUCAULT in *Der Gebrauch der Lüste* beschreibt. Waren es in *Sexualität und Wahrheit* noch die Körper und die Lüste, die dem Dispositiv des Sex-Begehrens als Substanz gegenübergestellt wurden, ist es jetzt vor allen Dingen das Selbstverhältnis, das die ethische Substanz beinhaltet als geschichtlich veränderbares Material, das die Ethik bearbeitet. Es ist eine andere Seite der moralischen Vorschriften, die keinem Moralcode direkt unterworfen sind, sondern den Handlungen, die dem wirklichen Verhalten der Leute gegenüber dem ihnen auferlegten Code entsprechen. Diese Seite erscheint im allgemeinen nicht als solche isoliert, ist aber sehr wichtig: „die Art der Beziehung, die man zu sich haben sollte, der Selbstbezug, den ich Ethik nenne, und der bestimmt, wie das Individuum sich als Moralobjekt seiner eigenen Handlungen konstituieren soll."[503] FOUCAULT nennt vier Aspekte der Selbstbeziehung und analysiert sie.

1. Ethische Substanz als Beschreibung der *aphrodisia* – der Einheit von Lust und Begehren in Handlungen.[504]
2. Die Weise der Unterwerfung. Sie betrifft das ästhetische Moment als Art und Weise der Lebensform. Politische Macht, Glorie, Unsterblichkeit und Schönheit sind in ihrer Ausprägung als Handlungsweise in einem bestimmten Moment alle miteinander verbunden.

3. Die Mittel, durch die wir zu ethischen Subjekten ausgebildet werden, sind Selbstbearbeitungen, um sich ethisch zu verhalten.
4. Dem teleologischen Aspekt sind die anderen weder untergeordnet noch gänzlich unabhängig davon.

Dennoch beeinflußt die Zielfrage den „Typ der Selbstformungstätigkeiten".[505] FOUCAULT geht es hier um diese Lebensform des einzelnen, die am Ziel der Lebenskunst orientiert ist, „dem eigenen Leben eine gewisse Form zu geben".[506] Lebensstil als existentielle Form ist eine persönliche Entscheidung, kein Ziel für jeden, das festgeschrieben ist. Es folgt einer Genealogie der Ethik, die im Subjekt ethischer Handlungen sich ereignet als Weise der Unterwerfung.[507]

Die Suche nach einer Ästhetik der Existenz ist eine Lebensführung, die an Philosophie als Aktivität angelehnt ist.

„Denn Philosophie ist eine Bewegung, mit deren Hilfe man sich nicht ohne Anstrengung und Zögern, nicht ohne Träume und Illusionen von dem freimacht, was für wahr gilt und nach anderen Spielregeln sucht. Philosophie ist jene Verschiebung und Transformation der Denkrahmen, die Modifizierung etablierter Werte und all der Arbeit, die gemacht wird, um anderes zu denken, um anderes zu machen und anderes zu werden als man ist."[508]

Die Möglichkeit, durch Lernen und Wissen dem Stillstand zu entgehen, der mit der Stigmatisierung des Lasters Wißbegierde einhergeht, ist an eine Vorstellung gebunden, die weniger das Allgemeine als das Besondere meint, die sich die Anmaßung herausnimmt, nicht für alle gleichermaßen zuzutreffen. Anderes zu machen und anders zu werden als man ist, bedingt einen ständig reflektierenden Selbstbezug, dessen teleologische Zukunft aber keinem festumrissenen Entwurf unterworfen ist. Ästhetik der Existenz bezieht sich auf die individuelle Lebensführung, die nicht von Politik getrennt ist, denn die „Frage nach dieser Gegenwart, die wir selbst sind", ist eine geschichtliche und anthropologische. Philosophie „ist die der Geschichte immanente Politik, sie ist die für die Politik unentbehrliche Geschichte."[509]

Die Ethik, „also das Verhältnis zu sich",[510] das FOUCAULT für die Gegenwart in Beziehung zur Antike setzt, bleibt als Grundproblem der Frage nach Veränderung und Veränderbarkeit des nachmetaphysischen Menschen. Die Differenz zwischen gegenwärtigem Ereignis und seinen Möglichkeitsformen, zwischen dem, was man ist und was man werden könnte, ist der Motor einer Suche nach der Ästhetik der Existenz, die keine triviale Suche nach dem verlorenen Kern unseres Selbst meint. Aber inwieweit sind FOUCAULTs Vorstellungen nicht nur Utopie, sondern Illusion? Ästhetik der Existenz knüpft nicht nur an die alle Menschen betreffenden Weisen der Unterwerfung an, sondern an „die persönliche Entscheidung einer kleinen Elite".[511] „Der Grund für diese Entscheidung lag im Willen, ein schönes Leben zu leben und anderen das Gedächtnis an eine schöne Existenz zu hinterlassen. Ich glaube nicht, daß man sagen kann, diese Art von Ethik sei ein Versuch zur Normalisierung der Bevölkerung gewesen."[512]

„Es ging nicht darum, ein Verhaltensmuster für jedermann zu liefern",[513] und es geht FOUCAULT nicht um die Aufstellung überzeitlicher Normen. Vielmehr träumt er „von dem Intellektuellen als dem Zerstörer der Evidenzen und Universalien, der in den Trägheitsmomenten und Zwängen der Gegenwart die Schwachstellen, Öffnungen und Kraftlinien kenntlich macht, der fortwährend seinen Ort wechselt ..."[514]

Das Träumen jedoch wird FOUCAULT zum Vorwurf gemacht. Es ist nicht nur das Träumen von der Funktion eines Intellektuellen bzw. Philosophen, sondern von einer Entgrenzung von Kunst und Leben, von einer Einmündung der Kunst in eine Lebenskunst, die er für sich als Autor beansprucht. Diese hätte sich anders zu gestalten als jene, die immer nur auf das Gesicht des Sprechers verweist.

In einem „Spiel mit Spiegeln, das selbst keine Grenzen hat", stellt sich literarisch die Krise der Subjektivität dar. Wenn Erzählungen vorführen, daß sie nicht nur eine Aussage meinen, sondern andere, die „Ränder" der einen in einem Maße aktualisieren, das an den Verlust der einen eigenen Freiheit geht, dann besteht darin eine Chance, neue Fragen zu initiieren. Die Frage der sich auf sich selbst beziehenden Sprache, die eben nicht das Schreiben des Autors ist (wie FRANK generell behauptet), öffnet einen Raum, „in dem das schreibende Subjekt immer wieder verschwindet".[515] Der Ort ist nicht als Signifikat festzuhalten. Die Wirkung ereignet sich als „das enigmatische Surplus des ästhetischen Eindrucks, das sich nicht mit einem Signifikat identifizieren läßt."[516]

Wenn es bei FOUCAULT darum geht, uns wie Kunstwerke zu begründen, herzustellen und anzuordnen, so fragt sich am Ende, was außer dem Subjekt noch verschwindet, was entsteht.[517] Das Problem der Grenze des Ästhetischen liegt darin, den Kern des Ästhetischen einerseits herauszukristallisieren und ihn einer diskursiven Beschreibung anzunähern, ihn andererseits aber nicht festzuschreiben, und zwar weder psychoanalytisch-anthropologisch noch ideologiekritisch, noch ihn zu überfrachten mit einem geschichtsphilosophisch-politisch-ethischen Diskurs, der zur „Sprachhülse seines ewigen Idealismus" würde, wenn nicht diese Metapher durch die Dekonstruktion entlarvt worden wäre. Aber damit ist ein zukünftiger Prozeß noch nicht abgeschlossen, und die Grenzziehung des Ästhetischen erweist sich da als zentral, wo das Ästhetische inflationiert, vor allem in Verbindung mit seinen psychologischen, mehr mit seinen sozialen und moralischen Implikationen.

Grenzziehung ergibt sich im Anschluß an die theoretisch seit der Romantik beanspruchte Entgrenzung als neues Thema einer Ästhetik, die sich von der Tatsache der Ästhetisierung bewußt distanziert, die den Kern des Ästhetischen im „Verhalten" aufspüren will. FOUCAULTs Entgrenzung, die an der Antike gewonnen ist, aber keine Alternative oder Empfehlung darstellen will, gerät in den Verdacht mangelnder Differenzierung, denn „wo alles Kunst wird, ist in Wirklichkeit nichts mehr Kunst. Was FOUCAULT gesagt hat und was er geschrieben hat, ist – wie man sieht – häufig zweierlei gewesen."[518] So äußert MEYER-KALKUS Zweifel, ob nicht die Betrachtung von Askese, Selbstbeherrschung, Sorge um sich selbst von FOUCAULT am Ende für sich selbst als Autor geschaffen wird, denn was er schreibt, sei so paradoxerweise „eine Folge von philosophischen Exerzitien, geleitet vom Wunsch, das Erreichte in Frage zu stellen, ohne doch den Selbstbezug preiszugeben."[519]

Gerade die Ambiguität, die darin liegt, Erreichtes in Frage zu stellen und gleichzeitig sich *nicht* dem Anderen gänzlich hinzugeben, den Selbstbezug also in der Spannung aufrechtzuerhalten, statt ihn preiszugeben, gilt es m. E. wahrzunehmen. Insofern wäre die an FOUCAULT wahrnehmbare Widersprüchlichkeit nicht nur kritisch zu lesen, sondern als Notwendigkeit zu sehen, die Moderne weiterzulesen und weiterzudenken.[520]

Unter diesem Blickwinkel verliefen die Grenzen des Ästhetischen analog der Grenzen, an denen sich Subjektivität – allerdings leiblicher als FOUCAULT das in seinen früheren Schriften gesehen hat – bildlich konstituiert. Das zu akzeptieren, verlangte eine Entgrenzung des Ästhetischen und die Erforschung des Primats des Bildes im Bezug zu Subjektivität.

3. DERRIDA. Das Selbst: Die Differenz

Daß das Selbst nicht Identität ist, sondern Differenz zu dem, was identisch als Einheit verstanden wird und sich auf das Eine hin richtet, verbindet DERRIDA mit ADORNO. Nicht-Identität bei ADORNO meint nicht fehlende Identität, sondern Kritik an der Einheit von Erfahrung und begrifflicher Reflexion. Dem Subjekt schreibt er durchaus die Kraft zu, den Zwang zur Identität zu durchbrechen. Er verortet das Nicht-Identische in der Kunst, die das Andere der Vernunft und der Sprache ist. Das Nicht-Identische liegt bei ADORNO außerhalb der Sprache. Durch Kritik des Begriffs erscheint es als Wahrheit und Anwesenheit in der Kunst, die es nur zeigen kann, ohne es zugleich im Diskurs zu situieren (Inkommensurabilitätsthese). Dieser kann es nur negativ umschreiben, womit die Position der Philosophie gegenüber der Kunst umschrieben ist. Wo ADORNO die Begrifflichkeit der Sprache als unentrinnbar darstellt, wird es für DERRIDA nach der poststrukturalistischen Sprachanalyse und der Analyse der Macht von FOUCAULT möglich, sich noch radikaler der Sprache zuzuwenden. Er wendet sich von der Sprache ab und der Schrift zu. Der Mimesisbegriff erfährt dabei eine Radikalisierung von ADORNOs Betonung desselben in der Ästhetik.[521]

3.1 Der Zwischenweg über die Schrift

Wenn es die Differenz ist, die das Subjekt ausweist, wenn es nicht über sich Subjekt ist, bedeutet das eine Entmachtung der metaphysischen Überhöhung des Subjekts. Ihre Denkvoraussetzung ist die Reduktion des Subjekts auf die es umgebenden Strukturen. Entgegen der metaphysischen Rückführung der Struktur auf einen festen Ursprung, der Zentrum und Präsenz bedeutet, bezieht sich DERRIDA auf das freie Spiel der Zeichen untereinander.[522]

HEIDEGGERS Identitätskritik und die metaphysisch bedingte Trauer der Abwesenheit des Seins, wie SAUSSURES negative Differenzierung der sprachlichen Zeichen, die, ihrerseits metaphysisch befangen, die Position der menschlichen Stimme hervorhob, sind bereits Zeugen eines destruktiven Diskurses.

„Diese destruktiven Diskurse (und alles ihnen Entsprechende) sind aber allesamt in einer Art von Zirkel gefangen. Dieser Zirkel ist einzigartig; er beschreibt die Form des Verhältnisses zwischen der Geschichte der Metaphysik und ihrer Destruktion: es ist sinnlos, auf die Begriffe der Metaphysik zu verzichten, wenn man die Metaphysik erschüttern will. Wir verfügen über keine Sprache – über keine Syntax und keine Lexik –, die nicht an dieser Geschichte beteiligt wäre. Wir können keinen einzigen destruktiven Satz bilden, der nicht schon der Form, der Logik, den impliziten Erfordernissen dessen sich gefügt hätte, was er gerade in Frage stellen wollte."[523]

Der einzige Ausweg aus diesem Zwang liegt dennoch darin, gerade die Logik des Denkens, der Präsenz, das Zentrum zu dezentrieren. In der Geschichte des Begriffes *Struktur*, wie ihn der metaphysische Diskurs geprägt hat, fixiert er das *„Ereignis"* als äußerliche Gestalt eines „Bruchs" und eine „Verdoppelung".[524]

Die organisierende Aufgabe des Zentrums lag darin, Balancen herzustellen und zu sichern. „Indem das Zentrum einer Struktur die Kohärenz des Systems orientiert und organisiert, erlaubt er das Spiel der Elemente ... Doch das Zentrum setzt auch dem Spiel, das es eröffnet und ermöglicht, eine Grenze. Als Zentrum ist es der Punkt, an dem die Substitution der Inhalte, der Elemente, der Terme nicht mehr möglich ist."[525]

Die Paradoxie des Begriffes der zentrierten Struktur liegt darin, daß das „Zentrum sowohl innerhalb der Struktur als auch außerhalb der Struktur liegt".[526] Es liegt im Zentrum der Totalität, und dennoch hat die Totalität ihr Zentrum anderswo, weil es ihr nicht angehört. „Das Zentrum ist nicht das Zentrum."[527] Es gibt viele Begriffsvariationen des Zentrums. Ursprung, Ende, arche, telos. Sie sind verstrickt in das Spiel, das eine Geschichte des Sinns impliziert und dem man sich nicht entziehen kann, wenn man das Spiel begründen will, indem man ihren Ursprung oder ihr Ende als Totalität einer Präsenz denkt, die ihrerseits dem Spiel enthoben ist. Nur vom Standpunkt einer dem Spiel entzogenen „versichernden Gewißheit"[528] her kann das Spiel der Invarianten einer Präsenz stattfinden.[529]

Der angsterzeugende Taumel, den die Strukturalität der Struktur hervorruft, kann also durch Reduktion als Gewißheit gemeistert werden. An dieser Reduktion sind nach DERRIDA Archäologie und jede Eschatologie mitschuldig, „als Bewegung, die immer schon versucht, den Strukturbegriff aus einer vollen, dem Spiel enthobenen Präsenz zu denken".[530] Die Wiederholung der Strukturalität macht den Riß deutlich, daß das Zentrum als Präsenz nicht in sich gründet, sondern einer Totalitätsstruktur unterliegt. In der Kette der Namen für das Zentrum fügt WIMMER den Begriff des Anderen hinzu, um die Kluft zu verdeutlichen, die damit gegeben ist, daß es kein transzendentales Signifikat zu dem Begriff „Anderer“ gibt.[531]

Die potentielle Ubiquität erweist sich als Folge der Dezentrierung des Denkens und dem damit einhergehenden Eingeständnis, „daß es kein Zentrum gibt, daß das Zentrum nicht in der Gestalt eines Anwesenden gedacht werden kann, daß es keinen natürlichen Ort besitzt, daß es kein fester Ort ist, sondern eine Funktion, eine Art von Nicht-Ort, worin sich ein unendlicher Austausch von Zeichen abspielt.“[532]

Alles wird zum Diskurs, „d. h. zum System, in dem das zentrale, originäre oder transzendentale Signifikat niemals absolut, außerhalb eines Systems von Differenzen präsent ist“.[533] Aber dieses Eingeständnis selbst kann zur Gefahr für die versichernde Funktion zentralisierenden Denkens werden. DERRIDA fragt: „Wo und wie ereignet sich diese Dezentrierung als Denken der Strukturalität der Struktur?“[534] Es fragt sich aber auch, inwieweit eine neue Totalität entsteht. Unter Berufung auf die Totalität einer Epoche gibt es für DERRIDA dennoch die Möglichkeit, Spuren von Ankündigung und Wirkung dezentrierten Denkens festzustellen. Sie liegen bei NIETZSCHE, FREUD und HEIDEGGER.[535]

Erst durch die Dezentrierung ergibt sich das Spiel der Bewegung von Abwesenheit und Präsenz, das radikal gedacht eine Interpretation der Interpretation sein muß und damit der „Alternative von Präsenz und Abwesenheit vorausgehend gedacht werden muß“.[536] Es ergeben sich (im Rekurs auf LÉVI-STRAUSS) zwei Interpretationen der Interpretation von Struktur, Zeichen und Spiel. Während die eine die traurige, negative, nostalgische Schuldige ist, die an ROUSSEAU anknüpft, ist die andere die Bejahung des Spiels, die an NIETZSCHE anknüpft. Sie bejaht die Unschuld der Zukunft, eine Welt aus Zeichen ohne Mangel, ohne Wahrheit, ohne Ursprung, offen für eine durch keine „Wahrheit“ abgesicherte Prozeßhaftigkeit des Denkens.

„Diese Bejahung bestimmt demnach das Nicht-Zentrum anders denn als Verlust des Zentrums. Sie spielt, ohne sich abzusichern. Denn es gibt ein *sicheres* Spiel: dasjenige, das sich beschränkt auf die Substituion vorgegebener, existierender und präsenter Stücke.“[537]

Die Interpretation, bei der kein Heimweh nach dem Ursprung, keine Art von Präsenz-Ethik im Gewand ihrer Reinheit und dem Sich-Selbst-Gegenwärtigsein in der Rede mehr vorzufinden ist, will Freiheit von Denknormen und von der Vorstellung einer rekonstruierbaren Vorstellung von Wahrheit initiieren.

Das kann nicht durch Reduktion auf Sinn geschehen, die im Vermerken ihres Fehlens zu einer Mangelposition gelangt, deren realer Sinn sich durch die unmittelbare Wahrnehmung des eigenen Selbst-Bewußtseins[538] einstellte, d. h. aber automatisch: gerade die Vermittlung notwendig machende

Funktion der Differenz wäre nicht beachtet.[539] Reduktion auf Sinn impliziert Sinnverlust, um dessentwillen Trauer und Melancholie eine Vorstellung von Ganzheit und Versicherung aufscheinen lassen. Der Letztbegründung des Denkens sind die Fundamente erst entzogen, wenn es sich auf seine eigene Bewegung von Struktur und Zeichen einläßt, ohne die unabschließbare und unhinterfragbare Bewegung der Manifestation einer Intention zu überantworten.

Die Abwesenheit eines Zentrums, die kein Mangel ist, wird supplementiert von der Materialität der Signifikanten. „Die Bewegung des Bezeichnens fügt etwas hinzu, so daß immer ein mehr vorhanden ist, diese Zutat aber bleibt flottierend, weil sie die Funktion der Stellvertretung der Supplementierung eines Mangels auf seiten des Signifikants erfüllt."[540] „Der Überschuß des Signifikanten, sein supplementärer Charakter, ist also die Folge einer Endlichkeit, das heißt eines Mangels, der supplementiert werden muß."[541]

Die Funktion der positiven Interpretation

Die Struktur, der jegliches Zentrum fehlt, stellt das Undenkbare selbst dar.[542] Es ist nicht Benennung des Anderen des Selbst, das doch gedacht werden kann und sich somit nur als Manifestation einer vorweggenommenen Bedeutung zu erfüllen hätte, sondern Ereignis der Differenz schlechthin.

Die Bejahung des Spiels aber ermöglicht keine neuen Bilder, „die Inspiration zu einem neuen Humanismus sein wollen".[543] Anstatt die Unterschiede zu tilgen, sie zu beherrschen und in einer Utopie der Versöhnung aufzufangen, ist es Aufgabe einer Wissenschaft vom Menschen, nichts dem Spiel der Differenzen zu entziehen.[544]

Die Unversöhnlichkeit der Interpretation der Interpretation steht ständig in Gefahr, nivelliert zu werden, von unserem Erleben und vor allem von einer Wissenschaft vom Menschen, die Ziele für den Menschen denkt, wobei sie in Verdacht steht, den Menschen zu retten vor der Konkretheit seiner geschichtlichen Situation, die ihn nicht neutralisiert, wie es die Metaphysik glauben macht.[545]

Die nicht reduzierbaren Unterschiede zu denken und herauszuarbeiten und die Gemeinsamkeit zu denken, stellt die primäre Aufgabe zukünftiger Wissenschaften vom Menschen dar, bevor der Glaube, man könnte frei zwischen den Interpretationen wählen, die eigene Geschichtlichkeit mißachtet; denn wir befinden uns hier nach DERRIDA in einem Bereich der Geschichtlichkeit, „in dem die Kategorie der Wahl sehr leicht genommen wird. Sodann weil man erst einmal versuchen muß, den gemeinsamen Boden und die ‚différance' dieser unreduzierbaren Differenz zu denken und weil es sich hier um einen Typus, sagen wir es noch einmal, historischen Fragens handelt, dessen Konzeption, Bildung, Austragung und Arbeit wir heute nur erst abzuschätzen vermögen."[546]

Fragend aufmerksam zu werden für das Andere, den Blick dafür zu öffnen, was die Unabgeschlossenheit, Vorläufigkeit radikal bloßlegt, bedeutet nicht Suche nach dem runden Bild von sich selbst, sondern ein Sich-Einlassen auf das Spiel der Unterschiede und der Gemeinsamkeiten von Selbst und Anderem.

„Man muß also sich selbst erfinden so wie den Anderen und die Welt, und es ist notwendig zu entdecken, daß man mit diesen Empfindungen bzw. Interpretationen nicht identisch ist, was nur durch das Verständnis der Interpretationen als Interpretationen gewährleistet wird, denn das Reale selbst läßt sich nur verstehen als eine Wirkung der Sprache, die es nicht ist, sondern sich ‚dazwischen' schiebt."[547]

Mit Blick auf Vorgänge in einer Gesellschaft, die „den Blick ablenken angesichts des noch nicht Benennbaren, das sich erst ankündigt und dies nur tun kann ... in der Gestalt der Nicht-Gestalt, in der unförmigen, stummen, embryonalen und schreckenerregenden Form der Monstrosität",[548] exponiert DERRIDA die Potenz des Undenkbaren, des Ungesagten, das als Nicht-Gestalt nicht eingeordnet werden kann in die Funktionalität der Gestalt, die, weil sie ihre Stummheit durchbrochen hat, an Schrecken verloren hat.

Gerade die Betonung des Nicht-Sinns des noch nicht Benennbaren, der die zeitlose Gültigkeit einer Interpretation von Welt und Sein unterläuft, beinhaltet in der différance einen thematischen Angriff auf die Definition von Individualität als sinnbezogener und selbstbewußter Kategorie. DERRIDAS Angriff auf den Gedanken des präsenten Selbstbezugs ist für Manfred FRANK so radikal, „daß minimale Bedingungen des Phänomens unserer Selbstvertrautheit durch ihn nicht mehr erklärt werden".[549]

FRANK kritisiert sie nicht nur, sondern qualifiziert sie als absurd ab. Das Manko einer radikalen Differenz liegt für ihn darin, daß trotz des Vorteils von DERRIDAS Modells, Individualität als radikale Nicht-Identität zu denken, sein Modell nicht ermöglicht, „Individualität als selbstbewußt und mithin als sinnbezogen zu denken. Das hängt damit zusammen, daß es Subjektivität – keineswegs unähnlich dem analytischen Reduktionismus – vor die Alternative stellt, entweder sinnvoll (semantisierbar) zu sein und alsdann von der ihr entsprechenden Zeichenartikulation abzuhängen oder in der Sinnlosigkeit zu verschwinden (reductio ad absurdum). Nun ist Subjektivität, also ist sie ein Epiphänomen der Zeichenartikulation."[550]

3.1.1 Die différance und die Spur

Um die Kritik FRANKS, die sich auf die radikale Differenzierung, auf die immer vorhanden seiende Spur des Hermetischen und die damit implizierte Gleichzeitigkeit der Geltung zweier Terme bezieht, deutlicher werden zu lassen, soll der Begriff der différance bei DERRIDA genauer dargestellt werden.

Die différance ist nicht gegenwärtig als Sein zu bestimmen, sondern vollzieht sich als das Spiel der Spur. Vielmehr entstehen verschiedene Bedeutungen der graphischen Spur aus den verschiedenen Interpretationen. Im Zeichen selbst ist ein Element von Verzeitlichung und Verräumlichung enthalten, das keine Herleitung aus einem Ursprung erlaubt, sondern die Prozeßhaftigkeit in der Zeit betont. Das bedeutet ebenso Absage an den Gedanken einer Wirkung. Faktum ist wie bei DE SAUSSURE das Sprechen selbst. Vor und außerhalb der semiologischen Differenz, die zwischen den Sprachelementen besteht, gibt es keine Präsenz. Die différance ist weder ein Wort noch ein Begriff, sondern von DERRIDA als *Bündel* gefaßt, welches das allgemeine System der Ökonomie des Schreibens über die Schrift zusammenfaßt.[551] Bedingung der Möglichkeit des Funktionierens eines jeden Zeichens ist das stumme Spiel der Differenz, denn die Differenz zwischen (e) und (a) in der Lautschrift bleibt unhörbar. Die Ordnung, die mit der Bewegung der différance angesprochen wird, ist nicht sinnlich wahrnehmbar. Sie gehört aber auch nicht der üblichen philosophischen Opposition der idealen Kategorien des Sensiblen und des Intelligiblen an.

„Nicht nur läßt sich die différance auf keine ontologische oder theologische – onto-theologische – Wiederaneignung zurückführen, sondern, indem sie selbst den Raum eröffnet, in dem die Onto-Theologie – die Philosophie – ihr System und ihre Geschichte produziert, umfaßt sie diese, schreibt sich in sie ein und übersteigt sie unwiederbringlich."[552]

Insofern ist das Schreiben darüber zu unterscheiden von traditioneller Interpretation, aus der sich die philosophische Rede entwickelt, „die nach einem Prinzip, nach Postulaten, Axiomen oder Definitionen verfährt und sich entlang der diskursiven Linearität einer Ordnung von Begründungen verschiebt".[553]

Die Einführung der différance (mit a) beginnt damit, daß sie als das Irreduzibelste unserer „Epoche" zu denken ist. Aus der approximativen semantischen Analyse ergibt sich eine Doppelbedeutung des Wortes von difference in

1. temporisieren, was soviel heißt, wie bewußt oder unbewußt auf die zeitliche und verzögernde Vermittlung eines Umweges einzugehen, der das Erfüllen oder Ausfüllen eines Wunsches oder Willens unterläuft und Verwirklichung auf eine Art leistet, die sich nicht faßbar macht, sondern ihre Wirkung aufhebt oder temperiert;
2. die geläufige Bezeichnung von Identifikation des Unterschiedenen: nicht-identisch sein, anders sein, erkennbar sein.

Das Zusammengehen von Verzeitlichung und Verräumlichung ist nur über das Zeichen möglich; das Zeichen, welches das Gegenwärtige in Abwesenheit darstellt, ist die aufgeschobene Gegenwart. Die Zirkulation der Zeichen schiebt den Moment auf, in dem wir uns der Sache selbst bemächtigen, „eine gegenwärtige Anschauung von ihr haben können".[554]

Das Zeichen selbst kann nur von der aufgeschobenen Präsenz her gedacht werden, nicht von einem „Ursprung" als voller oder einfacher Ursprung. Die Spur ist Eingeschriebenes, Sich-von-sich-Unterscheiden; sie gibt Zeugnis von dem, was sich im Zeichen als aufgeschobene Präsenz ereignet. Sie ist weder nur Effekt noch hat sie eine Ursache; sie bleibt angewiesen auf den Text.[555]

Die Verzeitlichung des Raumes und die Verräumlichung der Zeit konstituieren Gegenwart als Spuren von Retentionen der Differenz, in der die dynamische Struktur des Verweisens verantwortlich dafür ist, daß Sinn in der Spur der Differenz entsteht „als ein Verschieben und in diesem Verschieben als ein ständiges Aufschieben; dieses verweist nach jenem, hier nach dort, jetzt nach später und früher. Die Bedeutung der Spur ist niemals präsent, sie ist in einem anderen, anwesend ist sie abwesend".[556]

Dieser Gedanke, der vor HEIDEGGER bereits bei FREUD und NIETZSCHE nachweisbar ist, stellt in Frage, daß die gesicherte Selbstgewißheit bewußt ist. Das Bewußtsein als Effekt von Kräften kann sich selbst nicht gegenwärtig sein; erst die Differenz zwischen den Kräften bewirkt Kraft, d. h. die Quantitätsdifferenz zählt mehr als das Maß der Quantität einer absoluten Größe selbst.[557]

Die Andersheit des Unbewußten, die FREUD im Prozeß des Aufschubs und des Ineinandergreifens von Realitätsprinzip und Lustprinzip darstellte, wird unterschlagen vom Prozeß der Vergegenwärtigung. Das Unbewußte im Kontext der Spur ist „keine versteckte, virtuelle potentielle Gegenwart für sich".[558] Es ist kein Ding und kein verkapptes Bewußtsein. Allein in den irreduziblen Effekten in der Nachträglichkeit äußert sich diese radikale Andersheit.

Die Sprache der Anwesenheit oder der Abwesenheit ist ungeeignet, um die Spuren der unbewußten Spuren zu lesen. Sich auf LÉVINAS[559] beziehend, benennt DERRIDA dessen Formel der Spur und das Rätsel der absoluten Andersheit als Vergangenheit, die nie gegenwärtig war. Qualifizierung des Anderen wird gestaltet durch die subversive Kraft der différance.

„Die différance ist nicht ... Sie beherrscht nichts, waltet über nichts, übt nirgend eine Autorität aus ... Nicht nur gibt es kein Reich der différance, sondern diese stiftet zur Subversion eines jeden Reiches an. So wird sie offensichtlich bedrohlich, und all das muß sie unvermeidlich fürchten, was in uns das Reich, die vergangene oder künftige Gegenwart eines Reiches wünscht."[560]

Mit der Schrift setzt DERRIDA einen Begriff, der radikal die metaphysischen Begriffe und ihre Konsequenzen unterläuft. So wie die Schrift auf Wiederholung angelegt ist, keinen festen Ort hat, sondern in der Bewegung der Verräumlichung besteht, so wird auch das Subjekt in diese Verspätung verstrickt, „so daß nicht nur dessen Identität und Selbstvorstellung durch die Aufschubsbewegung sich nie fest-stellen läßt, sondern die différance als Verräumlichung der Schrift als „das Abwesend- und Unbewußtwerdende des Subjekts" ausgelegt wird".[561]

Wie es für die différance keinen Namen gibt, weil sie nicht die Sprache ist, sondern das Spiel, daß „die Sprache im Sprechen geschieht und das

Sprechen sich dabei der Sprache verdankt",[562] so wird auch Subjektivität zum Effekt der Spur.

Dieses aus der Auseinandersetzung mit HEGEL entstandene alternative Konzept, das Phänomen Subjektivität zu erklären, knüpft an das Nicht-Identische des Selbst an, das erst in der Selbstvorstellung als Supplement entsteht, gebunden an die Bewegung der différance.

3.1.2 Die Stimme und die Selbstbeziehung

Für DERRIDA ist die *Stimme* das Phänomen, das die unmittelbare Beziehung des Subjekts zu sich herstellt. Die Stimme, die in die Verzeitlichung eingebunden ist, besetzt einen inneren Raum, in dem allein das Subjekt sich sprechen hört. Die unmittelbare Präsenz der Stimme hat für das subjektive Bewußtsein die Konsequenz, daß Subjektivität „sich selbst in der Welt als reine Selbst-Affektion erzeugt".[563]

Bevor das Selbst im Sprechen lebendig präsent wird, ist es schon eine Spur. Das „Frei-Sprechen", die Rede, hat seine Norm an der Schrift und an der Beziehung zum Tod, nicht aber wie bei HUSSERL an der Autonomie der Bedeutungsintention, die nie als leere funktionieren kann.

DERRIDAS Unterscheidung zwischen der Bedeutungsintention und der eventuellen Erfüllung durch die Intuition des Gegenstandes, seine Unterscheidung zwischen der Erfüllung durch den Sinn und der Erfüllung durch den Gegenstand, die Unterscheidung von Autonomie der Bedeutung gegenüber der intuitiven Erkenntnis ermöglicht ihm, wie Sarah KOFMAN betont, im Gegensatz zu HUSSERL die Namenlosigkeit, die Uneigentlichkeit des „Ich schreibt".[564] Der Verdopplungscharakter der Schrift gewährleistet die Wiederholung des Signifikanten, den die allein lebendige physische Stimme reduziert.

> „Sich selbst am nächsten spricht sich die Bedeutung des Sinns in der Intimität der Selbst-Affektion aus. Sie steht im Zusammenhang mit dem Sich-selbst-sprechen-hören-Wollen in der Nähe des Bei-sich, für das die Stimme das Privileg innezuhaben scheint. Lebendige Stimme, wäre sie ohne Differenz, ohne Schrift: tote Stimme."[565]

Die Stimme hat deswegen einen privilegierten Stand, weil sie scheinbar das Medium ist, „das zugleich der Präsenz des Objektes vor der Intuition und der Selbstpräsenz, der absoluten Selbst-Norm der Akte, ein Schutzdach bietet".[566] Ihre unmittelbare Präsenz verdankt sich erscheinender Transzendenz, „daß sich der phänomenologische Körper des Signifikanten in dem Augenblick auszulöschen scheint, in den er hineingebracht wird. Er scheint ... dem Element der Identität zuzugehören. Diese Tilgung des sinnlichen Körpers und seiner Äußerlichkeit ist für das Bewußtsein die eigentliche Form der unmittelbaren Präsenz des Signifikants ..."[567]

Gegenüber dem Privileg der Phone zieht erst die Schrift, indem sie Verzeitlichung und Verräumlichung erfahrbar werden läßt, einen Schlußstrich unter die Versuchung metaphysischer Wiederaneignung. Sie wäre mit der unmittelbaren Wirkung traditioneller Lektüre gegeben und betont.[568] Die nicht transzendentale Form der Schrift ermöglicht DERRIDA die Konstruktion des Anderen schlechthin, eines Kerngedankens, der nicht Selbstbewußtsein und Sinn leugnen will, wie FRANK es behauptet. Dieser Kerngedanke, um den es M. WIMMER in unterschiedlichen Perspektiven geht, lautet: „Das Andere des Selbst, des Anderen und der Welt ist nicht als Präsenz zu denken, aber auch nicht als einfache Abwesenheit ...“[569]

Spur und Differenz kennzeichnen nicht einen neuen Mystizismus, sondern ein Denken, das, entgegen fortlaufender „Totalisierung“ und der Frage nach dem Ursprung, auf die Supplementierung von gesprochenem Wort und geschriebener Spur aufmerksam macht. Gleichzeitigkeit und das Nebeneinander sind keine Umkehrungen der unmittelbaren Präsenz des gesprochenen Wortes, sondern Abkehr von einem hierarchischen Denken.

Das Supplement als Stellvertreter ist das Nebeneinander von Selbst und Anderem. Die Stelle des Anderen, die bei DERRIDA die Stelle des Subjekts, des Selbstbewußtseins supplementiert, bedeutet für FRANK lediglich eine Reduktion des Selbstbewußtseins auf einen Effekt differentieller Beziehungen zwischen *marques*.[570]

Die Kritik, die DERRIDA an HEGELS theoretischem Zirkel übt, auf den die Theorie des absoluten Geistes gegründet ist, stellt für FRANK etwas in Frage, was als Voraussetzung für Individualität überhaupt letzte Gültigkeit besitzt und als solches nicht abwegig sei: die Einheit unserer Weltsicht. FRANK führt positive und negative Seiten von DERRIDAS Denken im Hinblick auf die Kategorie Individualität aus.

„Der Vorzug des DERRIDAschen Modells ist, daß es Individualität als radikale Nicht-Identität zu denken gestattet, obwohl DERRIDA den Term vermeidet oder mit dem der Subjektivität umstandslos gleichsetzt. Dagegen ermöglicht sein Modell nicht, Individualität als selbstbewußt und mithin als sinnbezogen zu denken.“[571]

Weil Subjektivität *ist*, kann sie nur als Epiphänomen der Zeichenartikulation gesehen werden. DERRIDAS reduzierende Alternative, daß Subjektivität entweder semantisierbar und somit sinnvoll sei, dann von der entsprechenden Zeichenartikulation abzuhängen habe oder sei, beruht für FRANK auf DERRIDAS Leugnung des *ist*.[572]

FRANK schlußfolgert aus der Dekonstruktion, der immerhin das gelingt, was ADORNO nicht gelang – nämlich den Namen aufzugeben, selbst den der Nicht-Identität, der schon eine Identifizierung ist, wenn auch eine, deren Erfüllung nie zutrifft –, daß DERRIDAS Attacke auf die Idee der Präsenz absurd ist. Ihm geht es gerade um die Behauptung von Präsenz als Zeichen der Tätigkeit von Selbstbewußtsein, das – wenn auch nur minimal – noch als Sicherung der Zentrierung des Subjekts gelten kann. Bei FRANK heißt es:

„Die Attacke auf die Idee der Präsenz ist aber nicht nur radikal, sie ist absurd. Ohne den Rückgang auf ein Moment relativer Sich-selbst-Gleichheit wäre Differenzierung (Sinnverschiebung, metaphorische Bedeutungs-Neueinschreibung) gar nicht feststellbar, sie wäre kriterienlos und vom Zustand der völligen Beharrung ununterscheidbar."[573]

Die Konstitution selbstbewußter Individualität macht sich demnach verständlich als eine Folge kontinuierlicher Transformationen von Zuständen. Diese Transformationen sind nach einem von Russell entlehnten Ausdruck „kopersonal". Kontinuität versteht sich hier jedoch nicht evolutionär, sondern als „eine solche von einander motivierenden hypothetischen Urteilen". Dieser Begriff wäre bei DERRIDA hilfreich, so FRANK, denn er leiste die Verstehbarkeit von DERRIDAs nicht präsenter Spur.[574]

FRANK schlußfolgert aus seinen Überlegungen, „daß der Rekurs auf die Kategorie der Individualität in der semantischen Diskussion um Selbst und Person nicht hätte aufgegeben werden dürfen".[575] Für ihn leistet sie mehr als die Kategorie der différance, weil sie den Vorteil von Selbstbewußtsein für sich in Anspruch nehmen kann, womit sie unverzichtbaren Sinn verständlich machen kann, z. B. im Blick auf Motivation, auf hypothetische Urteile, Interpretationen. Die Sinnentwürfe der Individuen sind unableitbar, nicht vorherzusehen „durch Beherrschung der Semantik der Ausgangsposition ..."[576]

Was FRANK für das Selbst beansprucht, gibt allerdings noch keine hinreichenden Erklärungen für den Anderen/das Andere. Erst die Radikalität des Angriffs auf die metaphysische Idee der Präsenz ermöglichte, anders als ADORNO es tat, vor allem eindeutiger im Hinblick auf die Grundlegung der Zeichen, die Frage nach dem Anderen und das Denken des Anderen, weil dieses Fragen die Kategorie der Subjektivität von ihren Implikationen des absoluten, vollen Sinns befreit.

FRANK kritisiert die Dezentrierung des Subjekts unter dem Verdacht, daß DERRIDA (wie auch LACAN und FOUCAULT) eine Umkehrung des hierarchischen Verhältnisses von Subjekt und Sprache anstrebt, in der jetzt die Zeichen Machthaber und Subjektivität seien, welche nunmehr als heterogene Größe einfließt und ausgelöscht wird. Dieses aber ist ein Mißverständnis FRANKs, „denn das, worauf er insistiert, das Individuelle, ist gerade das Opfer, ohne das es kein Menschen-Subjekt gibt, wie nicht nur die Kritische Theorie gezeigt hat."[577]

Kritisch argumentiert WIMMER gegen FRANK zu Recht, daß damit übersehen wird, „was im Subjekt zwangsläufig immer schon annuliert wird, wenn man es als *Subjekt* denkt".[578] Damit wird das einzelne und Individuelle zugunsten des gedachten Allgemeinen darum verfügbar, weil es in den Rahmen des Gedachten paßt.

3.2 Dekonstruktion als Analogon ästhetischer Erfahrung

Das einzelne und das Individuelle, so läßt sich aus DERRIDA lesen, unterlaufen das Denken desselben, des autonomen Subjekts.[579] Das Subjekt verschwindet nicht, wie FRANK glaubt, sondern in der Dekonstruktion, die keine Methode ist, erscheint es als Spur. Sie wird anerkannt und benannt durch ein hermetisches Verfahren, das im hermeneutischen „Sinn" nicht erfüllt werden kann; denn letzteres vereinnahmt den Anderen, indem es ihn als Sein definiert.[580]

„Hermetisches Verstehen" entgeht der Deutung der Spur als Zeichen dadurch, daß es die unumkehrbare „Bewegung des Selben zum Anderen, die niemals zum Stehen zurückkommt",[581] akzeptiert und beschreibt. Dieser Begriff der Spur des Anderen, die LÉVINAS entliehen ist, deckt nicht auf, entlarvt keinen verborgenen Sinn", sondern sie markiert den Umschlag in eine neue Welt".[582] Bereits das *Kunstwerk* ist nach LÉVINAS, radikal gedacht, eine solche fortlaufende Bewegung zum Anderen.

Im Gegensatz zum Entsetzen der neuzeitlichen Philosophie „vor dem Anderen, das Anderes bleibt",[583] und im Unterschied zu der an ihr konstatierten Allergie vor diesem Anderen vollzieht die Kunst die Bewegung der unumkehrbaren Andersheit.[584]

ADORNO galt Nicht-Identität als der Name für das Andere, das so doch wenigstens negativ identifiziert werden konnte; bei ihm war die ästhetische Erfahrung von Nicht-Identität als ästhetische Reflexion letztlich verknüpft mit der Utopie eines Ortes, eines Namens, der nie erreicht werden kann, aber im Schein seines eigenen Wiedererkennens aufleuchtet. Die Melancholie, die der Kunst innewohnt, zeigt sich in der Ambivalenz einer Sehnsucht nach dem ganz Anderen und in der ästhetischen Rationalität.[585] Demgegenüber erweist sich die Dekonstruktion als argumentative Basis, ästhetische Negativitätserfahrung zum Modell eines sich selbst zersetzenden Prozesses zu erheben, der *aus sich* begründet wird.

Bezogen auf DERRIDAs Behauptung der Dekonstruktion als Modell für einen sich selbst zersetzenden Prozeß, fragt man sich, ob dieses Modell überhaupt transformierbar ist. DERRIDA knüpft in seinem Denken wie ADORNO an ein ästhetisches Modell der Moderne an. Beide zeigen ästhetisches Engagement für jenes Risikomoment, das sich in der ästhetischen Avantgarde herausdifferenziert hat. Es geht um nichts weniger als darum, im Anschluß an das Wissen vom schönen Schein und seiner Funktionslosigkeit eine andere Geltung zu beanspruchen.

Während ADORNO das Moment der Spannung in der Aufrechterhaltung der ästhetischen Erfahrung behauptet, indem er die ästhetische Negativitätserfahrung gegen die nicht-ästhetische Erfahrung setzt, geht es DERRIDA in der Texttheorie darum, die partikulare Geltung von Kunst und Poesie zu überwinden. Nicht Rückführung der Kunst in Lebenspraxis ist hier gemeint,[586] sondern die außerästhetische Wirkungsmöglichkeit der ästhetischen Subjektivität.[587] Die autonome ästhetische Befreiung verheißt Befreiungsprozesse der Subjektivität, die institutionalisierten Begrenzungen zu unterlaufen.

Aber der Autonomie des Ästhetischen, die nicht auf Individualität und deren Erfahrung bezogen ist, nicht auf die jeweilige Beziehung von Selbst und Anderem, ist ein kategorialer Subjektbegriff zugeordnet. Die ästhetische „Wertsphäre“ (WEBER) ist angewiesen auf den stringenten Vollzug ästhetischer Erfahrung. Ihre Autonomie entgrenzt den linearen Vollzug des Verstehens, das nicht im Rahmen von ästhetischer Erfahrung stattfindet und als automatisches Verstehen moralischen Kategorien wie richtig oder falsch, wahr oder falsch untersteht, die unsere Urteile bewirken und unser nicht-ästhetisches Handeln leiten.[588] Ästhetische Erfahrung ist als autonome mit Gefahren verbunden, denn die von Institutionen und ihren Gesetzen befreite Subjektivität wird einer Enthemmung unterworfen; sie versteht sich als doppelgesichtig. Zum einen liegt sie in der potentiellen Ent-ortung des ästhetischen Erfahrungsprozesses, was Freisetzung von Zwängen bedeutet; gleichzeitig wirkt sie in ihrem eigenen Fortlauf nicht mehr kompensatorisch als Begrenzung, sondern als Gefahr der Enthemmung für nicht-ästhetische Zusammenhänge.

„Die aus den institutionellen Verortungen gelösten, dem Subjekt überantworteten Erfahrungsweisen haben keine stabilisierenden Folgen für unsere nichtästhetischen Diskurse (und Praktiken), sondern destabilisierende.“[589]

MENKE-EGGERS' Kritik an DERRIDA erfolgt nicht gegen die Reduktion des Selbstbewußtseins wie bei FRANK, sondern gegen die Unmittelbarkeit und Gleichzeitigkeit der Dekonstruktion als eines konsistent aus sich begründbaren Prozesses. Schließlich soll, so DERRIDA, der Zersetzungsprozeß, der an der ausdifferenzierten, modernen ästhetischen Erfahrung ansetzt, auf nicht-ästhetische Erkenntnis übergreifen, um diese *gleichzeitig* in „eine höhere Form nicht-ästhetischer Erkenntnis zu übersetzen“.[590]

Weil *Adorno* demgegenüber die Vergänglichkeit ästhetischer Erfahrung betont, trifft auf ihn dieser Vorwurf der Überbietung des Ästhetischen nicht zu. Ihn trifft ein anderer Vorwurf der Überbietung, die im Anspruch auf Versöhnung liegt. „DERRIDAs Unternehmen, die ästhetische Negativitätserfahrung über den Begriff des Textes unmittelbar in nichtästhetische Negativitätserkenntnis zu übersetzen, muß scheitern, weil die unmittelbar ins Nichtästhetische übersetzte ästhetische Negativitätserfahrung unbegründbar wird.“[591]

Demgegenüber argumentiert ADORNO zweistufig, indem er auf die vorgängige ästhetische Erfahrung rekurriert, die er erläutert. So vermeidet er es, den Geltungsbereich ästhetischer Negativitätserkenntnis zu überschreiten, sondern schreibt ihr „eine nur durch sie erfüllbare Rolle in der Genealogie unendlicher Ansprüche der Vernunft ein.“[592]

Die Frage, die sich m. E. für pädagogische Vernunft als Verantwortung für den, vor allem aber vor dem Anderen daraus ergibt, meint: Gibt es in dieser Verantwortung, die WIMMER[593] theoretisch thematisiert, eine Notwendigkeit, das Ästhetische in die Perspektive einer Vernunftkritik einzubeziehen bzw. ihm dort explizite Funktionen zuzuweisen? Dabei stünde dann in Frage, ob es als das ganz Andere der Vernunft überhaupt noch diskursiver Rede zugänglich ist oder ob die partikulare Vernunftkritik einhergeht mit der Hoffnung auf ein Weiterdenken, das nicht scheut, seine Grenzen zu denken und damit tendenziell sein jeweils Anderes als das auch Ungedachte denken kann, wie FOUCAULT es vom Denken forderte.

Wozu führt also das Fragen nach den nicht-ästhetischen Wirkungen ästhetischer Fragen?

Im Anschluß an DERRIDAs Textkonzept führt es zunächst zur *Kritik* an einem als Einheit gedachten und begrenzten allgemeinen Subjekt; mit Hilfe der nicht zu ihrem Ende kommenden Schrift tritt diese Kategorie zwischen Subjekt und Wirklichkeit als Wissen um Interpretation und Tätigen einer immer wieder auf Wiederholung angewiesenen Interpretation. Es ergibt sich ein Zwischenfeld, das als Mimetisches bezeichnet wird.[594] Dekonstruktion ist also nicht nur negativ; aber ähnlich wie FOUCAULTs Idee der Ästhetik der Existenz ist sie keine konstruktive Theorie, die ihre Gegenstände der Identifizierung und praxisorientierten Nutzanwendung zur Verfügung stellt.

Dekonstruktion zeigt, daß Konstruktionen genauso verhindern können wie sie ermöglichen können. Konstruktionen können verhindern, daß Widerspruch sich tatsächlich als Widerstand durchsetzt. Das Nicht-Planbare, Nicht-Machtbare, welches kritische Vernunft unter dem Zwang zur Entscheidung verdrängt hat, wird in einer pluralen, komplexitätsgesteigerten Wirklichkeit zum Feld der Reflexion von Erziehung und Erziehungswissenschaft. Es „ist die Notwendigkeit nicht mehr von der Hand zu weisen, die Vernunft in bezug auf das Unentscheidbare zu problematisieren".[595]

Ästhetische Erfahrung wäre die Erfahrung, die sinnlich vollzogen akzeptiert, daß die eigene Selbstverantwortung Grenzen hat, daß die Erfahrung des Anderen/des Andersseins eine Möglichkeit darstellt, die nicht begrifflich abzuklären ist.

In ästhetischen Objekten und in ästhetischer Erfahrung *ist* nicht etwas, sondern es *bildet* sich etwas, das der diskursiven Rede gegenüber überdeterminiert ist, „ein Alterium, wie die Metapher".[596] Das ästhetische Moment ist aber, was DOEHM in unnötiger kritischer Absperrung gegen Sonntagsruhe – ähnlich wie BOHRER – unterschätzt, die Voraussetzung ästhetisch gewendeter Vernunftkritik. Ungeachtet der Intentionen und Entscheidungen des Subjekts existiert die symbolische Ordnung, in deren Austauschbeziehungen das Subjekt immer schon eingespannt ist. Gerade in dieser Hinsicht wäre der Anspruch auf Weiterdenken zu formulieren, der dann auch nicht bei dem Symbolsystem Sprache stehen bleiben dürfte, sondern vorsprachliche und leibliche Beziehungen (durch Gestik und Blick) stärker berücksichtigen müßte.

4. Grenzen der Theoretisierbarkeit

Im Zusammenhang von Vernunftkritik und Diskussion der heterogenen Ansprüche an das Ästhetische greift die neuere hermeneutische Ästhetik-Diskussion auf die an ADORNO gewonnene These zurück, daß ästhetische Erfahrung als Negation von Verstehbarkeit gefaßt werden muß.

Im Hinblick auf Erziehung und die für Erziehungswissenschaft fruchtbar zu machende Diskussion gilt es aber zu bedenken, daß es hier nicht darum gehen kann, riskantes Potential ästhetischer Erfahrung in ein programmatisches, kontinuierliches Konzept von Erziehung zu integrieren, in dem Sinne wie es z.B. die Visuelle Kommunikation – in der Absage an Kunst – zu Beginn der 70er Jahre gefordert hat.[597] Die radikale Reflexion der ästhetischen Erfahrung als Einbruch in unsere nicht-ästhetischen Diskurse[598] müßte allererst zu einem In-Frage-Stellen des vernünftigen, aber verkürzten Anspruchs auf lineare Bildungsprozesse führen.[599] Voraussetzung dafür ist die Erfahrung der unbegrenzbaren Negativität ästhetischer Erfahrung, die nicht zuvor positiviert und eingefädelt wird in die Endlichkeit von Programmen, die den Anderen als Objekt instrumentell der eigenen Macht unterwirft und ihn *machbar* erscheinen läßt.[600]

4.1 Die Grenzen in der gegenwärtigen philosophischen Ästhetik-Diskussion

Aus philosophischer Perspektive, die ungeachtet des Handlungszwangs der Pädagogik mitunter den Vorteil „reiner" Reflexion hat, greift Ch. MENKE-EGGERS in die gegenwärtige Diskussion um den Stellenwert ästhetischer Erfahrung ein. Danach ist die gegenwärtige Situation folgendermaßen zu kennzeichnen. Das Autonome, Ästhetische ist partikulares Vernunftmodell.

Jenseits von Durchlässigkeit hat das Schöne seinen Wert darin, daß es „sich den anderen rationalisierten und dadurch in ihre wohlunterschiedene Eigengesetzlichkeit freigegebenen Diskursen weder über- noch unter-, sondern nebenordnet".[601] Der unauflösbaren Ambivalenz wird diese Position des Ästhetischen in der Moderne allerdings nicht gerecht. Aus diesem Grunde verbindet MENKE-EGGERS eine Vernunftkritik, die erfahrend vollzogen wird, mit dem Begriff „Souveränität". Der Geltungsanspruch des Souveränitätsmodells ist die andere Linie moderner Entwicklung von Ästhetik; er ist absolut, indem er dem über die plurale Vernunft hinausgehenden Moment eine Sprengkraft zuschreibt, die nicht-ästhetische, vernünftige Diskurse betrifft. Daran knüpft ADORNO an. Soll ästhetische Erfahrung überhaupt zureichend bestimmbar sein, müssen beide Aspekte berücksichtigt werden; ihre Spannung darf nicht verkürzt aufgelöst werden. In der Aufrechterhaltung der Spannung entgeht MENKE-EGGERS zwei einseitigen Interpretationsvarianten der ADORNO-Kritik, die das Antinomie-Postulat für nicht mehr aktuell erklären.

Die erste Variante betrifft BÜRGERs Kritik an der Eigengesetzlichkeit der Kunst. Sie zielt auf die Orientierung an einem bürgerlichen Ideal ästhetischer Autonomie, das von der Lebenspraxis und von nicht-ästhetischen Diskursen abgehoben ist. Für BÜRGER haben Avantgarde und Postmoderne die idealistische Position überwunden; darum ist für BÜRGER die von ADORNO behauptete Autonomie auch zu überwinden. Die zweite Variante kritisiert das Postulat ästhetischer Souveränität, weil die in ästhetischer Erfahrung enthaltene Vernunftkritik Kunst mit Heterogenem überfrachte. So führt BUBNER an ADORNO die Probleme eines theoretischen Denkens vor, das ästhetisch wird und sich damit wirkungsmäßig ins Aus schiebt.

So beharrt BOHRER[602] auf der ästhetischen Mystifikation des Fremden, die als nicht hintergehbares Anderes vom Erwartungsdruck freigesprochen wird. Das betrifft auch den Erwartungsdruck an eine unmittelbare Wirksamkeit ästhetischer Vernunftkritik, wie es Intention der historischen Avantgarde war. Der immanent-kritische Ansatz von MENKE-EGGERS, der ADORNO und DERRIDA in Beziehung setzt, wo es um die Wirksamkeit der ästhetischen Erfahrung für nicht-ästhetische Erfahrungen bzw. Diskurse geht, behauptet, daß keine der jüngeren Positionen der hermeneutischen Ästhetik-Diskussion recht hat. Während die strukturelle Sichtweise Autonomie und Souveränität nicht zusammendenken kann, benutzt er die dekonstruktiven Theorien, um beides, Autonomie und Souveränität der Kunst, zusammenzudenken. Sie sind dann nicht widersprüchlich, sondern dialektisch auflösbar. Das setzt Kritik an ADORNOs Modell der Antinomie voraus, daran, daß sein Konzept in dieser Antinomie verharre, ohne der Paradoxie, daß Schein Wahrheit der Kunst sei, „zu einer durchschlagenden Plausibilität zu verhelfen".[603]

Die doppelte Leistung der ästhetischen Negation liegt darin, Autonomie und Souveränität zu verbinden. Aber dieses Zusammendenken kann nicht mit den Mitteln der Ästhetik ADORNOs geleistet werden. Nicht die in der romantischen Tradition stehende Überwindung der Vernunft bringt einen Lösungsweg, die Antinomie zu überwinden, sondern der Ort der Zersetzung, den DERRIDA vorschlägt. Allerdings unterliegt in der Interpretation MENKE-EGGERS' auch die dekonstruktive Theorie einem romantischen Mißverständnis dergestalt, daß sie die Kunst selbst als Zustand der Vernunftkritik behauptet. Mit Blick auf die von ADORNO explizierten Probleme radikaler Vernunftkritik ist allein die *Wirkung* der Kunst als Moment von Vernunftkritik gegen die Implikation ästhetischer Erfahrung oder gegen einen von der ästhetischen Erfahrung ablösbaren Gehalt zu behaupten.

Fragt man nach einer Wirkung, die für Erziehung bzw. Bildung relevant sein sollte, so ergäbe sich das Problem der Transformation, des möglicherweise zwangsläufigen Lernens aus Bildern, an Bildern.

Auf der philosophischen Ebene kommt MENKE-EGGERS nach kritischer Abschätzung DERRIDAs Versuch, den ästhetischen Erfahrungsprozeß zu übersetzen, um die destabilisierenden Folgen der Negativitätserfahrung zu behaupten, zu dem Schluß, daß die Idee des Übersetzens überhaupt ein Fehler sei.[604] Demgegenüber sind aber Ansätze zu einer Lösung der verfahrenen Situation, daß uneinlösbare Ansprüche mit der ästhetischen Negativitätserfahrung gekoppelt werden, bei ADORNO zu finden. Sie weisen auf die Grenzen immanenter Kritik und die Notwendigkeit eines außerästhetischen Momentes, gleichzeitig aber auf die Grenzen begrifflicher Erkenntnis überhaupt. Wie DERRIDA verstrickt sich aber auch ADORNO in das Dilemma der

Begründung unendlicher Ansprüche an ästhetische Erfahrung. Bei ADORNO verdankt sich ästhetische Erfahrung methodisch dem Problem, entweder theologisch oder diejenige zu sein, die strukturell und in ihren Möglichkeiten nicht mehr erklärt werden kann, oder diejenige, die schon vorhanden und möglich ist. Sie führt bei ADORNO ihrerseits in das Dilemma, nicht mehr zeigen zu können, ein Konzept zur Erfahrung der Erfüllung unendlicher Ansprüche zu sein.

Die ästhetische Krisenerfahrung zeigt ihr Besonderes gegenüber nichtästhetischen Diskursen, indem sie Wirkungsursache wird für das In-Frage-Stellen vernünftiger Diskurse. In der genealogischen Perspektive (die aus der Negativen Dialektik weitergedacht ist) geht die ästhetische Erfahrung über jene Aporie hinweg, besser, unterläuft sie, die dadurch entsteht, daß eine Erfahrung totaler Negation nicht mehr diskursiv gedacht werden kann.

Die ästhetische Erfahrung unterliegt anderen Strukturen, denen zur Folge ihre Krisenwirkung überhaupt erst funktionieren kann.

> „Die ästhetische Negativitätserfahrung bringt die Subversion der Möglichkeit zu verstehender Erfahrung selbst zur Erfahrung. Ästhetisch erfahrend vollziehen wir eine prozessuale Negation aller Formen von (verstehender) Erfahrung. Die ästhetische Erfahrung löst das Paradox einer sich selbst dementierenden Erfahrung totaler Negativität, indem sie es als einen Prozeß organisiert."[605]

Die ästhetische Erfahrung, die selber keine konfrontierende Weltbewegung ist, wie POTHAST erläutert,[606] führt aber zu einer als Konfrontation empfundenen Reaktion nicht-ästhetischer Diskurse. Der bereits a. a. O. beschriebene mimetische Charakter bewirkt, daß diese Erfahrung sich den nicht-ästhetischen Diskursen aufdrängt und sie gleichzeitig herausfordert. Als Krise wird diese dann empfunden, wenn sie für außerästhetische Diskurse wirksam wird, wenn man die Logik des Einstellungswechsels zu einer ästhetischen Einstellung beachtet. Genau dieser Verallgemeinerungsaspekt des Besonderen wiederum bietet Anlaß zur Reflexion. Am Beispiel von DUCHAMPS Verfremdungen, die keine materielle Spuren am Objekt hinterlassen, sondern Veränderungen des Status eines Objektes zur Ursache haben und bewirken, insofern prozeßhaft darstellen, sind Grundzüge ästhetischer Transfiguration zu beschreiben.[607]

1. Voraussetzung für die ästhetische Einstellung ist die Betrachtung eines Objektes als (semiotisch verfaßte) Darstellung.
2. Die Identifizierungen der Elemente von Darstellungen, die ästhetische Erfahrung leisten, werden einem doppelt bestimmten negativen Prozeß unterworfen.
   a) Das Darstellungsmedium wird gegenüber den Funktionen verselbständigt, der automatische Verstehensprozeß wird im ästhetischen Erfahrungsprozeß unendlich verzögert.[608]
   b) Gleichzeitig gewinnen diese Verselbständigungen ihrerseits ein Moment der Distanz, in dem sich etwas zeigt, das aber nicht als Anschau-

ung oder Manifestation zu werten ist, sondern als Irritation und Befremdung des linear Erwarteten.[609]

In derart ästhetischen Erfahrungsprozessen wird das Subjekt in Distanz zu den gewohnten Kontexten gesetzt, in denen wir lebensweltlich Darstellungen verstehen und verwenden.[610]

Die philosophische Perspektive der Ästhetik-Diskussion wirft, und das ist ihr Verdienst, radikal die Frage auf, ob Bilder lediglich als Gegenstände zu zielbezogenen Zwecken (also außerästhetischen) benutzt werden können oder ob in ihnen eine generelle Erfahrungsmöglichkeit liegt, die auch ihr Zustandekommen bewirkt, die mindestens zur Herausforderung, wenn nicht zur Gefahr für nicht-ästhetische Diskurse werden kann, also für jene, die ausschließlich der Vernunft bzw. funktionalen Zwecken unterliegen.

Im Rahmen von Kritik an dieser auch von pädagogischer Seite getätigten Indienstnahme der Bilder und künstlerischen Produkte wäre es aber vereinfacht, die Gefahr des Einbruchs linearer, rationaler Wege mit eindeutig definierten Zielen als gleichzeitig positiv für eine Gegenbewegung zu deklarieren, die sich dann dem Irrationalismus-Vorwurf zu stellen hätte.

Hier bieten sich kritische Überlegungen zur Ästhetisierung des Politischen und des Sozialen an.[611] Inwieweit letztlich die alltagsweltliche Erfahrung bereits diesen Wahrnehmungsmustern verfallen ist, wäre notwendig zu bedenken. Es eröffnet eine Debatte, die zugleich ein Angriff bzw. ein Weiter-Denken der traditionellen Ästhetik ist.[612]

Für BUBNER ergeben sich aus der „Auswanderung der Theorie in die Ästhetik“[613] – wie er die Ästhetische Theorie versteht – Probleme auf seiten der Theorie. Das Fundament der ästhetischen Erfahrung steht zwischen den Polen theoretischer Vorbestimmtheit und spielerischer Freiheit, die dem Bewußtsein neue Möglichkeiten eröffnet.

Ihre theoretische Fixierung widerspricht dem Erfahrungsbegriff, der „Bereitschaft zum Unvorhergesehenen, die sich durch keine Theorie ersetzen läßt“, meint.[614] Als Theorie setzt sich Ästhetische Theorie mit Nicht-Theorie nur noch als dem ganz Anderen auseinander.

Diese Umkehr der Relation kennzeichnet ein Verhältnis von Philosophie als Theorie und Ästhetik als Kunst, in dem das ganz Andere des Ästhetischen dieses nur in bezug auf Theorie ist „und damit ihr gegenüber so anders doch wieder nicht“ ist.[615] Das Dilemma der Inkommensurabilität, die eigentlich ist, aber nicht eingestanden wird, kennzeichnet den Traum der Philosophie, „sie selbst zu sein und doch ein anderes“.[616] Seine Folgen für das Verhältnis von Kunst und Theorie, die dabei zumeist als Philosophie der Kunst erscheint, sind fatal im Hinblick auf Erfahrung, und zwar auf die Möglichkeiten ästhetischer Erfahrung, die nicht Erkenntnis und Erfahrung durch rationale zugleich sein können, sondern dieses sein müssen nach theoretischer Vorbestimmtheit, die kritischen Absichten genügt. BUBNER urteilt letztlich: „Der Versuch, Theorie ästhetisch werden zu lassen, endet in der Verwechslung eines Theoriescheins mit einem Kunstwerk.“[617]

Wo es aber um die Erziehung und Bildung der Subjekte in der Spannung von Individualität und Sozialisierung geht, erscheint das Konstrukt ästhetischer Subjektivität als Ort von Bildungsmomenten im Zuge einer (theoretischen) Aufklärung der Dialektik. Das Problem ergibt sich aus folgender Tatsache: In der nach der Moderne aufkommenden Frage nach Interpretationen von Geschichte und im Vermerken eines Dissenses von Rationalität und Versöhnung wird Freiheit nurmehr möglich – und zugleich darin angeklagt – als Schein im Schein.[618]

Die Anklage indes erfolgt von der Position einer normativen Perspektive. Sie verfolgt die Linie der Aufklärung. Die Spannung, die dabei in der gegenwärtigen Diskussion um Aufrechterhaltung von Rationalität oder Verrat an derselben wieder aufbricht, war bereits in der Dialektik der Aufklärung angelegt. Darin liegt deren Aktualität.[619] In zwei Aspekten findet sich diese Spannung wieder. „Im Feindbild, das die wichtigsten Kontrahenten in dieser Debatte voneinander konstruiert haben. In beiden Fällen (sowohl LYOTARD auf der einen Seite als auch HABERMAS auf der anderen Seite) wird dem Gegenüber vorgeworfen, eine philosophische Position zu vertreten, die der normativen Perspektive von Versöhnung und Freiheit nicht gerecht wird, ja dieser Perspektive sogar entgegenwirkt und auf diese Weise das verhängnisvolle Band zwischen Rationalität und Gewalt auf philosophischer Ebene perpetuiert."[620]

Zweitens wird diese Spannung innerhalb der Postmoderne selber weitergeführt mit der Perspektive, trotz des Unbehagens an instrumenteller Vernunft, an zivilisatorischen Einbahnstraßen, die in der Moderne zu einer verzerrten und ambivalenten Kultur geführt haben, auf Aufklärungsideale zu verweisen. Sie allerdings sind nur noch mit geschwächter Position zu explizieren, denn die Desillusionierung und Relativierung ist angesichts der „noch immer fortwährenden Dialektik der kulturellen und gesellschaftlichen Rationalisierung" bereits eingetreten.[621]

Die Fixierung auf den Begriff des Ästhetischen und seine schwer zu fassende Definition, die sich jeder Eindeutigkeit entzieht, zeigt die Unentrinnbarkeit aus der Dialektik ebenso deutlich wie anschaulich.

Die Betonung eines besonderen, ephemeren Zustandes und die Heraushebung der *ästhetischen Subjektivität*, die einerseits Modell einer rationalen Identität ist, in der die „Identifikation von Sprache und Subjekt"[622] Opposition und Widerstand darstellt, die aber andererseits Momenten von Dezentralisierung anheimfällt, die aus der normativen Perspektive so weit herausfallen, daß sie als Kunst wohl, nicht aber im Alltag als akzeptiertes (im Sinne von „normal") Verhalten bestehen können, kennzeichen Perspektiven zwischen Melancholie und Hoffnung der Erziehung.

Akzeptanz in der Lebenswelt geschieht nur um den Preis eines Abrückens von der normativen Perspektive. Die Hoffnung auf deren Erfolg ist soziologischen Analysen zufolge eingeschränkt.[623] Genau in dieser Lücke von Kritik an bestehenden Legitimationen und dem Versuch, sie zu durchbrechen, entsteht derzeit eine neue Praxisform.

In der empirischen Tendenz zur Therapie und in der fraglichen theoretischen Begründung, die ein zunehmendes therapeutisches Deutungsmuster vermerkt,[624] zeigt sich die Kehrseite der Tendenz zum Ästhetischen.[625] Für die Standortbestimmung heutiger Human- und Gesellschaftswissenschaft, die auf Hoffnung qua Kritik, qua Vernunft setzt, läßt sich mit Rüdiger BUBNER fragen:

„Wo steht eigentlich diejenige Kritik, die ideologischen Schein durch Rückführung des Bewußtseins auf das Sein umfassend durchschaut? Vom Kritischen Bewußtsein muß doch dieselbe Seinsverwurzelung gelten, an die sie andere kritisch erinnert. Wenn es sich dabei nicht ... um eine ‚freischwebende Intelligenz' handelt, welches ist dann das Sein, in dem der Kritiker so verwurzelt ist, daß ihn die ideologische Gefahr nicht ereilt? Oder wäre Ideologiekritik insgeheim ebenso ideologieanfällig wie alle von ihr kritisierte Theorie?"[626]

In der Forderung nach Kritik schwingt die Forderung zur Selbstreflexion mit, die über die Grenzen diskursiver Logik hinausgeht, sich auf den Schein einläßt, in dessen Begriff das Problem der Dialektik der Aufklärung expliziert ist. Das geht indes nur, indem Theorie die Grenzlinie zur Kunst nicht mit falschem Anspruch aufrechterhält, sondern überspielt.[627] Was für Philosophie als Theorie gilt, kann für das Denken über Erziehung – sofern es nicht dazu abgestellt ist, Rezepte zu entwerfen – nicht heißen: Mißachtung des Scheins in einer Lebenswelt, in der die Wirkung des Scheins angesichts des rasenden Anstiegs von Bildern und Medien überdimensional und erfahrungsleitend geworden ist.

V. Ästhetische Erfahrung in ausgewählten Entwürfen zur Bildung und Erziehung – Modelle zur Grenzüberschreitung von Erziehungswissenschaft

1. Sozialwissenschaftliche Gegenwartsdiagnosen als Anknüpfungsmoment einer „anderen" erziehungswissenschaftlichen Diskussion

Aus sozialwissenschaftlichen Gegenwartsdiagnosen und aus der Frage nach den Möglichkeiten pädagogischer Konsequenz ergibt sich auch die Notwendigkeit der Reflexion der Symbolsysteme. Während Erziehung in engem Bezug zur geschichtlich-konkreten Situation stattfindet, wird dieser Bezug in der Reflexion über Erziehung „nicht ohne weiteres" thematisiert.[628] Nachdem mit dem Strukturalismus und stärker mit dem Poststrukturalismus Sprache analysiert wurde, ist die Bedeutung und Funktion dieses Symbolsystems im Zusammenhang von geschichtlich-gesellschaftlicher Formation und jeweiliger geschichtlicher Aufgaben von Erziehung deutlich geworden.

Was nicht deutlich geworden ist, weil es offensichtlich nicht in der „paradigmatischen Entwicklung der Erziehungswissenschaft" liegt,[629] ist die Beziehung von geschichtlich-gesellschaftlicher Formation und jeweiliger Ausprägung der Erziehungsaufgaben überhaupt. In diesen Zusammenhang gehört auch die Bedeutung von Funktion der Symbole und Zeichen. Sie gehört vor allen Dingen in Hinblick auf Praxis in diesen Zusammenhang, und d. h., daß sie nicht nur die Fragen leiten, die sich als wissenschaftstheoretische Diskurse und Fragestellungen an erkenntnistheoretischen Wandel darstellen, sondern im Hinblick auf die Möglichkeit von Erziehung zu sehen sind, die sich in veränderten sozialen Strukturen und Bedingungen abspielt. Inbegriffen sind dabei die veränderten Erscheinungsweisen der Lebenswelt, was unter dem Schlagwort „Ästhetisierung des Alltags" nur angedeutet wird und gänzlich andere Praxisformen impliziert.

Gerhard SCHULZE sieht das veränderte, heute vorrangige Problem des Alltagslebens darin, sich in einer Flut von Möglichkeiten zu orientieren, was an die Stelle der Existenzsicherung getreten ist. Die Ästhetisierung des Alltags zeigt sich dabei in einer Umwertung von Werten dergestalt, daß früher Nebensächliches heute zur Hauptsache wird. So haben Design und Produktimage Nützlichkeit und Notwendigkeit ästhetisch übertrumpft.

„Ästhetisierung wird ironisch als Zweckmäßigkeit verschleiert. Geländeautos beispielsweise sind vordergründig zweckmäßig, nur besitzt Geländegängigkeit in unserem asphaltierten und betonierten Ambiente kaum Gebrauchswert, so daß sich diese Eigenschaft als ästhetisches Attribut entpuppt. Pragmatik als Ästhetik, Nüchternheit als Berauschung, Sachbezogenheit als Koketterie: Man tut ein wenig so, als ginge die Ästhetisierung des

Alltagslebens in Entästhetisierung über, läßt aber keinen Zweifel daran, was eigentlich gespielt wird."[630]

Ganz deutlich heißt das: „Das Geländeauto ist mit verchromten Stoßstangen armiert, das derbe Schuhwerk mit empfindlichem, verschiedenfarbigem Wildleder verarbeitet ..."[631]

SCHULZEs These lautet, daß die Ästhetisierung indes nicht auf Waren und nicht auf Dienstleistungen beschränkt bleibt, sondern daß Leben schlechthin zum *Erlebnisprojekt* geworden ist.

Mit wenigen Ausnahmen sind im Zusammenhang der Diskussion um Moderne und Postmoderne ausschließlich disziplininterne reflexive Alternativen geleistet worden, die so für den Handlungsbezug von Pädagogik nicht Ausschließlichkeitswert haben können. Wenn Pädagogik als Erziehungswissenschaft Ernst macht mit der Forderung, sich an folgenden Merkmalen der Gegenwartssituation zu beteiligen: Individualisierungsschub, Ästhetisierung, Erlebnisorientierung, Angst- und Risikobewältigung bezüglich der Lebensbewältigung in einer Risikogesellschaft, dann geht es darum, die eigene Rolle zu definieren und zu reflektieren, als Theorie wie als Praxis. Ansätze können sowohl aus den pädagogische Fragen nur indirekt betreffenden Aussagen Ulrich BECKs zur Risikogesellschaft[632] gezogen werden, als auch aus jenen soziologischen und kulturphilosophischen Gedanken – so weit sie noch einer *Disziplin* zuzuordnen sind –, die sich auf die Macht der Simulation, d. h. gerade im Hinblick auf ästhetische Sozialisation in veränderter Umwelt, auf die Macht der Bilder beziehen.

Die Bedeutung der Ästhetik – nicht im klassischen Sinn, sondern auf dem Boden der veränderten Funktion von Bildern und Sinnen in der Lebenswelt – versteht sich dabei als Vertiefung und Spezifizierung, die gegenwärtige Signatur zu reflektieren.[633] Die Entwicklung der Alltagsästhetik kann dabei als ausdifferenzierte Entfaltung des „Erlebnismarktes" gesehen werden.[634] Diese aber leitet entgegen üblichen Interpretationen durchaus das Ende der Individualisierung ein. Die kulturkritische Beschreibung der Individualisierung anhand von Fernsehkonsum, mangelnder Unterhaltung, mangelnder Kommunikation mit Nachbarn und anderer „Kontaktvernichter" übersieht nach SCHULZE folgendes: Sie reflektiert ihre eigenen Voraussetzungen nicht. Sie läßt sich nicht auf ein neues, theoretisch noch ungesichertes Deutungsmuster ein, sondern klebt an alten Polaritäten. So führt die negative Gesellschaftsdiagnose zu nur scheinbar gesicherten Ergebnissen.

Indem nämlich die Beschreibung des Negativen zur Anfangsbeschreibung uminterpretiert wird, fällt die Verantwortung weg, nach der Geschichte von strukturbildenden Prozessen in der jüngeren Vergangenheit zu suchen. Sie entwickeln sich erst, denn das Ausagieren von Erlebnisbedürfnissen ist psychisch nicht einfach da. Die Beliebigkeit und falsch verstandene Pluralität, die dann keine Komplexität mehr meint, liegt darin zu glauben, daß plötzlich jeder das tue, wozu er Lust habe. Für das soziologische Interesse an Lebensstilgruppen und sozialen Milieus fehlt bislang ein integrativer und analytischer Entwurf. Hier kritisiert SCHULZE den in seinen Augen ausschließlich akademischen Einfluß von BOURDIEU. Der aber wird gerade jetzt durch die Herauskristallisierung der besonderen Zwischenebene von Theorie und Praxis bei BOURDIEU in der Beziehung von Praxis und Ästhetik durchbrochen.[635]

„Vielleicht", so SCHULZE, „ist Individualisierung gar nicht weiterzutreiben. Mit der Feststellung, daß Du auf etwas anderes Lust hast als Ich, könnte Individualisierung zu ihrem Ende gekommen sein."[636] Die scheinbar gesicherte soziologische These von der Überflußgesellschaft wird genauso in Frage gestellt wie die soziologische Suche nach Orientierungen zwischen verschiedenen Modellen, wie dem der sozialen Schichtung auf der einen Seite und Lebensstilgruppen auf der anderen Seite. Letztere existieren nicht erst seit heute, aber sie sind seit Anfang der 80er Jahre unübersehbar geworden. Die „Erlebnisorientierung" stellt dabei eine Signatur dar, die als Basismotivation gelten kann. Dabei geht es nicht mehr ums Überleben, um Sicherheit, sondern um eine Qualität subjektiver Prozesse, durch die der Sinn des Lebens definiert ist. „Man will ein schönes, interessantes, angenehmes, faszinierendes Leben."[637]

Unabhängig vom objektiven Vorhandensein existentieller Probleme will man keine situativ bedingten Lebensprobleme, die Defensive oder Offensive verlangen. Stattdessen handelt das Subjekt heute eher durch Wählen, nicht durch Einwirken. Die Situation begrenzt nicht, sondern legt etwas nahe oder löst etwas aus. Aspekte der neuen existentiellen Anschauungsweise sind die „Zunahme der institutionalisierten Regulierung des Lebenslaufes (MAYER 1990), ein anderes das Auftauchen neuer informaler Gemeinsamkeiten im Alltagsleben."[638]

Ein kollektiver Raum alltagsästhetischer Schemata hat sich parallel zur sprunghaften Ästhetisierung des Alltags ausdifferenziert. Hier zeigen sich weniger die Individualisierung der „Erlebnisformen", als vielmehr bestimmte Erlebnisroutinen, denen die zahllosen ästhetischen Zeichen der Lebenswelt zugeordnet werden können.

„Die unübersehbare Bedeutung von Lebensalter, Generationslage und Bildung für die Gruppenstruktur unserer Gesellschaft legt den Schluß nahe, daß, bei aller Wahlfreiheit der Selbstinszenierung und der Kontaktaufnahme mit anderen, soziale Milieus nicht spontan entstehen, freischwebend, ohne situativen Grund, sondern eng mit Bedingungen zusammenhängen, die unsere Erlebnisbedürfnisse strukturieren – ästhetische Sozialisation, biologische und psychische Reifung und Alterung, elementare kulturgeschichtliche Erfahrungen in Lebensphasen besonderer Prägsamkeit."[639]

Die Grenzen der Soziologie liegen für SCHULZE darin, daß sie den Bedeutungsbereich von Erlebnissen nicht fassen kann, der massenkulturell nicht besetzbar ist, der der einzelnen Subjektivität vorbehalten bleibt und der nicht einmal in Worten mitteilbar ist. Hier ist zum einen die Psychologie angesprochen, andererseits aber eine Kulturanthropologie bzw. auch die Form soziologischer Perspektive, die BOURDIEU bietet, die eben nicht vor den non-verbalen Phänomenen die Augen verschließt.[640]

SCHULZE spricht von Stiltypen[641] als Konfiguration von Zeichen, auf die sich soziale Wahrnehmung richtet; sie ist gestaltbildend und geht aus den kollektiven Komponenten der Bedeutung der Alltagsästhetik hervor. Diese bilden das Material, aus dem Stiltypen aufgebaut werden. Hier gleicht SCHULZEs Ansatz der funktionalen Bestimmung des praktischen Sinns bei BOURDIEU, wobei jener eben gerade die subjektive Ebene der Umsetzung anspricht, welche zwar nur schwer in Worte zu fassen ist, welche aber objektiven Sinn umwandelt und verändert, insofern mehr ist als subjektiver Sinn, der nicht zugänglich ist.

Die Stiltypen bilden Orientierungen im Netzwerk sozialer Beziehungen. In Hinblick auf die „Erlebnisrationalität" sind sie Erkennungsmerkmal. Zu ihnen zählen des weiteren Alter und Bildung, die als Erkennungsmerkmale soziale Milieus entstehen lassen. Auf ihnen liegt der Schwerpunkt von SCHULZEs Analyse, die sich darin von BECKs Analyse abhebt.

Worauf es bei den neuen Prinzipien, nach denen sich soziale Milieus heute bilden, ankommt, ist die Akzeptanz von Subjektzentrierung auf der einen Seite, der auf der anderen Seite aber sie bedingende Dispositionen entsprechen. Sie verweisen auf soziale Erfahrungen, auf Chancen oder Grenzen und auf körperliche Merkmale.

Der Begriff *Erlebnis* kann zum Gegenstandsbereich der Soziologie zählen, was verwundert, wenn SCHULZE die Bedeutung der psychophysischen Semantik als neue fundamentale Semantik hervorhebt. Er reduziert sie dabei auf zwei Polaritäten. „Einfachheit versus Komplexität, Ordnung versus Spontaneität."[642] In der Alltagsästhetik sozialer Milieus, die zunehmend zur Nachfrage nach Erlebnissen wird, zeigen sich diese Polaritäten zwischen den Wirkungen der Nachfrager (Kumulation, Variation, Autosuggestion) und der Anbieter als Warenproduzenten (Profilierung, Schematisierung).

Voraussetzungen der Analyse der Erlebnisgesellschaft sind folgende Annahmen. Eine Gemeinsamkeit ist in der zunehmenden Verschiedenheit der Menschen angezeigt. Im Mittelpunkt stehen heute innenorientierte Lebensauffassungen; sie haben außenorientierte verdrängt. Das Subjekt steht selbst im Zentrum des Denkens und Handelns.

„Typisch für Menschen unserer Kultur ist das Projekt des schönen Lebens."[643] Es bemißt sich an Erlebnisrationalität, d. h. äußere Umstände werden für das Innenleben funktionalisiert. Die Erlebnisorientierung funktioniert nicht so einfach wie die Subjekte selber annehmen, indem sie von der linearen Wirkung äußerer Eindrücke auf das Innenleben ausgehen. Vielmehr entpuppt sich das Projekt des schönen Lebens „als etwas Kompliziertes – als Absicht, die Umstände so zu manipulieren, daß man darauf in einer Weise reagiert, die man selbst als schön reflektiert."[644]

Der erlebnisorientierte Mensch hat eine reflexive Grundhaltung, die ihn selber verunsichert,[645] denn Erlebnisse können auch unvorhersehbare Risiken beinhalten. Daraus entsteht die Neigung, sich kollektiv an Vorgaben zu orientieren. Erst dadurch ist es möglich, methodisch empirisch im einzelnen das Geflecht von Gemeinsamkeiten zu untersuchen.

Eine Forderung nach Vermittlung traditionell getrennter Pole von Subjekt und Objekt, Theorie und Praxis lautet, die gegenwärtige Diskussion um Moderne oder Postmoderne nicht nur auf der wissenschaftstheoretischen Ebene in der Befangenheit dieser beiden begrifflichen Kontrahenten (s. o.) zu führen, sondern mit Blick auf die Rolle von Erziehung und in Hinblick auf die Art und Weise der Bewältigung von Lebenswelt. In bezug auf U. BECK ist dabei an folgende Merkmale seiner für Erziehung relevanten Gegenwartsdiagnose anzuknüpfen.

Die Industriegesellschaft leidet an dem Widerspruch, einen universellen Anspruch der Moderne zu erfüllen, andererseits aber außerhalb von Technik und Wirtschaft nur teilweise diesen Anspruch verwirklicht zu haben. Die Risikogesellschaft ist dadurch gekennzeichnet, daß Risiken immer mehr Bedeutung gewinnen, daß sie nicht von einer „Logik" der Reichtumsproduktion dominiert werden.[646] Die Logik der Risikoproduktion und Risikoverteilung erzeugt einen neuen Typus von Risiken. Sie sind nicht zu begrenzen, sondern universell, d. h. auch klassenübergreifend und nationalitätenübergreifend – „wie die neuartigen Gefährdungen durch Radioaktivität, die Verschmutzung von Gewässern, Luft und Natur".[647] Hinzuzufügen wären noch Krankheiten, die durch diese Gefährdungen erst entstanden sind bzw. deren Vorkommen unkontrolliert zugenommen hat. Reichtum schützt indes nicht vor dem Risiko. Die Verteilung beider ist inkompatibel. Ihre Logiken konkurrieren miteinander. Die Risiken sind weltweit, sie haben eine gesellschaftsverändernde Reichweite dadurch, daß Wissenschaft eine wesentliche Rolle dabei spielt, die Risiken überhaupt zu konstituieren. Neben dem Individualisierungsschub, der die individuellen Formen des Handelns in neuen Freiräumen, aber auch das Bewältigen von Angst und Unsicherheit betrifft, ist die Verwissenschaftlichung und das Verhältnis von Wissenschaft und Politik das Merkmal, dessen Folgen für Erziehung relevant werden.

Dabei sind pädagogische Probleme oder Fragen nicht das zentrale Thema, aber BECKs Gegenwartsdiagnose stellt einen Maßstab der Gegenwartsdiagnose für die Sozialwissenschaften dar, hinter den zukünftige Beschreibungen nicht mehr zurückgehen können.[648] Im Blick auf Erziehung und Erziehungswissenschaft ist die von BECK kritisch beleuchtete Funktion von Kultur im Prozeß der Moderne, vor allem verstanden als Prozeß der Industrialisierung und Ökonomisierung, zu hinterfragen. BECK geht davon aus, daß keine neuen Kulturformen entstanden sind, während gleichzeitig neue ökonomische und technische Formen entstanden sind. Die Moderne ist insofern nur eine halbe, weil sie lebensweltlich keine Alternativen entwikkelt hat.[649] Während auf der einen Seite der Fortschritt sich *einseitig* zeigt, ergeben sich auf der anderen Seite soziale und psychosoziale Kosten in der Lebenswelt der Subjekte. An dieser Stelle ist nach der Rolle von Erziehung zu fragen, von der Seite der Praxis wie von der Seite der Theorie her. HORNSTEIN kommt mit BECK zu dem Schluß, daß Erziehung vor allen Dingen den „Berufsmenschen" im Auge hatte, „und zwar primär bezogen auf seine industriell verwertbaren Qualifikationen".[650]

Aus diesem Tatbestand, für den es nur wenige Ausnahmen gibt, die sich aber nicht durchsetzten konnten, erwächst die Kritik und die Forderung nach Kritik an pädagogischer Praxis, die nicht geschichtlich bewußt ist und „auf eine unreflektiert und letztlich unbegriffen bleibende Form der Moderne hin erzieht", ohne daß die sich neu ergebenden Probleme und Konstellationen bedacht werden.[651] Sie wären vor den Wirkungen gänzlich veränderter Sozialisationsbedingungen zu sehen, die gänzlich andere Aneignungsformen und Weisen der Auseinandersetzung mit Wirklichkeit erzeugen. Die zunehmende Komplexität und die zunehmende Entgrenzung der Phänomene in der Praxis verlangt eine reflexive Möglichkeit, diesem Produkt der Zivilisation zu begegnen.

Der Individualisierungsschub bewirkt in der Lebenswelt Notwendigkeiten, sich über die ererbte Klassenzugehörigkeit hinweg einen „eigenen", individuellen Weg zu suchen, der nicht als der gute gesicherte vorgelebt wird. Im Unterschied zu BOURDIEUS Analyse läßt sich für diesen Zwang festhalten: Die Intellektuellen sind kein geschlossener Verein. „Sie sind Suchende und Tastende wie alle anderen auch ..."[652]

Die Frage, welche veränderte Rolle das für Pädagogik bedeutet, in welcher Art und Weise sie davon betroffen ist, wird nur an ihren Disziplin-Rändern gestellt, so z. B. in einigen Beiträgen zur Sozialisationsforschung in der Historischen Anthropologie, in der ursprünglich als alternativ und kulturkritisch geltenden „Ästhetischen Erziehung", die jetzt als neues Verhältnis von Kunst und Pädagogik diskutiert wird.[653]

Die neue Komplexität und die damit einhergehende Verunsicherung wird auch auf die Rolle des Wissens in dieser Gesellschaftsform bezogen. Weil alles eigentlich im Wissen stattfindet und weil Erfahrung von Wirklichkeit, d. h. traditionelle Wirklichkeitserfahrung, eine immer geringere Rolle spielt, entstehen Risiken. Sie sind anders als Gefahren nicht zu umgehen, sondern nur in Interpretationen umzuleiten. Gleichzeitig sind sie nur durch Interpretationen, d. h. durch andere und komplexere Interpretationen zugänglich; weil sich Wissen an die Stelle von Wirklichkeit gesetzt hat, müssen die traditionelle pädagogische Praxis sowie deren Konzepte reflektiert werden, d. h. Inhalte des Bildungsprozesses und die Rolle dieses Wissens im Bildungsprozeß müssen hinterfragt werden. Gegebenfalls müssen „kritische" Vorläufer gesucht werden, an die es sich unter neuer, d. h. komplexerer Perspektive anzuknüpfen lohnt.[654]

Das damit erzeugte Risiko, das in der Produktion von Wissen liegt, ist nicht zu umgehen, es sei denn, um den Verlust von Pluralität und Komplexität, aber seine Ambivalenz und Doppelbödigkeit muß mitreflektiert werden. Das wäre als Aufklärung der Dialektik zu fordern. Utopie gelte es in diesem Zusammenhang nicht zu vermeiden, sondern sich ihrer bewußt zu werden.

Damit wäre Erziehung nicht an ihr Ende gelangt, ebenso wenig wie das Reflektieren darüber.[655] Durch die historische Perspektive, die einen geschichtlich bedingten Prozeß von Gestalt bzw. Funktion der Erziehung verdeutlicht, wird sie selbst relativiert, aber nicht aufgelöst. Aufgelöst werden durch diese Fragen normative und ungeschichtliche Festschreibungen, die sowohl die Erziehung selbst betreffen wie die Art und Weise der wissenschaftlichen Reflexion darüber.

Mit HORNSTEIN ist eine Öffnung für die Diskussion mit Nachbarwissenschaften zu fordern „gegenüber den disziplininternen, oftmals vielleicht allzusehr nach Maßgabe vorgefertigter pädagogischer Optionen ablaufenden Versuchen ..."[656]

Ästhetische Erfahrung, aber auch die generelle Thematisierung des Verhältnisses von Kunst und Pädagogik wären hier nach zwei Seiten hin zu sehen. Einmal als die Herausforderung der Pädagogik heute durch das Ästhetische, das sich gewandelt hat und nicht mehr in seiner traditionellen Gestalt gesehen werden kann, aber auch nicht in der Alltagswelt aufgeht. Dieses bezöge sich auf die veränderten Formen der Kunst, welche Pädagogik als das Andere gegenüberstehen und sie in ihrer Andersartigkeit[657] herausfordern.

Die zweite Seite würde dagegen sehen, daß sich beide, Kunst und Pädagogik, im Prozeß der Moderne verändert haben; dahingehend, daß man nicht mehr von einem Gegensatz beider ausgehen kann, sondern daß die Kunst sich mehr und mehr „verwissenschaftlicht" hat, d.h. sich anderen Wissensformen angeschmiegt hat, daß die Pädagogik als Reflexion über Erziehung darin parallel ausdifferenziert worden ist, daß dieser Prozeß nun aber nicht weiter vervollständigt wird. Stattdessen rücken Erziehung und Kunst in dem Focus aneinander, der sich zum einen auf die Komplexität und Pluralität in der Lebenswelt wie auf deren Reflexionsformen richtet und adäquat nicht nur kognitiv-diskursive Formen beinhalten kann, sondern sich mit anderen Formen der Vermittlung auseinandersetzen muß. Diese Seite wird im folgenden favorisiert.

2. Wissenschaftsgeschichtliche Blickpunkte zur Kategorie der Vermittlung als Anknüpfung an die „Dialektik der Aufklärung" – eine Warnung vor linearen Zielkonstruktionen

Erst die Theorieentwicklung der Jahrhundertwende ermöglicht einen vollständigen inneren Bezugspunkt des Selbst. Bereits in der Romantik hatte er sich angedeutet. Ästhetik und Therapeutik, deren Beziehungen zueinander Odo MARQUARD für das ausgehende 19. Jahrhundert dargelegt hat, gipfeln um die Jahrhundertwende in einer Verflechtung von Psychoanalyse und Kunst und Philosophie. Während Kunst und Psychoanalyse auf je unterschiedliche Art und Weise, die jedoch vor allem den soziologischen Stellenwert von Kultur und Krankheit betrifft, den totalen Bezug des Selbst auf sich selber voraussetzen und thematisieren, erfährt die Pädagogik im zukunftsorientierten Anspruch auf Erziehung die ganze Problematik des sozialen Bezugs des Menschen wie deren Definition des allgemeinen Subjekts.[658]

Auf die gegen Ende des Jahrhunderts aufkommende Kritik an der Schule reagierte sie zwiespältig. In Frage standen – um der Rettung des sinnlichen und nicht nur vernünftigen Subjekts willen – die Legitimität der Schule, die doch der bürgerlichen Revolution und den daraus entwickelten Emanzipationsprogrammen zu verdanken war, weiterhin die Hoffnung auf geschichtlichen Wandel, der Glaube an Vernunft als allgemeine leitende Idee, die Selbstverständlichkeit von programmatischen Reformentwürfen und die Entsprechung von Realität und Zeichen.[659]

Wo diese Werte als „Ensemble" verschwinden, „löst sich die klassische Auffassung von Erziehung offenbar auf".[660] Während sich die Pädagogik des 19. Jahrhunderts zunehmend dem konkreten Subjekt zuwendet, löst sie sich vom klassischen Vernunftkonzept. Gegen Ende des 19. Jahrhunderts wird die Pädagogik vor allem von der neu entstandenen Kinderpsychologie beeinflußt. Das neue Interesse an Kinderzeichnungen, das im 20. Jahrhundert zu einem eigenständigen Forschungsbereich wird, und die „Bewegung vom Kinde aus" gründen in dieser psychologischen Hinwendung zum Kind. Theologische und philosophische Grundlagen des Idealismus verlieren mehr und mehr an Bedeutung. Die Kritik am Rationalismus der Moderne bringt alternative Positionen hervor, die dem *Fin de siècle* zugerechnet werden und als rückhaltloser Bruch mit dem Bürgerlichen dargestellt werden. Dieser Bruch auf dem Hintergrund von Industrialisierung und Säkularisierung wird als Beginn der Postmoderne gesehen. Drei Voraussetzungen für die Pädagogik des 20. Jahrhunderts, in denen sie sich von der des 19. Jahrhunderts unterscheidet, sind am Ende des 19. Jahrhunderts gegeben. Nicht nur die mechanische Kausalität und die Vorstellung einer gänzlich determinierten Natur werden aufgegeben, sondern es entstehen ein ethischer Antiessentialismus – vor allem durch die Rezeption NIETZSCHEs – und eine künstlerische Avantgarde, in der die gültige, objektive Form zugunsten neuer individueller Formen zerbröckelt, die ihre Konstanz gerade im fortwährenden Bruch mit dem Alten erhalten.[661]

Trotz der Berührungspunkte, die Theorieentwicklung mit den Entgrenzungen des „Normalen" als der alltäglichen, das Leben versichernden Funktion einer Vernunft des Allgemeinen hat, erscheint es zunächst verwunderlich, daß ein ungebrochener Optimismus der Pädagogik weiterhin zu Erziehungsprogrammatiken verhilft. Je stärker der programmatische Entwurf ist, desto eher besteht die Möglichkeit, negative Wirklichkeit mit Hilfe des Redens von Zukunft zu verdrängen.

Im Zuge der selbstbezogenen Reduktionen auf das Hier und Jetzt, auf das Innen, auf das Problem der Referenz von Sprache im 20. Jahrhundert schwinden die erziehungsleitenden Verbindlichkeiten auch außerhalb der Pädagogik. Der „Traum der Erziehung" (WULF) schien zu Ende geträumt, wenn man nicht die Gefahr gewendet hätte. Das konnte für die Pädagogik des 20. Jahrhunderts nicht geschehen, indem man weitere Negationen aufgriff, die Disziplin in Frage stellende Argumente vertiefte, sondern am einfachsten und effektivsten dadurch, daß das Negative verdrängende, positive

Programme als Symbole der Versicherung entstanden.[662] Das ist eine mögliche Erklärung. Sie erklärt die Probleme bei der Erarbeitung einer kritischen Erziehungswissenschaft, die zugleich Klarheit der Sprache beweist und das von Theoretikern wie ADORNO angebotene offene Denken der Kunst in die Methodologien einer kritischen Erziehungswissenschaft wie in deren Selbstverständnis aufnimmt. Die andere Erklärung greift über Pädagogik hinaus auf anthropologische Zusammenhänge.

Wenn der Mensch immer schon vorgefunden ist, mithin sich nicht selber, wohl aber etwas erschaffen kann, steht er anthropologisch bereits in einer Spannung zwischen dem theoretisch nicht zu Erklärenden und der dennoch zu leistenden Notwendigkeit, sich und Zukunft über Entwurfsdenken zu sichern.

Geht man davon aus, daß eine Spannung besteht zwischen lebendiger Erfahrung des Selbst und einer Theorie des Selbst, daß ebensolche Spannung besteht zwischen lebendiger Erfahrung und ästhetischer Erfahrung, die aus subjektiven Wahrnehmungsweisen Welt erzeugt und Existenz bildhaft und noch einmal sinnlich erfahrbar werden läßt, so muß von Pädagogik und Erziehungswissenschaft gefordert werden, sich dieser Spannung und ihren handlungstheoretischen Konsequenzen in ganz besonderem Maße zu stellen.

Der im Begriff von Pädagogik gegebene dialogische Anspruch und ihr gesellschaftlicher Auftrag werden unglaubwürdig – sie verkommen tendenziell zum technologischen Programm, das auf beherrschbare Totalität setzt und dieses zu ihrer eigenen Identität macht. Damit werden der Andere und das Andere ausgegrenzt.

Die Selbstdefinition der Pädagogik als Wissenschaft verlangt dagegen eine Hereinnahme ästhetischen Denkens, das paradigmatisch Nicht-Identisches zur Sprache bringt und dieses in verschiedenen Formulierungsweisen vergegenständlicht. Dagegen zeigt sich die Dominanz von Verdinglichung z. B. in wissenschaftlichen Bestimmungen der Funktion von Schule durch Begriffe wie „Qualifikation", „Selektion", „Integration".[663]

Sollen die Fehler der Vergangenheit nicht wiederholt werden, es sei denn, es gibt keinen Ausweg, das Dilemma der Dialektik zu unterlaufen, soll also trotzdem die veränderte und noch weniger übersichtlich gewordene gesellschaftliche Realität nicht gänzlich zugunsten neuer fiktiver Entwürfe und fortschrittsgläubiger Handlungsprogramme „vergessen" werden, bedarf es im Hinblick auf die Chancen ästhetischen Denkens, auf Experiment, Fragment, Zerrissenheit, Selbstsetzung der Frage, wie es derzeit um die „Profile des Ästhetischen" bestellt ist und was sie im Zusammenhang mit Erziehung leisten können.

Bevor diese aber im Sinne einer unkritischen und ungebrochenen Pädagogisierung instrumentalisiert und verniedlicht werden, stehen theoretische Gesichtspunkte zur Diskussion. Gleichwohl werden die pädagogischen Prämissen kritisch hinterfragt, die sich besonders gut in das Gesetz der Operationalisierbarkeit und Funktionalität des Ästhetischen einfügten. Das betrifft an erster Stelle die Kategorie der Identität und des Selbst, um deren Rettung es im pädagogischen – deutlich im therapeutischen – Umgang mit ästhetischem Potential geht.[664]

„Der Schein der Freiheit, im ästhetischen Ereignis, leuchtet nur dem, dem die epistemischen Zumutungen der Verstandesbegriffe vertraut und die Brauchbarkeitserwartungen der gesellschaftlichen Praxis geläufig geworden sind. Das ist nichts für Kinder, sondern ein Problem für unsereins."[665]

Es geht hier um eine ästhetische Dimension, die in den sozialwissenschaftlichen und erziehungswissenschaftlichen Zusammenhang einzufädeln ist, die neue Sichtweisen auf das Verhältnis von Selbst und Anderem erlaubt, obwohl diese bereits im anthropologischen Sinn Voraussetzung der „Weltoffenheit" und damit der Beziehungsfähigkeit zum Anderen und zu Anderem überhaupt sind. Um dieser Perspektive, die nicht bei sich verharrt, gerecht zu werden, müssen wissenschaftstheoretische Erweiterungen vorausgesetzt werden. Ausgehend von kritischer Erziehungswissenschaft – die es für den ästhetischen Bereich in seiner Offenheit überhaupt erst zu entdecken gilt –, müssen neue Forschungsfelder eröffnet werden. Sie müssen vor allem im Hinblick auf Erziehungswissenschaft befragt werden, ob sie auf einen „nicht verdinglichenden Bildungsprozeß verweisen", wie er in Anlehnung an ADORNO eingeklagt wird. Dabei spielt die ästhetische Wahrnehmung eine beachtliche Rolle, wenn es um Zugang und Erkenntnisweisen zur Wirklichkeit geht.

Vor der weitergefaßten Theorieentwicklung, die für die Selbstdefinition des Faches von großem Wert sein dürfte, erscheinen jetzt in einer „transdisziplinären" Wendung Aspekte, die sich als historische Anthropologie zum einen verstehen, zum anderen aber auch als ein aus dem Posthistoire und der Postmoderne herauskristallisiertes, aufbrechendes Denken. Aus verschiedenen Disziplinen wie Soziologie, Erziehungswissenschaft, Literaturwissenschaft, Kunstwissenschaft und Philosophie greifen die Autoren – weit ab von einer geschlossenen Theorie, stattdessen durchaus fragmentarisch und essayistisch – in den Diskurs der Moderne ein. Ihr Ziel ist eine Erweiterung und Auflösung der Disziplinen; die im Mittelpunkt stehenden Begriffe „allgemeines Subjekt", „Bildsamkeit", „Kontinuität" werden einer Kritik unterzogen. An ihre Stelle rücken nun die „anthropologische Differenz" (KAMPER), die „Endlichkeit" (WÜNSCHE), „Mimesis" (WULF), die Spannung zwischen Fiktion und Realität, die Differenz zwischen Zeichen und Referent.

Im Zuge dieses Vorgehens wird das Verhältnis von Pädagogik und Ästhetik einer Bilanz unterzogen, die in transdisziplinäre Richtung weist.

3. Einbildungskraft und Phantasie als Kompetenzen

Mit Bewußtheit, die auf „reflexive Imagination" (KAMPER)[666] setzt, wird menschliche Erfahrungsfähigkeit thematisiert, die heute auf dem Spiel steht

(s. o.). Im Prozeß einer Auflösung des historischen Knotens, der mit KANTs Kritik der Urteilskraft begann, der noch immer „situiert [ist] in der Diskrepanz von Wahrnehmung und Bewußtsein",[667] könnte – so die Hoffnung – die Bewegung neu wieder einsetzen als eine „von der Einsicht zum Handeln".[668] Zwei Prämissen gehen in KAMPERs Hoffnung ein:

Die erste besagt, daß die Verbindung von Wahrnehmung und Bewußtsein noch in ihren Ansätzen existiert. Daraus ergeben sich für die Sozialwissenschaft und für die Erziehungswissenschaft Methoden, in denen die Anteile physiognomischer Erkenntnis erhöht werden könnte. „Erst auf dieser Grundlage, im Wechsel von Mimesis und Begriff, funktioniert teilnehmende Beobachtung wirklich. Analyse als Auflösung heißt nicht Zerschneidung des Knotens, sondern vorsichtige Entknüpfung."[669]

Daraus folgt, nicht der Dialektik der Aufklärung zu verfallen; „es geht darum, die vorweggenommene geschlossene Totalität, die in ihrer rastlosen Bewegung an jedem Punkt ihres Durchlaufs sich als Gegebene zum Mittel macht, zu sprengen, aufzureißen, zu durchlöchern ..."[670]

Ausgehend von der Inkommensurabilität einiger unversöhnlicher Momente im System der bürgerlichen Gesellschaft wie Bild versus Begriff, Wahrnehmung, Traum, Phantasie, Einbildungskraft, Imagination, glaubt KAMPER gegenwärtig auch nicht mehr an die Präferenz des Anderen des Bewußtseins: „Körper, Begehren, Wünsche, Leidenschaften, aber auch die Wahrnehmung, aisthesis im weitesten Sinne".[671]

Besonders für die zweite Prämisse, daß es heute darum gehen müßte, bei einer Logik des Unscharfen zu verharren, sind die französischen Philosophen des Neostrukturalismus Gewährsleute, so z. B. LYOTARD, DERRIDA, SERRES und BAUDRILLARD. Diesem Anspruch entspricht bereits die Kunst in ihren gegenwärigen Formen.

Um hier keine Verherrlichung der Phantasie im naiven und gleichermaßen organologischen Glauben aufkommen zu lassen, vielmehr Skepsis und ein Bewußtsein der Spaltung, muß an der Unschuld auch der Phantasie gezweifelt werden. Nur so „formiert sich das eigene Denken zum Keil, der immerhin scharf genug ist, in die glatte Außenfläche der medial vermauerten Welt Breschen zu schlagen."[672]

Bezogen auf Tendenzen, die gerade im Rahmen von Erziehung Phantasie auf eine Komponente der Kreativierung im Kleinen, d. h. auf ein Freizeitprogramm, und auf das Prinzip „Selbsttätigkeit" im reformpädagogischen Gestus reduzierten, ist das eine einschneidende Forderung. Sie will zugleich nicht hinter die „Dialektik der Aufklärung" zurückfallen. Nicht nur begrifflich, sondern als lebendige Erfahrung soll die totale und zugleich skeptische Vergewisserung von der Existenz residualer Bedürfnisse stattfinden. Ob das aber reicht, den Mechanismen der Verdinglichung, in welche die Funktion von Wissenschaft implizit eingebunden ist, wirksam entgegen zu treten, steht weiterhin in Frage.

Was geschieht außerhalb der wissenschaftlichen Diskurse, die selber vor dem Problem der Unsagbarkeit stehen, wo es um die Darstellung des Verhältnisses von ästhetischen Ereignissen und Bildungsprozessen geht? Die Chancen einer *Logik des Unscharfen* sind indes genauer zu untersuchen. Dabei bedarf es zunächst einer Definition des Begriffs. Er meint keine bipolare Logik, keine Verhinderung von Ambivalenzen, sondern Betonung des Katastrophischen, zumindest so, daß „eine Dehnung des tendenziell katastrophischen Zustandes erreicht wird".[673] Sie verlaufen „zwischen Kritik und Affirmation".[674] Die Schätzung des Inkommensurablen ist – in Anknüpfung an LYOTARD – ebenso wichtig wie diese „Unübersichtlichkeit" (HABERMAS), Unauflösbarkeit ertragen zu lernen. Imagination und Phantasie befinden sich in dieser Spannung, die ihrerseits bis zur Spaltung getrieben wurde: Eine völlige Zerrissenheit zwischen manifestiertem „Zwangsritual", das als Kompensation, Projektion oder Rückkehrbewegung veranschaulicht ist, und einer verdeckten Utopie der Freiheit.[675] In einer Ortsbestimmung der Gegenwart geht es für KAMPER um Anschluß an die Moderne.

Die Logik des Unscharfen verzichtet auf die Positivierung des Archaischen, des *Pré-Histoire*. In seiner Absage an die gestopften schwarzen Löcher der Erfahrung mit dem Unvordenklichen kommt LYOTARDs Position deutlich zur Geltung.

Die Differenz von Einbildungskraft und Vernunft darf nicht aufgehoben werden, wenn der Terror verhindert werden soll. Die Transparenz in der dialektischen Beziehung von konstruktiven Zwangsvorstellungen der Menschheit und dem Verhindern, Widersprüchlichkeiten zu ertragen, wäre ein Auftrag, den es einzuholen gilt – nicht im Anschlußverfahren, das Empirie darstellt, sondern in einer begrifflichen Arbeit aus einem Komplex, der quer zu bestehenden Disziplinen liegt, nichtsdestoweniger logisch ist.

Die ethische Signatur eines kommenden *Wissens*, das sich dem Unscharfen verschreibt, ist als *Dissens* festzuhalten. Wahrnehmung der Gegenwart und deren „theoretische" Leistung wäre heute, „den Dissens als Dissens festzuhalten, weil ein Konsens nicht mehr gelingt."[676]

Die theoretische Indifferenz der Poststrukturalisten ist die Antwort auf das gegenwärtige System der absoluten Simulation. KAMPER bezieht BAUDRILLARDs Verwässerung des Realen ein, wenn er in einer Art Überbietung die Chance in der Macht der Verführung des Scheins sieht, d. h. in riskanten Sprachspielen, die ihre Erfinder überleben. „Doch ist diese theoretische Indifferenz der Ort der Wahrnehmung der wirklichen Differenzen, so daß eine Schlußthese nicht ganz unwahrscheinlich ist: einzig die Ästhetik des Post-Histoire, die zwischen Trauer und Wagnis changiert, bietet der Geschichte weiterhin eine Chance."[677]

An der postmodernen Architektur ist die umstrittene Unschuld einer neuen Ästhetik als ein Beispiel zu sehen, das den materialen Gegenstand mehr akzentuiert als den reflexiven Horizont. Wesentliche Merkmale der postmodernen Architektur wie die Rückkehr des schönen Scheins, der Eklektizismus, die Zitatfreude, können als Versuch gewertet werden, Zeit zu gewinnen. Insofern sind dieses Merkmale eines Mutes der Verzweiflung. Unter diesem Gesichtspunkt versucht KAMPER das Verhältnis von Moderne und Postmoderne zueinander punktuell genauer zu bestimmen. Es läuft auf einen Hoffnungsschimmer hinaus, der im Ungefähren liegt. Mittels Indizien, sprich Thesen, gelingt eine Sowohl-als-auch-Strategie in der Betrachtungsweise. Sie ist erst als Beginn zu werten, den Rahmen der Logik der Geschichte zu sprengen.

Das Scheitern der Eindeutigkeit, das Scheitern des Sinns einer endgültigen, vom Fortschritt getragenen menschlichen Geschichte, wird z. B. durch das Zutreffen der beiden folgenden, gegensätzlichen Thesen indiziert, „die Postmoderne ist eine radikalisierte Moderne, die sich im Entscheidenden treu bleibt; die Postmoderne ist ein Verrat am Entscheidenden der Moderne."[678]

Das paradoxe Verhältnis von Moderne und Postmoderne zueinander festzustellen, scheint die entscheidende notwendige Veränderung des Geschichtsbewußtseins zu sein. Ein eindeutiges Schlußwort kann nicht fallen. – Gerade darin liegt die Chance, programmatische Anmaßung zu verhindern. Stattdessen ergeben sich Fragen, die auf LYOTARDs Hauptfrage verweisen und im Betrachten des Verhältnisses von Ästhetik – Geschichte – Erziehung unausweichlich sind.

„Die Hauptfrage lautet: verändern die „Immaterialien" die Beziehung des Menschen zum Material, wie es in der Tradition der Moderne festgelegt ist ... Es geht darum, die Frage zu intensivieren und sozusagen die Ungewißheit zu verschärfen, mit der sie auf Gegenwart und Zukunft des Menschen lastet."[679]

Die Wahrnehmung der Gegenwart ergibt – was das Verhältnis Moderne – Postmoderne angeht – folgendes: Was die Moderne unfreiwillig war, ist die Postmoderne freiwillig: *zweideutig*. Nur entfallen, das wäre ein Vorwurf aus der Sicht historischer *Anthropologie,* „Mehrfachcodierung", „Schizophrenie" und „Kontextualität" der Programmatik der Moderne. Sie ergeben sich als Unplanmäßigkeiten, auf die aber reagiert werden muß.

Wenn *Kamper*, wie *Welsch* an anderer Stelle, über die sensuellen Eigentümlichkeiten der „neueren Denker" urteilt, die Wahrnehmung ins Patt der Indifferenzen führt, besteht dann die Chance, das Unversöhnliche, das Nicht-Stimmen wahrzunehmen? Wahrnehmung ist bei KAMPER einem *ästhetischen Denken* verpflichtet, das mit Wahrnehmung – aisthesis – im Bunde ist.[680]

Wahrnehmung, die im Kern ästhetischen Denkens wirkt, ist sowohl visuell als auch auditiv. Hier hat nicht das Sehen den traditionellen Vorrang. Die Aktivierung des Hörens vollzieht sich z. B., indem vokale Aspekte des Redens an Bedeutung gewinnen, der Rhythmus des Schreibens wichtig wird oder indem man sich „Unerhörtem" zuwendet; es zeigen sich die Elemente, die auf die Bedeutung des Hörens in der griechischen Antike und im Judentum verweisen. Signaturen ästhetischen Denkens sind eher als in einzelnen Sätzen im begrifflichen Zwang zur Letztbegründung, in der zwanghaft triadischen Welteinteilung zu sehen. Diese sind die scheinbaren Sekundär- oder Tertiärqualitäten, die aber die eigentlichen Grundqualitäten sind. Sie sind nicht einfach rational, funktional und mechanisch sauber zu erfassen, „drückt sich doch in ihnen die leitende Sicht- und Welthaltung aus, in deren Kontext die einzelnen Aussagen erst einen Sinn ergeben.“[681] Indem diese Momente charakteristisch sind für das neuere Denken, sieht WELSCH es als ästhetisches Denken.[682] KAMPER zählt er zu dieser Form des Denkens.

Von einer Wahrnehmungsform der „Sinneswahrnehmung“ geht ästhetisches Denken über in eine Wahrnehmung als „Sinnwahrnehmung“. Sie meint Einsicht gewinnen im umfassenden, kontextuellen Rahmen, Erfassen von Sachverhalten, das mit Wahrheitsansprüchen verbunden ist, sich als ein „Gewahrwerden“ im weitergehenden Sinn versteht.[683] Sie ist sinnlich und unsinnlich, prozeßhaft; sie trägt immer imaginative Züge, beschränkt sich aber nie auf die Sinneswahrnehmungen; Imagination und Phantasie aber sind für KAMPER die Schlüsselworte einer historischen Anthropologie.[684] In der Ästhetik des Posthistorie ist Phantasie nicht die Gegenwelt als Surrogat der Erlösung; vielmehr ist sie Teil einer radikalen Ästhetik, die das Katastrophische wahrnimmt. KAMPERs Frage nach der Natur des Menschen wird überboten von der Frage an die Ästhetik des Post-Histoire. „Ist das Verschwinden des Menschen von der Bildfläche der Erde auch ihr Thema? Kann sie sich, indem sie es wahrnimmt, überhaupt noch dagegen wehren?“[685]

Aussicht hat ein Denken, das die cartesianische Beherrschung der Natur und des Anderen überwindet. Es ist darauf angewiesen, die Einbildungskraft als „Subjekt“, das der Geschichte vorausliegt, anzuerkennen, ein Subjekt, das allerdings gespalten ist in Realität und Fiktion, in Begriff und Anschauung. Eine neue Differenz zu denken, ergibt sich zwangsläufig, *wenn* das Gesagte anerkannt ist. Sie liegt zwischen dem Imaginären, das leer sein kann, und einer Einbildungskraft, die immer wieder qua gesellschaftlicher Funktion angehalten ist, Mythen, Geschichten und Theorien zu spinnen. In der Metapher vom Spinnen[686] liegt die Nähe zum Gegenstand einer Anthropologie, die ihren Gegenstand erst noch erschaffen muß, ehe sie ihn definiert.[687]

So geht es KAMPER in der Erforschung des Imaginären im Zivilisationsprozeß um die Bewegung der Bilder und um ihren Stellenwert zwischen Symptomatik, die Sprachlichkeit des Körpers ist, und Symbolik, die Körperlichkeit der Sprache ist. Durch das Imaginäre werden sie einerseits in einer Balance gehalten, ein Moment des gegeneinander Stillhaltens, gleichzeitig gibt es aber die Ambivalenz des Imaginären, das auch ins Unmenschliche transformieren kann. Die mediale, intermediäre Struktur der Bilder dringt nicht nur in gegenwärtiges Bewußtsein; es trifft auch auf Urbilder, in denen archaische Kraft wirksam wird; als dritte Funktion wirken Bilder als Phantasmen in der Psychoanalyse dem Trauma entgegen.

Das Entstehen der Ambivalenzen läßt sich genau verorten, denn „die Imagination hat eine Doppelfunktion; sie neutralisiert sowohl die Zumutungen der Körper als auch die Überforderungen der Sprache.“[688]

Die Macht der Phantasie liegt darin, daß es kein Kriterium gibt, ihre positive und negative Seite gegeneinander abzugrenzen. Das Imaginäre ist die

Basis, auf der die Menschen gegenwärtig reagieren, aber dieser Zustand wurde übersehen. So sind Mimesis und Simulation zwei verschiedene Dinge; während Mimesis das Vermögen der Einbildung und der Fähigkeit meint, etwas oder jemanden „ahmend“ auszudrücken, so daß der *Selbst*ausdruck durch diese Fähigkeit des Bezugs gebrochen wird, ist Simulation die *täuschend* ähnliche Reproduktion. Gegenwärtig verschwimmen beide ineinander. Die Hoffnung auf Imagination erscheint so als Logik des Opfers, das auf vollendete Selbstkontrolle setzte, aber heute nicht in der Lage ist, die „gewollte Selbsttäuschung“ als Technik zu erkennen, in der das Selbst sich weniger wichtig nimmt, um „den Bann der leeren Zeit zu brechen“,[689] um dem anderen noch eine Chance zu lassen.

Wäre für die Pädagogik ähnlich zu verfahren? (Was wäre ihr Gegenstand, über Programme hinausgehend?) Welches könnten die tragenden Begriffe sein, mit denen Erziehung und erziehungswissenschaftliche „Theorie“ den Unstimmigkeiten Rechnung tragen könnten?

Im Gegensatz zur Postmoderne neigt die Position des Post-Histoire nicht zum Optimismus, der Veränderungen des status quo andeutet. Die Diagnose des Post-Histoire wird von einer negativen bis bitteren Ausgangsbasis gefällt; dementsprechend ist sie eher passiv, z. T. zynisch. Der Grundprozeß – daß der Prozeß der Moderne unaufhörlich weitergeht und sich verselbständigt – ist nicht zu ändern. Ob aber diese Position überhaupt einzuhalten ist, bleibt eine weitere Frage, denn selbst die Erkenntnis einer Spaltung, das Moment einer Denkanstrengung überhaupt angesichts der katastrophischen Situation, trägt Verweise auf etwas, das noch nicht bekannt ist. Insofern würde schon hier ein Prinzip Hoffnung wieder tragend. Es wäre mit SCHULZE nicht nur vom Ende der Individualisierung zu sprechen, wenn Erfahrung von Isolation, von Andersartigkeit und Fremdheit stattfände, sondern auch vom Ende der passiven Haltung als Selbstschutz.

Die Stellung KAMPERs zum Post-Histoire erweist sich als gebrochene; er neigt zu ihr, und er geht über sie hinaus.

Der passive Aspekt im Denken des Post-Histoire, der zu Unsteuerbarkeit und Ausweglosigkeit führt, wird in der Postmoderne modifiziert: Nicht die Einbahnstraße zur Katastrophe ist im Blick, sondern Akzente, die Aktivität, Farben und Lebendigkeit bringen – *unter der Prämisse*, daß das Denken den Ansprüchen der Differenz Rechnung trägt, kein „Einheitsansinnen“ beinhaltet und das Inkommensurable beansprucht.[690] In diesem Sinn gewinnt das Ästhetische im Anschluß an die Moderne an Bedeutung, nicht als Versöhnungsstrategie, sondern als Anwalt des Nicht-Identischen, des Nicht-Darstellbaren, das dennoch als „Leerstelle“ spürbar wird. An die Stelle der Trauer über das Scheitern der Darstellung rückt das Wagnis. Dieser von LYOTARD exemplifizierten Position eines postmodernen Erhabenen[691] gegen die scheinbare Unschuld des Ästhetischen kommt KAMPER mit der Forderung nach einer *Ambivalenzen* und *Unbestimmtheit* aufspürenden Wahrnehmung nahe. Traditionelle Theorie, die in der Verpflichtung auf Eindeutigkeit und Synthese steht, tut sich schwer mit diesem Denken.

Als Verfechter einer Strategie der Vereinheitlichung, im Sinne von Rückkopplungsprozessen der abgespaltenen und autonomisierten Rationalisierungsprozesse an die Lebenswelt und im Sinne eines Glaubens an Momente von Vermittlung und Vernunft durch Kommunikation, wird HABERMAS von LYOTARD die Suche nach Synthesen vorgeworfen. Die ästhetischen Versuche einer Versöhnung sind für LYOTARD nie aus der sozialen und politischen Dimension entlassen worden; sie sind sogar teuer bezahlt worden. Darum ist es unhaltbar, die Unschuld des Ästhetischen anzunehmen, geschweige denn, sie zu instrumentalisieren.[692]

Pädagogik aber hat im Rückgriff auf das Ästhetische nie weniger als dessen Instrumentalisierung für ein ethisches Ziel betrieben. Die Tatsache der Ambivalenz und besonders der Gefahr ästhetischen Potentials wurde tunlichst *übersehen.*[693] Allenfalls geschah im Rückgriff auf Kunst der Versuch, Bildung und damit das Subjekt durch einen Gegenpol zu Diskursivität, Technologie, Entfremdung zu retten. Gänzlich unbeachtet blieb im pädagogischen Handlungskurzschluß die sperrige, ambivalente ästhetische Weise des Denkens. Wo sie aus ideologiekritischer Perspektive mit für die Pädagogik bahnbrechenden Konsequenzen hätte sich durchsetzen können, geriet die sich einer Instrumentalisierung nicht entziehen könnende praktische Relevanz für Schule und Studium zu einer Reduktion und Glättung des Anspruchs, der jedenfalls unberechtigt im Ästhetischen die Macht der Zeichen deutlich machte.

Im postmodernen Verständnis von Bildung, die degradiert wird zum „Programm aufgekrempelter Pädagogenärmel“,[694] vollzieht sich derzeit der „Niedergang von Kunstpädagogik“.[695] Interessant im dialektischen Sinn ist aber der gleichzeitige Aufschwung des Ästhetischen zu dem Paradigma der gegenwärtigen Gesellschaft. An der Wahrnehmung dieser „Wende“ kann die Diskussion um den Erziehungsauftrag und Bildungsanspruch nicht vorbeigehen; denn das Denken, das die Ansprüche von Differenz und Erfahrung des Inkommensurablen und des Erhabenen berücksichtigt, knüpft an die modernen Avantgarden des 20. Jahrhunderts an.[696]

Die Frage spitzt sich zu, wie heute das Verhältnis von Kunst im weitesten Sinn und Pädagogik aussieht. Das aber ist eine Frage nach den Reflexionsräumen von Pädagogik und Erziehungswissenschaft im Bereich eines ästhetischen Denkens. Es geht dabei um die Frage, die *der* Frage nicht aus dem Weg geht, die Pädagogik letztlich in Frage stellt, ohne sie ausheben zu wollen. Sie fragt danach, ob Erziehungsreflexion bisher in genügendem Maße stattgefunden hat, und zwar auf eine Weise, welche die in dieser Arbeit beschriebenen relevanten Momente von Sozialisation, d.h. also auch von ästhetischem Selbstverhältnis und ästhetischem Weltverhältnis, für wichtig erachtet hat. Werden sie beachtet, zeigt sich die in Verbindung mit umgreifenden gesellschaftlichen und kulturellen Veränderungen einhergehende Verschiebung von Erziehungsbereichen. Die Rolle der Medien ist dabei nur der externe Punkt des Bereichs Bild, Wahrnehmung und Imagination.[697]

Welche Verbindungen bestehen noch zwischen den theoretischen Forderungen eines Denkens nach Differenz, d.h. jener vernachlässigten Differenz von „Leib und Verstand, Antrieb und Anlaß, von Individuellem und Allgemeinem“, die von MOLLENHAUER als bildende Wirkung behauptet wird, und einem ästhetischen Denken, nur noch verstanden als Wahrnehmung der Gegenwart, die selbst Nicht-Kommunizierbarkeit in Kauf nimmt?[698] Die post-moderne Position der Wahrnehmung als Wahrheit bezieht sich auf die Wahrheit im Wahrnehmenden selber. Diese aber richtet sich auf die Veränderungen der Wirklichkeit, mit denen sich Pädagogik zur Zeit auseinanderzusetzen hat.[699]

Um die Tragweite einer nicht verengten ästhetischen Dimension deutlicher zu machen und Bildungsforderungen nach Orientierungen und Zielen, z.B. nach Emanzipation, nach Selbständigkeit und Kritikfähigkeit, nicht aus den Augen zu verlieren, gerade weil sie sich in behaupteter Planbarkeit nicht erfolgreich gezeigt haben, ist es in der zunehmend komplexen und von Bildern durchdrungenen Lebenswelt um so wichtiger, Phantasie und Einbildungskraft als Schlüsselworte anzusehen.[700]

4. Mimesis. Soziale und Ästhetische Bedingungen der Erziehung

Neben Wahrnehmung und Imagination, deren ungeteilte Funktionen derzeit aufgerufen werden, um einer vergessenen Dimension des Menschen gerecht zu werden, ist Mimesis der zweite Schlüsselbegriff: Seine Zuordnung zum ästhetischen Bereich im engeren Sinn ist eine Reduktion. Gerade weil Mimesis ein grenzüberschreitender Begriff ist, ebenso wie Aisthesis/Ästhetik und der/das Andere, eignet er sich für die Reflexion anthropologischer Fragen und für die Reflexion der historischen Bedingungen derselben.[701] Sie werden auch tragend für die gegenwärtige Frage nach Erziehung und Bildung, indem sie deren eigene Bedingungen im Hinblick auf den Menschen, nicht normativ verstanden, einer Prüfung unterziehen. Was dabei in den Blick gerät, ist der ambivalente Charakter derjenigen Vermögen des Menschen, die von Bildungszielen übergangen worden sind, weil sie deren Durchführung erschweren und ein Ideal verraten. Dazu gehören auch Wahrnehmung, Kreativität, Leiblichkeit, Sprachlichkeit. In der zunehmenden Ästhetisierung der Welt kommt Mimesis insofern eine bedeutende Rolle zu, als sie mitwirkt an der Verbildlichung der Welt, an Simulationsprozessen und an Prozessen von Verdinglichung und Verfremdung. Weil sie real an der Gestaltung von Lebensprozessen beteiligt ist, „man“ sich ihrer aber weitgehend nicht bewußt ist, ist es um so wichtiger, diese Seite der Bildung nicht ausschließlich der Psychoanalyse in der Bearbeitung unbewußter Prozesse zu überlassen, sondern sie als grundlegend für soziale und ästhetische Prozesse anzuerkennen.

Von der gegenwärtigen Situation des Zivilisationsprozesses ausgehend, die dadurch gekennzeichnet ist, daß Bilder und Bildzeichen ohne die Versicherung ihrer Referenzpunkte ihrerseits „zum Modell anderer Zeichen werden, die sie nachahmen und dabei verändern, so daß in einem komplexen mimetischen Prozeß Neues entsteht“, analysiert WULF historisch verschiedene Ausprägungen des Mimesisbegriffes zunächst in philosophischen Anthropologien und in ästhetischen Theorien.[702]

Das Modell der Nachahmung kann sich heute nicht länger auf *eine* Wirklichkeit beziehen, sondern nur auf die Zeichen selber, die in einem mimetischen Verhältnis zueinander stehen.[703] Wie das Symbol, dessen eindeutige Rückführung auf Gegenstände in der Wirklichkeit nicht möglich ist, so entzieht sich Mimesis sogar einer eindeutigen theoretischen Bestimmung. Dagegen verweist sie „auf ihr komplexes Verhältnis zu Imagination und Körper“.[704]

Sie ist weder die Beziehung einer rein praktischen Einstellung zur Welt noch die einer theoretischen. Mimesis entzieht sich der „haarscharfen“ Kategorisierung in das eine *oder* andere Feld. Sie ist beides, weil in ihr verschiedene Bedingungen menschlicher Bezugsfähigkeit zusammenlaufen; „theoretische und praktische Einstellungen zur Welt, Erkenntnis und Handeln, Symbolsysteme und Kommunikationsmedien, Beziehungen von Ich und Anderem“.[705]

Der Wirklichkeitsbegriff unterliegt dabei einer Erweiterung, die ihn tendenziell überflüssig macht. Einbildungskraft, Darstellungs- und Ausdruckskraft, die u. U. den Mythos als kulturelles Produkt der Imagination erst nachahmend zur Darstellung kommen läßt, bringen etwas Eigenständiges hervor. „Mimesis ist also nicht in dem Sinne rückwärts gewandt, daß sie nur auf die Nachahmung eines Gegebenen zielt. Sie richtet sich auch nach vorn.“[706]

Mimesis erweist sich bei WULF so als hervorragender Begriff, das Entstehen kultureller Produkte mit Blick auf die sozialen und situativen Gegebenheiten des Menschen modellhaft zu analysieren. Zum einen erweist sie sich als zentrale Kategorie historischer Anthropologie, zum anderen aber auch als Kategorie, die für die gesellschaftliche Funktion der Erziehung wie für die Selbstdefinition der Pädagogik heute zentral werden könnte.

4.1 Historische Anthropologie

Historische Anthropologie zielt nicht auf die Rekonstruktion einer normativ verbindlichen Annahme von dem, was der Mensch ist. Sie konstatiert deren Ende und beabsichtigt, neue paradigmatische Fragen einzuleiten. Sie richten sich auf Erfahrungen, die Konstanten wie die eines dauerhaften Sinnsystems in Frage stellen, von dem DILTHEY ausging und welches sich vor allem im Schnittpunkt „Kultur“ manifestierte. Der negativen Anthropologie kommt hier ein Stellenwert zu.[707] Sie meint eine Anthropologie, die nicht mehr das Gesicherte repräsentiert. Es äußert sich im Sprechen, im Denken selber, das eine andere Bewegung vollzieht als in der Tradition vorgegeben.

GEBAUER & WULF exemplifizieren das am Beispiel der Literatur des 16. Jahrhunderts in Frankreich, so an Madame de LAFAYETTE, PASCAL und LA ROCHEFOUCAULD. Das dort vorgestellte Sprechen orientiert sich am alltäglichen Gebrauch von Sprache und geht darin über normative Vorgaben hinaus. Um alle Vorstellungen vom Menschen zu durchbrechen, bedarf es einer solchen Anlehnung, die zugleich eine Sprengung künstlich geformter Fachsprachen ist, sowie eine Sprengung systematischer, philosophischer Diskurse. Damit wird eine Überwindung der Selbstdarstellung von Staat und Macht vollzogen, von Repräsentation mit Hilfe der Mimesis, die historische Prozeßhaftigkeit und die Wendung eines Denkens ankündigt, das sich nicht mehr nach klassischen Mustern vollzieht. Die Autoren sehen darin einen Beleg einer bewußten Vorentscheidung für ein anderes Denken, welches anthropologisch zu begründen ist.[708]

Im Zuge des folgenden Protestes gegen die Mimesis wird die Kunst, so in der Malerei des 17. Jahrhunderts in Holland, so in der wissenschaftlichen Philosophie, beschreibend; sie wendet sich vom Narrativen ab. Die Philosophie DESCARTES' gilt als Garant dieses antimimetischen Denkens, das sich nachhaltig bis in die Gegenwart als Komplize von Technisierung und Mechanisierung der Konstruktion von Welt durchgesetzt hat; wohingegen die Sprache als interaktives Medium, die Schrift, der Spiegel, die Inszenierung, die Erzählung in den Bereich des nicht Wissenschaftlichen gedrängt worden sind.[709] „Differenz-Denken heißt, empfindlich zu sein für die Ambivalenzen der Sache und sich deshalb immer auf zwei Seiten des Problems gleichzeitig aufhalten zu müssen."[710]

Diese Gedanken sind gekennzeichnet durch eine Absage an eine Anthropologie, die den abstrakten Diskurs verabsolutierte, aber damit gleichzeitig vorgab, sich um den ganzen Menschen zu bemühen, den die Pädagogik – vor allen Dingen die Reformpädagogik – in der Praxis herstellen und in der Theorie in seinen Voraussetzungen entwerfen sollte. Das Projekt „Historische Anthropologie" erweist sich dem Differenz-Denken treu, wenn „die Geschichtlichkeit des Gegenstandes und die Geschichtlichkeit der Methode gleichzeitig thematisiert" werden.[711]

Bezogen auf Mimesis geht es für Erziehung und Bildung um die Möglichkeit, Konvergenzen von sozialen und ästhetischen Prozessen sowie des Vor- und Nachahmungsgedankens zu erfassen. Keine geschlossene Theorie erfüllt dabei die Ambivalenz-Funktion historisch-anthropologischen Denkens, sondern eine historische Rekonstruktion einzelner qualitativer Aspekte, die letztlich die Bedeutungsvielfalt erhöhen, statt sie einer normativen Definition zu unterstellen. Die semantische Füllung des Mimesis-Begriffes in seinen unterschiedlichen Facetten konkretisiert den ambivalenten Charakter der Mimesis. Das anthropologisch bedingte Merkmal sozial bezogener Mimesis zeigt die Voraussetzungen der Beziehungsfähigkeit des Menschen. Auf der einen Seite wohnen der „Weltoffenheit" Momente des Widerstandes gegen systematische Prozesse von Abstraktion und Verdinglichung inne. Auf der anderen Seite ist Mimesis verantwortlich für Verdinglichungsprozesse und Entfremdungsprozesse des Menschen, in denen er sich an seine Umwelt verliert. Mimesis in dieser Form, die bei WULF auf die Dialektik der Aufklärung zurückbezogen wird, entmachtet das Subjekt und läßt es nicht zu einer Einheit des Bewußtseins kommen; aber zugleich beinhaltet sie ein rationales Element. „Dieses rationale Element wirkt der Auflösung der Subjekte und der dekompositorischen Kraft der Mimesis entgegen.“[712]

Das punktuelle und historische Anfragen von Veränderungsmomenten des Begriffes unter verschiedenen Gesichtspunkten ergibt aber schließlich ein Ergebnis. Es leitet sich aus historischen Positionen ab, die, von PLATON ausgehend, zu BENJAMINs Kennzeichnung der Mimesis als magisches Weltverhältnis, zu ADORNOs Verständnis von Mimesis als „Brücke zur Welt“ führen und schließlich zu DERRIDAs Auseinandersetzung mit Mimesis kommen, für den Mimesis über den Textbegriff erschließbar wird. Mimesis zeigt sich im Umgang mit Texten und Zeichen; sie hat nichts Eigenes, sondern ist jeweilige Spur von Menschen im Text. Dieser hat keinen Ursprung, sondern ist immer Beginn und Wiederholung. Der theoretischen Erfassung eines Textes geht seine „mimetische Annäherung“ an ihn voraus.[713] Insgesamt differenzieren zwölf Dimensionen das grundlegend Andersartige des Mimetischen gegenüber Theorien, Modellen, Plänen und Rekonstruktionen.

Die mimetische Welt hat eine eigene Existenz. Sie beinhaltet einen Umwandlungsprozeß von vorgängiger Welt in eine, die symbolisch konstruiert wird. Mit der symbolischen Welt wird die Welt des Ich erzeugt, die auf die Welt von anderen angewiesen ist; ihre Beziehung ist nachgängig; das Ergebnis ist eine originäre *Handlung*. Dieser Aspekt wird als körperlich betonte Aktivität hervorgehoben. In historischen Verläufen unterliegt diese Performanz verschiedenen Akzentuierungen. Zu ihr gehören Mal- und Schreibhandlungen, die vokale Seite der Kommunikation, das Erzeugen von Tönen durch ein Instrument, lautes und leises Lesen; das letztere ist am weitesten entfernt vom ursprünglich körperlichen Agieren. „Aber es bleibt immer ein körperlicher Rest in mimetischen Handlungen, der sich Geltung verschafft in typisch physischen Abbauprozessen wie Ermüdung sowie in der Weise des Lernens und vor allem im Vollzug mimetischer Handlungen.“[714]

Als ausschlaggebend für diese Fähigkeit kann in ihrem Handlungsaspekt der Sens practique gesehen werden. Anthropologische Voraussetzung ist jedoch die Exzentrizität des Menschen, der somit nach PLESSNER eine grundlegende soziale Erfahrung als sinnliche machen kann. Sie liegt darin, daß über die Augen von Selbst und Anderem eine grundlegend reziproke Erfahrung gemacht werden kann (vgl. Kap. II.).

In Hinsicht auf Humanwissenschaft, die auf eine feste Theorie verzichtet, stattdessen Erfahrungen an Veränderungsprozessen thematisieren will, ohne die Stummheit eines normativ verabsolutierten und eindimensionalen Wissenschaftsbegriffes zu vollziehen, scheint die Kritik nicht angemessen, an der die Voraussetzung der Exzentrizität eine normative Verbindlichkeit wittert. Es bleibt zu fragen, ob nicht diese anthropologische Voraussetzung, die die Beziehung zwischen Selbst und Anderem ermöglicht auf der Basis des Blicks, als Basis, die in keiner Weise normativ festlegt, sondern nur Möglichkeiten offeriert, die zudem nicht in ihrer Wertigkeit festgelegt sind, notwendig ist, wenn das Reden von sozialem Handeln und von Intersubjektivität in ihrer elementaren medialen Zusammensetzung einen Sinn haben soll. Die Erfahrung der Reziprozität des Körperschemas kann als anthropologische Voraussetzung der Mimesis gelten.[715] Mimesis kann unter den hier explizierten Bedingungen als Übergangsfunktion gesehen werden, in der Wahrnehmung, Repräsentation, Interpretation und Antizipation eigener Reaktion *scheinbar* unmittelbar geschehen. Im Unterschied zu rein kognitiven Erkenntnisweisen ist die mimetische an die körperliche Beteiligung gebunden und an die Beziehung auf das Ich des Handelnden und auf die Anderen.

Wie die Tatsache, daß der Mensch sich nicht selber erzeugen kann, also entwerfen kann, sondern nur etwas, das ihn tangiert, ist die Erfahrung der Reziprozität Bestandteil der Exzentrizität (PLESSNER). Wenn in verschiedenen Gesichtspunkten historischer Anthropologie Hoffnung auf Zukunft zu erkennen ist, so ist das eine durch die Erfahrung der Geschichte gebrochene. Es sind nicht die alten Utopien im Anspruch auf Versöhnung, vielmehr entsteht eine Vielzahl von ambivalenten Denkformen in sich scheinbar deutlich abgrenzenden Disziplinen. Kaleidoskopartig bestehen nebeneinander Fragmente verschiedenster Diskurse, die vor allem nicht durch eine positiv explizierte Leitidee getragen sind, es sei denn, daß sie genau diese ihre Hoffnung imaginativ und reflexiv zugleich behandeln. Obwohl in diesem Rahmen des sowohl-als-auch, der Spannung und der Ambivalenz die Hypostasierung des Subjekts als Herrscher über Natur und sich selbst – zumindest in den trieblichen Anteilen – radikal zurückgenommen wird, das allgemeine Subjekt wie damit verbunden die Begriffe Identität und Autonomie in Frage gestellt werden, werden weder sie noch Erziehung als überflüssig erachtet. Aber es muß anders über sie nachgedacht werden.

4.2 Erziehung und Mimesis

Wenn man die oben angedeutete Hoffnung als Motivation versteht, entstehen neue Zugänge zur Erziehung.[716] Auf anthropologischer Basis werden genetische Aspekte mit denen der Erziehung des Menschen in einem breit gefächerten Rahmen verbunden und thematisiert. Wie im Rahmen der historischen Anthropologie ist nicht an eine neue Erziehungstheorie gedacht; vielmehr werden unterschiedliche Gesichtspunkte als Urheber der „Bedeutung mimetischer Prozesse für die Bildung des Menschen“[717] entwickelt; denn „in einer Zeit, in der die Selbstverständlichkeit der Pädagogik zum Problem geworden ist, liegt es nahe, neue Zugänge zur Erziehung zu suchen.“[718] Auch hier steht die historische Untersuchung am Anfang der Gedanken.

An PLATON werden Möglichkeiten und Gefahren mimetischer Prozesse entwickelt. Im „Merkmal der Übereinstimmung“ zwischen Vorbild und

Nachbild liegt die Chance zu kreativen Gestaltungen, deren Bestimmung nicht vorab planbar sei. Gerade dieses Moment wird bei PLATON zunächst in den Dienst des Wahrheitskriteriums gestellt. Erst spät (im 10. Buch der *Politeia*) erfährt Mimesis eine Aufwertung. Fortan gilt sie als das Vermögen, welches eine Welt des Scheins zur Darstellung bringt.

Die Ästhetisierung des Sozialen und Politischen sind Folgen eines Schwindens der Referenzbezüge. Die zunehmende Verbildlichung der Welt gewinnt die Oberhand. Wie KAMPER bezieht sich WULF in seiner Gesellschaftsanalyse auf die von BAUDRILLARD konstatierte „Agonie des Realen".[719] Danach wird menschliche Erfahrung zu Bildern, die nicht mehr auf die einzige Realität zurückverweisen, sondern ihrerseits auf Zeichen verweisen. Schließlich sieht WULF aber gerade in dem bei ADORNO beschriebenen Anspruch der Mimesis, sowohl Motor der Verdinglichung selber zu sein wie andererseits gleichzeitig Hoffnungsträger für Widerstandspotential sein zu können, die gegen die Übermacht des Dinglichen gesetzt werden kann, den eigenen „Ausweg" in dem ambivalenten Bedeutungsaspekt von Mimesis. Dieser berechtigt dann auch, die Kategorie im Hinblick auf Erziehung – und Erziehungswissenschaft – weiter zu bestimmen.

Aus ADORNO spricht der Glaube an eine Versöhnung von begrifflicher Erkenntnis und „nicht begrifflicher Affinität des subjektiv hervorgebrachten zu einem Anderen, Nichtgesetzten".[720] Hier zeigt sich der Glaube an eine widerständige Notwendigkeit von Pädagogik, aber es ist zugleich ein Glaube an Differenz, an die Einsicht in die Grenzen der Möglichkeit von Erziehung und in die Beschränktheit der Bildsamkeit des Menschen.

Wenn an anderer Stelle die geschichtlichen Bedingungen und Fehlentwicklungen der Pädagogik, vor allem in bezug auf die zentralen Begriffe wie „Allgemeinbildung", „Subjekt", „Identität" reflektiert werden, so geschieht das mit einer weitergehenden Forderung an Pädagogik. Sie leitet sich aus der kritischen Erziehungswissenschaft ab wie aus dem Anspruch einer praxisorientierten Sozialwissenschaft. Methodisch fordert das gegenüber der empirischen Sozialforschung „alternative reflektierte Methodologien, die der Sache innewohnenden Dialektik gerecht werden."[721] Als solche verlangt WULF gerade in der Rezeption von ADORNO eine „Methode der immanenten Kritik, die positives und negatives, richtiges und falsches Bewußtsein an der Sache selbst und in einem aufschließt".[722] Darin steckt kein Fortschrittsglaube, sondern die Skepsis, ob man mit technologischer Verwissenschaftlichung der Dialektik der Aufklärung entkomme. Lediglich solche Rekonstruktionen, die unter neu zu bedenkenden Gesichtspunkten Begriffe entwickeln, die in der Lage sind, die in der Geschichte der Pädagogik nicht geleistete Dekonstruktion einzuführen, könnten dazu führen, über das Reden vom Ende der Erziehung hinaus neue Erkenntnisweisen und deren Verlaufsformen zu finden. Gerade in der Bedeutung der Mimesis sieht WULF eine solche Möglichkeit für die Erziehungswissenschaft.

Soziale und erzieherische Wirkungen der Mimesis zeigen sich in exemplarischen Konstellationen; als solche sucht WULF die mimetischen Bedingtheiten beim kleinen Kind, die Beziehung zum Anderen und die mimetische Arbeit mit Bildern.

Der Andere erweist sich bei WULF als zweites Beispiel zur Verdeutlichung grundlegender sozialer Konstellationen, in denen Mimesis bestimmend wird. Dabei wird der Andere entgegen dem üblichen Verständnis in der Sozialerziehung als der Fremde begriffen, der nicht verstanden wird, der sich in seiner eigenen Art gerade von der eigenen unterscheidet. Hier bleibt der Andere eine „Leerstelle", wobei dem mit Projektionen und Sinnzuschreibungen begegnet wird, in denen „es meistens darum ging, das Fremde auf Bekanntes zu reduzieren und dadurch zu verkennen oder sogar zu vernichten."[723] Aber es findet auch keine Faszination des Fremden statt wie bei BOHRERs exklusiver Darstellung der ästhetischen Identität.

Mimesis wird hier wichtig in ihrer Bedeutung als Absage an begriffliche Deutung und ihre normative Gesetzlichkeit.[724] Es bleibt die Hoffnung und die Forderung nach einem Prozeß der Anschmiegung, in dem der Pädagoge seine eigenen anthropologischen Voraussetzungen reflektiert, die die Möglichkeit enthalten, jeweils auch immer ein Anderer zu sein.[725] „Dieser Nachvollzug erfordert keine begriffliche Deutung. In ihm bleibt die Erscheinungsweise des Anderen so weit wie möglich gewahrt. Mimesis muß den Anderen nicht zum Objekt, zum Gegenstand der Erkenntnis machen. Sie muß ihn nicht festlegen."[726]

Als ästhetisch erscheinen *die Wege* zur Welt, vor allem hier, wo explizit auf Kategorisieren und Werten verzichtet wird, zugunsten einer Wahrnehmungweise, die sich öffnet, die tentativ ist, das Nicht-Identische das „Identische" tangieren läßt. Als „ästhetische Rationalität" ließen sich die im Mimetischen enthaltenen rationalen Elemente begreifen, welche verhindern, daß diese Prozesse des Nachvollzugs sich im Nicht-Identischen verlieren.

Utopien sind zweifellos in solcher mimetischen Art von Beziehung enthalten. Sie liegen in der Hoffnung auf das ambivalente Vermögen der Mimesis, das nicht unter dem Zwang einer bipolaren Logik steht; darum kann Vereinbares, Widersprüchliches wahrgenommen werden und stehenbleiben, ohne in das System des Identischen integriert zu werden, was es als das Andere verwandeln müßte, um mit sich identisch zu bleiben.[727] Sie wird sogar positiv gewertet. Gleichzeitig wird jedoch die utopische Perspektive reflektiert, damit der mögliche Vorwurf eines realitätsfernen Optimismus abgewehrt, Alternative mit Gegenbegriff verwehrt.[728]

Die Erfahrung des Anderen als Erfahrung von Nicht-Begriff, was Differenz und Grenzen spürbar werden läßt, bestimmt auch die mimetische Arbeit mit *Bildern*. Bezog sich der ästhetische Aspekt früher in der Begegnung mit dem Anderen auf die Gleichzeitigkeit des Ungleichzeitigen, auf die Wahrnehmung des Widersprüchlichen und auf die Absage an eine eindimensionale Logik des entweder-oder, so wird dieser Aspekt im Sinne eines paralogischen Vorgehens, für das LYOTARD der Garant ist, vertieft. Wenn das Soziale und das Politische bereits ästhetisiert sind, liegt es besonders nahe, das Ästhetische und das Soziale nicht zu trennen. Um aber der Ästhetisierung und Verbildlichung nicht das Wort zu reden, bedarf es auch hier eines alternativen Zugangs zu Bildern. Dabei kann es dann nicht um „Alphabetisierungsprozesse“ gehen, die zum Sehen bzw. Lesen-Können erziehen,[729] sondern um Absage an eine sich im ikonographischen erschließende begriffliche „Verfügungsgewalt“ über Bilder.

Mimetische Arbeit als Methode einer sich entfaltenden Prozessualität realisiert als eine Voraussetzung eine im Bildlichen liegende, nicht reduzierbare Qualität, die nicht decodiert werden kann, und als zweite die Erfahrung des Anderen, des Nicht-Gewußten. Mimetischer Umgang wird hier definiert als „Nachschaffung von Bildern mit Hilfe des Sehens und ihre Aufnahme in die innere Bilderwelt mit Hilfe der Einbildungskraft. Die Nachschaffung von Bildern ist ein Prozeß mimetischer Aneignung, der die Bilder in ihrer Bildlichkeit in die Vorstellungs- und Erinnerungswelt hineinnimmt.“[730]

Martin LENZ-JOHANNS kritisiert den Nachahmungsprozeß in Hinblick auf die Bildrezeption dahingehend, daß er die Behauptung für fraglich hält, daß der Rezipient das kulturelle Produkt in sich nachahme.[731] Gegen den vereinfachenden Begriff „erschließen“ will er den *genauen* Vorgang der Rezeption ins Feld führen; für ihn ist die imaginäre Reproduktion von Bildern vor allem Lernen von Konzentration, das aber sei eine alte Geschichte – im Begriff des Bilddiktates oder der Memoration hinlänglich bekannt. Er fragt nach der inneren moralischen Instanz im Hinblick auf die didaktische Anwendbarkeit und stellt die Notwendigkeit, Erziehungsziele zu formulieren, implizit hinter die Frage, welche falsche Versöhnungsfunktion denn liebgewordene Klischees und Stereotypen haben, die einer Hinwendung zum Anderen oder Fremden im Wege stehen würden. Aber der Einwand geht an WULFs Ausführungen vorbei, der eine allgemeine Entwicklung mimetischer Fähigkeiten als Bildungspotential fordert.[732] Dort heißt es abschließend: „In einer Zeit, in der die Auflösung der Welt in Bilder und die Überflutung der Menschen mit ihnen zu einem bestimmenden Merkmal geworden ist, enthält der bewußte mimetische Umgang mit Bildern einen besonderen Stellenwert.“[733] Von der Notwendigkeit einer didaktischen Planung, die nur am positiven Gehalt des Mimetischen und nicht am Regressiven, sich Verlierenden anknüpft, ist nicht die Rede. Eben das würde auch den sorgfältig herauskristallisierten Aspekt von Doppelseitigkeit und Widerständigkeit leugnen, der so wichtig ist im kritischen Forschungsdesign der Historischen Anthropologie. WULFs Optimismus ist weniger linear als die Vermutung einer Heilserwartung an Mimesis.[734]

Es ist allerdings die Frage, ob sich ein solcher Ansatz didaktischen Konzepten anschmiegen kann, die ihrerseits sich nicht dem Befremdenden anschmiegen können, wozu gehört, daß es nicht unabdingbar zu planen, zu bestimmen ist, sondern daß es möglicherweise darum geht, *Weisen des Umgangs* mit ihm zu entwickeln, die Verstehen möglich machen und die Lernen dialogisch inszenieren. An dieser Stelle wäre auf eine mimetische Implikation der Perspektivenübernahme zu verweisen. Das bezieht sich dann sowohl auf den Umgang mit dem anderen Objekt wie mit dem anderen Menschen.

Die Annäherung an ein Bild im Sinne WULFs, der sich nicht auf Sprache bezieht, wohl aber auf das „Besondere" eines jeden Bildes,[735] dürfte dementsprechend keine gewaltvolle Subjekt-Objekt-Beziehung sein, sondern eine interpersonelle ästhetische Beziehung, in welcher der Verweisungsaspekt gerade als das Achtenswerte, als das Fremde erscheint. Das heißt aber, als das nicht positiv Darstellbare. Insofern geht die Forderung einer ästhetischen Bildung in eine allgemeine über. Mimesis muß sich nicht auf ästhetische Erziehung beziehen. Es ist zwischen verschiedenen Bildern zu unterscheiden. Es gibt die Bilder, denen wir gleich Objekten gegenüberstehen, und die Bilder, die als Vorstellungen in uns sind. In der geforderten mimetischen Hinwendung zu Bildern wird das Nicht-Darstellbare, die nicht diskursiv zu entschlüsselnde und darum als Leerstelle wirkende Funktion akzeptiert. Während K. M. WIMMER die Existenz des Begriffes des Anderen überhaupt erst durch das Wort ermöglicht sieht, bezieht sich WULF eher auf eine Art von Einschreibungsprozessen,[736] ohne jedoch das Problem von Sprachlichkeit des Menschen näher zu berühren.

> „Wenn Bilder etwas vom Menschen ‚wissen', was er nicht weiß, dann ist die Vorstellung von einem ‚Alphabet', mit dessen Hilfe man dieses Wissen entschlüsseln könne, unzulänglich. Gerade das Entscheidende entzieht sich einem solchen Zugriff über einen Code. Was ein Mensch ist, wird wesentlich durch *die Bilder bestimmt, die er in sich trägt*. Die Bilder fangen in uns an, bevor wir anfangen, sie zu entschlüsseln. Bevor wir ‚Menschen' sind, nehmen wir Bilder auf, haben wir bildliche Engramme. Diese zum Teil nicht mehr bewußten Bilder verweisen auf das, was man als Abwesenheit von Sagbarkeit bezeichnen kann."[737]

Es geht also im Rahmen von mimetischen Bildungsprozessen um die Aufnahme von Bildern in die innere Bilderwelt. Dieses ist ein Akt der „Aneignung" und „Erkenntnis".

Die Rettung des Besonderen muß nicht als Aufbewahrung von Herrschaftskultur gesehen werden, sondern als Versuch einer Resthoffnung auf die Lenkbarkeit der im Menschen gegebenen „Notwendigkeit des Selbstentwurfs".[738] Indem das Bewußtsein des Menschen für den generellen „Hiatus zwischen Imagination und Realität"[739] geschärft wird, darf nicht darauf verzichtet werden, überhaupt etwas zu tun. WULFs pädagogische Intention liegt dann aber nicht in einem Aktivismus, der hinter die „Dialektik der Aufklärung" zurückfällt, sondern zunächst einmal in der Reflexion des eigenen Dilemmas, das den Pädagogen generell angeht, jeden einzelnen in der Selbstreflexion seiner eigenen Geschichtlichkeit im besonderen.

Wenn die sich geschichtlich als notwendig erweisende Forderung nach Widerstand sich gegen einen auch für die Zukunft geltenden Machtanspruch der Unmenschlichkeit behaupten soll, so muß gerade die Hoffnung auf Erziehung bleiben, allerdings als eingeschränkte, als fragliche. Die problematische Wissenschaftsgeschichte des Faches wird dargestellt als „Omnipotenzvorstellung von der weitgehenden Bildsamkeit des Menschen".[740]

WULFs Ansatz, mit alten Begriffen neue Zugänge zur Erziehung und damit wohl auch eine Veränderung der Selbstdefinition der Fachdisziplin einzuleiten, erweist sich als reflektiert ambivalent, notwendig utopisch, widerständig und „bescheiden", wenn der Verzicht auf eine Erziehungstheorie eher zu Fragmenten (eine Abfolge von verschiedenen Gesichtspunkten) und historisch punktuell entwickelten Aspekten führt. Genau mit dieser Form erweist sich die Hoffnung auf eine geringstmögliche Bewußtseinsbildung, die theoretisches Denken zumindest leisten muß, wenn sie Realität nicht übergehen will.

Erfahrbar wird schließlich – in den inhaltlichen Ausführungen wie in der entsprechenden Form – der Differenzgedanke, der „die Möglichkeiten der Erziehung, die Wirklichkeit des Menschen zu verändern, in ihre Grenzen weist und die Beschränktheit der Bildsamkeit des Menschen deutlich werden läßt, zu deren Kompensation immer wieder die Träume und Alpträume der Erziehung entstehen".[741]

5. Die Notwendigkeit ästhetischen Denkens in einer ästhetischen Lebenswelt

5.1 Aisthesis und Pluralität

Im folgenden soll noch einmal auf die veränderte Lebenswelt eingegangen werden. Das geschieht jetzt aber nicht aus der Perspektive der Sozialisationstheorie, sondern aus der Pespektive einer interdisziplinären Thematisierung des Ästhetischen/Aisthetischen.[742] In der gegenwärtigen Thematisierung widmet sich der Philosoph Wolfgang WELSCH wieder dieser Bezugsgröße, die auf ARISTOTELES zurückgeht. Darin besteht eine gewisse Nähe zu der Herleitung des Mimesis-Begriffes, der sich jedoch expliziter auf die Fähigkeit zur Nachahmung bezieht, auf den Prozeß des Dem-Anderen-ähnlich-Werdens.[743]

Im Verhältnis zur „Ästhetisierungs-Euphorie" (WELSCH) der Moderne und der ihr zugeordneten gesellschaftlichen Funktion der Reflexion des Ästhetischen hat sich diese Funktion heute geändert. Die philosophische Relevanz ästhetischer Reflexion hat sich erweitert. Sie richtet sich nicht nur auf Lebenswelt im allgemeinen, sondern auf die Reflexion von Wahrnehmungen aller Art, auf die Reflexion eines veränderten Identitätsbegriffes und schließlich auf die Reflexion von Grenzdurchlässigkeit zwischen normal und abweichend.[744]

Ästhetisches Denken kennzeichnet in einer Lebenswelt, die durch Ästhetisierung geprägt ist, einen Prozeß des Denkens und der Darstellungsmedien, die sich nicht reinen rationallogischen Verfahren zuwenden, sondern der ästhetischen Konstitution von Wirklichkeit, d.h. der Konstitution über Bildformen und Prozesse medialer Wahrnehmung. Ästhetisches Denken beantwortet diese Konstitution mit einer fiktionalen und bildlichen Komponente. „Auf eine solche Wirklichkeit, die bereits ihrer ganzen Konstitution nach fiktional ist, paßt nur ein Denken, das seinerseits mit Fiktion und Bildlichkeit von Grund auf vertraut und das in besonderer Weise zu Wahrnehmungen befähigt ist, mit einem Wort: ein aisthetisches Denken.“[745]

Ein von WELSCH im folgenden explizierter Aspekt der Kriterienfrage soll im Zusammenhang mit der Auffassung VON HENTIGS weiter unten thematisiert werden, da beide im größeren Rahmen für Fragen nach Möglichkeiten von Erziehung und Bildung relevant sind.

Gerade im Hinblick auf Erziehung und deren Ziele bleibt die Frage nach Kriterien und nach Maßstäben ästhetischen Denkens inmitten von Pluralität, Mehrfachcodierung und Unvergleichbarkeit künstlerischer Sprachen auf der einen Seite und philosophischer Begrifflichkeit auf der anderen Seite von Bedeutung. Sie kann hier nur Perspektiven einleiten, keine Beantwortung vollziehen. Aber es wird zu prüfen sein, inwieweit es für Pädagogik überhaupt möglich sein kann, zugunsten der Prozesse des Bemühens um Wahrnehmungsfähigkeit und ästhetisches Denken auf Kriterien zu verzichten.[746]

Die heutige Philosophie mißt dem Ästhetischen einen anderen Wert zu als noch vor 20 Jahren. Sie schätzt es jetzt gerade, weil es sich der „theoretischen“ (d. h. vor allem sprachlichen rationallogischen Seite widersetzt – obwohl diese Festlegung von Theorie selbst wieder zu hinterfragen ist) Integration widersetzt. Die in diesem Verhältnis angesprochene Inkommensurabilität meint heute einen Grunddissens zwischen unterschiedlichen Lebensformen. Verstehen zwischen Menschen gänzlich verschiedener Lebensformen ist zwar rational und unter Umständen sachbezogen möglich, aber an den Rändern, die nicht rational-logisch zu eruieren sind, zeigen sich Unvergleichbarkeiten. Sie verlangen einen Sinn für Wahrnehmung, d. h. nicht Sinneswahrnehmung, sondern Spüren als „Innewerden“ und „Gewahrwerden“, als „Erfassung originärer Sachverhalte“.[747]

Damit ist aber keineswegs Kunst als Gegenpol zum Rationalen gemeint, sondern als Modell für individuelles Leben und als Modell für gesellschaftliche Orientierungen. Diese beziehen sich heute auf einen Sinn von Andersheit und Abweichung und auf die Form, in der Kunst diese Prozesse aisthetisch löst.[748] Auch nur in der philosophischen Tradition ist die Sinneswahrnehmung allgemein und prototypisch zu verstehen; das Moment von aisthesis macht schon bei ARISTOTELES deutlich, daß es zum Verstand gehört.[749] Als eines der ersten Prinzipien, die ihn erfassen und die selber Bedingungen der logischen Demonstration sind, läßt es sich logisch nicht mehr darstellen. Es verweist auf einen letztlich intuitiven Sinn von Wahrnehmung. Für sie hat WELSCH auch die Worte „Einsicht“ und „Innewerden“, die im Hinblick auf ein Kriterium doch ergänzt werden müßten, sollen sie pädagogisch hilfreich sein, ohne den alten Glauben an eine Höherbildung ethischen Potentials per Ästhetik zu versprechen.

Im intuitiven Sinn von Wahrnehmung werden Spüren, Bemerken und Wahrnehmung zu elementaren Funktionen.[750] POTHAST geht diesem Spüren, das an die Grenze des sprachlich Ausdrückbaren geht, nach. Er erntet damit in seiner Disziplin herbe Kritik. Die sprachlichen „Erfindungen", die er anstrengt, um das Gemeinte auszudrücken, werden schlichtweg als „aufgebläht und unnötig lang" oder als „unschön" klassifiziert. Schließlich ist die Rede vom „Innengrund" als Metaphysik des Anderen entlarvt, die in der Kunst als metaphysische Tätigkeit ihren Gegenstand hat. Die These des Anderen, die als Teil der Beziehung von Ich und Selbst Bezugnahme zu sich ermöglicht, wird hier rationalistisch und rhetorisch zu zerschlagen versucht. Am Ende wird POTHAST vor die Alternative gestellt: Roman oder Wissenschaftsform. Mit dem ersteren, so die Autorin, wäre die Botschaft besser übergekommen.[751] Das Ziel, das aber nicht im engeren didaktischen Sinn als Lernziel zu verstehen ist, läge in der Utopie einer gelungenen Kommunikation als Maßstab für „eine Kultur solchen Wahrnehmens und eine Kultivierung dieser Wahrnehmungsfähigkeit". Sie „wären für Orientierung und Praxis in unserer einschneidend pluralen Welt dringend erforderlich".[752]

5.2 Das Leben mit der Aisthesis

Die aus solchen Vorstellungen ableitbaren Lernzielbestimmungen in der Vergangenheit haben sich als problematisch und vorübergehend erwiesen, was erst heute in der Krisensituation von Bildung und Erziehung deutlich wird. Am Beispiel der Forderungen von H. VON HENTIG soll diese Selbstkritik didaktischen Vorausentwerfens deutlich werden, wenn der Autor selber 20 Jahre später seine Forderungen in eine geschichtliche Perspektive einordnet und reflektiert. Es ergibt sich dafür der Gewinn einer Fragehaltung und des Prozeßbewußtseins, das an Kunst exemplifiziert wird und das weiterhin auf seine Wirksamkeit hin befragt werden muß.

In den Gutachten und Studien der Bildungskommission[753] hat H. VON HENTIG u. a. ein Lernziel aufgestellt, das heute die Frage nach Funktion und Erfolg von Pädagogik wieder belebt. Es kennzeichnet besonders gut die Grenzen von Machbarkeit mittels didaktischer Prinzipien. Gleichwohl sollen diese hier nicht verteufelt werden, lediglich in ihrem Anspruch hinterfragt werden, der zu viele Faktoren unberücksichtigt läßt, auf die sie keinen Einfluß haben (z. B. die Lebensformen, der Widerstand). Mit *Aisthesis* war 1969 nichts Geringeres gemeint, als die „Fähigkeit, die Wahrnehmung und Gestaltung der eigenen Umwelt zu genießen, zu kritisieren, zu verändern/ Verständnis der gesellschaftlichen Bedingungen und Wirkungen ästhetischer Phänomene/Ich-Stärkung durch Sensibilisierung der Perzeption".[754] Dieses war nicht als rationalisiertes Lernziel gemeint, das von den individuellen Erfahrungen und ihrer Prozeßhaftigkeit abgelöst war, sondern in Hinblick auf die sinnliche Bildsamkeit des Menschen eine Forderung, politische Bildung und ästhetische zu verbinden.

Der Glaube an die bewußte Gestaltung der Umwelt kennzeichnete einen Anspruch, Kunst aus ihrer soziologisch bestimmten Rolle zu befreien und den Subjekten in einem Akt des *role-making* gleichsam zur Verfügung zu stellen. Dabei wandte sich VON HENTIG nicht dem „Kreativitätsrausch" der Pädagogen zu.[755]

Als Korrektiv der Pädagogik im allgemeinen und der ästhetischen Erziehung im besonderen kann das divergente Denken gegenüber dem konvergenten seine Funktion erfüllen, aber als Bestimmung für pädagogische oder politische Programme ergibt sich nach VON HENTIG dafür keine Notwendigkeit. Dieses verfolgt bei ihm das Ziel von *Selbstbestimmung gegen Systemzwänge*. Seine Forderungen haben in der Praxis der Schule zu einer Absage an die musische Erziehung geführt und die visuelle Kommunikation eingeleitet.

Die Prozeßhaftigkeit des Anspruchs nach Selbstbestimmung steht im Vordergrund; als solche erklärt sie nicht nur und fordert nicht nur Funktionen, sondern sie fordert Rechenschaft darüber, *wie* etwas über seine Funktion hinaus wirkt.[756] Damit ist hypothetisch eine ästhetische Wahrnehmung angesprochen, die nicht auf Kunst als Wertbegriff begrenzt bleibt, sondern die systematische Ausbildung der Wahrnehmungsmöglichkeiten, des -genusses und der -kritik fordert. Diese Forderung geschah auf der Grundlage einer Politisierung der Kunst und der Ästhetisierung des Alltags, die aber in realiter noch nicht die Ausmaße heutiger Ästhetisierung hatte.[757]

Bevor VON HENTIG an eine geforderte ästhetische Erziehung Lernziele knüpfte, stellte er am Beispiel der Kunst fest, daß sie in der Umwelt keineswegs auf ihren Wertbegriff begrenzt bleibt, da „potentiell alles künstlerisch gestaltet oder mißgestaltet sein kann", die auf das Werk begrenzt gehaltenen Wirkungen zeigen sich für ihn *insgesamt* in der rationalisierten und gemachten Welt. Von hier aus leiten sich seine Forderungen an ästhetische Erziehung ab, die schon im Elementarbereich bei kleinen Kindern

1. die Gestaltbarkeit der Welt erfahren läßt,
2. die Experimentierfreudigkeit wecken will, um das Ausmaß ästhetischer Wirkungen erleben zu lassen,
3. die Variationsbreite der Wahrnehmungen und die Ausdrucksweisen erkennen lassen will wie die Genußmöglichkeiten.

In der Einleitung von 1985, die eine Reflexion der eigenen Perspektiven darstellt, heißt es:

„Neben sinnlichem Genuß und Einsicht kann uns etwas zuteil werden, das dem Bewegungsgesetz der Kunst unmittelbar entspringt und das ich ‚Befreiung' nenne, nicht ‚Emanzipation', ‚Kreativität', ‚kritisches Bewußtsein', ‚alternative Lebensform'. Die Freiheit, die ich meine, ist zugleich weniger politisch und politischer als diese alle, weil sie elementarer ist. Ohne Kunst, das heißt nicht nur ohne ein konjunktivisches Verlangen zur Welt, sondern ohne die listige Dialektik von Sinnlichkeit und Bewußtsein, bin ich unfrei: zur Hinnahme der Wirklichkeit verurteilt, auf Bestätigung festgelegt, von der herrschenden Vorstellung von der herrschenden Notwendigkeit abhängig. Wir alle wären es unser Leben lang mit Ausnahme der frühen Kindheit, die sich der Abrichtung auf die Vernunft der anderen durch natürliche Noch-nicht-Vernunft entzieht."[758]

Nach dem Scheitern der Ansprüche kritischer Pädagogik plädiert VON HENTIG heute für Gelassenheit, eine Haltung, die H. BÖHME für die Zustandsbeschreibung der Geisteswissenschaften heute ebenfalls für angemessen hält.[759] Geht ihr bei BÖHME Widerstand und folgende Kritik voraus, ist es bei VON HENTIG Befreiung, die letztlich aus Genuß und Lernen resultiert. Befreiung ist aber ganz bescheiden aufzufassen; Gelassenheit gesellt sich als metatheoretische Haltung hinzu, wenn es um große Programme und Ansprüche geht. Der Grund dieser Zurückhaltung ist weniger Verunsicherung als ein Lernerfolg, der an lebendigen Prozessen zu gewinnen ist. „Wir entscheiden über weniger, als wir in den vergangenen Jahren – gern – geglaubt haben. Die Künste werden weiterleben, und wir werden weiterhin meinen, sie folgten unseren Theorien und Definitionen.“[760]

Gelassenheit wird zum adäquaten Umgang mit der These, die ADORNO so stark (aber ambivalent) beleuchtete und die jene Inkommensurabilität beinhaltet: Kunst läßt sich nicht im Reden darüber auflösen; sie läßt sich vor allem nicht funktional vorausplanen. In ihr ist ein Verhältnis und eine Darstellungsweise von Welt fundamental, die sich der begrifflichen Vorbestimmtheit immer wieder entzieht.

Im Bereich der ästhetischen Bildung zeigt sich die Krise von Bildung und Erziehung deswegen so drastisch, weil die Irritationen und Verwirrungen zweier Bereiche zusammenstoßen, sich potenzieren; das heißt aber nicht, das man *diese* Geschichte der Bildung und der Kunst ausklammert bzw. reduziert. Möglicherweise sind die ehemaligen Polaritäten der Bereiche Kunst und Pädagogik weniger weit voneinander entfernt, als man zur Zeit der Bildungsreform sich eingestehen konnte. Die erneuten Thematisierungen dieser Beziehung legen das nahe.

5.3 Beurteilungskriterien für einen ästhetischen Gegenstand oder: Ästhetisches Denken – Eine falsch gestellte Alternative?

Ästhetisches Denken, das aisthetisch ist und auf Wahrnehmungen basiert, das mit Fiktionen und Bildern vertraut ist, wird aus der Sicht der postmodernen Ästhetik bei WELSCH zum provokanten Gegenbegriff des „Kriteriums“. Das bedarf erstens einer Erläuterung; zweitens stellt sich die Frage, was WELSCH unter Kriterium versteht und in welcher Art und Weise ästhetisches Denken davon abgesetzt wird. Drittens ist im Hinblick auf Erziehung und Bildung danach zu fragen, ob Maßstäbe überflüssig sind, durch ästhetisches Denken ersetzt werden können, und welche heute zu benennen sind (auch in prospektiver Hinsicht).

Kriterien sind im Rahmen ästhetischer Fragen für WELSCH nur definiert als Hilfsmittel, nicht aber fällen sie Entscheidungen. Es wird eine Urteilskraft angesprochen, die sich nicht im vordefinierten Kriterium erfüllt. Sie muß in der Lage sein, den Gegenstand an einem bestimmten Kriterium zu messen und zu beurteilen, ob die abweichende Darstellungsweise gerechtfertigt ist. Der Maßstab erweist sich hier als generelle Schwierigkeit. Unter den Bedingungen einer von ihm weitgehend als fiktional bezeichneten Wirklichkeit, in der Fiktionen, die temporal und inhaltlich zu unterscheiden sind, maßgeblich werden, in einer Wirklichkeit also, die vor allem Erfindung ist, kann kaum ein einzelnes Kriterium der Maßstab für *künstlerische* Produktion sein. Die Frage nach dem, was Qualität an ästhetischen Objekten ausmacht, erweist sich als schwierig in einer Situation gesteigerter Pluralität. Postmoderne Ästhetik, zum Beispiel gekennzeichnet durch Mehrfachcodierung[761] der Werke, kann nicht als Ästhetik des Dissens bezeichnet werden. Diese Festlegung auf die Norm des Dissens' wäre eine Reduktion der ästhetischen Urteilskraft, die WELSCH als nicht-begrifflich zum einen auffaßt. Zum anderen ergibt sich unter der Tatsache der Mehrfachcodierung und Pluralisierung eine Potenzierung dieses Problems von benennbarem Maßstab und gesteigerter Komplexität und Pluralisierung. Zwar werden Ziele gefordert, doch diese verlangen mehr als ein Kriterium; sie sollen Pluralität in der Gestaltung darstellen, welche die *Pluralität der Lebensformen* wahrnimmt und spiegelt.[762] Dabei geht es nicht um eine Einheitlichkeit, sondern um die Diskontinuität der Geschmackskulturen.[763]

Wenn also Kriterien zu benennen sind, die zunächst für die ästhetische Praxis von Bedeutung sind, sich aber in dieser nicht erschöpfen, sondern über die ästhetische Wirkung ihre veränderte und erweiterte Sprache gesellschaftlich wahrnehmbar werden lassen und als Sinn verfügbar machen, muß die Struktur der Kriteriensätze gemischt sein; im einzelnen muß mit konfligierenden Kriteriensätzen gearbeitet werden.[764] Am Maßstab der gelungenen Kommunikation, die aber nicht im restlosen Verstehen des ästhetischen Objekts bestehen kann, kommt WELSCH schließlich doch zu einem Kriterium, das Qualität von Nicht-Qualität unterscheidet, letztere gekennzeichnet als bloßes Nebeneinander, Durcheinander oder „Potpourri ohne Zündung".[765]

Die Kommunikation aber, die gelungen ist und die auf verschiedene Art und Weise einen kommunikativen Effekt haben kann, ist schwer in ein „handfestes" Kriterium zu fassen. WELSCH geht hier mit einem dialektisch unterlegten Begriff von Sinnlichkeit an die Beurteilung ästhetischer Objekte heran. Er gewinnt ihn aus einem Standpunkt, der in Analogie zur Dialektik der Aufklärung die Dialektik des Ästhetischen thematisiert. Der generelle und nicht nur punktuelle Umschlag des Ästhetischen in Anästhetik verbleibt nicht im engeren ästhetischen Bereich. Soziale Anästhetisierung kann parallel zur ästhetischen gesehen werden. Sie besteht in einer zunehmenden Desensibilisierung für soziale Probleme als Folge „einer ästhetisch narkotisierten Zweidrittel-Gesellschaft".[766]

Die Rolle des Ästhetischen in der gegenwärtigen gesellschaftlichen Situation bietet prozessual und prospektiv globale Aussichten. Sie liegen philosophisch in der in der Dialektik der Aufklärung gespannten Hoffnung auf ein „Eingedenken der Natur im Subjekt",[767] bei der Sinnlichkeit ambivalent gewertet bleibt. Weder das Natürliche noch das Ästhetische sind per se mit dem Guten gepaart.

WELSCH kommt zu dem Schluß, „wir sollten weit eher auf unsere Wahrnehmungen achten und uns bemühen, wahrnehmungsfähiger zu werden. Nicht der Kriterienkrämerei, sondern einem ästhetischen Denken gehört die Zukunft."[768] Ästhetisches Denken widerspricht aber dann nicht Kriterien, wenn es weniger an der philosophischen Disziplin der Ästhetik gemessen wird, als vielmehr an Aisthesis. Denn diese ist in den verschiedenen Lebensformen verwurzelt wie in der Vielzahl der Sprachen, die im Falle des Werkes gleichzeitig in ihm gebündelt sind. Von dem grundsätzlichen Maßstab der strukturellen Grenzüberscheitung und Multiplizität kann keine vordefinierte Reaktion mehr erwartet werden. Schon gar nicht in einem nur auf das Positive des Ästhetischen setzenden Maßstab.[769]

WELSCH kritisiert die Behauptung der Kunst als „schönes Narkotikum gegenüber der unschön schmerzvollen Wirklichkeit", wie er MARQUARD interpretiert. Kunst als Entlastung, die dann gegenüber einer Welt anästhetisiert, veränderungsbedürftig erscheint, zumindest jedoch skandalös, deckt sich nicht mit seinem Begriff von Kunst, der auf Veränderung und Kommunikation zielt.[770] Den Eklat auszuschließen, bedeutet Normierung und Kriterienkrämerei.

Aber das Bemühen um Erweiterung der Kunstrezeption in Hinblick auf generelle Wahrnehmungsfähigkeit gerät bei WELSCH unter der allgemeinen Prämisse von Kommunikation und Toleranz an soziologische und bildungspolitische Grenzen, die nicht WELSCHs Thema sind. Ob jemand die artifizielle Codierung, d.h. die Sprachen, jeweils nicht nur verstehen, sondern auch noch beurteilen kann, hängt von Bildung und Ausbildungsstand ab, nicht nur von der intuitiven Wahrnehmung. Dieses grenzt an die derzeitige Diskussion um die ästhetische „Alphabetisierung". Inwieweit müssen durch Erfahrung und Lernen Voraussetzungen geschaffen sein, das kulturelle Produkt auch zu verstehen, wenn dieses Verstehen über die *nur* physiologische, niedrige Ebene hinausgehen soll, die nur die unmittelbare Bedeutungsschicht erfährt?

WELSCH zeigt schließlich einen an die Kritische Theorie angrenzenden Standpunkt, wenn er der Kunst zutraut, Modell für eine Veränderung von Einstellungsmustern zu sein, indem sie durch Grenzüberschreitung zeigt, daß es nicht mehr um die Polaritäten von normal und abweichend geht, sondern um das Durchbrechen dieser Polaritäten mit aisthetischen Mitteln. Die Ästhetisierung der Lebenswelt begreift er als An-Ästhetisierung. Sie ist vergegenständlicht in „konsum-inszenatorischen Dekorationsbauten", die sich „als ausgesprochen leer, zombiehaft und für ein verweilendes Anschauen unerträglich erweisen."[771]

Diese Ästhetisierung ist die falsche; sie ist als Anästhetisierung entlarvt. Sie verhindert die geforderte Sensibilisierung der Wahrnehmung, die aber meint: Reflexion ihres dialektischen Umschlags, nicht das Vertrauen auf die Intuition, die das Natürliche und darum Gute als simple Gegenmaßnahme behauptet. Die Kriterien, die WELSCH vorgibt zu umgehen, gegen die er die Beweglichkeit ästhetischen Denkens setzen will, scheinen sich bei ihm an anderer Stelle doch wieder einzuschleichen. Letztlich wäre zu fragen, ob auch seine Forderung, die Tradition hat, einen Überbietungsanspruch der Kunst darstellt. Es zeigt sich in den Ansprüchen der postmodernen Ästhetik die Wiederkehr moderner Forderungen, an die angeknüpft wird.

Übergreifende, sozusagen offene Kriterien entsprechen dabei ästhetischem Denken. Sie weisen – möglicherweise notwendig – utopische Züge auf, um eine Position zwischen den Polen von Entlastung durch die Kunst oder theoretische, auch moralische Überbietung der Kunst zu erringen, die ein Weiterdenken ermöglicht, das er als ökologische Herausforderung begreift.[772] Die prospektiven Implikationen, die in WELSCHs Utopie enthalten sind, liegen im Begriff der Pluralität, in einer Kritik am Anthropozentrismus und in der Veränderung der Rahmenbedingungen unserer Lebensverhältnisse.

In gewisser Weise ist auch H. VON HENTIG in seinem damaligen Anspruch auf das Leben mit der Aisthesis in dem Dilemma der Dialektik, zu enge Kriterien zu sprengen und dabei neue aufzustellen, die zudem als Lernziele haltbar sind. Hier soll noch einmal seine Selbstreflexion herangezogen werden, um die Verbindung von ästhetischer Erfahrung, Aisthesis und „Nutzen" für die Lebensbedingungen zu thematisieren. Dieser Nutzen bestand dabei strukturell zunächst in moralischen und politischen Ansprüchen an die Kunst. Sie wurden ihr interpretativ zugewiesen, um sie später aus ihr herauszulösen und anzuwenden. Weniger als vor 20 bis 25 Jahren besteht aber heute *Sicherheit* darüber, was in Zukunft relevant sein kann für die Bewältigung von Lebenswelten z. B. in Hinblick auf kulturelle Unterschiede, soziale Unterschiede, Systemdynamisierungen und Systemzwängen, auf die wir reagieren müssen, deren Planung aber auch erforderlich ist.

H. VON HENTIG hat das mit Erziehung und Bildung gekoppelte Interesse an Kunst sehr deutlich herausgearbeitet. Aber er reflektierte auch frühzeitig den Riß zwischen gesellschaftlichen Analysen und utopischen Lernzielen. Nicht weil diese utopisch sind, sind sie zu verurteilen, sondern dann, wenn sie sich dessen nicht bewußt sind, und heute – wenn sie nicht vorsichtig genug sind in der Formulierung von Kriterien und Zielen.[773] Es besteht dann die Gefahr, sich einer *„next wave"* zu verschreiben. Gerade dieser Zweifel und das Nichtaufgehen in vordefinierten Mustern macht ihn für die Praxis wie für die Theorie als Korrektiv wichtig, was durch zwei übergeordnete Maßstäbe verdeutlicht wird; Kunst zum einen, Selbstbestimmung zum anderen verbinden den sozialen Rahmen mit dem ästhetischen.[774] Bezogen auf die politische und pädagogische Indienstnahme dieser Kriterien reflektiert VON HENTIG kritisch den „Mißbrauch" auch unter „progressiven" Leitideen in der Schule.[775]

Abschließend soll die Perspektive H. RUMPFs erwähnt werden, der an Kunst in bildungskritischer Absicht anknüpft. Dabei richtet sich die Kritik zunächst konkret an das Übergehen der Sinnlichkeit in den schulischen Lernbedingungen.[776] Was Kunst als ausdifferenziertes System der Moderne erreicht hat, versucht RUMPF – unterschiedlich in der Methode, als essayistische Stücke, oder als „didaktische Interpretationen“ von Autoren verschiedener Kulturbereiche und Disziplinen – wieder an Lebenswelt anzubinden, um es in eine Kultur des Lernens und Lehrens zu überführen.

Kriterien der avantgardistischen Kunst des 20. Jahrhunderts wie Befremdung, Irritation, Leere gelten ihm als Herausforderung an einen allzu instrumentellen Zugriff, besonders im kognitiv überstrapazierten Lernen. Auch RUMPF knüpft an die kritische Tradition der Philosophie an, sowohl an die kritischen Aufklärer LICHTENBERG und LESSING als auch an ADORNOs Warnung von Halbbildung wie an NIETZSCHEs Kulturkritik.[777] Gegen Bildung als Besitz richtet sich die Fremdheit, die unterschlagen wurde und die es wieder zu beleben gilt. Wie MOLLENHAUER geht es RUMPF um die Kritik einer falsch verstandenen Übersetzbarkeit und ausschließlich grammatischen Verstehens, das die von LACAN hervorgehobene *andere* Seite des Menschen, die durch Begehren und Spontaneität gekennzeichnet ist, verdrängt hat.

Ergebnis einer pädagogischen Operation, die „das Verstehen des beunruhigenden subjektiven Untergrundes beraubt und es zu einem subjektneutralen Übersetzungsspiel in feststehenden Bedeutungswelten macht – das Ergebnis dieser Amputation ist „der Widerwille einer scheinbar allzu großen Vertraulichkeit“.[778] Kunst als Modell steht hier für Differenz und Grenze, aber damit sind nicht alte Grenzen gemeint, sondern die Möglichkeit, daß der vom Gewohnten abweichende Blick anderes sieht, es ist auch die Überzeugung, daß dieser Blick mehr sieht. (Dieser anthropologische Grundsatz geht auf PLESSNER zurück.)[779]

Ästhetisches Denken in einer ästhetisierten Lebenswelt kann heute keine festgesetzten Kriterien entwerfen, und es wäre fatal, wenn es selber solchen Kriterien unterworfen würde. Aber es kann kritisch eingreifen und Erstarrungen lösen (wie WELSCH es ebenfalls am Beispiel der modernen Kunst und Literatur versucht). Sie darf den Teil, der die Bilder betrifft, d. h. auch die Vorstellungen, die Metaphern und den Blick, der Beziehungen herstellt, nicht vergessen. Dieses theoretisch aufzuspüren und zu diskutieren, ist eine komplexe Forderung nach einer komplexitätsgesteigerten Theoriebildung. Die Aufmerksamkeit richtet sich zumeist auf Vorbilder einer Gegendrift zur eindimensional verstandenen Vernunft in der Theoriediskussion, zur didaktischen Monokultur für die Schulpraxis wie bei RUMPF.

Sie kann möglicherweise in der Kraft liegen, „im Lehren und Lernen langsam zu werden, Erfahrungswiderstände spürbar zu machen, Brüche und Unbekanntheiten auszugraben und auszuhalten, um dabei das zu gewinnen, woran in unseren Bildungs- und Kulturbetrieben Mangel herrscht: „Intensität und Anwesenheit“.[780] Was man dabei in den Blick nimmt, ist dann mit H. RUMPF das Kind, das einem Anfänger gleich einen überraschten Blick in sich hat.[781]

Nachwort

Mit der Bezugnahme auf VON HENTIGs bildungstheoretische Selbstreflexion und H. RUMPFs didaktische Überlegungen im fünften Kapitel ist die Arbeit auch in ihrem Anspruch, einige theoretische Entwürfe in ihrer Bedeutung für eine Kritik der Reduktion von Sinnlichkeit zu würdigen und einer erziehungswissenschaftlichen Reflexion zugänglich zu machen, im wesentlichen beendet. Um nicht in die Wiederholung dessen zu verfallen, was im letzten Kapitel schon gesagt worden ist, soll in diesem Zusammenhang ein kurzes Fazit und ein perspektivischer Ausblick genügen.

Die Untersuchung einiger theoretischer Entwürfe zur Kritik an der Reduktion von Sinnlichkeit hat gezeigt, daß die ästhetische Dimension einen zentralen Stellenwert in dieser Kritik einnimmt. Zum einen erweist sie sich zunehmend als Alltagsereignis, das die Gestaltung der äußeren Lebensumstände prägt, zum anderen als zentrales Thema einer theoretischen Auseinandersetzung um Erweiterung innerdisziplinärer Grenzen in Sozialwissenschaft, Kulturwissenschaft, Philosophie und Pädagogik. Beiden Polen gemeinsam ist eine gesteigerte Komplexität und Eigendynamik, die es nicht mehr ohne weiteres möglich macht, unilineare pädagogische Zielkonstruktionen zu entwerfen. Der Zusammenhang zwischen Lebenswelt, subjektiven Lebensformen und pädagogischen Planungen und Handlungsorientierungen hat sich als verzweigt und kompliziert erwiesen. In seiner Konsequenz zeigen neue Formen der theoretischen Reflexion, wie beispielsweise über Phantasie, Mimesis und ästhetisches Denken, das Ästhetische in seiner an Sinnlichkeit gebundenen Form und in seiner nicht vorhersehbaren Ambivalenz.

Aus der grenzüberschreitenden Thematisierung des Ästhetischen, die sich nicht nur auf Kunst festlegt, ergeben sich Perspektiven für die Entwicklung neuer Theoriemodelle für die Erziehungswissenschaft.

1. Die Einsicht in die Ambivalenz auch von Sinnlichkeit, die ebensowenig wie Vernunft eindimensional begriffen werden kann, fordert weitere theoretische Modelle, die an die untersuchten Entwürfe anknüpfen.

   Sie hätten Sinnlichkeit und Kontingenz stärker zu akzeptieren und die Wirkungen dieser unvorhersehbaren Randbedingungen zu berücksichtigen und zu beschreiben.

   Es ergäben sich zum einen Perspektiven für die theoretische Neubeschreibung von Identität und Intersubjektivität, in der das eher Randständige nicht als ganz Anderes autonom behaupteter Identität ausgegrenzt würde.

   Zum anderen ergäbe sich eine stärkere Akzeptanz von Wahrnehmungsformen, die sich zum Beispiel auf die Wahrnehmungsentwicklung von Kindern bezögen, in der das Singuläre und Besondere gegenüber normativen Entwicklungskriterien vertreten würde; zudem wäre die soziale Wahrnehmung der Pädagogen angesprochen, um der Komplexität und Unmittelbarkeit von Interaktionsprozessen Rechnung zu tragen.

2. Im Hinblick auf Praxisbereiche wäre im Anschluß an H. RUMPF das Durchbrechen des Gewohnheitsblicks zu fordern, der das Besondere und Singuläre nivelliert und einer fragwürdigen Norm im Verlauf von Entwicklungsprozessen und im Verlauf von Lehr-/Lernprozessen unterstellt.

   Planung und pädagogische Intention wären weiterhin gefordert, aber sie müßten erweitert werden um das Moment der Differenz von Planbarkeit und Erfüllbarkeit und um das Moment der Sensibilität für das sich abstrakter Planung Widersetzende. Was dabei in den pädagogischen Blick geriete, ließe sich zum Beispiel anwenden im Umgang mit Phänomen der Abweichung wie „Begabung" und „Behinderung", aber auch im Umgang mit dem der eigenen Kultur gegenüber Fremden. Ästhetische Erfahrung wäre unter den genannten Bezugspunkten als eine spezifische soziale Erfahrung zu verstehen, die das befremdlich Erscheinende des anderen akzeptiert, seine Perspektive zu übernehmen versucht, ohne es einer vordefinierten Kontrollgröße einzuverleiben.

Solche Ausblicke muten an wie Utopien, die aber für eine auf Veränderung angelegte Erziehungswissenschaft unerläßlich bleiben. Sollten sie sich als diese erweisen, bliebe nur die Hoffnung auf das Bewußtsein der eigenen Utopie und auf die Einsicht, daß nur optimistische Utopien eine Verkürzung darstellen; diese wären angesichts der gesellschaftlichen Verflechtung von Erziehungswissenschaft ebenso unzutreffend wie große theoretische Entwürfe.

Anmerkungen

1 Hoffmann, D. (Hg.): Bilanz der Paradigmendiskussion in der Erziehungswissenschaft. Leistungen, Defizite, Grenzen. Weinheim 1991.

2 Vgl. Kossolapow, L.: Musische Erziehung zwischen Kunst und Kreativität. Frankfurt/M. 1975.

3 Vgl. Giesecke, H.: Das Ende der Erziehung. Stuttgart 1985.

4 Vgl. zu diesem Zusammenhang von Kunst/Erziehung/Therapie: Wulf, Chr., Ästhetische und soziale Mimesis. In: Kunst und Therapie. Bd. 19, Köln 1992, S. 8-19.

5 Zum Beispiel die Messungsmethoden, die versuchen, nicht-verbale Aspekte zu berücksichtigen; Methoden, die auf phänomenologischem Vorgehen beruhen. Vgl. zur Übersicht dieser Methoden Naudascher, B.: Das übergangene Selbst. Pädagogische Perspektiven zur Selbstkonzeptforschung. Frankfurt/M., New York 1980.

6 Krewer & Eckensberger: Selbstentwicklung und kulturelle Identität. In: Hurrelmann, K. & Ulich, D. (Hg.), Neues Handbuch der Sozialisationsforschung. Weinheim 1992, S. 573-594.

7 Vgl. Gebauer, G. & Wulf, Chr. (Hg.): Praxis und Ästhetik. Neue Perspektiven im Denken Pierre Bourdieus. Frankfurt/M. 1993.

8 Bourdieu, P.: Sozialer Sinn. Frankfurt/M. 1987, S. 122. Gebauer/Wulf (a. a. O.) weisen darauf hin, daß sie nicht nur *über* Bourdieu arbeiten, sondern *mit* ihm. Ihr Interesse fügt sich in das der historischen Anthropologie, welche grundlegende Fragen nach dem Menschen stellt, ohne ihn als Forschungsgegenstand zu isolieren. Sie bezieht sich auf geschichtsphilosophisch fundierte Anthropologiekritik und Ergebnisse der Humanwissenschaften. Das Erforschen von Phänomenen und Strukturen des Menschlichen versteht sich als transdisziplinäres Bemühen. Als solches ist es weder auf bestimmte Disziplinen festgelegt noch auf bestimmte Epochen und Kulturräume.

9 Gebauer & Wulf, a. a. O., S. 8.

10 Vgl. Bourdieu, P.: Die historische Genese einer reinen Ästhetik. In: Gebauer & Wulf 1993, S. 14-33, hier S. 16 und 18 f.

11 Vgl. Bourdieu, P.: Soziologie der symbolischen Formen. 1970, S. 168.

12 Bourdieu, P.: Die historische Genese einer reinen Ästhetik, a. a. O., S. 20.

13 Bourdieu, P.: Soziologie der symbolischen Formen, a. a. O., S. 81.

14 Bourdieu, P.: Die historische Genese einer reinen Ästhetik, a. a. O., S. 20.

15 Bourdieu, P.: Soziologie der symbolischen Formen, a. a. O., S. 81.

16 Bourdieu, P.: Die historische Genese einer reinen Ästhetik, a. a. O., S. 21.

17 Vgl. Bourdieu, P.: Sozialer Sinn, a. a. O.

18 Bourdieu, P.: Soziologie der symbolischen Formen, a. a. O., S. 84.

19 Ebd., S. 86.

20 Vgl. ebd, S. 90 f. Bourdieu bezieht sich hier auf Flaubert, dem die eigene „Methode" nicht bewußt war.

21 Ebd., S. 97.

22 Ebd., S. 100.

23 Vgl. Kapitel II dieser Arbeit; vgl. auch Bourdieu, P. u. a.: Eine illegitime Kunst. Die sozialen Gebrauchsweisen der Fotografie. Frankfurt/M. 1981 (Paris 1965).

24 Bourdieu, P.: Soziologie der symbolischen Formen, a .a. O., S. 110.

25 Ebd, S. 115.

26 Ebd., S. 116.

27 Ebd., S. 118.

28 Ebd., S. 120.

29 Ebd.

30 Die Wiederkehr des Interesses am Ästhetischen hat hier genauso ihren Platz wie die Thematisierung des Therapeutischen im Hinblick auf die Kompensation der anthropologischen Schwächen, kurz, das Therapeutische wird als Chance zur Selbstverwirklichung behauptet. Vgl. zum Ästhetischen: Paetzold, H.: Profile der Ästhetik. Der Status von Kunst und Architektur in der Postmoderne. Wien 1990; zum Therapeutischen: Schön, B.: Vom erzieherischen zum therapeutischen Deutungsmuster? Chancen und Probleme der Therapeutisierung pädagogischer Arbeit. In: Geulen, D. (Hg.), Kindheit: Neue Realitäten und Aspekte. Weinheim 1989, S. 126-146.

31 Bourdieu, P.: Soziologie der symbolischen Formen, a.a.O., S. 123.

32 Ebd.

33 Ebd.

34 Vgl. Wagner, H.-J.: Sinn als Grundbegriff in den Konzeptionen von G. H. Mead und P. Bourdieu. Ein kritischer Vergleich. In: Gebauer & Wulf, a. a. O., S. 317-341, hier S. 329.

35 Bourdieu, P.: Soziologie der symbolischen Formen, a. a. O., S. 167.

36 Vgl. Boehm, G.: Die Konsistenz ästhetischer Erfahrung. Zur Problematisierung des Begriffs Alphabetisierung auch Mollenhauer, K.: Die vergessene Dimension des Ästhetischen in der Erziehungs- und Bildungstheorie. In: Lenzen, D.: Kunst und Pädagogik. Darmstadt 1990, S. 3-18.

37 Bourdieu, P.: Soziologie der symbolischen Formen, a. a. O., S. 123.

38 Vgl. ebd., S. 171; auch W. Nolting, der das Sprechen der Literatur von dem Sprechen in der Kommunikation unterscheidet, ohne das Allgemein-Anthropologische zu strapazieren. Nolting, W.: Literatur oder Kommunikation. Anstelle fremder Wissenschaftsofferten Orientierungen eines positionslosen Denkens, Literatur als Sprache. Bd. 3. Münster 1982.

39 Vgl. Kapitel V dieser Arbeit.

40 Bourdieu, Soziologie der symbolischen Formen, a. a. O., S. 176.

41 Ebd.

42 Ebd., S. 180.

43 Vgl. Bourdieu, P.: Sozialer Sinn, a. a. O., S. 122.

44 Bourdieu, P.: Antworten auf einige Einwände. In: Klassenlage, Lebensstil und kulturelle Praxis, hg. v. K. Eder, Frankfurt/M. 1989, S. 397, hier nach H. J. Wagner, a. a. O., S. 330. Wagner analysiert die Beziehung von objektivem Sinn und subjektiver Intention in Bourdieus Konzeption und vergleicht sie mit der fundamental-anthropologischen von G. H. Mead.

45 Ebd., S. 331.

46 Bourdieu, P.: Soziologie der symbolischen Formen, a. a. O., S. 190; vgl. auch Anmerkung 23.

47 Ebd., S. 192.

48 Ebd., S. 193.

49 Wagner, H.-J.: Sinn als Grundbegriff in den Konzeptionen, a. a. O., S. 333.

50 Ebd., S. 334.

51 Vgl. Bourdieu, P.: Die feinen Unterschiede. Frankfurt/M. 1987, S. 120.

52 Ebd., S. 125.

53 Bourdieu, P.: Die feinen Unterschiede. Frankfurt/M. 1991[4] S. 25.

54 Einen Minimalkatalog an Anforderungen, die jede metatheoretische Vorentscheidung betreffen, hat Th. Schulze aufgestellt, in dem die Gemeinsamkeiten, nicht die Unterschiede aller wissenschaftlichen Methoden auf verschiedene Kriterien bezogen werden, die Tillmann (1989) als Konzeptbedingung für wissenschaftliche Aussagesysteme akzeptiert (vgl. Tillmann, K. J., Einführung in die Sozialisationstheorie. Reinbek 1989, S. 29). Die Kriterien sind 1. Daten, 2. Konzepte, 3. Reflexion, 4. Diskussion, 5. Fragen und Kritik (vgl. Schulze, Th., Schule im Widerspruch. Erfahrungen, Theorien, Perspektiven. München 1980).

55 Vgl. Kap. II, Spiegel-Spiele.

56 So versteht Ina-Maria Greverus Anthropologie als Kritik, wenn sie die Relativität des eigenen Standpunktes am Beispiel der ethnologischen Anthropologie zeigt und daraus Formen ihrer wissenschaftlichen Texte ableitet, die sie versteht als einen Versuch, „die Widersprüche des gelebten und gedachten Lebens, seine Brüche und Umwege, sein Nebeneinander der Erfahrungen in den Text eingehen zu lassen." (Greverus, I. M., Neues Zeitalter oder Verkehrte Welt. Anthropologie als Kritik. Darmstadt 1990, S. XI).

57 Geulen, D. & Hurrelmann, K.: Zur Programmatik einer umfassenden Sozialisationstheorie. In: Hurrelmann, K. & Ulich, D. (Hg.), Handbuch der Sozialisationsforschung, Weinheim 1980, S. 51.

58 Vgl. Hurrelmann, K.: Einführung in die Sozialisationstheorie. Über den Zusammenhang von Sozialstruktur und Persönlichkeit. Weinheim 1986.

59 Vgl. Rolff, H. G.: Sozialisation und Auslese durch die Schule. Heidelberg 1967/1990.

60 Vgl. Hurrelmann, K.: Das Modell des produktiv realitätsverarbeitenden Subjekts in der Sozialisationsforschung. In: ders. (Hg.), Lebenslage, Lebensalter, Lebenszeit. Weinheim 1986.

61 Vgl. Geulen 1989, bes. S. 7-21; vgl. Busch, H. J.: Kindheit am Ende oder Ende ohne Kindheit? Psychoanalytisch-sozialpsychologische Aspekte veränderter Sozialisationsbedingungen von Kindern. In: Geulen 1989, S. 21-43. Der Ansatz versteht sich als kulturkritische Psychoanalyse, aus der sich Buschs Forderungen eines *kindlichen Elementes* ableiten, das sich kompensatorisch zur Adultisierung der Gesellschaft verhält und die Erwachsenen nicht als von Kindheit abgeschlossenes Element sieht; bes. S. 38 f.

62 Vgl. Bohrer, K.-H., a. a. O.

63 Vgl. Hengst, H.: Zum Wandel der Kinderkultur. Neue Erfahrungen in pädagogisch verdünnten Zonen. In: Geulen, D., Kindheit, a. a. O.

64 Vgl. Kapitel I. 1 dieser Arbeit.

65 Problematisch zeigte sich jedoch des weiteren die Fixierung auf Erkenntnis, die an verbale Symbolbildung gebunden war. Zwar fixierte sie im psychoanalytischen Sinn das Unbewußte, überging aber die Bedingungen seiner Existenz im Vorgehen, das ausschließlich verbal determiniert war. So wurde die „Interaktionsform" gegenüber dem „Sprachspiel" lediglich zur symbolisch unterdeterminierten Phase abgestempelt. Die Eigenaktivität des Subjekts als „Schaltstelle" blieb im psychoanalytischen Vorverständnis weitgehend unberücksichtigt.

66 Vgl. Hurrelmann 1978, nach Tillmann, a. a. O., S. 250.

67 Ebd.

68 Vgl., was jener gegen Habermas und Döbert & Nunner-Winkler anführt: Hurrelmann, K.: Programmatische Überlegungen zur Entwicklung der Bildungsforschung. In: Bolte, K. M. (Hg.), Verhandlungen des 18. Deutschen Soziologentages. München 1978, S. 531-564.

69 Tillmann, a. a. O., S. 251.

70 Vgl. Kapitel II dieser Arbeit.

71 Vgl. Tillmann, a. a. O., S. 251.

72 Vgl. Schuhmacher, D.: Sprechen und Sehen. Köln 1988, S. 85-100.

73 Vgl. Geulen, D.: Die historische Entwicklung sozialisationstheoretischer Ansätze. In: Hurrelmann, K. & Ulich, D.: Neues Handbuch der Sozialisationsforschung. Weinheim 1992, S. 21-57; vgl. auch: Hurrelmann, K. & Ulich, D.: Gegenstands- und Methodenfragen der Sozialisationsforschung. In: dies., a. a. O., S. 3-21, bes. 5 f.

74 Vgl. Hengst, H.: Zum Wandel der Kinderkultur – Neue Erfahrungen in pädagogisch verdünnten Zonen. In: Geulen, D.: Kindheit, a. a. O., S. 86-108; und im Hinblick auf die Berücksichtigung der Interaktion des Subjekts mit anderen wie mit der ökologisch differenzierten Umwelt vgl. Geulen 1992.

75 Vgl. Mead, G. H.: Geist, Identität und Gesellschaft. Frankfurt/M. 1968.

76 Vgl. Wagner, a. a. O.

77 Vgl. Mead, G. H., a. a. O., S. 86.

78 Mead, G. H.: Gesammelte Aufsätze. Bd. 1. Frankfurt/M. 1980, S. 245. „Wir stellen uns in der Phantasie seine Argumente vor und verwenden dabei seine Intonation und Gebärden, vielleicht sogar seinen Gesichtsausdruck.“

79 Vgl. Wagner, a. a. O., S. 321 f.; Geulen, D. (Hg.), Perspektivenübernahme und soziales Handeln. Texte zur sozial-kognitiven Entwicklung. Frankfurt/M. 1982, S. 16.

80 Mead, G. H., Geist, Identität und Gesellschaft, a. a. O., S. 200 f.

81 Vgl. Piaget, J.: Die Äquilibration der kognitiven Strukturen. Stuttgart 1976.

82 Besonders deutlich wird diese Sicht in Verbindung mit der Kindersprache, wenn symbolische und semiotische Funktion noch nicht deckungsgleich sind und dieses als Mangel gesehen wird. Andererseits ist gerade diese Asymmetrie in der Lage, Sinn wieder anders herzustellen, kreative Verwandlungen vorzunehmen. Vgl. Schuhmacher, D., a. a. O, S. 56 ff.
Während Meads Position gegenüber Piaget radikaler in Hinblick auf die Komplexität und Disparität von Identität ist, ist sie auch weniger forschungsnah. Die spätere empirische Forschung ist Mead nicht mehr gefolgt. Sie hat sich seit Anfang der 60er Jahre auf die Erklärung von Entwicklungsverläufen bezogen (aktualgenetisch und ontogenetisch). In Abgrenzung zu Piaget ist sie später zum Paradigma der sozialen Kognition geworden. Vgl. dazu den Sammelband von Edelstein, W. & Keller, M., Perspektivität und Interpretation. Beiträge zur Entwicklung des sozialen Verstehens. Frankfurt/M. 1982.

83 Vgl. Leahy, R. L. & Huard, C.: Perspektivenübernahme und Disparität der Selbstbilder bei Kindern. In: Geulen 1982, S. 416-427.

84 Vgl. Katz, P. & Zigler, E.: Self-image disparity: A developmental approach. In: Journal of Personality and Social Psychology, 1967, 5, S. 186-195.

85 Diese Untersuchungen beziehen sich auf eine kindliche Altersstufe von ca. 10 Jahren. Die Autoren merken dazu selbstkritisch an, daß sie den wohl „falschen“ Sprachaspekt gewählt haben, indem sie sich auf ein Modell gegenstandsbezogener Kommunikation bezogen, das dem Entwicklungsstand der Altersstufe möglicherweise nicht angemessen gewesen sei. Vgl. Glucksberg, S. & Krauss, R. M.: Was sagen die Menschen, nachdem sie sprechen gelernt haben? Untersuchungen zur Entwicklung gegenstandsbezogener Kommunikation. In: Geulen 1982, S. 327-335. Im Paradigma dieser Forschung erweist sich der Bezug auf Bildlichkeit gegenüber Sprache als Handicap sozialen Verstehens; vor allem dann, wenn die subjektiven Vorstellungsgehalte in einer bestimmten Altersstufe nur schwer vermittelt werden können, da sie Abstraktionsfähigkeit verlangen und Perspektivenübernahme nicht vorausgesetzt werden kann. Aber die Ausschaltung dieser „Assoziationsebene“ bedeutet paradigmatisch einen Mangel

für die wissenschaftliche Perspektive, nicht für die Subjekte, die gemessen an dieser Einschätzung *noch* keine sind, weil sie zu dieser kognitivistischen Variante noch nicht in der Lage sind.

86 Vgl. Bourdieu, a. a. O.

87 Vgl. Edelstein & Keller 1982, S. 12 f.

88 Vgl. Flavell, J. H. u. a.: Rollenübernahme und Kommunikation bei Kindern. Weinheim 1975; vgl. auch Selmann, R. L., Die Entwicklung des sozialen Verstehens. Frankfurt/M. 1984.

89 In seinen Untersuchungen (1986) zur appearance-reality distinction geht es Flavell um die mangelnde Fähigkeit von Kindern, dual zu codieren. Vgl. Flavell et al., Development of Knowledge about the Appearance-Reality Distinction, Monographs of the Society for Research in Child Development, 1986, 51/1, Serial Nr. 212.

90 Mead, G. H.: Ästhetische Erfahrung. In: Henrich, D. & Iser, W. (Hg.), Theorien der Kunst. Frankfurt/M. 1982, S. 346.

91 Vgl. Dewey, J.: Kunst als Erfahrung. Frankfurt/M. 1979; ders., Aesthetic Experience as a Primary Phase and as an Artistic Development, Journal of Aesthetics and Art Cristicism, hg. von der American Society for Aesthetics. Baltimore 1 (1950), 9, S. 56-58.

92 Mead, G. H., Ästhetische Erfahrung, a. a. O., S. 343.

93 Ebd.

94 Vgl. Oelkers, J.: Die Wiederkehr der Postmoderne, Zeitschrift für Pädagogik 33 (1987), 1, S. 21-29. Oelkers problematisiert hier an Dewey die ausschließliche Betonung des Guten, unter die auch das ästhetische Moment fällt. Wie in der „Pädagogik vom Kinde aus" und in der Kulturpädagogik der 20er Jahre geht es bei Dewey um Kritik am Idealismus, um die „gesellschaftliche Definition des Guten und die Auflösung des philosophischen Allgemeinen zugunsten eines einzelnen Subjekts und seiner einzigartigen Entwicklung" (ebd., S. 34). Der nicht hintergehbare Optimismus jedoch erwies sich als riskante Reduktion, die aber gerade darum mit Hilfe pädagogischer Entwürfe Zukunft antizipieren konnte. Oelkers sieht diese Möglichkeit für die „heutige Postmoderne" nicht, da die eigenen Konzepte immer schneller einer Relativierung unterliegen (vgl. zur weiteren Diskussion Kapitel V dieser Arbeit).

95 Vgl. Pohlen & Wittmann, „Die Unterwelt bewegen." Versuche über Wahrnehmung und Phantasie in der Psychoanalyse, Frankfurt/M. 1980, bes. S. 26.

96 Vgl. Spitz, R.: Die Urhöhle: Zur Genese der Wahrnehmung und ihrer Rolle in der psychoanalytischen Theorie. In: Psyche 9 (1956), S. 641-667.

97 Vgl. El-Safti, M.: Die Konzeption des Körper-Ichs unter besonderer Berücksichtigung der Beiträge von Paul Schilder, Dynamische Psychiatrie 6 (1973), S. 57-64; vgl. auch Rachstein, B.: Der Aufbau des Selbst beim Kind. Zur Entstehung des Selbstbewußtseins in den ersten Lebensjahren. Wiesbaden 1992.

98 Vgl. ebd., S. 53, Anm. 3.

99 Vgl. Bischof, N.: Stellungs-, Spannungs- und Lagewahrnehmung. In: Metzger, W. (Hg.), Allgemeine Psychologie. Handbuch der Psychologie. Bd. 1/1, Göttingen 1966, S. 409 ff.

100 Vgl. Rachstein, a. a. O. Es wird hier ausdrücklich auf die noch ausstehenden Untersuchungen zur Neurophysiologie und Psychologie hingewiesen.

101 Zum Interaktionskonzept des mirroring machten Papousek & Papousek Fotografien der Pupille des Auges des Kindes, um im Auge, das als Spiegel fungiert, die Reaktionen der Mutter auf das Kind zu beobachten. Vgl. Papousek & Papousek, Early ontogenesy of human social interactions, in: von Kranach, M., Foppa, K., Lepenies, W. & Ploog, D. (eds.), Human ethology: Claims and limits of a new discipline. Cambridge

1979; Papousek, Papousek & Giese, Neue wissenschaftliche Ansätze zum Verständnis der Mutter-Kind-Beziehung, in: Stork, J. (Hg.), Zur Psychologie und Psychopathologie des Säuglings – neue Ergebnisse in der psychoanalytischen Reflexion. Stuttgart 1986, S. 53-71.
Stern untersucht im Spiegeln erste Anzeichen von Intersubjektivität, die er „state sharing" nennt. Stern, D. N., The early development of schemas of self, other, and „self with other". In: Lichtenberg, J. D. & Kaplan, S. (eds.), Reflections on self psychology. Hillsdale 1983, S. 49-84.
Winnicott geht von der Mutter als Spiegel aus, die ein Bild der Bedürfnisse und Stimmungen des Kindes liefert, indem sie auf es eingeht. Dieses Bild ist für Winnicott das wahre Bild. Wenn das kleine Kind die Mutter sieht, sieht es nach Meinung Winnicotts sich selber. Vgl. Winnicott, D. W., Mirror role of mother and family in child development, in: ders., Playing and Reality, New York 1971, S. 11-118.

102 Vgl. Lacan, J.: Das Spiegelstadium als Bildner der Ichfunktion, Schriften 1, Frankfurt/M. 1975.

103 Vgl. Lewis, M. & Brooks-Gunn, J.: Social cognition and the acquisition of self. New York 1979; dies. & Jaskir, J., Individual differences in visual self-recognition as a function of mother-infant attachment relationship, Developmental Psychology 21 (1985), S. 1181-1187; Lang, H. J.: Die ersten Lebensjahre: Psychoanalytische Entwicklungspsychologie und empirische Forschungsergebnisse. München 1988.

104 Vgl. Amsterdam, B. & Levitt, M.: Consciousness of self and painful self-consciousness. The psychoanalytical Study of the Child 53 (1980), S. 67-83.

105 Vgl. Wimmer, K. M.: Der Andere und die Sprache. Vernunftkritik und Verantwortung, Berlin 1988, S. 240.

106 Atkins untersuchte das Spiegeln in frühen Peer-Beziehungen (6 Monate bis 2½ Jahre) in Hinblick auf diesen visuellen Effekt und kommt zu dem Schluß, daß die wahrnehmbare Ähnlichkeit das Selbstgewahrsein des Kindes fördert, und zwar in dem Sinn, daß Ähnlichkeit mit und Differenzierung von dem anderen Kind Hand in Hand gehen und Erfahrungsresultat sind (Atkins, R. N., Peer relatedness in the first year of the life: The birth of a new world, Annual psychoanalytical 11 (1983), S. 227-244, hier nach Lang, a. a. O., S. 176).

107 Vgl. Merleau-Ponty, M.: The primacy of perception. Chicago 1964.

108 Lacan, a. a. O., S. 67.

109 Vgl. Bischof-Köhler, D.: Empathie und Spiegelbild. Bern 1989. Sie grenzt Empathie als Mitgefühl von der Perspektivenübernahme, wie hier angesprochen, ab.

110 Lacan, a. a. O., S. 66.

111 Vgl. Kap. II. 4 dieser Arbeit, in Hinblick auf die Praxis Kap. V. 4.; Rumpf, H., Didaktische Interpretationen, a. a. O.

112 Vgl. Krämer, Th.: „Portraitmalerei". Klett Arbeitsheft für die Oberstufe des Gymnasiums. Stuttgart 1989; Katalog SPIEGELBILDER. Kunstverein Hannover 9. 5.-30. 6. 1982. Hannover 1982, bes. S. 9-11.

113 Vgl. Benjamin, W.: Kleine Geschichte der Photographie. In: Das Kunstwerk im Zeitalter seiner technischen Reproduzierbarkeit. Frankfurt/M. 1974, S. 65-95; Bourdieu, P. u. a. 1981.

114 Vgl. Lang, a. a. O.

115 Für Umberto Eco ist der Spiegel daher ein Schwellenphänomen, auf der „Schwelle zwischen Wahrnehmung und Bedeutung". U. Eco, Über Spiegel. In: Über Spiegel und andere Phänomene, München, Wien 1988, S. 38.

116 Merleau-Ponty, The primacy of perception, a. a. O.; vgl. auch Bischof-Köhler 1989.

117 Vgl. Merleau-Ponty, Phänomenologie der Wahrnehmung, a. a. O., S. 176.

118 Ebd., S. 177.

119 Katalog SPIEGELBILDER, a. a. O., S. 48.

120 Vgl. Schérer, R.: Der Körper des Kindes. In: Kamper, D. & Wulf, Chr. (Hg.), Die Wiederkehr des Körpers. Frankfurt/M. 1982, S. 109-125; vgl. auch zu diesen spielerischen Selbstverwandlungen W. Benjamin, Berliner Kindheit um 1900, Gesammelte Schriften, Bd. IV, 1, Frankfurt/M. 1980, S. 21, die Überschrift: „Verstecke", S. 253 f.

121 Katalog SPIEGELBILDER, a. a. O.

122 Vgl. Kegan, R.: Die Entwicklungsstufen des Selbst. Fortschritte und Krisen im menschlichen Leben. München 1986. Kegan sieht den Fortschritt in der Entwicklung des Selbst darin, daß das Kind nicht mehr seine Wahrnehmung ist, sondern besitzt und instrumentell über sie verfügt.

123 Mead, G. H.: Geist, Identität und Gesellschaft aus der Sicht des Sozialbehaviorismus, Frankfurt/M. 1968, S. 192.

124 Bischof-Köhler, a. a. O., S. 165.

125 Schérer, a. a. O., S. 119.

126 Ebd.

127 Ebd., S. 120.

128 Vgl. Benjamin, W.: Gesammelte Werke II/1, a. a. O., S. 210-213.

129 Schérer, a. a. O., S. 119.

130 Vgl. Flavell, a. a. O., und Kapitel I dieser Arbeit.

131 Kritik an dieser Ästhetisierung übt Max Kläger, Phänomen Kinderzeichnung, Baltmannsweiler 1989.

132 Vgl. Bischöf-Köhler, a. a. O.

133 Vgl. W. Welsch, Ästhetisches Denken, Stuttgart 1990.

134 Vgl. Duncker, L., Maurer, F. u. a., Kindliche Phantasie und ästhetische Erfahrung. Wirklichkeiten zwischen Ich und Welt, Langenau-Ulm 1990.

135 Vgl. B. Busch, Innenansichten des Portraits. Gedanken zur Herstellung des Bildnisthemas, in: G. Jüttemann, M. Sonntag & Chr. Wulf (Hg.), Die Seele. Ihre Geschichte im Abendland, Weinheim 1991, S. 448-476.

136 Vgl. Lewis und Brooks-Gunn, a. a. O.

137 Lichtwark 1907, nach Benjamin, Kleine Geschichte der Fotografie, a. a. O., S. 87.

138 Ebd.

139 Ebd., S. 68.

140 Ebd., S. 93.

141 Ebd.

142 Ebd., S. 71.

143 W. Benjamin, Das Kunstwerk im Zeitalter seiner technischen Reproduzierbarkeit, Frankfurt/M. 1974, S.18.

144 Ebd., S. 72.

145 Vgl. Benjamin, Gesammelte Schriften, a. a. O., Bd. II.3., S. 958; vgl. auch D. Schuhmacher-Chilla, Wenn das Auge das Ohr übermannt – Erleben im künstlerischen Prozeß, Paragrana II, Berlin 1993. Auch an anderer Stelle zeigt sich dieser mimetische Bezug, der ein fundamental anthropologischer ist und zwischen Mensch und Welt, Selbst und Anderem sowie zwischen Ich und Selbst auftreten kann. Vgl. Benjamin, Gesammelte Schriften, a. a. O., Bd. II.1., Lehre vom Ähnlichen, S. 204-210, vgl. auch weiterführend zur Sprachanthropologie Gebauer, G. & Wulf, Chr., Mimesis, Reinbek 1992; zum Problem der Aura-Erfahrung besonders M. Stoessel, Aura. Das vergessene Menschliche, München, Wien 1983.

146 Benjamin, W.: Kleine Geschichten der Fotografie, a. a. O., S. 83.

147 Ebd., S. 82.

148 Rorty, R.: Kontingenz, Ironie und Solidarität. Frankfurt/M., S. 320.

149 Vgl. zu diesem Anspruch, der sich besonders an religiöse und ästhetische Erfahrung anschließt, auch Habermas, J.: Bewußtmachende oder rettende Kritik. Die Aktualität Walter Benjamins. In: Zur Aktualität W. Benjamins, hg. von S. Unseld. Frankfurt/M. 1972, S. 173 ff.

150 Rorty, a. a. O.

151 Mollenhauer, K.: Vergessene Zusammenhänge, S. 160.

152 W. Gardner, H.: Frames of Mind. The Theory of Multiple Intelligences. New York 1983; auch Kläger, a. a. O., S. 15.

153 Vgl. Richter, H. G.: Die Kinderzeichnung. Düsseldorf 1987.

154 Vgl. Wedewer, R.: Zur Sprachlichkeit von Bildern. Köln 1985.

155 Vgl. Peirce, Ch. S.: Phänomen und Logik der Zeichen. Frankfurt/M. 1983, S. 425 f.

156 Feldmann weist im Anschluß an Peirce darauf hin, womit diese Bewußtseinsleistung nicht nur auf die Rezeption von Kunstwerken bezogen bleibt. Vgl. Feldmann, H. & Broekmann, J. M., Darstellung und Sinn. Zur Bedeutung der Mimesis. In: Kunstphilosophie und Psychiatrie, Würzburg 1990, S. 29-39.

157 Bense, M. & Walter, E. (Hg.), Wörterbuch der Semiotik. Köln 1973.

158 Vgl. Peirce 1983.

159 Vgl. Feldmann, a. a. O., S. 33.

160 Eco, Das offene Kunstwerk, a. a. O.

161 Von Mollenhauer sogar als „Halbierung" bezeichnet; Kunst und Unterricht 151, 1991, S. 2.

162 Ebd.

163 Vgl. Bischöf-Köhler, a. a. O. Obwohl die Bedeutung der Aktivität für die frühkindliche Selbstbewertung wichtiger ist als das Körperbild, soll hier die Funktion des Bildes im übergreifenden Sinne problematisiert werden, aus der sich Folgen für die Reflexion erziehungswissenschaftlicher Diskurse ergeben. Vgl. Schulze, Th.: Das Bild als Motiv in pädagogischen Diskursen, in: Lenzen, D., Kunst und Pädagogik, Darmstadt 1990, S. 97-119.

164 Pothast, U.: Philosophisches Buch. Schrift unter der aus der Entfernung leitenden Frage, was es heißt, auf menschliche Art und Weise lebendig zu sein. Frankfurt/M. 1988.

165 Allport, W.: Gestalt und Wachstum in der Persönlichkeit. Weinheim 1970, S. 10 f

166 Naudascher, B.: Das übergangene Selbst. Pädagogische Perspektiven zur Selbstkonzeptforschung. Frankfurt/M. 1980.

167 Ebd., S. 59 u. S. 157.

168 Ebd.

169 Auf die enge Beziehung von Identitätserlebnis und Wahrnehmung weist auch Gombrich hin: „Das Identitätserlebnis ist eine Art von Wahrnehmungsverschmelzung, die auf Wiedererkennen beruht, und hier wie überall wird die Erfahrung die Weise beeinflussen, in der wir ein Gesicht sehen" (Gombrich, Maske und Gesicht, 1977, S. 16).

170 Wulf, Chr.: Präsenz und Absenz. Prozeß und Struktur in der Geschichte der Seele, in: G. Jüttemann, M. Sonntag, M. & Chr. Wulf (Hg.), Die Seele. Ihre Geschichte im Abendland, Weinheim 1991, S. 9 f.

171 Schurian, W.: Psychologie ästhetischer Wahrnehmungen, 1986, S. 80.

172 Busch, B.: Innenansichten des Portraits, a. a. O., S. 466.

173 Ebd.

174 Schulze, Th.: Das Bild als Motiv in pädagogischen Diskursen, in: Lenzen, D., Kunst und Pädagogik, Darmstadt 1990, S. 119.

175 Seit ihrer Institutionalisierung im Zusammenhang der „Kunsterziehungsbewegung" tätigte sie dieses zum Zwecke der Volksbildung, zur Geschmacksbildung bzw. später zum Anspruch auf die Bildung des ganzen, schöpferischen Menschen. Vgl. Klinkhardts pädagogische Quellentexte. Die Kunsterziehungsbewegung. Heilbronn 1966.

176 Vgl. Mollenhauer, K., Vergessene Zusammenhänge, a. a. O.

177 Vgl. Kamper & Wulf (Hg.), Die Wiederkehr des Körpers. Frankfurt/M. 1982.

178 Meyer-Drawe, K.: Illusionen von Autonomie. Diesseits von Ohnmacht und Allmacht des Subjekts. München 1990.

179 Ebd., S. 58.

180 Vgl. Lorenzer, A.: Sprachspiel und Interaktionsformen. Frankfurt/M. 1977.

181 Watzlawick, P.: Die Unsicherheit unserer Wirklichkeit. München 1988, S. 36.

182 Foucault, M.: Freiheit und Selbstsorge. Frankfurt/M. 1985, S. 18.

183 Menzen, K.-H.: Vom Umgang mit Bildern. Köln 1990, S. 315.

184 Ebd.

185 Ebd., S. 302 f.

186 Vgl. Benjamin, Gesammelte Schriften II.

187 Barthes, R.: Die Lust am Text. Frankfurt/M. 1982, S. 15.

188 „Jedes *Bild* von ihm selbst ist ihm unerträglich, er leidet darunter, genannt zu werden. Er meint, daß die Vollkommenheit einer menschlichen Beziehung auf der Vakanz des Bildes beruht: untereinander von einem zum anderen, die *Adjektive* abschaffen; eine Beziehung, die sich mit Adjektiven versieht, ist auf Seiten des Bildes, auf der Seite der Herrschaft, des Todes" (Barthes, R., Über mich selbst, S. 47).

189 Geertz, C.: Dichte Beschreibung, Frankfurt/M., S. 21; zum Anliegen einer ethnologischen Beschreibung des Fremden, wobei er von einem semiotischen Kulturbegriff ausgeht und von ethnologischen Interpretationen als „Fiktionen", S. 23. Hier wäre auch Ina Maria Greverus' Ansatz einer ethnologischen Anthropologie zu nennen, wenn sie ein bewegendes Prinzip als Forderung geltend macht, das auf Psychoanalyse und Ethnologie zurückgreift, „weil sie an den Grenzen aller Erkenntnisse über den Menschen mit Sicherheit einen unerschöpflichen Schatz von Erfahrungen und Begriffen, aber vor allem ein ständiges Prinzip der Unruhe, des Infragestellens, der Kritik des Bestreitens dessen bilden, was sonst hat als erworben gelten können" (Greverus, I. M., Neues Zeitalter oder Verkehrte Welt. Anthropologie als Kritik, Darmstadt 1990).

190 Vgl. Eco, a. a. O., S. 182.

191 Ebd., S. 234.

192 Meyer-Drawe, a. a. O., S. 45.

193 Die sind aber, wie in Kap. I dargestellt, nicht nur auf die Rezeption von Kunstwerken bezogen.

194 Vgl. Merleau-Ponty, M.: Phänomenologie der Wahrnehmung. Berlin 1966; vgl. auch Meyer-Drawe, K.: Leiblichkeit und Sozialität, München 1984; Meyer-Drawe, K.: Leiblichkeit als Dimension von Wahrnehmung und Rationalität, Kunst und Unterricht 107 (1986), S. 10-13.

195 Vgl. Plessner, H.: Mit anderen Augen, Gesammelte Schriften, Bd. VIII, Frankfurt/M. 1983, S. 93 f.

196 Ebd., S. 93.

197 Vgl. Rumpf, H.: Die übergangene Sinnlichkeit. München 1981; vgl. auch Rumpf, H., Didaktische Interpretationen, Weinheim, Basel 1991. Hier bezieht sich Rumpf auf Plessners verborgene Theorie des Kulturlernens (ebd., S. 48).

198 Plessner, H.: Die Positionalität der exzentrischen Form. Das Ich und der Personencharakter, Gesammelte Schriften Bd. IV, S. 364.

199 Plessner, Mit anderen Augen, a. a. O., S. 93.

200 Plessner, Die Positionalität der exzentrischen Form, a. a. O., S. 365.

201 Plessner, Mit anderen Augen, a. a. O., S. 93; Rumpf: Didaktische Interpretationen. a. a. O., S. 47. H. Rumpf knüpft an diese Anregungen didaktisch an, ohne daß er auf die bei Plessner genauer beschriebene Leistung des Blicks in der Begegnung zwischen mir und anderen auf der sozialen Ebene eingeht. In Hinblick auf den Anspruch von Verstehen und Sinnlichkeit erscheint das bei Rumpf als Verkürzung, da die Art und Weise der Beziehung zum Anderen als Grundlage pädagogischen Handelns in ihrer Reziprozität nicht hinreichend bedacht ist.

202 Vgl. Wulf, Mimesis, a. a. O., S. 111 f.

203 Plessner, Die Positionalität der exzentrischen Form, a. a. O., S. 394.

204 Ebd.

205 Vgl. Wulf, a. a. O., S. 112.

206 Plessner, Die Positionalität der exzentrischen Form, a. a. O., S. 365.

207 Vgl. Mollenhauer, K.: Theorien zum Erziehungsprozeß. München 1972; auch Mollenhauer, K.: Korrekturen am Bildungsbegriff, Zeitschrift für Pädagogik 33 (1987), 1, S. 1-19. Die Polarisierung, in die Mollenhauer dabei die Begriffe „Leib, Arbeit, Prozeß und Authentizität" (S. 17) auf der einen Seite und *die* Bildungsprozesse andererseits bringt, die im Sprechen und Handeln, in soziale Kontinuitäten und Verantwortlichkeiten eingebunden sind, erschwert den Bezug auf Begriffe, die diese Dualitäten unterlaufen, um bestehende Grenzen im Hinblick auf Modifikationen zu überschreiten.

208 Lypp, B.: Die Erschütterung des Alltäglichen, München 1991, S. 217.

209 Diese Ansicht vertritt jedenfalls Mollenhauer, wobei er die strikte Trennung von Kunst einerseits und Pädagogik andererseits im aufklärerischen Sinn unterstützt. Vgl. Mollenhauer in Lenzen, Kunst und Pädagogik, a. a. O., S. 3-18.

210 Vgl. Schiller, F.: Über naive und sentimentalische Dichtung, Die Tempel-Klassiker. Bd. II, Wiesbaden o. J., S. 678-750.

211 Vgl. ebd., S. 682.

212 Ebd.

213 Ebd., S. 689.

214 Vgl. Marquard, O.: Über einige Beziehungen zwischen Ästhetik und Therapeutik in der Philosophie des 19. Jahrhunderts, in: Schwierigkeiten mit der Geschichtsphilosophie, Frankfurt/M. 1982, S. 85-106. Er konstatiert: Wo die transzendentalphilosophische Geschichtsphilosophie Vernunft in der Geschichte nicht (zureichend) zu erkennen vermag, kommt es notgedrungen zum Versuch, die Vernunft von der Natur zu erwarten: Die Wende zur Naturphilosophie kompensiert die transzendentalphilosophische Verzweiflung an der Geschichtsphilosophie.

215 Schiller, a. a. O., S. 690.

216 Ebd., S. 692.

217 Vgl. ebd.: „Unser Gefühl für die Natur gleicht der Empfindungen des Kranken für die Gesundheit."

218 Vgl. Hofmann, W.: C. D. Friedrich und die deutsche Nachwelt. Frankfurt/M. 1974.

219 Belting, H.: Die gemalte Natur, in: Bentler, Ch., Schuster, K. D. & Warnke, M.: Kunst um 1800 und die Folgen, München 1988, S. 177-180, hier S. 180 (Werner Hofmann zu Ehren). Belting geht es in einer wissenschaftstheoretischen Perspektive, die es ähnlich wie die Oskar Bätschmanns vermeiden will, eine großangelegte chronologische

Geschichte oder eine Theorie der Landschaftsmalerei zu sein, darum, die Beziehung von erfahrener Natur – Gesellschaft – Kunst motivgeschichtlich, punktuell zu untersuchen. Dabei tangiert er die Frage nach den Funktionen des Ästhetischen, die er für die Gegenwart nicht eindeutig beantworten kann, wie es Joachim Ritter getan hat, der von einer notwendigen Ergänzung der wissenschaftlichen Objektivierung einerseits und der ästhetischen Vergegenwärtigung der Natur andererseits gesprochen hatte. Dieses mag für die Romantik gegolten haben, für die Gegenwart ist es die „Frage, ob das Argument heute, in der Welt der Medien und ihrer Realitäten, noch sticht", so Belting (ebd.). Vgl. auch O. Bätschmann, Entfernung der Natur. Landschaftsmalerei 1750-1920, Köln 1989.

220 Vgl. Bätschmann, a. a. O., S. 9.

221 Vgl. Jensen, J. Chr.: Caspar D. Friedrich, Köln 1974, S. 239.

222 Hofmann, W.: C. D. Friedrich. Kunst um 1800. Hamburger Kunsthalle 14.9.-3.11. 1974, S. 8.

223 Ebd., S. 10. Werner Hofmann hält das Hervorheben der romantischen Kunsttheorie für weniger relevant als sonst in der kunstwissenschaftlichen Literatur dargestellt wird, da viele (so Schlegel und Schelling) im traditionellen Rollenverständnis der Landschaft argumentiert hätten; gleichzeitig sei aber das Gewahrwerden der subjektiven Schranken als ihre Rechtfertigung begriffen worden. Dieser Aspekt wird in den Darstellungen C. D. Friedrichs radikalisiert, wie noch gezeigt wird.

224 Ebd., S. 16.

225 Noch 1976 geht G. Eimer davon aus, daß man sich bisher vergeblich um eine Ableitung und Erfassung der ästhetischen Grundannahmen Friedrichs bemüht habe. Vgl. Eimer, G.: C. D. Friedrich. Auge und Landschaft. Zeugnisse in Bild und Wort. Frankfurt/M. 1974/1976. 1989 versucht Bätschmann, diesen Aspekt näher zu beleuchten. Dabei ist eine veränderte Methode wichtig, die nicht historiographisch festschreibt, ob einzelne Problemfelder dem Fortschritt oder einer Innovation unterstellt sind. Er vermeidet es auch, der Chronologie die Ordnungsfunktion zu überlassen, sondern entspricht in der Akzentuierung punktueller Motive dem Zustand, den Jacob Burckhardt als den der „wilden Regellosigkeit" feststellte, einen Zustand, in den dieser die Landschaftsmalerei um 1845 einordnete, weil der Fortschritt in dieser Gattung deutlich wahrnehmbar wurde, indem die Distanz zwischen kultiviertem Leben und Natur mehr und mehr sichtbar wurde. Vgl. Bätschmann, a. a. O., S. 9 f.

226 Vgl. Ramdohr, F. W. B.: Über ein zum Altarblatte bestimmtes Landschaftsgemälde von Herrn C. D. Friedrich in Dresden, und über Landschaftsmalerei, Allegorie und Mystizismus überhaupt. In: Hinz, S.: C. D. Friedrich in Briefen und Bekenntnissen. Leipzig 1974, S. 194.

227 Vgl. ebd., S. 193.

228 Vgl. Bätschmann, a. a. O., S. 55.

229 Die dem Naturmystizismus Thorilds nahesteht, der von der englischen Ästhetik beeinflußt ist.

230 Vgl. Hofmann, a. a. O., S. 25.

231 Bätschmann, a. a. O., S. 55.

232 Runge, O. Ph., nach Hoffmann, a. a. O., S. 22.

233 Friedrich, zit. nach Eimer, G., a. a. O., S. 32.

234 Friedrichs Forderung an den Künstler ergibt sich daraus: „geistig anzuregen und in dem Beschauer Gedanken, Gefühle und Empfindungen zu erwecken, und wären sie auch nicht die seinen"; Hofmann, a. a. O., S. 27.

235 Marquard, a. a. O., S. 150.

236 Ebd., S. 153.

237 Während Marquard die „Verschlossenheit der ästhetischen Subjektivität", von der Bohrer spricht (a. a. O., S. 12), als Zurückweichen vor der politischen Wirklichkeit sieht, die den außergeschichtlichen Standort des Ästhetischen fortan anzeigt, setzt Bohrer an ästhetischer Subjektivität als „Alternative zur Anpassung des bürgerlichen Subjektivismus an das Realitätsprinzip" an (ebd., S. 14).

238 Bohrer, a. a. O., S. 30.

239 Moritz, K. Ph.: Anton Reiser, Berlin 1785/90, Teil 3, 1786, zit. n. Hofmann, a. a. O., S. 17 f.

240 Vgl. Bätschmann, a. a. O., S. 138.

241 Ebd., S. 315.

242 Vischer, Th., Zustand der jetzigen Malerei (1842), zit. n. Bätschmann, a. a. O., S. 314 f.

243 Ebd., S. 316.

244 Dabei kann von Friedrich noch nicht die von Bohrer an der romantischen Briefliteratur bei der Günderode, Brentano und Kleist nachgewiesene radikale Selbstreferenz erwartet werden, eher in Anlehnung an Schlegel, Tieck oder Novalis eine „ideengestützte Subjektivität" (Bohrer, a. a. O., S. 40). Bei Friedrich verweisen indessen ikonographische Momente auf eine Selbstreflexion und einen Zustand der „Abwesenheit von Selbsterhaltung", den Bohrer für die ästhetische Subjektivität beansprucht (S. 19).

245 H. v. Kleist in den Berliner Abendblättern, zit. nach Jensen, J. Ch., C. D. Friedrich, Köln 1974, S. 106.

246 Bohrer, a. a. O., S. 103.

247 Jensen, a. a. O., S. 106.

248 C. D. Friedrich, zit. nach E. Kleßmann, Die deutsche Romantik, Köln 1979, S. 124.

249 Ebd.

250 Vgl. ebd., S. 123.

251 Ähnliches stellt auch Koopmann in bezug auf Schillers Reaktion auf die *blutige* französische Revolution fest, welche ihn zur moralischen Lösung durch eine ästhetische Erziehung veranlaßte. Koopmann, H.: Freiheitssonne und Revolutionsgewitter. München 1989.

252 Lypp, a. a. O., S. 218.

253 Ebd., S. 219.

254 Diese Anleihe geht vor allem auf M. Duchamp zurück.

255 Vgl. Welsch, W.: Identität im Übergang. Philosophische Überlegungen zur aktuellen Affinität von Kunst, Psychiatrie und Gesellschaft. In: Ästhetisches Denken, Stuttgart 1990, S. 168.

256 Bürger, P.: Theorie der Avantgarde, Frankfurt/M. 1974, S. 66 und S. 121.

257 In der Vergangenheit ist das geschehen, wobei man diese Transformierung immer, weil erwünscht, vorausgesetzt hat.

258 Vgl. Lyotard, J. F.: Das postmoderne Wissen, Graz, Wien 1986, S. 119. „In dieser Zerstreuung (dissémination) von Sprachspielen scheint sich das soziale Subjekt selbst aufzulösen. Das soziale Band ist sprachlich, aber es ist nicht aus einer einzigen Faser gemacht. Es ist ein Gewebe, in dem sich zumindest zwei Arten, in Wahrheit eine unbestimmte Zahl von Sprachspielen, kreuzen, die unterschiedlichen Regeln gehorchen."

259 Ebd., S. 120 f.

260 Aber was die Wiener Künstler in Hinblick auf die nach-moderne Situation geleistet haben, ist nach Lyotard folgendes: „Sie haben ohne Zweifel das Bewußtsein wie die theoretische und künstlerische Verantwortung der Delegitimierung so weit wie möglich ausgedehnt" (ebd., S. 122).

261 Welsch, a. a. O., S. 171.

262 Ebd.

263 Vgl. auch: Benkert, O. & Gorsen, P. (Hg.), Von Chaos und Ordnung der Seele. Ein interdisziplinärer Dialog über Psychiatrie und moderne Kunst. Berlin, Heidelberg, New York 1990.

264 Welsch, a. a. O., S. 172.

265 In Sherman, C.: Déja Vu. Dijon 1982, zit. nach Stockebrand, M., C. Sherman, Westfälischer Kunstverein, Münster 1985, S. 31.

266 Vgl. Benjamin, a. a. O.

267 Cavell, St.: The World Viewed. Reflections in the Ontology of Film. New York 1971, hier in: Iser, H., a. a. O., S. 461.

268 Welsch, a. a. O., S. 172.

269 Ebd., S. 174.

270 So sieht es auch M. Stockebrand, a. a. O., S. 24 f.

271 Katalog zur documenta 7, Kassel 1982, Bd. I, S. 411.

272 Vgl. ebd., S. 461.

273 Stockebrand, a. a. O., S. 14.

274 Ebd., S. 21.

275 Ebd.

276 Vgl. Welsch, a. a. O., S. 178 f. Er verweist u. a. auf entsprechende Thematisierung bei Marquard & Stierle, Identität, München 1979; auch auf Frank, M. u. a.: Die Frage nach dem Subjekt, Frankfurt/M. 1988.

277 Vgl. auch die Ausführungen über Foucault, Kap. IV dieser Arbeit.

278 Vgl. Zapf, W.: Die Pluralisierung der Lebensstile, in: ders. u. a., Individualisierung und Sicherheit. Untersuchungen zur Lebensqualität in der BRD, München 1987, S. 16-36. Zapf thematisiert die sogenannte Postadoleszenz der 20- bis 30jährigen und den „rüstigen Rentner". Vgl. auch: Schulze, G.: Die Erlebnisgesellschaft: Kultursoziologie der Gegenwart, Frankfurt/M. 1992; vgl. Kap. V. zur Gegenwartsdiagnose.

279 Welsch, a. a. O., S. 180.

280 Vgl. Wimmer, K. M.: Der Andere und die Sprache. Vernunftkritik und Verantwortung, Berlin 1988.

281 Vgl. Wylie, R.: The self-concept. Lincoln 1979; Fillip, S. H.: Selbstkonzeptforschung. Oldenburg 1979; Rogers, C. R.: Der neue Mensch. Die Grundlagen eines personenzentrierten Ansatzes, Stuttgart 1981.

282 Vgl. zum Begriff ästhetisches Verhalten Kap. II, bes. Kap. II. 2 dieser Arbeit; zur Definition, die allerdings mehr als einen Satz umfassen muß, um sprachlich deutlich werden zu können, vgl. Staudte, A.: Ästhetisches Verhalten von Vorschulkindern, Weinheim 1977; Otto, G. u. Otto, M.: Ästhetisches Verhalten. Ein Plädoyer für eine vernachlässigte Erkenntnisweise, Kunst und Unterricht 107 (1986).

283 Adorno, Th. W.: Ästhetische Theorie. Frankfurt/M. 1970, S. 487.

284 Ebd., S. 488.

285 Ebd., S. 487.

286 Ebd., S. 488.

287 Bourdieu, a. a. O., S. 116.

288 Vgl. Schiller, F.: Über die ästhetische Erziehung des Menschen. Stuttgart 1973; vgl. zur pädagogischen Problematisierung den akzentuierten Aufsatz von Schulze, Th.: Ästhetische Erziehung in der Schule? Hintergrund, Horizont und Perspektive für das „Denken in Bildern", Kunst und Unterricht 107 (1986); vgl. zum Begriff der doppelwertigen Natur hier Schmid-Noerr, G.: Das Eingedenken der Natur im Subjekt. Zur

Dialektik von Vernunft und Natur in der kritischen Theorie Horkheimers, Adornos und Marcuses, Darmstadt 1990.

289 Vgl. Schmid-Noerr, G. (Hg.): Vierzig Jahre Flaschenpost. Die Dialektik der Aufklärung 1947-1987. Frankfurt/M. 1988.

290 Vgl. Kunnemann, H. & de Vries, H., Die Aktualität der Dialektik der „Aufklärung“, Frankfurt/M. 1989 (nach einem Symposion von 1987 aus Anlaß des 40. Jubiläumsjahres der *Dialektik der Aufklärung*).

291 Kunnemann & de Vries, a. a. O., S. 10.

292 Ebd., S. 14.

293 Derrida, J., Grammatologie, Frankfurt/M. 1983; Foucault 1977; Lacan 1975; Lyotard 1986.

294 Schmid-Noerr, G.: Unterirdische Geschichte und Gegenwart in der Dialektik der Aufklärung. In: Kunnemann & de Vries, a. a. O., S. 70.

295 Ebd., S. 71.

296 „Im Rahmen einer solchen Phänomenologie der Verdinglichung hat auch die Kritik am identifizierenden Begriff, dieser sublimsten und zugleich alltäglichsten Gestalt der instrumentalen Vernunft, ihren Ort. Der identifizierende Begriff, der das je besondere der sinnlichen Vielfalt unter allgemeine Schemata subsumiert, ist das Grundmuster der Verdinglichung sowohl der Natur als auch der sozialen Welt“ (ebd., S. 73).

297 Vgl. Kager, R.: Herrschaft und Versöhnung. Einführung in das Denken Th. W. Adornos, Frankfurt/M. 1988, S. 16 f.

298 Kager verweist auf die Arbeit von Susan Buck-Morss, die den Einfluß von Benjamin nachweist (Frankfurt/M. 1979, S. 16); vgl. auch Schwarz, U.: Rettende Kritik und antizipierte Utopie. Zum geschichtlichen Gehalt ästhetischer Erfahrung in den Theorien von Mukarovsky, J./Benjamin W. und Adorno, Th.W., München 1981; vgl. auch in Rath, N.: Adornos Kritische Theorie. Vermittlungen und Vermittlungsschwierigkeiten. Paderborn, München, Wien, Zürich 1982.

299 Brunkhorst, H.: Th. W. Adorno. Dialektik der Moderne, München 1990, S. 51.

300 Dies käme Benjamins Moment „profaner Erleuchtung“ nahe, das Adorno verschiedentlich gegen Ende der 20er Jahre aus der Auseinandersetzung mit Benjamin einbaut. „Es war, wie wenn durch (Benjamins) Philosophie mir erst aufgegangen wäre, was Philosophie sein müßte, wenn sie das erfüllen sollte, was sie verspricht, und was sie nicht hält, seit der eingeschliffenen Kantischen Trennung zwischen dem, was innerhalb der Erfahrung verbleibt, und was die Grenzen der Möglichkeit der Erfahrung überschreitet“ (Adorno, Erinnerungen, in: Vermischte Schriften I, Ges. Schr. 20.1., Frankfurt/M., S. 174 f.; zit. nach H. Brunkhorst).

301 Zur Diskussion, ob dieser Ansatz pro oder contra Hegels Totalitätsbegriff zu sehen ist, vgl. Kager, a. a. O., S. 237, Anm. 20/21.

302 Vgl. Jay, M.: Positive und negative Totalität. Adornos Alternativentwurf zur interdisziplinären Forschung. In: Bonß, W. & Honneth, A.: Sozialforschung als Kritik. Zum sozialwissenschaftlichen Potential der Kritischen Theorie. Frankfurt/M. 1982.

303 Vgl. Kager, a. a. O., S. 237, Anm. 21. Er schließt Adorno eher an Benjamin an, wobei z. T. ein Keil zwischen Horkheimer und Adorno getrieben wird, der so nicht bestanden hat.

304 Schmied-Kowarzik, W.: „Dialektik“, in: Wulf, Wörterbuch der Erziehung, München 1984, S. 142.

305 Ebd.

306 Dialektik der Aufklärung. In: Horkheimer & Adorno, Dialektik der Aufklärung, Frankfurt/M. 1971, S. 5.

307 Ebd., S. 14.

308 Ebd., S. 15.

309 Vgl. Brunkhorst, H., a. a. O., S. 10 f.

310 Ebd., S. 10.

311 Vgl. Schnädelbach, H.: Vernunft. In: Martens, E. & Schnädelbach, H. (Hg.), Philosophie. Ein Grundkurs. Reinbek 1985, S. 77-115.

312 Vgl. die Literarisierung der Philosophie, der modernen Kunst, die Betonung von Leiblichkeit, Sinnlichkeit, Subjektivität und Lebensweltbezug in der Pädagogik. Vgl. Lenzen, D.: Enzyklopädie. In: Erziehungswissenschaft. Bd. 3, Stuttgart 1982 ff.

313 Schnädelbach, H.: Die Aktualität der Dialektik der Aufklärung, in: Kunnemann & de Vries 1989, S. 34.

314 Vgl. ebd.

315 Brunkhorst, a. a. O., S. 11.

316 Ebd.

317 Vgl. auch die Beziehungslinie, die Welsch zwischen Adorno und Lyotard zieht; W. Welsch, Ästhetisches Denken, Stuttgart 1990, S. 144.

318 Kager, a. a. O., S. 25.

319 Adorno & Horkheimer, a. a. O., S. 108.

320 Ebd., S. 109.

321 Ebd., S. 113.

322 Ebd., S. 114.

323 Adorno, zit. nach Sauerland, K.: Einführung in die Ästhetik Adornos, Berlin, New York 1979.

324 Dialektik der Aufklärung, S. 130.

325 Ebd., S. 145.

326 Vgl. Brunkhorst, a. a. O., S. 280, Anm. 124.

327 Vgl. Dialektik der Aufklärung, S. 205 f.: Prix du progrès.

328 Vgl. Benjamin, Geschichtsphilosophische Thesen, These 9: Der Engel der Geschichte. In: ders., Zur Kritik der Gewalt, Frankfurt/M. 1971, S. 84 f.

329 Brunkhorst, a. a. O., S. 283. Brunkhorst gibt nicht nur für die Dialektik der Aufklärung, sondern auch für die Negative Dialektik, das Dialektikmodell von Kesselrings an, in dem diese Wechselseitigkeit von „extensionaler Bereicherung des Weltbildes" einhergeht mit „intentionaler Verarmung".

330 These 14, in: Benjamin, a. a. O., S. 90.

331 Ebd., S. 91.

332 Ernst Fischer bedenkt: „Zukunft ist Möglichkeit, nie Gewißheit." Fischer, E.: Ein Geisterseher in der Bürgerwelt, in: Über Walter Benjamin, Frankfurt 1968, S.118 f.

333 Adorno, Negative Dialektik, G. S., Bd. 6, Frankfurt/M. 1966, S. 3.

334 Ebd., S. 15.

335 Ebd.

336 Ebd., S. 240.

337 Ebd., S. 17.

338 Ebd.

339 Ebd.

340 Vgl. ebd., S. 16.

341 Ebd., S. 21.

342 „Um der zwanghaften ‚Dialektik der Aufklärung' zu entgehen, bedarf es einer ‚negativen Dialektik' der Erkenntnis, die jegliche Versöhnung des Begriffs mit der Wirk-

lichkeit verweigert, die offenbleibt für die Erfahrung eines nicht-identischen, durch Denken nicht identifizierbaren ‚Objektiven'. Die Ursache wird von Adorno in der gesellschaftlich produzierten Überheblichkeit des erkennenden Subjekts gesehen, das in einer schlüssigen Theorie das Wirkliche endgültig beherrschen will. Die denkende ‚Bewältigung' der Dinge und Mächte, wie sie für die bürgerliche Gesellschaft konstitutiv war, ist so radikal gescheitert, daß nun umgekehrt das ‚herrschende' Subjekt überwältigt, deformiert, dividiert wird. Die ‚Logik der Herrschaft' gegen die das Denken angehen wollte, konnte sich in einer ‚Herrschaft der Logik' fortsetzen, die als *die* herrschende Ideologie die Köpfe der Zeitgenossen besetzt hält und mit dem Zauber des ‚Immer-gleich-Gültigen' die Geschichte lebendiger Menschen zum Stillstand bringen will." (D. Kamper, Kritische Theorie der Gesellschaft, in: Rombach, H. (Hg.), Wissenschaftstheorie, Bd. 1, Freiburg, Basel, Wien 1973, S. 86 f.)

343 Negative Dialektik, a. a. O., S. 154 f.

344 Vgl. ebd., S. 109.

345 Kager, a. a. O., S. 147.

346 Brunkhorst, der Adornos „dialektische Intuitionen" in Beziehung zu Poststrukturalismus und Postmoderne setzt, kommt zu folgender Einschätzung der negativen Dialektik: „Negative Dialektik ist die Orientierung des Denkens an der Differenz einer rationalen Identität zur Opposition ihrer eigenen Momente, auf eine vereinfachte Formel gebracht: Rationale Identität vs. identifizierendes Denken vs. Mimesis/Nichtidentisches" (Brunkhorst, a. a. O., S. 184).

347 Wulf, Chr.: Theorien und Konzepte der Erziehungswissenschaft. München 1977, S. 148.

348 Vgl. ebd.

349 Negative Dialektik, a. a. O., S. 145 f.

350 Ebd., S. 146.

351 Vgl. ebd., S. 157.

352 Vgl. ebd.

353 Ebd. Was Adorno hier auf der Ebene der empirischen Handlungssubjekte und der individuellen Entwicklung anspricht, interpretiert Brunkhorst als generelle „Kritik des egozentrischen Universalismus"; a. a. O., S. 266.

354 Vgl. Seel, M.: Die Kunst der Entzweiung. Zum Begriff der Ästhetischen Rationalität. Frankfurt/M. 1985.

355 Negative Dialektik, a. a. O., S. 146.

356 Vgl. ebd., S. 145.

357 Vgl. Brunkhorst, a. a. O., S. 274.

358 Kager, S. 154.

359 Wimmer, a. a. O., S. 197.

360 Vgl. Wellmer, D.: Wahrheit, Schein, Versöhnung. Adornos ästhetische Rettung der Modernität. In: von Friedeburg, L. & Habermas, J., Adorno-Konferenz. Frankfurt/M. 1983, S. 138-177.

361 Negative Dialektik, a. a. O., S. 21.

362 Ebd.

363 Wellmer, a. a. O., S. 165.

364 Vgl. Brunkhorst, a. a. O., S. 288.

365 Kaiser, G.: Benjamin/Adorno. 2 Studien, Frankfurt/M. 1974, S. 106.

366 Vgl. die Dialektik der Aufklärung, a. a. O.; Kager, S. 168; Brunkhorst, S. 270.

367 Vgl. Wellmer, a. a. O.

368 Vgl. Kaiser, a. a. O., S. 95.

369 Negative Dialektik, S. 184.

370 Kaiser, a. a. O., S. 106.

371 Wellmer, a. a. O., S. 141.

372 Vgl. Kaiser, a. a. O., S. 107; Negative Dialektik, S. 393.

373 Kager, a. a. O., S. 264, Anm. 271.

374 Kager sieht die theologischen Elemente Adornos in der Tradition des deutschen Idealismus und in dem an ihn gebundenen Wahrheitsbegriff. Was Kager an Adornos Texten kritisiert, ist die mangelnde Relativierung seiner These von der Wendung gegen sich selbst, die Negativität nicht unhinterfragt manifestiert, sondern als ständiges In-Frage-Stellen offen halten soll. Daß Negativität nicht total gedacht ist, daß Adornos Totalitätsaussagen als bewußt provokante heuristische Prinzipien der Gesellschaftsanalyse fungieren, sei nur undeutlich in Adornos Schriften zu erkennen. Dieser Vorwurf richtet sich aber an alle „großen Theorien" mit Wahrheitsanspruch. Gerade in einzelnen Darstellungen der „Ästhetischen Theorie", die dem mimetischen Charakter gewidmet sind, zeigen sich Zwischenwege (bzw. Lösungen) (Kager, a. a. O., S. 179).

375 Vgl. Negative Dialektik, S. 394.

376 Ästhetische Theorie, S. 140. G. Kaiser betont: „Adornos Kritische Theorie gibt keine Theorie der Ästhetik; sie ist ästhetische Theorie" (S. 109). Ähnlich äußert sich Lyotard. „Sein Denken als solches kehrt sich – und kehrt uns – einer Ästhetik zu" (Lyotard: Heidegger und die Juden, Wien o. J., S. 57).

377 Kaiser, a. a. O., S. 108.

378 Ebd., auch Anm. 46 im Bezug auf Rohrmoser.

379 Vgl. Wellmer, a. a. O., S. 141.

380 Ästhetische Theorie, S. 383.

381 Vgl. Wellmer, a. a. O., S. 139. Besonders aufschlußreich ist hier Wellmers Bewertung der Kritiker Adornos: Indem Bruchstücke in sie eingehen, so bei Jauß' Rezeptionsästhetik, Bürgers Kunst- und Literatursoziologie und Bohrers Plötzlichkeitsästhetik, werden partielle Rechte an Adornos Komplexität eingelöst, aber dabei tritt eine andere Gefahr auf, die Wellmer als typisch für eine „nicht aufs Ganze gehende Kritik" ansieht. Es ist so, „als entglitte den Kritikern das eigentlich Substantielle der Adornoschen Ästhetik" (ebd.). Die Alternative läge nach Wellmer darin, „zentrale Kategorien gleichsam von innen her in Bewegung zu bringen und aus ihrer dialektischen Starre zu lösen" (ebd.). Am Ende steht für ihn eine stereoskopische Lektüre, die latente Tiefendimensionen deutlich macht. Sie zeigen die begrifflichen Zwänge der philosophischen Subjekt-Objekt-Dialektik *und* gleichzeitig Adornos Fähigkeit, „vieles auszudrücken oder doch mit zu ‚bedenken', was der Darstellung in diesem Medium eigentlich sich widersetzt" (ebd.). Vgl. auch Gebauer & Wulf, Mimesis, Reinbek 1992, bes. S. 389-406.

382 Vgl. Kappner, H.-H.: Die Bildungstheorie Adornos als Theorie der Erfahrung von Kultur und Kunst, Frankfurt/M. 1983, S. 93. Kappner geht es um die dialektischen Momente von Adornos Erfahrungsbegriff, der am ästhetischen Gegenstand gewonnen wird.

383 Ebd.

384 Adorno, Dissonanzen. Göttingen 1958, S. 76.

385 Kappner, a. a. O.

386 Ebd., S. 95.

387 Ästhetische Theorie, S. 184.

388 Ebd.

389 Ebd., S. 396.

390 Adorno, Stichworte. Frankfurt/M. 1969, S. 55.

391 Ästhetische Theorie, S. 364.

392 Ebd.

393 Ebd., S. 397.

394 Ebd.

395 Vgl. ebd.

396 Ebd.

397 Adorno, Vorlesungen zur Ästhetik. Zürich 1967, S. 67 f.

398 Wellmer, a. a. O., S. 143.

399 Vgl. auch Lyotard, Das postmoderne Wissen, a. a. O., S. 113 ff.; auch Wulf & Wagner, Lebendige Erfahrung und Nicht-Identität. Die Aktualität Adornos für eine kritische Erziehungswissenschaft, in: Paffrath, F. H.: Kritische Theorie und Pädagogik der Gegenwart, Weinheim 1987, S. 35.

400 Ästhetische Theorie, S. 263.

401 Negative Dialektik, S. 39.

402 Ebd.

403 Wellmer, a. a. O., S. 143.

404 Vgl. Kager, a. a. O., S. 203; Wellmer, ebd., S. 143; Wulf, a. a. O., S. 36; vgl. auch Wimmers Hinweis auf die Entgrenzung der Gattungsbegriffe, S. 199.

405 Kager, a. a. O., S. 204. Sein Hinweis auf Benjamin bezieht sich auf dessen Trauerspielbuch.

406 Vgl. Negative Dialektik, S. 165, auch S. 62.

407 Ästhetische Theorie, S. 488.

408 Ebd., S. 489.

409 Ebd., S. 142.

410 Ebd., S. 86.

411 Ebd., S. 87.

412 Ebd., S. 148.

413 Ebd., S. 171.

414 In bezug zur Liebe sagt Adorno in den Minima Moralia, S. 253: „Liebe ist die Fähigkeit, Ähnliches an Unähnlichem wahrzunehmen."

415 Vgl. Habermas, J.: Theorie des kommunikativen Handelns, Frankfurt/M. 1981, Bd. I, S. 497 f.; Wellmer, a. a. O., S. 150.

416 Für Habermas geht das Mimetische auf im kommunikativen Element des begrifflichen Denkens, das sich zwischen Subjekt und Subjekt als symmetrische Beziehung schiebt. Vgl. Wulf 1987, S. 37 zur Einschätzung dieses Standpunktes und seiner Grenzen für das Mimetische – vor allem auch in Hinblick auf Zusammenhänge für die Erziehungswissenschaft (vgl. Kapitel V. 4 dieser Arbeit).

417 Lyotard, Immaterialität und Postmoderne, Berlin 1985, S. 49. Lyotard kritisiert Habermas' „Vereinheitlichung".

418 Vgl. Wellmer, a. a. O., S. 151.

419 Vgl. Wulf, Mimesis, In: Gebauer, Kamper u. a., Historische Anthropologie, Reinbek 1989, S. 83-127 und Kapitel V. 4 dieser Arbeit.

420 Wulf, Mimesis in der ästhetischen Bildung, Kunst + Unterricht 151, 1991, S. 17.

421 Ästhetische Kompetenz und ästhetische Erfahrung wird von Foucault in zweierlei Hinsicht berührt:

1. In der Andersheit, die von der abendländischen Philosophie zu enthüllen intendiert wird, die aber das/den Anderen als Fremdes nicht zu denken wagt. Erst wenn sie das Ungedachte zu denken wagt, endet ihr Schlaf. Vgl. Wimmer, Von der Identität als Norm zur Ethik der Differenz. Das Verhältnis zum Anderen als zentrales Problem einer pädagogischen Ethik. In: Meyer-Drawe, K., Peukert, H. & Ruhloff, J. (Hg.), Pädagogik und Ethik. Beiträge zu einer zweiten Reflexion, Weinheim 1992, S. 164.
2. In der späteren Hinwendung zum Subjekt, das sich wie ein Kunstwerk begründet, d.h. seine eigene Konstitutierung nicht sprachlich informell übergeht, sondern sie im Zeichen formuliert. Ästhetische Kompetenz, an ästhetische Erfahrung gebunden, wird zur existentiellen dadurch, daß sie sich keinem instrumentellen Prinzip der Machbarkeit unterwirft, sondern einem ethischen, heterogenen Maßstab des schönen Lebens, der individuell ausgehandelt werden muß. Das Vor-Bild liegt dabei in der Antike.
Der Verwertungsprozeß von Theorie ist vor allem in der Kritik und in der Ignoranz erkennbar, mit der französische Strukturalisten und ihre zersetzenden, unter dem Vorwurf des neokonservativen Irrationalismus und des Mystizismus agierenden Nachfolger behandelt werden. Vgl. Habermas, J.: Der philosophische Diskurs der Moderne, Frankfurt/M. 1985; ders., Die Moderne – ein unvollendetes Projekt. Philosophisch-politische Aufsätze 1977-1990, Leipzig 1990, bes. S. 52; Frank, M.: Was ist Neostrukturalismus? Frankfurt/M. 1983.

422 Vgl. Pongratz, L.: Pädagogik im Prozeß der Moderne. Weinheim 1989.

423 Dane, G. u. a. (Hg.), Anschlüsse. Versuche nach Foucault. Tübingen 1985, Vorwort.

424 Pongratz, a. a. O., S. 14.

425 Dialektik der Aufklärung, S. 12.

426 Der Anthropologismus versicherte Sinn und Selbstbewußtsein, das seine eigene Intention von Einheit und Vernunft ständig nur wiederholte. Insofern konnte Sprache nur Ausdruck eines schon gegebenen Sinns sein oder dessen aufs Informelle reduzierte Vermittlung. Vgl. auch im Hinblick auf die Körper-Sprache und deren Unterwerfung unter das herrschende Gesetz einer nicht wirklich als Zeichen gedachten Sprache Kamper & Rittner, Zur Geschichte des Körpers. Perspektiven der Anthropologie, Marburg 1976. Vgl. zu diesem heute noch geforderten bewegenden Prinzip, das ein Collage-Prinzip ist, Greverus, I. M., Neues Zeitalter oder Verkehrte Welt. Anthropologie als Kritik, Darmstadt 1990, bes. Vorwort, S. IX im Bezug auf Foucault.

427 Foucault, M.: Die Ordnung der Dinge. Frankfurt/M. 1973, S. 412.

428 Pongratz, a. a. O., S. 136. Vgl. die Kritik Foucaults am Begriff der Seele, die als begriffliches Zeichen der Unterwerfung des Menschen fungiert. „Der Mensch ... ist bereits in sich das Resultat einer Unterwerfung, die viel tiefer ist als er. Eine ‚Seele‘ wohnt in ihm und schafft ihm eine Existenz, die selber ein Stück der Herrschaft ist, welche die Macht über den Körper ausübt. Die Seele: Effekt und Instrument einer politischen Anatomie. Die Seele: Gefängnis des Körpers“ (Foucault, Überwachen und Strafen. Die Geburt des Gefängnisses, Frankfurt/M. 1977, S. 42).

429 Foucault, M.: Von der Freundschaft. M. Foucault im Gespräch. Berlin o. J., bes. S. 135-143.

430 Vgl. Dauk, E.: Denken als Ethos und Methode. Berlin 1989, S. 22.

431 Frank, a. a. O., S. 197.

432 Vgl. Pongratz, a. a. O., S. 131 f., bes. in der Kritik an Nohl.

433 Frank, a. a. O., S. 197.

434 Foucault, Ordnung der Dinge, a. a. O., S. 437; vgl. auch Pongratz, a. a. O., S. 135; Wimmer 1988, S. 204; Frank, a. a. O., S. 191.

435 Wimmer, a. a. O., S. 203.

436 Foucault bezieht sich hier auf Nietzsche (Kritische Studienausgabe in 15 Bänden. Bd. 3, Berlin, New York 1980, S. 202 f.).

437 Foucault, Ordnung der Dinge, a. a. O., S. 394.

438 Ebd., S. 294: „Das ganze moderne Denken ist von dem Gesetz durchdrungen, das Ungedachte zu denken, in der Form des Für sich die Inhalte des An sich zu reflektieren, den Menschen aus der Entfremdung zu befreien ..., indem man ihn mit seinem eigenen Wesen versöhnt, den Horizont zu erklären, der den Erfahrungen ihren Hintergrund der unmittelbaren und entwaffneten Evidenz gibt, den Schleier des Unbewußten zu lüften, sich in seinem Schweigen zu absorbieren, oder das Ohr auf sein unbegrenztes Gemurmel zu richten."

439 Ebd., S. 368.

440 Ebd., S. 360.

441 Ebd., S. 361.

442 Dauk, a. a. O., S. 28.

443 Ebd., S. 29. „Sie ist der Versuch, das kritische Entzweite in einem erschlichenen, quasi-metaphysischen Begründungsverhältnis zu vereinen und zu versöhnen." Dauk unterscheidet 4 Phasen der Analyse, S. 28 f.

444 Interessant sind hier die unterschiedlichen Herangehensweisen von Wimmer und Dauk. Letztere fixiert sich weniger auf Sprache, sondern betont auch das *Andere der Sprache* als neue Seite des anthropozentrierten Menschen, was m. E. in besonderer Weise die Funktion des Bildes, als Zwischenebene zwischen Repräsentation und „Welt" hervorhebt.

445 „Die Repräsentation hat die Kraft verloren, von ihr selbst ausgehend in ihrer eigenen Entfaltung und durch das sie reduplizierende Spiel die Bande zu stiften, die ihre verschiedenen Elemente vereinen können." „Die Bedingung dieser Verbindungen rückt künftig außerhalb der Repräsentation, jenseits ihrer unmittelbaren Erscheinung (visibilité) in einer Art Hinterwelt, die tiefer und dichter als sie selbst ist" (Ordnung der Dinge, a. a. O., S. 294 f.).

446 Vgl. ebd., S. 316.

447 Ebd., S. 261.

448 Ebd., S. 377.

449 Ebd., S. 378.

450 Ebd., S. 379.

451 Ebd., S. 383.

452 Ebd., S. 379.

453 Vgl. Dauk, a. a. O., S. 40; vgl. auch Wimmer 1992, S. 164 f.

454 Vgl. Foucault, Ordnung der Dinge, a. a. O., S. 384.

455 Vgl. ebd., S. 308 f.: „Kurz gesagt, es handelt sich immer für sie darum, zu zeigen, wie das Andere, das Ferne, ebensowohl das Nächste und das Gleiche ist. So ist man von einer Reflexion über die Ordnung der Unterschiede ... zu einem Denken des Gleichen übergegangen."

456 Ebd., S. 382.

457 Reif, A. (Hg.), Antworten der Strukturalisten, München 1973, S. 153.

458 Foucault, Ordnung der Dinge, a. a. O., S. 384.

459 Vgl. ebd.

460 Ebd., S. 386.

461 Ebd., S. 386.

462 Ebd., S. 387.

463 Vgl. ebd., S. 385.

464 Dauk, a. a. O., S. 42.

465 Vgl. Wimmer 1988, S. 209. Die Vermischung beider Themen läßt den Diskurs für Wimmer ins „Phantasma der Selbstbegründung“ abrutschen. Die Probleme, in welche die Philosophie damit gerät, das eigene Denken wieder als Seinsbestätigung zu behaupten, führen direkt zum Problem des Anderen. „Das Cogito führt nicht mehr unmittelbar zur Seinsbestätigung, es enthält ein Ungedachtes ... Das Denken, das selbst ein Ungedachtes enthält, wendet sich ihm zu und gliedert sich um, indem es nun von ihm ausgehend seine Identität zu finden hofft. Das Andere, das im Selben seinen Ort hat, kann als das Sein, das Unbewußte, der Andere oder die Sprache verstanden werden ...“

466 Foucault, Ordnung der Dinge, a. a. O., S. 388.

467 Vgl. Foucault, Von der Subversion des Wissens, S. 141.

468 Reif, a. a. O., S. 158.

469 Ebd., S. 155.

470 Foucault, Ordnung der Dinge, a. a. O., S. 389; Nietzsche: Kritische Studienausgabe, Bd. 1, S. 760; Dauk, a. a. O., S. 43, Anm. 41.

471 Vgl. Cramer, Fulda u. a., Theorie der Subjektivität, Frankfurt/M. 1987.

472 Foucault, Ordnung der Dinge, a. a. O., S. 389.

473 Vgl. Dauk, a. a. O., S. 44.

474 Foucault, Ordnung der Dinge, a .a. O., S. 392.

475 Ebd.

476 Ebd., S. 393

477 Ebd.

478 Ebd., S. 394.

479 Ebd.

480 Ebd., S. 396.

481 Ebd., S. 399.

482 Ebd., S. 400.

483 Wimmer, a. a. O., S. 210.

484 Reif, a. a. O., S. 170.

485 Ebd., S. 171.

486 Vgl. Dauk, a. a. O., S. 15.

487 Zu den anderen drei Aspekten: ebd., S. 36 f.

488 Vgl. auch Gebauer, G.: Die Unbegründbarkeit der Sprachtheorie und notwendige Erzählungen über die Sprache, in Gebauer, Kamper u. a., Historische Anthropologie, Reinbek 1989, S. 127-171; vgl. auch Arntzen, H.: Zur Sprache kommen. Studien zur Literatur- und Sprachreflexion, zur deutschen Literatur und zum öffentlichen Sprachgebrauch. Münster 1983.

489 Dauk, a. a. O., S. 38.

490 Vgl. Lyotard, J. F. u. a., Immaterialität und Postmoderne. Berlin 1985; ders., Das postmoderne Wissen. Wien 1986, bes. S. 175 ff.

491 Visker, R., Michel Foucault. Genealogie als Kritik, München 1991, S. 105.

492 Vgl. Dauk, a. a. O., S. 96.

493 Dauk, a. a. O., S. 105.

494 Visker, a. a. O., S. 114.

495 Dauk, a. a. O., S. 47.

496 Vgl. Dreyfus & Rabinov, Michael Foucault. Jenseits von Strukturalismus und Hermeneutik, Frankfurt/M. 1987, S. 11.

497 Vgl. Tholen: Das eingebildete Selbst, in: Dane u. a., Anschlüsse. Versuche nach M. Foucault, Tübingen 1985, S. 61.

498 Vgl. Dreyfus & Rabinov, a. a. O., S. 268; vgl. auch Foucault, Von der Freundschaft, a. a. O., S. 136 ff. u. S. 20; Visker, a. a. O., S. 118.

499 Tholen, a. a. O., S. 68.

500 Dreyfus & Rabinov, a. a. O., S. 274; vgl. auch Dane, a. a. O., S. 157 in Anm. 5; Meyer-Kalkus, R., der Foucaults späte Wende heftig kritisiert.

501 Vgl. Pongratz, a. a. O., S. 90.

502 Foucault im Gespräch mit Dreyfus & Rabinov. Zur Genealogie der Ethik: Ein Überblick über laufende Arbeiten. In: Dreyfus & Rabinov, a. a. O., S. 267.

503 Foucault, in: Dreyfus & Rabinov, a. a. O., S. 275.

504 „Für die Griechen bestand die ethische Substanz aus Handlungen, die mit Lust und Begehren in einer Einheit verbunden waren. Das ist etwas ganz anderes als das Fleisch, das christliche Fleisch" (ebd., S. 276).

505 Ebd.

506 Von der Freundschaft, S. 235.

507 „Welches ist die Weise der Unterwerfung? Daß wir unsere Existenz als eine schöne Existenz einrichten müssen, also auf eine ästhetische Weise" (in: Dreyfus & Rabinov, a. a. O., S. 278).

508 Von der Freundschaft, S. 22.

509 Dispositive der Macht. S. 193. Seit dem 19. Jahrhundert hat die Philosophie sich immer mehr auf die Frage zubewegt: „Was geschieht gegenwärtig, und was sind wir, die wir vielleicht nichts anderes und nichts weiter sind als das, was gegenwärtig geschieht."

510 Dreyfus & Rabinov, a. a. O., S. 278.

511 Ebd., S. 266.

512 Ebd.

513 Ebd.

514 Foucault, Dispositive der Macht. Über Sexualität, Wissen und Wahrheit. Berlin 1978.

515 Foucault: Vorlesungen an der Stanford University, Palo Alto, California, Oktober 1979, zit. nach Dane u. a., S. 176.

516 Bohrer, *Die Zeit* Nr. 37, 4. 9. 1992, S. 56.

517 K. H. Bohrer thematisiert diese Grenze, indem er sich für eine strikte Trennung des reinen Ästhetischen von der falschen Aktualisierung des Ästhetischen ausspricht. Eine falsche Aktualisierung treibt ökonomisch bedingte Blüten, so Bohrer, die – farbig – gewinnbringend sind. Von dieser Mode distanziert sich Bohrer, indem er die Eigengesetzlichkeit der Kunst „gegen grassierende Nutzanwendungen sozialhygienischer oder konsumveredelnder Art" verteidigte (vgl. dazu: Greiner, U., Hereinbrechende Dämmerung. Nachbemerkungen zu dem Kongreß „Die Aktualität des Ästhetischen" in Hannover, *Die Zeit* Nr. 38, 11. 9. 1992, S. 63).
Die Entgrenzung des Ästhetischen, die in verschiedenen Wahrnehmungsbegriffen erfaßt wird, so bei G. Schulze, Die Erlebnisgesellschaft, und bei W. Welsch, Subjektsein Heute, verzichtet auf das Moment des Elitären, Enigmatischen zugunsten einer Popularisierung des Ästhetischen. In dieser Perspektive ist dann auch jener hedonistisch-egalitäre Ästhetikbegriff zu werten; der aber hatte in den 70er Jahren zu einem sozialhistorischen und auch pädagogischen politischen Interesse an Kunst geführt (vgl. Ehmer, H. K., Kunstvermittlung – Ästhetische Erziehung – Kulturpolitik. In:

Jahrbuch 1, Ästhetische Erziehung. Berlin 1983, S. 202-215). Bohrers Unwillen richtet sich vor allem gegen die Modebegriffe der Entgrenzung des Ästhetischen, „Kontext" und „Primat des Bildes", hinter denen für ihn die Auflösung des literarischen Konstrukts zugunsten einer Unmittelbarkeit steht.

518 Meyer-Kalkus, a. a. O., S. 157.

519 Ebd.

520 Vgl. Eribon, D.: Michael Foucault. Eine Biographie. Frankfurt/M. 1991.

521 Auch gegenüber Benjamins Betonung des mimetischen Charakters als zentrale anthropologische Möglichkeit des Menschen, sich zur Welt und zu sich zu verhalten, erfolgt diese Radikalisierung. Vgl. zu dem Zusammenhang, der genauer expliziert wird, bei Gebauer & Wulf, Mimesis. Kultur, Kunst, Gesellschaft. Reinbek 1992, bes. Teil VI ab S. 372.

522 In der *Grammatologie* bezieht sich Derrida auf de Saussure und Heidegger, deren Denken er als notwendige Voraussetzung für die Möglichkeit hält, den „Riß" im Denken weiter zu verfolgen (Derrida, Grammatologie, Frankfurt/M. 1983, S. 11-128).

523 Derrida, J.: Die Schrift und die Differenz, Frankfurt/M. 1992[5], S. 425 (im folgenden benannt mit SD).

524 Ebd., S. 422. „Die Struktur oder vielmehr die Strukturalität der Struktur wurde, obgleich sie immer schon am Werk war, bis zu dem Ereignis, das ich festhalten möchte, immer wieder neutralisiert, reduziert: und zwar durch einen Gestus, der der Struktur ein Zentrum geben und sie auf einen Punkt der Präsenz, auf einen festen Ursprung beziehen wollte."

525 Ebd.

526 Ebd., S. 423.

527 Ebd.

528 Ebd.

529 „Von dieser Gewißheit her kann die Angst gemeistert werden, die stets aus einer gewissen Art, ins Spiel verwickelt zu sein, vom Spiel gefesselt zu sein, mit Beginn des Spiels immer schon in der Weise des Im-Spiele-Seins zu sein, entsteht" (ebd.).
Es gibt kein Zentrum, kein Anfang und kein Ende. „Es gibt keine erste Schrift und kein erstes Lesen; jedes Beginnen verdankt sich einer Doppelung" (Gebauer & Wulf, a. a. O., S. 406).

530 SD, S. 423.

531 „Dann würde ‚Anderer' den Mangel Gottes in der Welt signifizieren, denn ihm entspräche kein Signifikat, und die empirischen anderen wären jeweils Anwärter für das Zentrum und von diesem aus betrachtet, einfache Elemente, die vom Zentrum aus ihre Organisation erhielten. Das Spiel des Bezeichnens wächst aber erst dann ins Unendliche, wenn ein solches transzendentales Signifikat sich als Fiktion herausstellt" (Wimmer, Der Andere und die Sprache, Berlin 1989, S. 221).

532 SD, S. 424.

533 Ebd.

534 Ebd.

535 Ebd., S. 425; vgl. dazu auch Kofman, S.: Derrida lesen. Wien 1987, S. 29; auch Behler, E.: Derrida – Nietzsche. Nietzsche – Derrida. Wien 1988.

536 SD, S. 440.

537 Ebd., S. 441.

538 Vgl. Cramer, Fulda u. a., a. a. O., bes. den Aufsatz von U. Pothast, S. 15-44.

539 Wir könnten uns selbst festschreiben, als ob das Bewußtsein von sich diesen „Gegenstand" erkennen könnte und damit den Menschen definierte. Vgl. Nietzsche, F.: Zur

Genealogie der Moral. In: Schlechta, K. (Hg.), F. Nietzsche, Werke Bd. III, Frankfurt/M. 1976, S. 207-346, Vorrede Bd. 1, S. 209.

540 SD, S. 437.

541 Ebd., S. 438.

542 Vgl. ebd., S. 422.

543 Ebd., S. 441.

544 Vgl. Frank, M.: Was ist Neostrukturalismus, Frankfurt/M. 1984, S. 85. Obwohl Frank den Differenz-Gedanken richtig beschreibt (S. 85), heißt es zur Erläuterung von Derridas These „Alles ist Struktur": „Jeder Sinn und jede Bedeutung und jede Weltansicht sind im Fluß, nichts ist dem Spiel der Differenzen entzogen, es gibt keine an und für sich und für alle Zeit geltende Interpretation des Seins und der Welt." Er stellt diese These als den „Boden des Neostrukturalismus" dar (S. 87), kritisiert aber dessen Konsequenzen für den Begriff der Subjektivität; vgl. S. 359ff., bes. S. 367. Vgl. auch Derrida, J.: Randgänge der Philosophie, Frankfurt/M. 1976, S. 96. Derrida zitiert hier Heidegger, Wegmarken, Frankfurt/M. 1962, S. 153 – „Jeder Humanismus bleibt metaphysisch." Sarah Kofman fügt hinzu: „... wobei Metaphysik der andere Name der Onto-Theologie ist" (Kofman, Derrida lesen, a. a. O., S. 122).

545 „Wie also hat man heute die ‚Ziele (fins) des Menschen' zu denken, wenn man einem solchen Verdacht entgehen will? Dem Verdacht nämlich, daß dieses Kolloquium/mit dem Titel ‚Philosophie und Anthropologie' veranstaltet wird, um dem Menschen zu Hilfe zu kommen, um ihm beizustehen, um ihn (in jedem Sinn) aufzuheben – den Menschen, der nicht mehr als anthropos verstanden wird, als universeller, geschlechtsneutraler Mensch, sondern als anderer oder als wir?" (Kofmann, Derrida lesen, a. a. O., S. 123).

546 SD, S. 442.

547 Wimmer, K.-M., a. a. O., S. 223. Vgl. auch zur Hervorhebung dieser Zwischenebene Gebauer & Wulf, a. a. O., S. 406 ff.

548 Derrida, J.: La Différance. In: Randgänge der Philosophie. Wien 1988, S. 36 f.

549 Frank, M.: Die Unhintergehbarkeit von Individualität. Frankfurt/M. 1986, S. 127.

550 Ebd., S. 126.

551 Vgl. Derrida: Randgänge der Philosophie, a. a. O., S. 34; S. 30f.; vgl. auch Kimmerle, a. a. O., S. 83.

552 Derrida: Randgänge der Philosophie, a. a. O., S. 32.

553 Ebd.

554 Ebd., S. 35.

555 Vgl. ebd., S. 39; vgl. auch S. 40 f. „Die différance bewirkt, daß die Bewegung des Bedeutens nur möglich ist, wenn jedes sogenannte ‚gegenwärtige' Element, das auf der Szene der Anwesenheit erscheint, sich auf etwas anderes als sich selbst bezieht, während es das Merkmal (marque) des vergangenen Elements an sich behält und sich bereits durch das Merkmal seiner Beziehung zu einem zukünftigen Element aushöhlen läßt, wobei die Spur sich weniger auf die sogenannte Gegenwart bezieht, als auf die sogenannte Vergangenheit, und durch eben diese Beziehung zu dem was nicht ist, die sogenannte Gegenwart konstituiert: es selbst ist absolut keine Vergangenheit oder Zukunft als modifizierte Gegenwart. Ein Intervall muß es von dem trennen, was es nicht ist, damit es selber sei, aber dieses Intervall, das es als Gegenwart konstituiert, muß gleichzeitig die Gegenwart in sich selbst trennen, und so weit mit der Gegenwart alles scheiden, was man von ihr her denken kann, d. h. in unserer metaphysischen Sprache, jedes Seiende, besonders die Substanz oder das Subjekt."

556 Derrida, zit. nach Kimmerle, a. a. O., S. 88.

557 Nach Derrida lebt die Philosophie „in“ und „von“ der différance, trotzdem ist sie blind gegen „das *Gleiche*, das nicht identisch ist. Das Gleiche ist gerade die différance (mit a) als aufgeschobener und doppeldeutiger Übergang von einem Differenten zum anderen“. Die Entfaltung des Gleichen als différance ist eine *Diaphoristik* als Kräfteenergetik, oder – ökonomisch – die sich nach der Infragestellung des Primats von Gegenwart als Bewußtsein richtet. Was als das Undenkbare erscheint, ist die différance selber, die sich in der Spur nicht als Gegenwart oder „vom Anwesen des Anwesenden her denken“ läßt. „... die differance bezieht uns auf das, was, auch wenn wir es notwendig nicht wahrhaben wollen, die Alternative von Gegenwart und Anwesenheit überschreitet“ (Derrida: Randgänge der Philosophie, a. a. O., S. 43-46).

558 Ebd., S. 46.

559 Vgl. Lévinas, E.: Die Spur des Anderen. Freiburg/München 1983.

560 Derrida, Randgänge, S. 47.

561 Wimmer, a. a. O., S. 226.

562 Kimmerle, a. a. O., S. 88.

563 Derrida: Die Stimme und das Phänomen, S. 136. Jedoch, „die Selbst-Affektion ist keine Erfahrungsmodalität, die ein bereits zuvor als Selbst(autos)verfaßtes Seiendes charakterisierte. Sie bringt das Selbst als Beziehung zu sich in der Differenz mit sich als das Nicht-Identische hervor“ (ebd., S. 140).

564 Kofman, S.: Derrida lesen, a. a. O., S. 22.

565 Ebd.

566 Ebd.

567 Derrida, Die Stimme und das Phänomen, a. a. O., S. 133.

568 Vgl. Kofmann, a. a. O., S. 28.

569 Wimmer, a. a. O., S. 227.

570 Vgl. Frank: Was ist Neostrukturalismus, a. a. O., S. 316 ff., bes. S. 332 f.

571 Frank: Die Unhintergehbarkeit von Individualität, a. a. O., S. 126.

572 Zwei Gründe erscheinen ihm als Beleg: 1. Subjektivität kann nicht aus dem reinen Verweisungsspiel differentieller marques entspringen; sie muß als Irreduzibles schon vorausgesetzt sein; 2. der Angriff auf den präsenten Selbstbezug, auf das Phänomen der Selbstvertrautheit.

573 Frank: Die Unhintergehbarkeit, a. a. O., S. 127. Für Frank scheint Schleiermacher einen Zwischenkurs anzusteuern, der zwischen dem radikalen Angriff auf den Gedanken der semantischen Identität und der absolut gesetzten Einheitssphäre liegt. Dieses Konzept ist für Frank „versöhnbar“ (ebd., S. 128).

574 Vgl. ebd., S. 129.

575 Ebd., S. 130.

576 Ebd.

577 Wimmer, a. a. O., S. 215.

578 Ebd.

579 Vgl. zur Infragestellung dieser Kategorie Meyer-Drawe, K.: Illusionen von Autonomie. Diesseits von Ohnmacht und Allmacht des Subjekts. München 1990.

580 Vgl. Wimmer, a. a. O., S. 229; dazu auch Küchenhoff & Warsitz, Die Spur des ganz Anderen, Fragmente 17/18, S. 215. „Das hermetische Verstehen zielt nicht auf ein Verfügbarmachen des Unverfügbaren, sondern auf die Frage dazwischen, nicht auf eine Identifizierung des Nichtidentischen, sondern auf die Spur jenes Anderen im Selben, die nicht in ihm aufgehen kann, weil sie damit zerstört würde, sondern die es zu erhalten, zu schützen gilt, indem sie als Spur lediglich anerkannt und benannt wird.“

581 Ebd., S. 215.

582 Ebd.

583 Ebd., Anm. 31.

584 Das heißt, an ihr wird eine heterogene Erfahrung möglich, die Bewegung nicht zur Identifikation zurückführt, sondern zum Anderen hin. Nur dadurch, daß weder Anfang noch Ende bestimmbar sind, die *eindeutige* Herkunft und Hinweisung der Symbole *nicht* zu leisten ist, bleibt der ästhetische Charakter enthalten. Insofern sind Rätselhaftigkeit, Mimesis, das Andere Implikate dieses Phänomens.

585 Vgl. Wimmer, a. a. O., S. 228; auch Seel, M.: Zur Thematisierung der Ästhetischen Rationalität. In: ders.: Die Kunst der Entzweiung. Zum Begriff der Ästhetischen Rationalität. Frankfurt/M. 1985.

586 Vgl. Bürger: Theorie der Avantgarde. Frankfurt/M. 1974.

587 Gerade der Moment der unmittelbaren Übersetzbarkeit ästhetischer Negativitätserfahrung in nicht-ästhetische Erkenntnis, der „automatische" Transformationsprozeß steht bis zur gegenwärtigen Diskussion um die Wirkung der ästhetischen Erfahrung in Frage. Vgl. die Auseinandersetzung von Bubner, R.: Ästhetische Erfahrung. Frankfurt/M. 1990; auch Welsch, W.: Ästhetisches Denken, a. a. O.; auch Jürgens, M.: Moderne und Mimesis. Münster 1988, hier bes. S. 69-79 zur Auseinandersetzung mit Gehlen.

588 Vgl. Menke-Eggers, Ch.: Die Souveränität der Kunst. Ästhetische Erfahrung nach Adorno und Derrida. Frankfurt/M., S. 173.

589 Ebd., S. 189.

590 Ebd., S. 253.

591 Ebd.

592 Ebd.

593 Vgl. auch Wimmer: Von der Identität als Norm zur Ethik der Differenz. Das Verhältnis zum Anderen – als zentrales Problem einer pädagogischen Ethik. In: Meyer-Drawe, a. a. O., S. 151-181.

594 Vgl. Gebauer & Wulf, a. a. O., S. 406.

595 Wimmer, a. a. O., S. 172. Ob allerdings von der Ohnmacht des Subjekts zu sprechen ist, erscheint fraglich. Der Andere und das Andere kennzeichen den Pol des Unverfügbaren und Nicht-Gewußten, die Un-Macht des Subjekts, wie Wimmer Ohnmacht zu Recht revidiert.

596 Boehm, G.: Über die Konsistenz ästhetischer Erfahrung. In: Zeitschrift für Pädagogik 36 (1990), 4, S. 469-480.

597 Vgl. Hartwig, H.: Aktion und Texte. Ästhetik als Kommunikation. In: Lenzen, D.: Kunst und Pädagogik. Darmstadt 1990, S. 69-97.

598 Vgl. Menke-Eggers, a. a. O., bes. S. 235 f.

599 Vgl. Mollenhauer, K.: Korrekturen am Bildungsbegriff, Zeitschrift für Pädagogik 33 (1987), 1, S. 1-20; vgl. auch ders., Ästhetische Bildung zwischen Kritik und Selbstgewißheit, Zeitschrift für Pädagogik 36 (1990), 4, S. 481-494.

600 Vgl. Wimmer 1992; Peukert, H.: Die Erziehungswissenschaft der Moderne und die Herausforderungen der Gegenwart, Zeitschrift für Pädagogik, 29. Beiheft, Weinheim/ Basel 1992.

601 Menke-Eggers, a. a. O., S. 9.

602 Vgl. Bohrer, K. H.: Plötzlichkeit. Zum Augenblick des ästhetischen Scheins. Frankfurt/M. 1981.

603 Menke-Eggers, a. a. O., S. 12.

604 Vgl. ebd., S. 220. „So scheitert der ganze Versuch Derridas, im Begriff der ‚différance' eine unaufhebbare Negativität zu denken, die den ästhetischen Erfahrungsprozeß übersetzt, daran, daß jede ihrer Explikationen einen Anspruch auf ‚Präsenz' unterstellen muß, dessen Notwendigkeit sich nicht einsehen läßt."

605 Ebd., S. 240.

606 Vgl. Pothast, U.: Schrift unter der aus der Entfernung leitenden Frage, was es heißt, auf menschliche Weise lebendig zu sein. Frankfurt/M. 1988.

607 Vgl. Menke-Eggers, a. a. O., S. 241 f.; auch: Rumpf, H., Didaktische Interpretationen. Weinheim, Basel 1991; Mollenhauer, K., Die vergessene Dimension des ästhetischen in der Erziehungs- und Bildungstheorie. In: Lenzen, D. (Hg.,: Kunst und Pädagogik. Erziehungswissenschaft auf dem Weg zur Ästhetik. Darmstadt 1990, S. 3-18.

608 Vgl. Mollenhauer, a. a. O.

609 Vgl. Rumpf, a. a. O., bes. Kap. 2, S. 45-100, explizit: S. 49-53.

610 Vgl. Boehm, Die Konsistenz ästhetischer Erfahrungen, a. a. O. Das allerdings verlangt ein vor-gebildetes Subjekt, so Boehm, das in den Worten Mollenhauers bereits alphabetisiert ist. Die Frage nach den Auswahlkriterien für die Bildungsgegenstände bleibt dabei bei Mollenhauer offen. Boehm bezieht sich in Hinblick auf den bildlichen und sensorischen Anteil, der die frühen Sozialisationsprozesse lenkt, immerhin auch auf Nicht-Kunst.

611 Vgl. Kapitel V dieser Arbeit.

612 Vgl. auch Bubner, R.: Ästhetische Erfahrung. Frankfurt/M. 1989; Schulze, G.: Die Erlebnisgesellschaft. Frankfurt/M. 1992; Welsch, W.: Ästhetisches Denken. Stuttgart 1990; auch: Greverus, I. M.: Neues Zeitalter oder verkehrte Welt. Darmstadt 1990.

613 Bubner, R.: Kann Theorie ästhetisch werden? Zum Hauptmotiv der Philosophie Adornos. In: ders., Ästhetische Erfahrung. Frankfurt/M. 1989, S. 70-99, hier S. 93.

614 Ebd., S. 91.

615 Ebd., S. 93.

616 Ebd., S. 94.

617 Ebd., S. 95.

618 Ebd., S. 80. „Schein ist das, was nicht Begriff ist, sofern der Begriff davon noch wissen kann. Seit eh und je hat die Philosophie das Wesen der Kunst in diesem Begriff gespiegelt".

619 Vgl. Kunnemann & deVries, Die Aktualität der „Dialektik der Aufklärung". Frankfurt/M. 1989.

620 Ebd., S. 11.

621 Ebd., S. 12.

622 Brunkhorst, a. a. O., S. 214.

623 Vgl. Kapitel I dieser Arbeit.

624 Vgl. Schön, B.: Vom erzieherischen zum therapeutischen Deutungsmuster. Chancen und Probleme der Therapeutisierung pädagogischer Arbeit. In: Geulen, D., Kindheit: neue Realitäten und Aspekte, Weinheim 1989. S. 126-146.

625 Bereits im 19. Jahrhundert war dieser Pendelausschlag aufs engste mit der Zunahme gesellschaftlicher Rationalität verbunden, wie Odo Marquard ausgeführt hat. Vgl. Marquard, Über einige Beziehungen zwischen Ästhetik und Therapeutik in der Philosophie des 19. Jahrhunderts, a. a. O., S. 85-106.

626 Bubner, a. a. O., S. 77.

627 Vgl. Dialektik der Aufklärung, 1971, bes. S. 29-33, zum Problem von Aufklärung und Mythos.

628 Vgl. Hornstein, W.: Sozialwissenschaftliche Gegenwartsdiagnose. Zum Gespräch zwischen Modernisierungsdebatte und Erziehungswissenschaft, Zeitschrift für Pädagogik 34 (1988), 3, S. 381.

629 Ebd., S. 382.

630 Schulze, Erlebnisgesellschaft, S. 13.

631 Ebd. Bereits 1936 hatte W. Benjamin im Kunstwerkaufsatz auf den Ästhetisierungsprozeß hingewiesen, in dessen Verlauf der Ausstellungswert den Gebrauchswert überholt. Die sozialen und politischen Gefahren dieses Prozesses, den er zuerst an der technischen Reproduzierbarkeit des Kunstwerks erläuterte, zeigten sich vor allem in der Ästhetisierung der Politik im Faschismus. Sie bezeichnete Benjamin als höchsten Grad der Selbstentfremdung (vgl. Benjamin, Das Kunstwerk im Zeitalter seiner technischen Reproduzierbarkeit, a. a. O., S. 9-51).

632 Vgl. Beck, U.: Risikogesellschaft. Auf dem Weg in eine andere Moderne. Frankfurt/M. 1986.

633 Vgl. Koslowski, P. u. a., Moderne oder Postmoderne? Zur Signatur des gegenwärtigen Zeitalters. Weinheim 1986.

634 Schulze, a. a. O., S. 17.

635 Vgl. Gebauer & Wulf, a. a. O.

636 Schulze, a. a. O., S. 18.

637 Ebd., S. 22.

638 Ebd., S. 82. Auf den letzten Aspekt richtet Schulze seine Aufmerksamkeit, wenn er z. B. die Geschichte der Gemeinsamkeiten heranzieht.

639 Ebd., S. 23.

640 Vgl. Bourdieu, P.: Sozialer Sinn, a. a. O.; vgl. auch Kap. I. 2 dieser Arbeit.

641 Vgl. Schulze, a. a. O., S. 23.

642 Ebd.

643 Ebd., S. 35.

644 Ebd.

645 Vgl. ebd., S. 60 f.

646 Beck, a. a. O., S. 17.

647 Hornstein, a. a. O., S. 387.

648 Vgl. Mackensen, R.: Die Postmoderne als negative Utopie. Rezension des Buches von Beck, U.: Risikogesellschaft. In: Soziologische Revue 11, 1988, S. 6-12; aber auch Hornstein, a. a. O.

649 Hornstein kritisiert mit Blick auf Reformpädagogik und Jugendbewegung die globale These Becks. So verstehe Beck kaum, daß jene sich einer kulturkritischen Attitüde verpflichtet sahen bzw. damit im Zusammenhang stehende Intentionen hervorgebracht haben.

650 Hornstein, a. a. O., S. 390. In historischer Dimension kommen Pongratz und Wulf zu ähnlichen Aussagen. Vgl. Pongratz, Pädagogik im Prozeß der Moderne, a. a. O.; Wulf, Der pädagogische Diskurs der Moderne, in: Jung, Th. u. a. (Hg.):, Weiterlesen der Moderne. Bielefeld 1986.

651 Vgl. Hornstein, a. a. O., S. 391.

652 Hofman, G.: Kulturkampf gegen die Kulturrevolutionäre, *Die Zeit* vom 1. 1. 1993, S. 3.

653 Vgl. zur Aufgabe der Angstbewältigung und Lebensbewältigung in der Risikogesellschaft den Aufsatz von Schön, B., a. a. O.

654 Vgl. Oelkers, J.: Die Wiederkehr der Postmoderne. Pädagogische Reflexionen zum neuen Fin de siècle, Zeitschrift für Pädagogik 33 (1987), S. 21-40.

655 Vgl. Giesecke, H.: Das Ende der Erziehung. Stuttgart 1985.

656 Hornstein, a. a. O., S. 394.

657 Vgl. Mollenhauer, bes. in Lenzen 1990.

658 Vgl. Marquard, a. a. O.

659 Vgl. Wulf a. a. O.; Pongratz, a. a. O.; Oelkers, a. a. O.

660 Oelkers, a. a. O., S. 32.

661 Vgl. ebd., S. 25 f.

662 So z. B. die musische Erziehung; vgl. L. Kossolapow, a. a. O.

663 Vgl. Pongratz, a. a. O.

664 Es kann hier nicht um die geschichtliche Herleitung des Faches Kunstpädagogik gehen, das sich ja erst mit den Utopiebewegungen seit der Jahrhundertwende zunehmend etablierte. Es geht auch nicht um die von Schiller abzuleitende Ästhetische Erziehung, von der Mollenhauer zu Recht bemerkt, daß es fraglich sei, ob sie überhaupt für Kinder oder Jugendliche gedacht sei und nicht vielmehr „für die Selbstbildung des Erwachsenen", auf den alle Hoffnung der bürgerlichen Freiheitsidee gesetzt war (Mollenhauer, Die vergessene Dimension des Ästhetischen in der Erziehungs- und Bildungstheorie, in: Lenzen, (Hg.), Kunst und Pädagogik. Erziehungswissenschaft auf dem Weg zur Ästhetik? Darmstadt 1990, S. 3-18).

665 Ebd., S. 6.

666 Kamper, D.: Zur Geschichte der Einbildungskraft. Reinbek 1990, bes. S. 282.

667 Ebd., S. 274.

668 Ebd.

669 Ebd., S. 274 f.

670 Ebd., S. 114.

671 Ebd., S. 273. Mit einer an Gehlen orientierten Position von „objektiver Unbestimmtheit der Ereignisse" (vgl. Welsch: Wege aus der Moderne, S. 29) und dem Begriff der „anthropologischen Differenz" (vgl. Kamper, a. a. O., S. 273) gewinnen auch die Positionen, die „Differenz" denken, an Bedeutung (Horkheimer-Adorno, aber auch die französischen Poststrukturalisten).

672 Kamper, a. a. O., S. 279.

673 Welsch, W. (Hg.), Wege aus der Moderne. Schlüsseltexte der Postmoderne – Diskussion. Weinheim 1988, S. 29.

674 Kamper, D.: Nach der Moderne. Umrisse einer Ästhetik des Posthistorie. In: Welsch 1988, S. 163-177, hier S. 170.

675 Vgl. Kamper, D.: Macht und Ohnmacht der Phantasie. Darmstadt, Neuwied 1986, S. 7.

676 Vgl. Kamper in Welsch 1988, S. 171.

677 Ebd.

678 Ebd., S. 172.

679 Ebd.; vgl. auch Lyotard, Immaterialität und Postmoderne, a. a. O., bes. S. 102: Künstler und Philosophen sind für ihn Brüder im Experimentieren.

680 „Ästhetisches Denken ist eines, für das Wahrnehmungen ausschlaggebend sind. Und zwar sowohl als Inspirationsquelle wie als Leit- und Vollzugsmedium" (Welsch, a. a. O., S. 47).

681 Ebd.

682 Die „Lockerheit eines Gedankengewebes", der polternde Stil eines Unversöhnlichen, Nietzsches Meisterschaft im Setzen von Gedankenstrichen, sind Beispiele für solches Denken. „All das sind Signaturen, die man wahrnehmen, für die man die Sinne öffnen muß. Man kann geradezu sagen, daß die neueren Denker ihre Sinne im Denken

mobilisieren, daß sie ein Denken praktizieren, das über die Sinne verfügt und mit ihnen Sinn macht" (ebd., S. 48).

683 Vgl. Pothast, U.: Philosophisches Buch, a. a. O.; hier Ulrich Pothasts Begriff des nichtkonfrontierenden Spürens; dazu auch Mollenhauer, K.: Ist ästhetische Bildung möglich?, Zeitschrift für Pädagogik 34 (1988), S. 443-461.

684 Vgl. Kamper: Das Schwinden der Sinne, a. a. O.

685 Kamper: Macht und Ohnmacht, a. a. O., S. 15.

686 Kamper spricht an gleicher Stelle von der „Spindel der Notwendigkeit".

687 Vgl. bereits Kamper: Geschichte und menschliche Natur. Die Tragweite gegenwärtiger Anthropologiekritik. München 1973.

688 Kamper: Tod des Körpers – Leben der Sprache. In: Gebauer, Kamper & Lenzen, Historische Anthropologie, Reinbek 1989, S. 72.

689 Ebd., S. 74.

690 Vgl. Lyotard, Der Widerstreit. München 1987; Welsch, Wege, a. a. O., S. 31; vgl. auch Peukert, H., Die Erziehungswissenschaft der Moderne und die Herausforderungen der Gegenwärt, Zeitschrift für Pädagogik 29, Beiheft, Weinheim 1992, S. 113-129.

691 Vgl. Pries, Chr. (Hg.), Das Erhabene. Zwischen Grenzerfahrung und Größenwahn. Weinheim 1989.

692 Vgl. Lyotard, Widerstreit, a. a. O.

693 An anderer Stelle wurde bereits auf die problematische Ausnahme der visuellen Kommunikation verwiesen. Vgl. Mollenhauer, a. a. O., S. 446.

694 Vgl. Mattenklott, G., Gibt es eine erzieherische Dimension der Kunst nach der Moderne? In: Lenzen, a. a. O., S. 120-135.

695 Vgl. ebd., S. 122.

696 Das Erhabene wird von Lyotard als Position begriffen, die von den Avantgarden herauskristallisiert wurde. Sie haben gezeigt, daß es etwas gibt, das nicht darstellbar ist und sich der sprachlichen Kommunikation so wie der bildlichen Darstellung entzieht. Vgl. Pries, a. a. O.; dort bes. Lyotard, Das Interesse des Erhabenen, S. 91-119.

697 Giesecke hat m. E. fälschlich, es sei denn als Provokation, vom Ende der Erziehung gesprochen. Vgl. Giesecke: Das Ende der Erziehung. Stuttgart 1985.

698 Vgl. Mollenhauer, K.: Gibt es bildende Wirkungen ästhetischer Ereignisse, Kunst und Unterricht 151 (1991), S. 2-3.

699 Vgl. Welsch: Ästhetisches Denken, a. a. O., S. 56.

700 Ebenso sind Sinnlichkeit und Leiblichkeit als die Konkretionen des Anderen aufzufassen. Vgl. Mollenhauer, a. a. O.

701 Vgl. Wulf, Chr.: Ästhetische und soziale Mimesis. In: Kunst und Therapie. Zeitschrift zu Fragen der Ästhetischen Erziehung, 1992, H. 19, S. 8-19.

702 Wulf, Chr.: Mimesis. In: Gebauer u. a. (Hg.), Historische Anthropologie, Reinbek 1989, S. 83.

703 Vgl. Goodman, N.: Sprachen der Kunst. Ein Ansatz zu einer Symboltheorie. Frankfurt/M. 1979. Auf seine Konzeption, die beinhaltet, daß Sprache Welt aufbaut und nicht nur klassifiziert, beziehen sich die o. g. Autoren.

704 Wulf, Mimesis, a. a. O., S. 85.

705 Gebauer & Wulf, Mimesis, Reinbek 1992, S. 423. Eine andere spezifisch sprachliche Untersuchung des Mimesis-Begriffs liegt vor bei Jürgens, M.: Fern jeder Gattung nah bei Thun. Über das mimetische Vermögen der Sprache Robert Walsers am Beispiel von „Kleist in Thun", in Hinz & Horst, Robert Walser, Frankfurt/M. 1991, S. 87-100.

706 Wulf, Mimesis, a. a. O., S. 84.

707 Vgl. auch Sonnemann, Negative Anthropologie, Frankfurt/M. 1981. Sonnemann rechnet hier mit einer auf Objektivierung gerichteten Anthropologie des Menschen ab, die er entlarvt. Seine Studien können paradigmatisch in Beziehung zur Historischen Anthropologie gesehen werden.

708 Vgl. ebd., S. 200-203.

709 Vgl. ebd., S. 203 ff.

710 Vgl. Kamper: Zur Geschichte der Einbildungskraft, a. a. O., S. 272.

711 Ebd., S. 273.

712 Vgl. Wulf 1989, S. 115; vgl. auch Horkheimer & Adorno, a. a. O., S. 205; auch Adorno, Ästhetische Theorie, a. a. O., S. 48. Adorno hat den rationalen Charakter der Mimesis stets unterstrichen. Im Prozeß der Mimikry wird eine frühe Form der Angleichung ans „Tote" dargestellt. Sie zeigt ein archaisches Schema der Selbsterhaltung. Hier ist Mimesis eine vormagische Form der Auseinandersetzung mit Natur, die nicht zu bewältigen ist.

713 Wulf 1992, S. 430.

714 Ebd., S. 431.

715 Vgl. Wulf 1989, S. 113.

716 Die Beziehung der Pädagogik zur Gegenwartssituation in ihrer Abkehr vom Aufklärungsethos und Einheitsgedanken war bereits in einem Aufsatz von 1986 (*Der pädagogische Diskurs der Moderne*) thematisiert worden. „Schließlich ist zu überprüfen, ob die Moderne und mit ihr die Pädagogik nicht als eine Mischung von Diskursen und Praktiken zu begreifen ist, in denen die Subjekte, aber auch die Institutionen weniger wichtig sind als im allgemeinen angenommen wird. Welche Fragen ergeben sich für die Pädagogik daraus, wenn es hinter diesen Diskursen keine Wirklichkeit oder Wahrheit gäbe?" (Wulf 1986, S. 71).

717 Wulf, in Lenzen, a. a. O., S. 156.

718 Ebd.

719 Baudrillard, J.: Agonie des Realen. Berlin 1978.

720 Wulf & Wagner in Paffrath, Kritische Theorie und Pädagogik der Gegenwart, S. 36.

721 Ebd., S. 39.

722 Ebd.

723 Ebd., S. 167.

724 Wie weit in der Kopplung mit dem begrifflich auch zu bestimmenden Bild der Andere zur Nachschaffung dieses Vor-Bildes gebraucht wird, zeigte bereits Brecht. Vgl. dazu – mit Blick auf das Identitätsproblem – Mollenhauer: Vergessene Zusammenhänge, a. a. O., S. 155 ff.

725 Vgl. Wimmer: Identitätskonzeptionen in Therapieansätzen der humanistischen Psychologie, in: Nagel & Seifert (Hg.), Inflation der Therapieformen, Reinbek 1979, S. 133-166.

726 Wulf 1990, S. 168.

727 Vgl. ebd.

728 Vgl. Lenzen 1990, S. 171-189.

729 Vgl. Diskussion mit Mollenhauer. In: Lenzen 1990, a. a. O., S. 189-211.

730 Ebd., S. 168. Haben sich auch bisher entwicklungspsychologische Theorien der Fragestellung angenommen, so fehlt doch in ihnen die Reflexion zivilisationstheoretischer und gesellschaftlicher Gedanken fast völlig. Diese aber wäre auch in Hinblick auf kleine Kinder und der Bewertung ihrer Aneignungsformen nicht zu vergessen.

731 Vgl. Lenz-Johanns, M.: Fragen zur didaktischen Anwendbarkeit mimetischer Fähigkeiten, Kunst und Unterricht 151, 1991, S. 19-21.

732 Vgl. Wulf, in: Kunst und Unterricht 151, 1991, S. 16-18.

733 Ebd., S. 18.

734 Vgl. ebd.

735 Wulf, in Lenzen 1990, S. 196.

736 Vgl. Lorenzer, A.: Zur Begründung, a. a. O.; vgl. auch ders., Sprachspiel und Interaktionsformen. Frankfurt/M. 1977.

737 Wulf, a. a. O., S. 196.

738 Wulf, Der Traum der Erziehung. In: Kamper, D.: Macht und Ohnmacht der Phantasie. Neuwied 1986, S. 116.

739 Ebd.

740 Wulf, Erziehung und Bildung nach Auschwitz angesichts der katastrophalen Seite der Moderne, in Heitkämper & Huschke-Rhein, Allgemeinbildung im Atomzeitalter. Weinheim/Basel 1986, S. 143.

741 Wulf, Der Traum, a. a. O., S. 116.

742 Im Hinblick auf Erziehung gibt es Thematisierungen dieses Anspruchs auf Sinnlichkeit bei Hartmut von Hentig und Horst W. Rumpf im Rahmen didaktischer Ausarbeitungen. – Rudolf zur Lippe und H. Kükelhaus beziehen sich indes stärker auf die Kategorie der Leiblichkeit im anthropologischen Sinn als auf die Reflexion von Kunst. Vgl. zur Lippe, Sinnenbewußtsein. Grundlegungen einer anthropologischen Ästhetik, Reinbek 1987; Kükelhaus & zur Lippe, Entfaltung der Sinne. Ein „Erfahrungsfeld" zur Bewegung und Besinnung, Frankfurt/M. 1992; auch: Rumpf, H.: Didaktische Interpretationen, Weinheim 1991, bes. S. 61-66, S. 75-80.

743 Vgl. Wulf 1989, auch 1992, S. 81 f., S. 87 in bezug auf die vorwiegend dichterische Bedeutung, die Aristoteles der Mimesis gab.

744 Vgl. Welsch 1990, S. 43.

745 Welsch, W.: Gibt es eine postmoderne Ästhetik?, in Rötzer, F. & Rogenhofer, S., Kunst machen? Gespräche und Essays. München 1990, S. 246.

746 Vgl. auch de Haan, G.: Pädagogik als Kunst des Wünschens und Begehrens? In: Lenzen 1990, S. 135-156. De Haan fragt im Anschluß an Rousseau nach der Möglichkeit der Pädagogik, eine Disziplin zu sein, die die Kunst des Wünschens und Begehrens lehrt. Dabei kommt er zu dem Schluß, daß unter der historischen Perspektive Wunschverbot und Erfüllungsverhinderung die strukturellen Mechanismen gewesen sind, mit denen Pädagogik der Sinnlichkeit eine Absage erteilt hat und sich der Höherbildung des Menschen angenommen hat. Die Austreibung des Wünschens geschah mittels Erziehung. De Haan bezieht sich exemplarisch sogar auf den Kunstunterricht, in dem anhand eines Bildes von Bruegel auf dessen *einer* nicht ausgewiesenen Interpretation die negativen Folgen des Überflusses im Schlaraffenland deutlich gemacht werden (bes. auch S. 154 f.). Verallgemeinernd kommt er für die gegenwärtige Pädagogik ebenfalls zu einer Absage an eine Lehre der Kunst des Begehrens. „Sie kann nur das traurige Geschäft übernehmen, den Sturz des Begehrens aus der Ekstase in die historische Zeit kommentierend und prospektiv zu begleiten. Bildung als Ent-täuschung wäre dies" (S. 155). Sein Maßstab ist entgegen Welsch und Wulf Wirklichkeit in dem Sinne, daß sie als Gegenpol zur Kunst auch das Übergewicht hat. Die Vermischung von „realer" und „fiktiver" Welt in den Lebensformen stellt er aber im einzelnen nicht dar, weder durch die Beziehungsfähigkeit der Mimesis noch durch explizite Formen der Pluralisierung und Ambivalenz.

747 Vgl. Welsch 1990, S. 236.

748 Vgl. ebd., S. 240 f.

749 Vgl. dazu Welsch: Aisthesis. Grundzüge und Perspektiven der Aristotelischen Sinneslehre. Stuttgart 1987.

750 Vgl. Pothast, a. a. O.

751 Vgl. Wolf, U.: Etwas ist in mir da. Zu Posthast, U.: Philosophisches Buch. In: Zeitschrift für philosophische Forschung 45 (1991), 1, S. 93-111, bes. S. 111.

752 Welsch, Gibt es eine postmoderne Ästhetik?, a. a. O., S. 246.

753 Vgl. Bildungskommission des Deutschen Bildungsrates: Lernziele der Gesamtschule – Gutachten und Studien der Bildungskommission. Bd. 12. Stuttgart 1969.

754 von Hentig, Das Leben mit der Aisthesis, a. a. O., S. 29 ff.; Vgl. Otto, G.: Texte zur Ästhetischen Erziehung. Braunschweig 1975, S. 25 f.

755 Vgl. von Hentig, H.: Ergötzen, Belehren, Befreien. Schriften zur ästhetischen Erziehung, Wien 1985, S. 26.

756 Vgl. von Hentig, Das Leben mit der Aisthesis, a. a. O., S. 25.

757 Vgl. Schulze, a. a. O.; Bubner, a. a. O.

758 von Hentig, a. a. O., S. 30.

759 Vgl. Böhme, H.: Widerstand, Kritik, Gelassenheit. Über die Geisteswissenschaften in der technischen Zivilisation. In: Neue Sammlung 3 (1989), S. 320-331.

760 von Hentig, a. a. O.

761 Mehrfachcodierung meint die Veränderung der Form von Kunstwerken dahingehend, daß nicht mehr im klassischen Sinn von Schönheit als Maßstab zu sprechen ist. Es ist nicht mehr eine fiktive Codierung tragend, sondern ein ganzes Set, in dem verschiedene Richtungen gleichzeitig vorhanden sind. Die „Sprache" ist dahingehend erörtert, daß sowohl der Mann auf der Straße als auch das elitäre Publikum Adressat sein kann. Vgl. Jencks, A.: Die Sprache der postmodernen Architektur. Die Entstehung einer alternativen Tradition. Stuttgart 1980.

762 Vgl. ebd., S. 6 f.

763 Vgl. Welsch, W.: Wege aus der Moderne. Weinheim 1988, S. 1-47.

764 Vgl. Welsch in Rötzer & Rogenhofer, S. 246.

765 Ebd; dieses wird im Alltagswissen gemeinhin unter Postmoderne verstanden.

766 Vgl. Welsch, Ästhetisches Denken, a. a. O., S. 15.

767 Schmidt-Noerr, G.: Das Eingedenken der Natur im Subjekt Horkheimers, Adornos und Marcuses. Darmstadt 1990, S. IX (Vorwort). Er meint die Urgeschichte der Subjektivität und ihre Verstrickung in die Dialektik durch Befreiung aus Naturzwängen und neuer Verstrickung in Naturhaftigkeit.

768 Welsch in Rötzer & Rogenhofer, S. 247.

769 Dieser Vorwurf der simplen Positiv- und Negativtrennung geht an Marquard, der durch die Ästhetisierung, die sich durch „künstlerisches Gelingen" darstellt, eine Anästhetisierung behauptet, denn wenn in der Wirklichkeit alles ästhetisch unifiziert sei, gäbe es keine Differenzen und somit keine Möglichkeit mehr, Differenzen wahrzunehmen und ästhetische Erfahrungen zu machen. Ähnlich sieht Bubner (a. a. O.) die Gefahr der ästhetisierten Lebenswelt.

770 Vgl. Welsch in Rötzer & Rogenhofer, S. 247.

771 Welsch, Ästhetisches Denken, a. a. O., S. 13.

772 Vgl. ebd., S. 218.

773 Vgl. von Hentig 1985.

774 Vgl. von Hentig 1985, S. 20 f.

775 So wertet von Hentig den Kunstunterricht, der als Veranstaltung zum Erlernen „sozialer Kreativität" bezeichnet wurde, als Erleiden einer „ästhetischen Sozialisation" (ebd.).

776 Vgl. Rumpf, H.: Die übergangene Sinnlichkeit. München 1981 (3. Kapitel über die Schule).

777 Vgl. Rumpf, H.: Mit fremdem Blick: Stücke gegen die Verbiederung der Welt. Weinheim, Basel 1986, S. 11.

778 Vgl. ebd., S. 13.

779 Vgl. Rumpf, H.: Didaktische Interpretationen. Weinheim, Basel 1991, S. 36-49; vgl. auch Kap. II. 5 dieser Arbeit.

780 Rumpf, a. a. O., S. 8.

781 Vgl. ebd., S. 7.

Literatur

Adorno, Th. W.: Negative Dialektik. Frankfurt/M. 1966.

ders.: Vorlesungen zur Ästhetik. Zürich 1967.

ders.: Ästhetische Theorie. Frankfurt/M. 1970.

ders.: Minima Moralia. Frankfurt/M. 1980.

ders.: Vermischte Schriften I (Ges. Schr. Bd. 20.1.), Frankfurt/M.

Allport, W.: Gestalt und Wachstum in der Persönlichkeit. Weinheim 1970.

Amsterdam, B. & Levit, M.: Consciousness of self and painful self-consciousness. The psychoanalytical Study of the Child 53, 1980, S. 67-83.

Arntzen, H.: Zur Sprache kommen. Studien zur Literatur- und Sprachreflexion, zur deutschen Literatur und zum öffentlichen Sprachgebrauch. Münster 1983.

Atkins, R.N.: Peer relatedness in the first year of the life: The birth of a new world. In: Annual psychoanalytical 11, 1983, S. 227-244; hier nach Lang.

Bätschmann, O.: Entfernung der Natur. Landschaftsmalerei 1750-1920. Köln 1989.

Barthes, R.: Über mich selbst. München 1978 (Paris 1975).

ders.: Die Lust am Text. Frankfurt/M. 1982.

Baudrillard, J.: Agonie des Realen. Berlin 1978.

Beck, U.: Risikogesellschaft. Auf dem Weg in eine andere Moderne. Frankfurt/M. 1986.

Behler, E.: Derrida – Nietzsche. Nietzsche – Derrida. Wien 1988.

Belting, H.: Die gemalte Natur. In: Bentler, Ch., Schuster, K.D. & Warnke, M. (Hg.), Kunst um 1800 und die Folgen. München 1988.

Benjamin, W.: Zur Kritik der Gewalt. Frankfurt/M. 1971.

ders.: Das Kunstwerk im Zeitalter seiner technischen Reproduzierbarkeit. Frankfurt/M. 1974 (1963).

ders.: Berliner Kindheit um 1900. In: Gesammelte Schriften. Bd. IV.1. Frankfurt/M. 1980.

Benkert, O. & Gorsen, P. (Hg.): Von Chaos und Ordnung der Seele. Ein interdisziplinärer Dialog über Psychiatrie und moderne Kunst. Berlin, Heidelberg, New York 1990.

Bense, M. & Walther, E. (Hg.): Wörterbuch der Semiotik. Köln 1973.

Bildungskommission des Deutschen Bildungsrates. Lernziele der Gesamtschule – Gutachten und Studien der Bildungskommission. Bd. 12. Stuttgart 1969.

Bischof, N.: Stellungs-, Spannungs- und Lagewahrnehmung. In: Metzger, W. (Hg.), Allgemeine Psychologie. Handbuch der Psychologie. Bd. 1/1. Göttingen 1966, S. 409 ff.

Bischof-Köhler, D.: Empathie und Spiegelbild. Bern 1989.

Boehm, G.: Über die Konsistenz ästhetischer Erfahrung. In: Zeitschrift für Pädagogik 36 (1990), 4, S. 469-480.

Böhme, H.: Widerstand, Kritik, Gelassenheit. Über die Geisteswissenschaften in der technischen Zivilisation. In: Neue Sammlung 3 (1989), S. 320-331.

Bohrer, K.H.: Der romantische Brief. Die Entstehung ästhetischer Subjektivität. München 1987.

ders.: Plötzlichkeit. Zum Augenblick des ästhetischen Scheins. Frankfurt/M. 1989.

Bonß, W. & Honneth, A.: Sozialforschung als Kritik. Zum sozialwissenschaftlichen Potential der Kritischen Theorie. Frankfurt/M. 1982.

Bourdieu, P.: Soziologie der symbolischen Formen. Frankfurt/M. 1970.

ders.: Sozialer Sinn. Frankfurt/M. 1987.

ders.: Antworten auf einige Einwände. In: Klassenlage, Lebensstil und kulturelle Praxis, hg. v. K. Eder. Frankfurt/M. 1989.

ders.: Die feinen Unterschiede. Frankfurt/M. 1991[4] (orig. Paris 1979).

ders.: Die historische Genese einer reinen Ästhetik. In: Gebauer, G. & Wulf, Chr.: Praxis und Ästhetik. Frankfurt/M. 1993, S. 14-33.

ders. u. a.: Eine illegitime Kunst. Die sozialen Gebrauchsweisen der Photographie. Frankfurt/M. 1981 (orig. Paris 1965).

Brunkhorst, H.: Th. W. Adorno. Dialektik der Moderne. München 1989.

Bubner, R.: Ästhetische Erfahrung. Frankfurt/M. 1990.

Bürger, P.: Theorie der Avantgarde. Frankfurt/M. 1974.

Busch, B.: Innenansichten des Portraits. Gedanken zur Herstellung des Bildnisthemas. In: Jüttemann, G., Sonntag, M. & Wulf, Chr. (Hg.), Die Seele. Ihre Geschichte im Abendland. Weinheim 1991, S. 448-476.

Busch, H. J.: Kindheit am Ende oder Ende ohne Kindheit? Psychoanalytisch-sozialpsychologische Aspekte veränderter Sozialisationsbedingungen von Kindern. In: Geulen, D. (Hg.), Kindheit: neue Realitäten und Aspekte. Weinheim, Basel 1989.

Cramer, K., Fulda, H. J. u. a.: Theorie der Subjektivität. Frankfurt/M. 1987.

Dane, G. u. a. (Hg.): Anschlüsse. Versuche nach Foucault. Tübingen 1985.

Dauk, E.: Denken als Ethos und Methode. Berlin 1989.

Derrida, J.: Grammatologie. Frankfurt/M. 1983.

ders.: Randgänge der Philosophie. Wien 1988.

ders.: Die Schrift und die Differenz. Frankfurt/M. 1992[5] (orig. Paris 1967; dt. zuerst Frankfurt/M. 1976).

Dewey, J.: Aesthetic Experience as a Primary Phase and as an Artistic Development. In: Journal of Aesthetics and Art Criticism. Hg. von der American Society for Aesthetics. Baltimore 1 (1950), 9, S. 56-58.

ders.: Kunst als Erfahrung. Frankfurt/M. 1979 (orig. New York 1934).

Dreyfus, H. L. & Rabinov, P.: Michael Foucault. Jenseits von Strukturalismus und Hermeneutik. Frankfurt/M. 1987.

Duncker, L., Maurer, F. u. a.: Kindliche Phantasie und ästhetische Erfahrung. Wirklichkeiten zwischen Ich und Welt. Langenau-Ulm 1990.

Eco, U.: Spiegel und andere Phänomene. München, Wien 1988.

Edelstein, W. & Keller, M.: Perspektivität und Interpretation. Beiträge zur Entwicklung des sozialen Verstehens. Frankfurt/M. 1982.

Ehmer, H. K.: Kunstvermittlung – Ästhetische Erziehung – Kulturpolitik. In: Jahrbuch 1. Ästhetische Erziehung. Berlin 1983, S. 202-215.

Eimer, G.: C. D. Friedrich. Auge und Landschaft. Zeugnisse in Bild und Wort. Frankfurt/M. 1974/1976.

El-Safti, M.: Die Konzeption des Körper-Ichs unter besonderer Berücksichtigung der Beiträge von Paul Schilder. In: Dynamische Psychiatrie 6 (1973), S. 57-64.

Eribon, D.: Michael Foucault. Eine Biographie. Frankfurt/M. 1991.

Feldmann, H.: Cl. Peirce und Ansätze zu einer semiotischen Ästhetik. In: ders. & Broekmann, J. M.: Darstellung und Sinn. Zur Bedeutung der Mimesis. In: Kunstphilosophie und Psychiatrie. Würzburg 1990, S. 29-39.

Fillip, S. H.: Selbstkonzeptforschung. Oldenburg 1979.

Fischer, E.: Ein Geisterseher in der Bürgerwelt. In: Über Walter Benjamin. Frankfurt/M. 1968, S. 118/119.

Flavell, J. H., Green, F. L. & Flavell, E. R.: Development of Knowledge about the Appearance-Reality Distinction. With commentaries by M. W. Watson and J. C. Campione. In: Monographs of the Society for Research in Child Development, 1986, 51/1, Serial Nr. 212.

Flavell, J. H. u. a.: Rollenübernahme und Kommunikation bei Kindern. Weinheim 1975.

Foucault, M.: Die Ordnung der Dinge. Frankfurt/M. 1973.

ders.: Von der Subversion des Wissens. Hg. v. W. Seitter, München 1974.

ders.: Überwachen und Strafen. Die Geburt des Gefängnisses. Frankfurt/M. 1977.

ders.: Dispositive der Macht. Über Sexualität, Wissen und Wahrheit. Berlin 1978.

ders.: Vorlesungen an der Stanford University, Palo Alto, California, Oktober 1979.

ders.: Ästhetik der Existenz. In: Von der Freundschaft. M. Foucault im Gespräch. Berlin o. J. (orig. Une estétique de l'existence, *Le Monde*, 15./16. 7. 1984).

Frank, M.: Was ist Neostrukturalismus? Frankfurt/M. 1983.

ders.: Die Unhintergehbarkeit von Individualität. Frankfurt/M. 1986.

ders. u. a.: Die Frage nach dem Subjekt. Frankfurt/M. 1988.

Gardner, H.: Frames of Mind. The Theory of Multiple Intelligences. New York 1983.

Gebauer, G.: Die Unbegründbarkeit der Sprachtheorie und notwendige Erzählungen über die Sprache. In: ders., Kamper, D. u. a.: Historische Anthropologie. Zum Problem der Humanwissenschaften heute oder Versuche einer Neubegründung. Reinbek 1989.

ders. & Wulf, Chr.: Mimesis. Kultur – Kunst – Gesellschaft. Reinbek 1992.

dies. (Hg.): Praxis und Ästhetik. Neue Perspektiven im Denken Pierre Bourdieus. Frankfurt/M. 1993.

Geulen, D. (Hg.): Perspektivenübernahme und soziales Handeln. Texte zur sozial-kognitiven Entwicklung. Frankfurt/M. 1982.

ders. (Hg.): Kindheit: Neue Realitäten und Aspekte. Weinheim/Basel 1989.

ders.: Die historische Entwicklung sozialisationstheoretischer Ansätze. In: Hurrelmann, K. & Ulich, D. (Hg.), Neues Handbuch der Sozialisationsforschung. Weinheim 1992, S. 21-57.

ders. & Hurrelmann, K.: Zur Programmatik einer umfassenden Sozialisationstheorie. In: Hurrelmann, K. & Ulich, D. (Hg.), Handbuch der Sozialisationsforschung. Weinheim 1980, S. 51-67.

Giesecke, H.: Das Ende der Erziehung. Stuttgart 1985.

ders.: Pädagogik als Beruf. Weinheim/München 1987.

Glucksberg, S. & Krauss, R. M.: Was sagen die Menschen, nachdem sie sprechen gelernt haben? Untersuchungen zur Entwicklung gegenstandsbezogener Kommunikation. In: Geulen, D. (Hg.), Perspektivenübernahme und soziales Handeln. Texte zur sozial-kognitiven Entwicklung. Frankfurt/M. 1982.

Gombrich, E. H.: Maske und Gesicht. In: ders., Hochberg, J. & Black, M. (Hg.), Kunst, Wahrnehmung, Wirklichkeit. Frankfurt/M. 1977 (orig. Baltimore, London 1972).

Goodman, N.: Sprachen der Kunst. Ein Ansatz zu einer Symboltheorie. Frankfurt/M. 1979.

Greiner, U.: Hereinbrechende Dämmerung. Nachbemerkungen zu dem Kongreß „Die Aktualität des Ästhetischen" in Hannover. In: *Die Zeit* Nr. 38, 11. 9. 1992, S. 63.

Greverus, I. M.: Neues Zeitalter oder verkehrte Welt. Anthropologie als Kritik. Darmstadt 1990.

Habermas, J.: Bewußtmachende oder rettende Kritik. Die Aktualität Walter Benjamins. In: Zur Aktualität W. Benjamins. Aus Anlaß des 80. Geburtstags von Walter Benjamin, hg. v. S. Unseld. Frankfurt/M. 1972.

ders.: Theorie des kommunikativen Handelns. Bd. 1. Frankfurt/M. 1981.

ders.: Der philosophische Diskurs der Moderne. Frankfurt/M. 1985.

ders.: Die Moderne – ein unvollendetes Projekt. Philosophisch-politische Aufsätze 1977-1990. Leipzig 1990.

Hartwig, H.: Aktion und Texte. Ästhetik als Kommunikation. In: Lenzen, D.: Kunst und Pädagogik. Darmstadt 1990, S. 69-97.

Heidegger, M.: Wegmarken. Frankfurt/M. 1962.

Hengst, H.: Zum Wandel der Kinderkultur – Neue Erfahrungen in pädagogisch verdünnten Zonen. In: Geulen, D. (Hg.), Kindheit: Neue Realitäten und Aspekte. Weinheim, Basel 1989.

von Hentig, H.: Das Leben mit der Aisthesis (1969). In: Otto, G. (Hg.), Texte zur Ästhetischen Erziehung, Braunschweig 1975, S. 25-27.

von Hentig, H.: Ergötzen, Belehren, Befreien. Schriften zur ästhetischen Erziehung. Wien 1985.

Hoffmann, D. (Hg.): Bilanz der Paradigmendiskussion in der Erziehungswissenschaft. Leistungen, Defizite, Grenzen. Weinheim 1991.

Hofman, G.: Kulturkampf gegen die Kulturrevolutionäre. In: *Die Zeit* vom 1. 1. 1993, S. 3.

Hofmann, W.: C. D. Friedrich. Kunst um 1800. Hamburger Kunsthalle 14. 9.-3. 11. 1974.

ders.: C. D. Friedrich und die deutsche Nachwelt. Frankfurt/M. 1974.

Horkheimer, M. & Adorno, Th. W.: Dialektik der Aufklärung. Frankfurt/M. 1971.

Hornstein, W.: Sozialwissenschaftliche Gegenwartsdiagnose. Zum Gespräch zwischen Modernisierungsdebatte und Erziehungswissenschaft. In: Zeitschrift für Pädagogik 34 (1988), 3, S. 381-397.

Hurrelmann, K.: Programmatische Überlegungen zur Entwicklung der Bildungsforschung. In: Bolte, K. M. (Hg.), Verhandlungen des 18. Deutschen Soziologentages. München 1978, S. 531-564.

ders.: Einführung in die Sozialisationstheorie. Über den Zusammenhang von Sozialstruktur und Persönlichkeit. Weinheim 1986.

ders.: Das Modell des produktiv realitätsverarbeitenden Subjekts in der Sozialisationsforschung. In: ders. (Hg.), Lebenslage, Lebensalter, Lebenszeit. Weinheim 1986.

Jay, M.: Positive und negative Totalität. Adornos Alternativentwurf zur interdisziplinären Forschung. In: Bonß, W. & Honneth, A. (Hg.), Sozialforschung als Kritik. Zum sozialwissenschaftlichen Potential der Kritischen Theorie. Frankfurt/M. 1982.

Jencks, A.: Die Sprache der postmodernen Architektur. Die Entstehung einer alternativen Tradition. Stuttgart 1980.

Jensen, J. Ch.: C. D. Friedrich. Köln 1974.

Jürgens, M.: Moderne und Mimesis. Münster 1988.

ders.: Fern jeder Gattung, nach bei Thun. Über das mimetische Vermögen der Sprache Robert Walsers am Beispiel von Kleist im Thun. In: Hinz, K.-M. & Horst, Th. (Hg.), Robert Walser. Frankfurt/M. 1991.

Kager, R.: Herrschaft und Versöhnung. Einführung in das Denken Th. W. Adornos. Frankfurt/M. 1988.

Kaiser, G.: Benjamin/Adorno. Zwei Studien. Frankfurt/M. 1974.

Kamper, D.: Geschichte und menschliche Natur. Die Tragweite gegenwärtiger Anthropologiekritik. München 1973.

ders.: Kritische Theorie der Gesellschaft. In: Rombach H. (Hg.), Wissenschaftstheorie. Bd. 1. Freiburg, Basel, Wien 1973, S. 86-87.

ders.: Tod des Körpers – Leben der Sprache. In: Gebauer, G. u. a., Historische Anthropologie. Reinbek 1989.

ders.: Zur Geschichte der Einbildungskraft. Reinbek 1990 (zuerst München, Wien 1981).
ders. & Rittner, V.: Zur Geschichte des Körpers. Perspektiven der Anthropologie. Marburg 1976.
ders. & Wulf, Chr. (Hg.): Die Wiederkehr des Körpers. Frankfurt/M. 1982.
Kappner, H.-H.: Die Bildungstheorie Adornos als Theorie der Erfahrung von Kultur und Kunst. Frankfurt/M. 1983.
Katalog SPIEGELBILDER. Kunstverein Hannover 9. 5.-30. 6. 1982. Hannover 1982.
Katalog zur documenta 7. Bd. I. Kassel 1982.
Katz, P. & Zigler, E.: Self-image disparity: A developmental approach. In: Journal of Personality and Social Psychology, 1967, 5, S. 186-195.
Kegan, R.: Die Entwicklungsstufen des Selbst. Fortschritte und Krisen im menschlichen Leben. München 1986.
Kleßmann, E.: Die deutsche Romantik. Köln 1979.
Kofman, S.: Derrida lesen. Wien 1987.
Koopmann, H.: Freiheitssonne und Revolutionsgewitter. München 1989.
Koslowski, P. u. a.: Moderne oder Postmoderne? Zur Signatur des gegenwärtigen Zeitalters. Weinheim 1986.
Kossolapow, L.: Musische Erziehung zwischen Kunst und Kreativität. Frankfurt/M. 1975.
Krämer, Th.: „Portraitmalerei". Klett Arbeitsheft für die Oberstufe des Gymnasiums. Stuttgart 1989.
Krewer, M. & Eckensberger, L.: Selbstentwicklung und kulturelle Identität. In: Hurrelmann, K. & Ulich, D. (Hg.), Neues Handbuch der Sozialisationsforschung. Weinheim 1992, S. 573-594.
Küchenhoff, J. & Warsitz, P.: Die Spur des ganz Anderen. In: Fragmente 17/18. Schriftenreihe zur Psychoanalyse. Kassel 1985.
Kükelhaus, H. & zur Lippe, R.: Entfaltung der Sinne. Ein „Erfahrungsfeld" zur Bewegung und Besinnung. Frankfurt/M. 1992.
Kunnemann, H. & de Vries, H.: Die Aktualität der „Dialektik der Aufklärung". Frankfurt/M. 1989.
Lacan, J.: Das Spiegelstadium als Bildner der Ichfunktion. In: Schriften 1. Frankfurt 1975 (orig. Paris 1966).
Lang, H. J.: Die ersten Lebensjahre. Psychoanalytische Entwicklungspsychologie und empirische Forschungsergebnisse. München 1988.
Leahy, R. L. & Huard, C.: Perspektivenübernahme und Disparität der Selbstbilder bei Kindern. In: Geulen, D. (Hg.), Perspektivenübernahme und soziales Handeln. Texte zur sozial-kognitiven Entwicklung. Frankfurt/M. 1982.
Lenz-Johanns, M.: Fragen zur didaktischen Anwendbarkeit mimetischer Fähigkeiten. In: Kunst und Unterricht. H. 151, 1991, S. 19-21.
Lenzen, D.: Enzyklopädie. Erziehungswissenschaft. Bd. 3. Stuttgart 1982.
ders. (Hg.): Kunst und Pädagogik. Erziehungswissenschaft auf dem Wege zur Ästhetik? Darmstadt 1990.
Lévinas, E.: Die Spur des Anderen. Freiburg/München 1983.
Lewis, M. & Brooks-Gunn, J.: Social cognition and the acquisition of self. New York 1979.
dies. & Jaskir, J.: Individual differences in visual self-recognition as a function of mother – infant attachment relationship. In: Developmental Psychology 21 (1985), S. 1181-1187.
zur Lippe, R.: Sinnenbewußtsein. Grundlegungen einer anthropologischen Ästhetik. Reinbek 1987.
Lorenzer, A.: Sprachspiel und Interaktionsformen. Frankfurt/M. 1977.

Lyotard, J. F.: Das postmoderne Wissen. Ein Bericht. Graz, Wien 1986.
ders.: Der Widerstreit. München 1987 (orig. Paris 1983).
ders.: Heidegger und die Juden. Wien o. J.
ders. u. a.: Immaterialität und Postmoderne. Berlin 1985.
Lypp, B.: Die Erschütterung des Alltäglichen. München 1991.
Mackensen, R.: Die Postmoderne als negative Utopie. Rezension des Buches von U. Beck: Risikogesellschaft. In: Soziologische Revue 11, 1988, S. 6-12.
Marquard, O.: Über einige Beziehungen zwischen Ästhetik und Therapeutik in der Philosophie des 19. Jahrhunderts. In: ders., Schwierigkeiten mit der Geschichtsphilosophie. Frankfurt/M. 1982 (zuerst 1973), S. 85-106.
ders. & Stierle, K. H.: Identität. München 1979 (Poetik und Hermeneutik, Bd. 8).
Mattenklott, G.: Gibt es eine erzieherische Dimension der Kunst nach der Moderne? In: Lenzen, D. (Hg.), Kunst und Pädagogik. Darmstadt 1990, S. 120-135.
Mead, G. H.: Geist, Identität und Gesellschaft. Frankfurt/M. 1968 (orig. Chicago 1934).
ders.: Gesammelte Aufsätze. Bd. 1. Frankfurt/M. 1980.
ders.: Ästhetische Erfahrung. In: Henrich, D. & Iser, W. (Hg.), Theorien der Kunst. Frankfurt/M. 1982.
Menke-Eggers, Ch.: Die Souveränität der Kunst. Ästhetische Erfahrung nach Adorno und Derrida. Frankfurt/M.
Menzen, K.-H.: Vom Umgang mit Bildern. Köln 1990.
Merleau-Ponty, M.: The primacy of perception. Chicago 1964.
ders.: Phänomenologie der Wahrnehmung. Berlin 1966 (frz. orig. 1945).
Meyer-Drawe, K.: Leiblichkeit und Sozialität. München 1984.
dies.: Leiblichkeit als Dimension von Wahrnehmung und Rationalität. In: Kunst und Unterricht 107 (1986), S. 10-13.
dies.: Illusionen von Autonomie. Diesseits von Ohnmacht und Allmacht des Subjekts. München 1990.
Mollenhauer, K.: Theorien zum Erziehungsprozeß. München 1972.
ders.: Vergessene Zusammenhänge. Über Kultur und Erziehung. Weinheim 1983.
ders.: Korrekturen am Bildungsbegriff. In: Zeitschrift für Pädagogik 33 (1987), 1, S. 1-19.
ders.: Ist ästhetische Bildung möglich? In: Zeitschrift für Pädagogik 34 (1988), S. 443-461.
ders.: Ästhetische Bildung zwischen Kritik und Selbstgewißheit. In: Zeitschrift für Pädagogik 36 (1990), 4, S. 481-494.
ders.: Die vergessene Dimension des Ästhetischen in der Erziehungs- und Bildungstheorie. In: Lenzen, D. (Hg.), Kunst und Pädagogik. Erziehungswissenschaft auf dem Weg zur Ästhetik? Darmstadt 1990, S. 3-18.
ders.: Gibt es bildende Wirkungen ästhetischer Ereignisse? In: Kunst und Unterricht 151 (1991), S. 2-3.
Naudascher, B.: Das übergangene Selbst. Pädagogische Perspektiven zur Selbstkonzeptforschung. Frankfurt/M. 1980.
Nietzsche, F.: Zur Genealogie der Moral. In: Schlechta, K. (Hg.), F. Nietzsche. Werke Bd. III. Frankfurt 1976, S. 207-346.
ders.: Kritische Studienausgabe in 15 Bänden. Berlin, New York 1980.
Nolting, W.: Literatur oder Kommunikation. Anstelle fremder Wissenschaftsofferten Orientierungen eines positionslosen Denkens. Literatur als Sprache. Bd. 3. Münster 1982.
Oelkers, J.: Die Wiederkehr der Postmoderne. Pädagogische Reflexionen zum neuen Fin de siècle. Zeitschrift für Pädagogik 33 (1987), S. 21-40.

Otto, G.: Texte zur Ästhetischen Erziehung. Braunschweig 1975.

ders. & Otto, M.: Ästhetisches Verhalten. Ein Plädoyer für eine vernachlässigte Erkenntnisweise. In: Kunst und Unterricht. Bd. 107. Velber bei Hannover 1986.

Paetzold, H.: Profile der Ästhetik. Der Status von Kunst und Architektur in der Postmoderne. Wien 1990.

Papousek, H. & Papousek, M.: Early ontogenesy of human social interactions. In: von Kranach, M., Foppa, K., Leperies, W. & Ploog, D. (eds.): Human ethology: Claims and limits of a new discipline. Cambridge 1979.

dies. & Giese, R.: Neue wissenschaftliche Ansätze zum Verständnis der Mutter-Kind-Beziehung. In: Stork, J. (Hg.), Zur Psychologie und Psychopathologie des Säuglings – Neue Ergebnisse in der psychoanalytischen Reflexion. Stuttgart 1986, S. 53-71.

Piaget, J.: Die Äquilibration der kognitiven Strukturen. Stuttgart 1976 (frz. orig. 1975).

Peirce, Ch. S.: Phänomen und Logik der Zeichen. Frankfurt/M. 1983.

Peukert, H.: Die Erziehungswissenschaft der Moderne und die Herausforderungen der Gegenwart. In: Zeitschrift für Pädagogik, 29. Beiheft, Weinheim, Basel 1992.

Plessner, H.: Die Positionalität der exzentrischen Form. Das Ich und der Personencharakter. In: Gesammelte Schriften. Bd. IV. Frankfurt/M. 1982, S. 360-365.

ders.: Anthropologie der Nachahmung. In: Gesammelte Schriften. Bd. VII. Ausdruck und menschliche Natur. Frankfurt/M. 1982, S. 391-398.

ders.: Mit anderen Augen. In: Gesammelte Schriften. Bd. VIII. Frankfurt/M. 1983, S. 88-104.

Pohlen, M. & Wittmann, L.: „Die Unterwelt bewegen". Versuche über Wahrnehmung und Phantasie in der Psychoanalyse. Frankfurt/M. 1980.

Pongratz, L.: Pädagogik im Prozeß der Moderne. Weinheim 1989.

Pothast, U.: Philosophisches Buch. Schrift unter der aus der Entfernung leitenden Frage, was es heißt, auf menschliche Weise lebendig zu sein. Frankfurt/M. 1988.

Pries, Chr. (Hg.): Das Erhabene. Zwischen Grenzerfahrung und Größenwahn. Weinheim 1989.

Rachstein, B.: Der Aufbau des Selbst beim Kind. Zur Entstehung des Selbstbewußtseins in den ersten Lebensjahren. Wiesbaden 1992.

Ramdohr, F. W. B.: Über ein zum Altarblatte bestimmtes Landschaftsgemälde von Herrn C. D. Friedrich in Dresden, und über Landschaftsmalerei, Allegorie und Mystizismus überhaupt. In: Hinz, S. (Hg.), C. D. Friedrich in Briefen und Bekenntnissen. Leipzig 1974.

Rath, N.: Adornos Kritische Theorie. Vermittlungen und Vermittlungsschwierigkeiten. Paderborn, München, Wien, Zürich 1982.

Reif, A. (Hg.): Antworten der Strukturalisten. München 1973.

Richter, H. G.: Die Kinderzeichnung. Entwicklung – Interpretation – Ästhetik. Düsseldorf 1987.

Rogers, C. R.: Der neue Mensch. Die Grundlagen eines personenzentrierten Ansatzes. Stuttgart 1981.

Rolff, H. G.: Sozialisation und Auslese durch die Schule. Heidelberg 1967[1]; 1990[9].

Rorty, R.: Kontingenz, Ironie und Solidarität. Frankfurt/M. 1991.

Rumpf, H.: Die übergangene Sinnlichkeit. München 1981.

ders.: Mit fremdem Blick. Stücke gegen die Verbiederung der Welt. Weinheim, Basel 1986.

ders.: Didaktische Interpretationen. Weinheim/Basel 1991.

Sauerland, K.: Einführung in die Ästhetik Adornos. Berlin, New York 1979.

Schérer, R.: Der Körper des Kindes. In: Kamper, D. & Wulf, Chr. (Hg.), Die Wiederkehr des Körpers. Frankfurt/M. 1982, S. 109-125.

Schiller, F.: Über die ästhetische Erziehung des Menschen. Stuttgart 1973.

ders.: Über naive und sentimentalische Dichtung: Die Tempel-Klassiker. Bd. II. Wiesbaden o. J.

Schmid-Noerr, G. (Hg.): Vierzig Jahre Flaschenpost. Die Dialektik der Aufklärung 1947-1987. Frankfurt/M. 1988.

ders.: Das Eingedenken der Natur im Subjekt. Zur Dialektik von Vernunft und Natur in der kritischen Theorie Horkheimers, Adornos und Marcuses. Darmstadt 1990.

Schmied-Kowarzik, W.: Dialektik. In: Wulf, Chr. (Hg.), Wörterbuch der Erziehung. München 1984.

Schnädelbach, H.: Vernunft. In: Martens, E. & Schnädelbach, H. (Hg.), Philosophie. Ein Grundkurs. Reinbek 1985, S. 77-115.

ders.: Die Aktualität der Dialektik der Aufklärung. In: Kunnemann, H. & de Vries, H.: Die Aktualität der Dialektik der Aufklärung. Frankfurt/M. 1989.

Schön, B.: Vom erzieherischen zum therapeutischen Deutungsmuster. Chancen und Probleme der Therapeutisierung pädagogischer Arbeit. In: Geulen, D. (Hg.), Kindheit: Neue Realitäten und Aspekte. Weinheim 1989, S. 126-146.

Schulze, G.: Die Erlebnisgesellschaft. Kultursoziologie der Gegenwart. Frankfurt/M. 1992.

Schulze, Th.: Schule im Widerspruch. Erfahrungen, Theorien, Perspektiven. München 1980.

ders.: Ästhetische Erziehung in der Schule? Hintergrund, Horizont und Perspektive für das „Denken in Bildern". In: Kunst und Unterricht. Bd. 107. Velber bei Hannover 1986.

ders.: Das Bild als Motiv in pädagogischen Diskursen. In: Lenzen, D. (Hg.), Kunst und Pädagogik. Darmstadt 1990, S. 97-119.

Schuhmacher, D.: Sprechen und Sehen. Köln 1988.

Schuhmacher-Chilla, D.: Wenn das Auge das Ohr übermannt – Erleben im künstlerischen Prozeß. In: Paragrana II. Berlin 1993.

Schurian, W.: Psychologie ästhetischer Wahrnehmungen. Opladen 1986.

Schwarz, U.: Rettende Kritik und antizipierte Utopie. München 1981.

Seel, M.: Die Kunst der Entzweiung. Zum Begriff der Ästhetischen Rationalität. Frankfurt/M. 1985.

Selmann, R. L.: Soziale Kognition. Die Entwicklung des sozialen Verstehens. Frankfurt/M. 1984 (orig. New York 1980).

Sonnemann, U.: Negative Anthropologie: Vorstudien zur Sabotage des Schicksals 1969. Frankfurt/M. 1981.

Spitz, R.: Die Urhöhle: Zur Genese der Wahrnehmung und ihrer Rolle in der psychoanalytischen Theorie. In: Psyche 9 (1956), S. 641-667.

Staudte, A.: Ästhetisches Verhalten von Vorschulkindern. Weinheim 1977.

Stern, D. N.: The early development of schemas of self, other, and „self with other". In: Lichtenberg, J. D. & Kaplan, S. (eds.), Reflections on self psychology. Hillsdale 1983, S. 49-84.

Stoessel, M.: Aura. Das vergessene Menschliche. München, Wien 1983.

Tholen, G. Ch.: Das eingebildete Selbst. In: Dane, G. u. a. (Hg.), Anschlüsse. Versuche nach M. Foucault. Tübingen 1985.

Tillmann, K. J.: Einführung in die Sozialisationstheorie. Reinbek 1989.

Wagner, H.-J.: Sinn als Grundbegriff in den Konzeptionen von G. H. Mead und P. Bourdieu. Ein kritischer Vergleich. In: Gebauer, G. & Wulf, Chr. (Hg.), Praxis und Ästhetik. Neue Perspektiven im Denken Pierre Bourdieus. Frankfurt/M. 1993, S. 317-341.

Watzlawick, P.: Die Unsicherheit unserer Wirklichkeit. München 1988.

Wedewer, R.: Zur Sprachlichkeit von Bildern. Köln 1985.

Wellmer, D.: Wahrheit, Schein, Versöhnung. Adornos ästhetische Rettung der Moderne. In: von Friedeburg, L. & Habermas, J.: Adorno-Konferenz 1983, S. 138-177.

Welsch, W.: Aisthesis. Grundzüge und Perspektiven der Aristotelischen Sinneslehre. Stuttgart 1987.

ders.: Wege aus der Moderne. Weinheim 1988.

ders.: Ästhetisches Denken. Stuttgart 1990.

ders.: Identität im Übergang. Philosophische Überlegungen zur aktuellen Affinität von Kunst, Psychiatrie und Gesellschaft. In: ders., Ästhetisches Denken. Stuttgart 1990.

ders.: Gibt es eine postmoderne Ästhetik? In: Rötzer, F. & Rogenhofer, S.: Kunst machen? Gespräche und Essays. München 1990, S. 230-247.

Wimmer, K. M.: Der Andere und die Sprache. Vernunftkritik und Verantwortung. Berlin 1988.

ders.: Von der Identität als Norm zur Ethik der Differenz. Das Verhältnis zum Anderen als zentrales Problem einer pädagogischen Ethik. In: Meyer-Drawe, K., Peukert, H. & Ruhloff, J. (Hg.), Pädagogik und Ethik. Beiträge zu einer zweiten Reflexion. Weinheim 1992.

Winnicott, D. W.: Mirror role of mother and family in child development. In: ders., Playing and Reality. New York 1971, S. 11-118.

Wolf, U.: Etwas ist in mir da. Zu Pothast, U.: Philosophisches Buch. In: Zeitschrift für philosophische Forschung 45 (1991), 1, S. 93-111.

Wulf, Chr.: Theorien und Konzepte der Erziehungswissenschaft. München 1977.

ders. (Hg.): Wörterbuch der Erziehung. München 1984.

ders.: Der Traum der Erziehung. In: Kamper, D. (Hg.), Macht und Ohnmacht der Phantasie. Neuwied 1986.

ders.: Der pädagogische Diskurs der Moderne. In: Jung, Th. u. a. (Hg.), Weiterlesen der Moderne. Bielefeld 1986.

ders.: Erziehung und Bildung nach Ausschwitz angesichts der katastrophalen Seite der Moderne. In: Heitkämper, P. & Huschke-Rhein, R. (Hg.), Allgemeinbildung im Atomzeitalter. Weinheim, Basel 1986.

ders.: Mimesis. In: Gebauer, G. u. a. (Hg.), Historische Anthropologie. Zum Problem der Humanwissenschaften heute oder Versuche einer Neubegründung. Reinbek 1989, S. 83-127.

ders.: Präsenz und Absenz. Prozeß und Struktur in der Geschichte der Seele. In: Jüttemann, G., Sonntag, M. & Wulf, Chr. (Hg.), Die Seele. Ihre Geschichte im Abendland. Weinheim 1991, S. 5-12.

ders.: Mimesis in der ästhetischen Bildung. In: Kunst und Unterricht 151, 1991, S. 16-18.

ders.: Ästhetische und soziale Mimesis. In: Kunst und Therapie. Zeitschrift zu Fragen der Ästhetischen Erziehung. Hg. v. P. Rech & S. Schütz: Kunst und Beruf. 1992, H. 19, S. 8-19.

ders. & Wagner, H.-J.: Lebendige Erfahrung und Nicht-Identität. Die Aktualität Adornos für eine kritische Erziehungswissenschaft. In: Paffrath, F. H. (Hg.), Kritische Theorie und Pädagogik der Gegenwart. Weinheim 1987.

Wylie, R.: The self-concept. Lincoln 1979.

Zapf, W.: Die Pluralisierung der Lebensstile. In: ders. u. a.: Individualisierung und Sicherheit. Untersuchungen zur Lebensqualität in der BRD. München 1987.

Bildnachweise

Abb. 1-3 (S. 35)
Die Fotos entstammen dem Bildmaterial der Autorin.

Abb. 4-6 (S. 37) und 7-11 (S. 51-54)
Die Aufnahmen wurden im Rahmen eines kreativ-therapeutischen Forschungsprojekts 1989 im Kreativ-Therapeutischen Zentrum Lengerich aufgenommen. Das Projekt wurde von Frau Prof. Dr. L. Kossolapow geleitet.

Reihe Historische Anthropologie

Herausgegeben vom Forschungszentrum für Historische Anthropologie der Freien Universität Berlin

Band 2
Gunter Gebauer (Hg.)
Körper- und Einbildungskraft
Inszenierungen des Helden im Sport
VIII und 235 Seiten mit 23 Abbildungen. 1988
Broschiert / ISBN 3-496-00945-4

Band 3
Michael Sonntag
Die Seele als Politikum
Psychologie und die Produktion des Individuums
X und 278 Seiten mit 1 Grafik. 1988
Broschiert / ISBN 3-496-00947-0

Band 4
Klaus-Michael Wimmer
Der Andere und die Sprache
Vernunftkritik und Verantwortung
XII und 372 Seiten. 1988
Broschiert / ISBN 3-496-00973-X

Band 5
Elke Dauk
Denken als Ethos und Methode
Foucault lesen
X und 278 Seiten. 1989
Broschiert / ISBN 3-496-00974-8

Band 6
Dietmar Kamper/Christoph Wulf (Hg.)
Transfigurationen des Körpers
Spuren der Gewalt in der Geschichte
VIII und 311 Seiten mit 6 Abbildungen. 1989
Broschiert / ISBN 3-496-00986-1

Dietrich Reimer Verlag · Berlin

Reihe Historische Anthropologie

Herausgegeben vom Forschungszentrum für Historische Anthropologie der Freien Universität Berlin

Band 7
Dieter Lenzen (Hg.)
Melancholie als Lebensform
Über den Umgang mit kulturellen Verlusten
X und 155 Seiten. 1989
Broschiert / ISBN 3-496-00455-X

Band 8
Eugen König
Körper – Wissen – Macht
Studien zur historischen Anthropologie des Körpers
VIII und 150 Seiten. 1989
Broschiert / ISBN 3-496-00457-6

Band 9
Gerburg Treusch-Dieter/Wolfgang Pircher/
Herbert Hrachovec (Hg.)
Denkzettel Antike
Texte zum kulturellen Vergessen
X und 252 Seiten. 1989
Broschiert / ISBN 3-496-00456-8

Band 10
Rainer Wannicke
Sartres Flaubert
Zur Misanthrophie der Einbildungskraft
X und 300 Seiten. 1990
Broschiert / ISBN 3-496-00395-2

Band 11
Marie-Anne Berr
Technik und Körper
X und 240 Seiten. 1991
Broschiert / ISBN 3-496-00396-0

Dietrich Reimer Verlag · Berlin

Reihe Historische Anthropologie

Herausgegeben vom Forschungszentrum für Historische Anthropologie der Freien Universität Berlin

Band 12
Susanne Hauser
Der Blick auf die Stadt
Semiotische Untersuchungen zur literarischen Wahrnehmung bis 1910
X und 257 Seiten. 1990
Broschiert / ISBN 3-496-00399-5

Band 13
Dieter Lenzen (Hg.)
Verbotene Wünsche
Kulturelle Muster der Erhaltung von Lebensbereitschaft
VIII und 193 Seiten. 1991
Broschiert / ISBN 3-496-00484-3

Band 14
Birgit Hoppe
Körper und Geschlecht
Körperbilder in der Psychotherapie
VIII und 243 Seiten. 1991
Broschiert / ISBN 3-496-00491-6

Band 15
Klaus Vogel
Der Wilde unter den Künstlern
Zur Strategie des Anderen seit Friedrich Hölderlin
VIII und 359 Seiten mit 41 Abbildungen. 1991
Broschiert / ISBN 3-496-00402-9

Band 16
Stephan Sting
Der Mythos des Fortschreitens
Zur Geschichte der Subjektbildung
X und 284 Seiten. 1991
Broschiert / ISBN 3-496-00403-7

Dietrich Reimer Verlag · Berlin

Reihe Historische Anthropologie

Herausgegeben vom Forschungszentrum für Historische Anthropologie der Freien Universität Berlin

Band 17
Annette M. Stross
Ich-Identität
Zwischen Fiktion und Konstruktion
X und 174 Seiten. 1991
Broschiert / ISBN 3-496-00404-5

Band 18
Dietmar Kamper/Christoph Wulf (Hg.)
Schweigen
Unterbrechung und Grenze der menschlichen Wirklichkeit
X und 331 Seiten. 1992
Broschiert / ISBN 3-496-00420-7

Band 19
Ursula Baatz/Wolfgang Müller-Funk (Hg.)
Vom Ernst des Spiels
Über Spiel und Spieltheorie
VIII und 172 Seiten. 1993
Broschiert / ISBN 3-496-00428-2

Band 20
Manuel Simon
Heilige Hexe Mutter
Der Wandel des Frauenbildes durch die Medizinim 16. Jahrhundert
VIII und 222 Seiten. 1993
Broschiert / ISBN 3-496-02509-3

Band 21
Jörg Zirfas
Präsenz und Ewigkeit
Eine Anthropologie des Glücks
471 Seiten. 1993
Broschiert / ISBN 3-496-02522-0